개정판

삶의 이야기와 종교

아동기와 청소년기의 종교적 발달과 교육

프리드리히 슈바이처

송 순 재 옮김

한국신학연구소

개정판

삶의 이야기와 종교
아동기와 청소년기의 종교적 발달과 교육

2001년 8월 30일 초 판
2009년 3월 20일 개정판 1쇄

지은이 / 프리드리히 슈바이처
옮긴이 / 송순재
펴낸이 / 김성재
펴낸곳 / 한국신학연구소

등록 / 1973년 6월 28일 제5-25호
주소 / 110-030 서울시 종로구 청운동 115-1
전화 / 02)738-3265   팩스 / 02)738-0167
E-mail / ktsi@chollian.net
홈페이지 / http://ktsi.or.kr

이 책의 한국어판 저작권은 Chr. Kaiser/Gütersloher Verlagshaus와의
독점 계약으로 한국신학연구소가 소유합니다.
저작권법에 따라 보호를 받는 저작물이므로 무단전재와 무단복제를 금합니다.

*Lebensgeschichte und Religion: religiöse Entwicklung und Erziehung
im Kindes- und Jugendalter*
by Friedrich Schweitzer
Copyright ⓒ 1999 by Chr. Kaiser/Gütersloher Verlagshaus, Gütersloh, Germany
This translation of *Lebensgeschichte und Religion: religiöse Entwicklung und
Erziehung im Kindes-und Jugendalter*, originally published in Germany in 1999,
is published by arrangement with Chr. Kaiser/ Gütersloher Verlagshaus.

값 14,000원

ISBN 978-89-487-0326-9 93230

파본은 교환해 드립니다.

개정판
삶의 이야기와 종교

서문

이 책은 이제 개정판으로 4판을 내게 되었습니다. 이 책이 이런 관심과 주목을 받게 된 것은 삶의 이야기, 즉 종교적 물음과 자기 확실성의 자리로서의 삶의 이야기가 날이 갈수록 중요해지고 있기 때문이 아닌가 생각됩니다. 삶의 이야기 경험에서는 무엇이 의미심장하며 또 무엇을 신뢰할 수 있는지 하는 문제가 다루어집니다. 이렇게 해서 삶의 이야기는 종교적 확실성과 관련을 맺는 자리가 되는가 하면, 종교적 의심의 출발점이 되기도 합니다.

아울러 삶의 이야기는 그 자체로 자기 자신의 인격에 대한 물음과 성찰의 대상이 되기도 합니다. 나 자신의 삶의 이야기는 성공했는가? 그 삶의 이야기가 지금 이런 모습으로 이루어져 온 것이 당연한가? 만일 그렇지 않다면 그건 어떤 모습일 수 있는가?—지난 십수년 동안 출간된 많은 자서전적 기록과 소설들은 이런 물음에 대해 상당 부분 이야깃거리 제공해 줍니다. 이것들은 우리가 경험한 교육에 대해서도 다음과 같이 성찰하고 있습니다. 이 교육은 어떤 성공한 삶의 정당한 척도가 될 수 있는가? 이 교육은 우리가 즐겨 돌아보게 되는 삶의 시기인가, 아니면 끊임없이 고통스럽게 짊어져야 할 운명인가?

오늘날 자신의 삶의 이야기와 교육에 대한 성찰에서 자주 비통해 하고 또 비난하는 어조는, 교육이 숱한 사람들에게 불확실한 일로 나타나고, 또 많은 사람들이 아이들에게 해를 끼치기보다는 교육이라는 일 자체를 포기하는 편이 차라리 낫겠다고 생각하게 된 시대의 산물입니다. 여기서는 어떤 "반교육학"(反敎育學, Anti-Pädagogik)이나 "교육하지 않는 것"(非敎育, Nicht-Erziehung) 같은 방도가 유일한 출구처럼 보입니다.

인간 삶의 여정과 또 그것을 결정짓는 발달에 관한 학문적 연구는 그 자체, 삶의 이야기에 연루된 불확실성의 표현으로 볼 수 있습니다. 이것은 일상생활에서 돌출하는 물음을 학문적 영역으로 끌어들여보려 합니다. 그럼에도 불구하고 이 연구는 이러한 자신의 삶의 이야기에 대한 이해와 교육과 발달에 대한 물음을 해명하는 데 도움을 줄 수 있습니다. 그렇다면 이것들은 역시 교육이 삶의 이야기와 연루된 경험과 발달이라는 문제에서 교육을 좀더 정당화시킬 수 있는 길을 보여줄 수 있습니까?

이 책에서 필자가 문제삼고자 하는 것은 전체로서의 삶의 이야기가 아니라, 교육에서 결정적 시기인 아동기와 청소년기의 종교적 발달에 관한 것입니다. 성인 발달의 문제는 다만 주변적 사안으로서만 다루어집니다. 이는 어른들이(교사들이) 덜 중요하기 때문이 아니라, 아동기와 청소년기의 종교적 발달에 관한 연구성과와 이론들이 이미 그 내용과 크기에 있어서 하나의 독자적인 서술을 요청하고 있기 때문입니다(Lück/Schweitzer 1999 참조). 성인기를 끌어들이면 이 책의 범위를 훨씬 넘어서게 됩니다.

아동기와 청소년기의 종교적 발달을 서술하는 데 있어서 필자에게 결정적으로 중요한 과제는, 독자로 하여금 단순히 오늘날 활용 가능한 이론들 중 **하나**에 친숙해지도록 하는 것만이 아닙니다. 그러한 시도는 오늘날 도달한 연구성과들을 다만 **하나의** 해석과 다만 **하나의** 관점으로 희생시키는 것에 불과할 것입니다. 그보다는 자서전적 기록에서 찾아낼 수 있는 삶의 이야기와 경험들로부터 출발하여 종교적 발달의 의미를 **다각적으로** 해석하는 것이 보다 중요합니다. 다수 이론들의 인식을 서로 결합시키고 다양한 시각을 활용하기 위한 입구는 삶의 이야기 경험을 그 풍부한 양상과 관련성 속에서 살펴봄으로써만이 어느 정도 찾아낼 수 있습니다.

그럼에도 불구하고 종교적 발달의 모든 의미해석이나 이론들을 여기서 다룰 수는 없을 것입니다. 많은 독자들은 융(C. G. Jung)의 이론적 단초가 충분히 전개되지 않아 아쉬워 할 수도 있을 것이고, 또 이를 부당하다 할 수는 없겠습니다. 그러나 비록 이런 단초가 종교적 발달문제를 상당부분 이해할 수 있도록 도울 수도 있겠지만, 이런 것이 오늘날 종교교육학에서 거론되고 있는 이론들과 아무런 문제없이 결합될 수 있는 것은 아닙니다. 따라서 필자는 독자들에게 융 자신이나 융 학파의 문헌을 소개하는 정도로 그치려 했습니다.

글은 되도록 읽기 쉽게 쓰려 했습니다. 그 이유는 무엇보다 이 책이 안내서이기 때문이며, 또 이 책을 전문가만이 아니라 그렇지 않은 사람들도 쉽게 다가가 읽을 수 있었으면 하는 바람 때문이었습니다. 따라서 각주와 참고문헌은 그 범위를 상당 부분 축약했습니다. 본문 중 전거로 삼은 문헌에 대해서는 책 끝 부분의 참고문헌을 보면 됩니다. 각 장 끝 부분에는 참고문헌을 해설을 붙여 모아 놓았는데, 이것을 보면 종교적 발달과 그 의미 해석에 대해 더 읽을 만한 자료들이 무엇인지 알 수 있습니다.

이 책은 그간 학교와 교회의 종교수업을 준비하기 위한 교육과 재교육 교재로뿐 아니라, 유치원, 어린이 예배, 청소년교육과 성인교육을 위해서도 나름대로 유익한 길잡이가 되었습니다. 이는 처음 책을 구상했을 때와는 달리 예상치 않은 결과입니다. 이런 뜻에서 이 책은 현장의 실천을 위해 의미있다 하겠습니다. 하지만 이 책은 그러한 범위를 넘어서, 종교교수학과 전기연구 및 발달심리학 영역에 있어 그에 상응하는 학문적 연결점을 갖습니다. 이론과 실천을 막론하고 삶의 이야기의 종교교육학적 단초에 관해 말할 수 있는 세 가지 근거는 명확합니다. **첫째**는 오늘날 가정이나 혹은 명백히 교회교육이 보장하는 통로를 이용하지 않는 기독교 신앙의 내용은 거의 전제할 수 없다는 것입니다. 따라서 종교교육과 종교수업은 어린이와 청소년의 삶의 세계와 삶의 이야기에 관해 끊임없이 물음을 더해가는 방식을 통해 기독교 신앙의 내용에 이르는 길을 발견해 내야 합니다. **둘째**는 서구 문화와 사회적 정황 안에는 종교 앞에서 정지하지 않는 개인화의 경향이 있다는 점입니다. 삶의 이야기에 따라 각인된 개인적 종교는 이렇게 하여 새로운 가치 대상으로 부상하게 됩니다. 이 문제와 관련하여 **셋째**로 어른들에게는 자신만의 종교적 삶의 노선을 의식적으로 문제삼고, 이를 각각의 형태에 있어 비판적으로 또한 자기 비판적으로 성찰하려는 바람을 관찰할 수 있습니다. 이 모든 근거들은 종교에 관한 현대적 상황의 특수한 표현으로 볼 수 있겠습니다. 이것들은 시대정신과 관계있는 문제로, 일시적으로 유행하는 주제와는 결코 상관없습니다.

이 책은 오늘날까지 영향력 있는 종교발달이론이 형성되어 있었으며, 또 그에 상응하는 형태로 서술될 수 있었던 때에 쓰여졌습니다. 새로운 연구의 단초는 그 이래 아직 나오지 않고 있습니다. 그럼에도 불구하고 최근의 논의는 종교적 발달을 이해하는 데 중요한 물음과 인식을 가능케 하고 있습니다. 금번 이 책의 개정판이 나오게 된 것은 필자로서 기쁜 일이라 하겠습니다. 이 개정판에는 여성의 종교적 발달 및 사회화에 관한 주제와, 또 하나님 이미지 발달과 관련하여 성차의 문제를 다룬 장들이 새로 추가되었습니다. 아울러 많은 곳을 고쳤고, 최근 나온 주요 문헌들도 연구에 반영했습니다. 최근 독일어로 번역된 외국 문헌들도 참고했습니다. 그렇다고 전혀 새로운 작품이라고 할 수는 없습니다. 새로운 꼴을 갖춘 이 책이 삶의 이야기와 종교, 종교적 발달, 사회화와 교육의 최근 상황을 보여주는 작은 길잡이가 되기를 바랍니다.

1998년 가을, 튀빙엔에서
프리드리히 슈바이처

한국어 개정판 옮긴이 서문

이 책은 프리드리히 슈바이처(Friedrich Schweitzer) 교수의 대표작 가운데 하나인 *Lebensgeschichte und Religion. Religiöse Entwicklung und Erziehung im Kindes- und Jugndalter*(Gütersloh ⁴1998)를 우리말로 옮긴 것입니다. 독일 튀빙엔대학교에서 실천신학과 기독교교육학을 가르치고 있는 슈바이처 교수는 칼 에른스트 닙코의 후임으로 그의 학맥을 이어받아, 이론과 실천을 유연하게 오가면서 개방적이고도 건실한 학문적 세계를 구축해가고 있는 독일의 지도적 학자입니다.

이 책은 그가 오늘날 새로운 교회와 사회라는 정황에서 자라나는 어린이와 청소년의 종교적 삶을 돕기 위해서, 특히 현장을 염두에 두고 쓴 역작 가운데 하나입니다. 이 책의 초점은 종교적 발달이라는 문제를 전기적 자료와 경험보고를 출발점으로 삼아 해명하는 데 있습니다. 이 과제를 위해 그가 의거하고 있는 연구 방법과 자료에 접근하는 태도는 인상적입니다. 그는 한 가지 방법이 아니라 다각적 경로로 문제를 천착하려 하며, 또 독일은 물론 북미와 네덜란드 그리고 영국 등지에서 최근에 나온 중요한 종교발달이론들을 거의 망라해 다루고 있습니다.

전체적 흐름에서 끊임없이 귀착되는 물음은 '그러니까 우리는 교육학적으로 어떻게 볼 수 있겠는가' 하는 것이겠습니다. 이를테면 카를 융의 심리학적 연구 성과는 교육학적 성과 그 자체를 대신할 수 없다는 것입니다. 관심사는 기독교교육학의 학문적 독자성에 철저하려는 독일 기독교교육학계의 중요한 특징 중 하나를 보여주는 것입니다.

이 개정판은 초판에는 없던 중요한 주제들, 이를테면 "자라나는 여성"의 종교적 발달과 사회화에 관한 문제와 또 하나님 이미지 발달과 관련하여 성차의 문제를 다룬 장들이 새로 추가되어, 색다른 면모를 보여줍니다. 눈길을 끄는 것으로 지금까지 나온 (종교)심리발달이론에 대한 폭넓은 소개와 해석 및 7장의 "종교적 상징" 연구에서 마지막 10장 "종교적 발달과 교육"에 이르는 부분입니다. 글은 읽어갈수록 긴장감 넘치고, 그의 문제의식은 갈수록 명확히 드러납니다. 마지막 부분은 확연한 결론을 내리기 보다는 읽는 이로 하여금 새로운 교육학적 물음에 빠져 들도록 이끕니다.

    이 책의 한국어 번역 계획은 옮긴이가 평소에 관심을 두고 있던 중, 몇 년 전 국제 실천신학회가 열렸을 때 우리나라를 찾은 슈바이처 교수와의 대화 속에서 가시화되었습니다. 저자는 이 번역 계획에 기쁘게 동의하고, 또 이를 통해 독일과 한국의 그리스도인간의 간문화적 대화와 협력을 기대하였습니다. 우정어린 감사의 마음을 드리지 않을 수 없습니다. 옮긴이는 그로부터 얼마 후 독일로부터 이 책의 항가리어 번역 소식에 대하여 듣게 되었습니다. 금번 한국어 판을 고려해 볼때 이 책이 특정한 문화영역을 넘어서서 가지는 설득력을 충분히 감지할 수 있습니다.

    번역작업에 있어 역자는 원저자의 의도에 부합하게 우리말로 충실하게 옮기려 했습니다. 그럼에도 두 문화권 사이에 존재하는 학문 언어상의 차이 때문에 난점은 여전히 남아있다는 느낌입니다. 이번 개정판에서는 가능한 한 초판의 틀을 유지하면서도 내용과 표현상 오류나 편집 단계에서 부족했던 부분을 바로잡으려 했습니다. 그래도 혹시 있을지 모를 문제점에 대해서는 마땅히 독자 여러분들의 질정을 기다릴 수밖에 없습니다.

    지면을 빌어 이 책을 함께 읽고 번역원고를 손질하는데 많은 수고를 아끼지 않은 손성현 님과 이은경 님께 깊은 감사의 마음을 드립니다. 아울러 까다로운 색인 작업을 도와 준 감리교신학대학교 기독교교육학회 여러분들께도 같은 감사의 뜻을 표합니다.

    이 책은《한국신학연구소》의 동의와 적극적인 지원 없이는 출간되기 어려웠습니다. 이 일에 관심을 보여주신 김성재 이사장님과 함승우 국장님께 지면을 빌어 뜨거운 감사의 말씀을 드립니다.

2009년 봄을 맞으며, 냉천골
옮긴이

한국의 독자들께 드리는 인사말

이 자리를 빌어 한국의 독자들께 인사를 드리게 된 것을 무척이나 기쁘게 생각합니다. 무엇보다 먼저 저는 존경하는 동료인 송순재 교수께 커다란 고마움을 표하지 않을 수 없습니다. 하나의 책 전체를 번역한다는 일은 그 자체로서 하나의 의미심장한 학문적 작업이기 때문입니다.

또한 한국에 계신 그리스도인들께도 인사를 드립니다. 저는 몇 년 전 한국을 찾았을 때 이 나라의 그리스도인들이 보여준 환대와 친절함을 알게 되었고, 또한 그 국제적 개방성을 높이 평가할 기회도 가질 수 있었습니다.

이제는 세간에서 자주 듣게 되는 세계화의 시대에, 다시 말씀 드려 의심할 여지 없이 국제간의 경제협력 관계와 또 이들간의 갈등구조가 갈수록 첨예화되고 있는 시대에, 그리스도인들간의 일치 운동 역시 날로 중요해지고 있습니다. 우리는 세계 전역의 그리스도인들 상호간의 대화와 배움을 필요로 하고 있습니다. 교육 실천에서, 교회라는 현존재로서, 아울러 학문 세계에서 말입니다.

이 책 역시 종교교육학 연구의 세계적 양상을 보여주고 있습니다. 저는 이 책에서 독일과 영국, 그리고 네덜란드 등의 상황을 반영하려 했으며, 또한 신학과 교육학의 유럽적 지평을 북아메리카 대륙의 연구 성과와, 특히 그 경험과학적 연구와 연관지어 보려 하였습니다. 아울러 이 책은 신학을 다른 학문 영역과의 관계 속에서, 무엇보다도 다른 나라에서 이루어지고 있는 심리학과 사회과학의 연구성과들을 고려하였습니다. 이 모든 것은 이론 때문이 아니라, 실천을 위한 이론(Theorie für die Praxis)이라는 이름 하에서 이루어졌습니다.

이 책의 중심에는 신앙과 경험, 종교와 삶의 이야기가 결합되어 있습니다. 이렇게 함으로써 이 책은 모더니티와 포스트모더니즘이 제기하는 커다란 요구에 응답하려 하였습니다. 이는 오늘날 우리들이 살아있는, 그리고 삶에 관련된 신앙의 입구를 어떻게 발견할 수 있는지, 그 물음에 대해 하나의 길을 모색하려는 의도 때문입니다. 오늘날 인문과학이 시도하고 있는 것처럼 인간 경험과의 지속적인 대화없이 이러한 요구는 제대로 응답될 수 없을 것입니다.

저에게 아주 중요한 문제는 교회와 사회안에 사는 어린이와 청소년들입니다. 이 세대는 어떻게 하나의 세계 안에서 자라날 것이며, 또 살아갈 수 있겠습니까? 그리고 자라나는 과정에서 이들을 뒷받침하기 위해 우리가 할 수 있는 일은 무엇이겠습니까? 저는 우리 모두가 어린이와 청소년들에게 정당하게 관계할 수 있도록, 그들의 특이한 삶의 양식에서, 그들의 세계와 신앙과 종교를 이해하며 살도록, 끊임없이 배워야 할 것이라 믿습니다.

만일 저의 책이 한국의 교회와 사회에서도 그러한 문제 의식에 미력이나마 도움이 될 수 있다면, 저로서는 매우 기쁘고 감사하겠습니다. 아울러 이 번역서가 전세계 그리스도인들의 인간적인 의미의 세계화에 기여할 수 있게 되기를 바랍니다.

2001년 5월 15일 튀빙엔에서
프리드리히 슈바이처

Grußwort an die Leserinnen und Leser in Korea

Es ist für mich eine große Freude, daß ich an dieser Stelle Leserinnen und Leser in Korea grüßen darf. Dafür bin ich zuerst meinem verehrten Kollegen Prof. Dr. Sun-Jae Song zu großem Dank verpflichtet! Die Übersetzung eines ganzen Buches ist eine große Leistung, für die ich ihn nur bewundern kann.

Gerne grüße ich an dieser Stelle auch die Christen in Korea, deren außergewöhnliche Gastfreundschaft und Freundlichkeit ich bei einem Besuch vor einigen Jahren kennenlernen durfte und deren internationale Offenheit ich sehr zu schätzen weiß.

In einer Zeit, die von vielen mit dem Begriff der Globalisierung beschrieben wird und die ohne Zweifel von einer immer engeren internationalen ökonomischen Zusammenarbeit und Verflechtung gekennzeichnet ist, wird auch die christliche Ökumene immer wichtig. Wir brauchen den Dialog und das Lernen voneinander in einer weltweiten Christenheit - in der Praxis der Erziehung, im Dasein als Kirche und nicht zuletzt in der Wissenschaft.

Auch das vorliegende Buch verbindet internationale Aspekte der religionspädagogischen Forschung. Es kombiniert deutsche, englische, niederländische und, wenn man so will, europäische Horizonte aus Theologie und Erziehungswissenschaft mit nordamerikanischen Erkenntnissen besonders aus der empirischen Forschung. Und es verknüpft die Theologie mit anderen Disziplinen - vor allem mit Psychologie und den Sozialwissenschaften in verschiedenen Ländern. All dies aber geschieht nicht um der Theorie willen, sondern im Namen einer Theorie für die Praxis.

Im Zentrum des Buches steht die Verbindung von Glaube und Erfahrung, von Religion und Lebensgeschichte. Damit will das Buch einen Beitrag zur Bewältigung einer der großen Herausforderungen von Moderne und Postmoderne leisten. Es will eine Antwort geben auf die Frage, wie heutige Menschen einen Zugang zu einem lebendigen und lebensbezogenen Glauben finden können. Ohne den fortgesetzten Dialog mit der heutigen Erfahrung, wie sie nicht zuletzt durch die Humanwissenschaften erhoben und interpretiert wird, wird diese Herausforderung nicht zu bewältigen sein.

Ganz besonders wichtig sind mir aber die Kinder und Jugendlichen, in der Kirche und in der Gesellschaft. Wie wird die nächste Generation in der einen Welt aufwachsen und leben können? Und was können wir dazu beitragen, sie in diesem Aufwachsen zu stützen? Ich bin überzeugt, daß wir alle noch immer und noch immer mehr lernen müssen, Kindern und Jugendlichen gerecht zu werden -- in ihren besonderen Arten und Weisen, die Welt, aber auch Glaube und Religion zu sehen und zu leben.

Wenn mein Buch diesem Anliegen auch in Korea und in Kirche und Gesellschaft dort eine Hilfe sein kann, wäre ich dafür nicht nur persönlich sehr dankbar, sondern würde darin auch ein Stück jener weltweiten Verbindung in der Christenheit sehen, die unser Beitrag zu einer humanen Gestaltung der Globalisierung sein muß.

Friedrich Schweitzer

목 차

서문 ·· 4
한국어 개정판 옮긴이 서문 ·· 8
한국의 독자들께 드리는 인사말 ··· 10
Grußwort an die Leserinnen und Leser in Korea ····················· 12

1 경험과 기억 ··· 17
   "정말 어린이들이 하나님을 믿듯이" ······················· 17
   "성체 안에 있는 그 조그만 남자" ··························· 20
   리오바 수녀님의 "동전 – 하나님" ··························· 22
   어린이의 놀이 동무 하나님과
   청소년기 관념의 구성물인 하나님 ························· 28

2 원초적 통찰인가, 천진난만한 신화인가? ················· 46
   아동기와 청소년기의 종교가 존재하는가? ············· 47
   종교적 발달 연구와 그 접근법 ······························ 58

3 기본적 신뢰, 양심의 형성, 의미물음 ·························73
　지그문트 프로이트: 종교는 아버지에 대한 동경 ···············74
　에릭 에릭슨: 기본적 신뢰에서 정체성으로 ····················86
　종교적 발달의 유아기적 뿌리 ·······························107
　비판적 물음 ···113

4 하나님과 이 세상 이해하기 ································124
　장 피아제: 인식의 발달 ·····································126
　로렌스 콜버그: 도덕적 판단의 발달 ·························131
　프리츠 오저/파울 그뮌더: 종교적 판단의 단계 ···············141
　제임스 파울러: 신앙의 단계 ·································159
　비판적 물음 ···185

5 종교적 발달, 사회화, 교육 ································195
　"종교적 발달"이란 무엇인가? ·······························196
　발달을 둘러싸고 있는 주위 상황 맥락: 가족, 학교, 사회 ·······201
　교육, 그리고 교회에 대한 소원함 ····························204
　가족을 통한 종교적 사회화와 교회소속 ······················208

6 소녀/여성의 종교적 발달과 사회화 ·························214
　경험과학적 자료를 찾아서 ·································216
　해석에 대한 관점 ···218
　요약적 성찰 ··225

7 종교적 상징 ···229
　상징과 삶의 이야기 경험 ·································231
　상징능력과 상징이해 ·····································235
　상징, 경험, 상징이해의 순환 ·······························241

8 하나님 이미지의 발달 · 248
　아동기 초기: 부모님 같은 하나님 · 250
　아동기 중기와 후기: 하나님 이미지와 부모 이미지의 구분 · · · · · 252
　청소년기: 하나님 이미지의 내면화 · 인격화 · 추상화 · · · · · · · · 254
　남녀간 성차에 따른 특징 · 260
　종교교육학적 귀결 · 265

9 종교적 발달과 기독교 신앙 · 272
　신앙과 종교 · 273
　발달의 목표 · 279

10 종교적 발달과 교육 · 287
　발달과 관련된 교육의 필요성 · 288
　발달은 교육의 목표인가? · 291
　발달과 관련된 종교교육의 과제 · 295

참고문헌 · 301
인명색인 · 328
색인종합 · 333

1
경험과 기억
자서전적 입구를 통해 보기

"정말 어린이들이 하나님을 믿듯이"

"내가 어렸을 때, 아니 좀 자세히 말하면, 13살이 될 때까지는 정말 어린이들이 하나님을 믿듯이 하나님을 믿었어요. 하지만 나이를 먹어 가고 그 문제에 대해 생각할수록 과거의 그런 믿음은 사라졌지요. 어쩌면 제가 실수를 했는지도 모르겠어요. 나는 믿을 것인지 말 것인지를 아주 치밀하고, 실제적으로 따져봤답니다. 도무지 설명이 불가능한 기적이며, 교회와 관련된 모순들이 생각났지요. 이미 제가 말했다시피 이 주제는 실제적으로 다룰 수가 없어요. 하나님을 믿기 위해서는 자기 안에서 뭔가 합의가 있어야 해요. 종교란 참 좋은 의지가 되지요. 포기하지 않게 하고, 안 좋은 일을 당해서 하나님을 찾는 사람들에게는 지금보다는 좋은 일이 있으리라는 믿음이죠. 위험에 빠져 도움이 필요한 사람을 돕고 싶을 때, 그럴 수 없으면 어떤 사람은 하나님께 기도를 드리죠. 그분이 안 계신다면 많은 사람들은 용기마저 잃게 될 거예요.

참 재미있는 건, 수많은 사람들이 하나님께 뭔가를 기도했는데 그 일이 이뤄지지 않는데도, 다시 어려움이 찾아오거나, 아주 어려운 상황에 처하면 또 하나님께 매달린다는 거죠.

　　마지막으로 한 마디 하죠. 어려웠을 때 하나님께 도와달라고 하고서는, 어떤 형태로든 그 도움을 받았는데, 그 모습이야 어떻든지 간에, 하나님께 감사하는 사람은 아주 적더란 말입니다. 정말 사람들은 이기적이지요"(Schuster 1984, S. 55).

　이것은 "종교"라는 주제에 관해 스무 살 가량된 전기기계 조립공이 답한 내용이다.[1] "종교"라는 말을 들었을 때 그가 처음 떠올린 것은 바로 어린아이의 믿음, 이제는 없어져 버린 믿음이었다. 그가 "열세 살"에 빠져든 생각(거기에는 무엇이 숨겨져 있을까?)으로 인해 이 믿음은 "사라졌다." 이 표현에는 일종의 아쉬움이 배어있으며, 그 아쉬움은 계속해서 구체적으로 나타난다. 그가 말했듯이, 그는 "실제적으로" 따져보는 "실수"를 했고, 이때 어떤 설명할 수 없는 것, "기적"이나 "교회와 관련된 모순"과 맞닥뜨리게 되었다. 그렇게 해서 그의 어린아이의 신앙은 깨져버렸다.

　그 다음 단락에서 이 사람은 종교의 의미를 설명해 보려고 한다. 그것이 자기 자신에게도 믿음으로 나아가는 새로운 통로를 의미하는 것인지, 아니면 그저 다른 사람과 관련된 이론적인 가능성을 서술하는 것인지는 명확치 않다. 어쨌든 그에게 어릴 적 믿음의 대체물이 나타난 것 같지는 않다. 그랬다면 그가 그 믿음을 사라지게 만든 그 "실수"에 대해 그렇게 분명하게 말할 수는 없었을 것이다.

　이 젊은이에게 있어서 종교의 의미는 어디에 있는가? 신자들이 끌어대는 "의지", "신뢰", "도움", "용기"를 잃지 않는 것 등 아주 구체적인 이익이다. 이러한 믿음은 인간들에게 특별히 "안 좋은 일을 당한" 사람들에게 심리적 버팀목을 제공한다.

　그러나 이 사람한테는 이러한 입장도 썩 마음에 들지 않는다. 그는 "그 일이 이뤄지지 않아서" 도움이 일어나지 않는 상황을 생각한다. 그

---

[1] R. Schuster가 편집한 본문은 직업학교 학생들의 이야기를 다루고 있다.

에게 있어서, "도움을 받는다"는 것은 뭔가가 "이뤄지는 것", 하나님이 삶의 과정에 개입하셔서 어떤 소원을 이뤄주시는 것을 의미한다. 그러나 여기서 이 남자는 문제에 부딪힌다. 왜, 사람들은 도움이 일어나지 않는 상황을 이미 경험했는데도 또 다시 기도를 하는 걸까? 종교의 의미가 어떤 "도움"을 얻는 것이라면, 이럴 경우 그들은 그 믿음을 버려야 하는 것 아닌가?

한편, 그가 보기에는 도움을 구하는 인간과 도와주시는 하나님 사이의 관계에 문제가 있는 것 같다. 설령 "도움을 받는" 사람이 있다 해도, "하나님께 감사하는 사람은 아주 적을" 것이다. 이러한 관찰에 의거하여 그는 아주 비판적 결론에 이른다. "사람들은 이기적이다." 동시에 이것은 믿음이라는 것을 이해해 보려는 그 사람 자신에게 제기된 내용상의 문제이기도 하다. 그에게 떠오른 물음은 도움이 그쳐버린 상황 속에서 어떻게 믿음이 사라지지 않는가에 대한 것일 뿐만 아니라, 어떤 목표가 달성된 후에는 믿음이 왜 지속되어야 하느냐에 대한 것이기도 하다.

전체적으로 보았을 때, 이 사람의 고백은 독특한 단절을 나타낸다. 우선 어린아이의 믿음과의 간격이 있다. "실제적인" 생각과 물음이 배태한 이 간격은 "하나님을 믿는 것은 자기 안에서 …… 뭔가 합의가 있어야 한다"는 요구와 대면하게 된다. 그러나 하나님의 도움이 주어지지 않는 상황에 대한 이 사람의 회의적인 사고가 잘 보여주듯이, 그 "실제적" 비판의 목소리는 침묵을 지키지 않는 듯하다.

이 젊은 남자는 과도기적 상황에 놓여 있다. 어린아이의 믿음에서는 떨어져 나왔지만 믿음의 세계에 전적으로 투신하기는 싫어한다. 그는 "속에서부터" 새로운 길을 찾고 있으나, 어떻게 하면 자기가 그 길을 "실제적으로" 갈 수 있을지는 아직 모르는 상태이다.

그의 표현방식은 눈에 띄게 추상적이다. 그는 특정한 사건이나 경험, 구체적인 인물을 언급하지 않는다. 이러한 추상적인 문체와 의도적으로 간격을 유지하는 듯한 사고방식은 믿음의 의미를 추구하되, 하나님과 인간 사이의 합리적인 관계를 구성하려는 그의 철학적-심리학적 시도와 잘 어울린다. 그렇다면 약간은 사변적으로 들릴 테지만 이렇게 결론지어 볼 수 있다. 즉, 이 사람에게 있어서는 "속으로부터"의 감정적 접근과 추상적 사고방식 사이의 긴장 관계를 극복하는 것이 중요하다. 출발점은 바로 이 긴장관계 속에 있을 것이다. 이 사람의 향후 종교적 발달은 바로 여기에 달려 있다.

"성체 안에 있는 그 조그만 남자"

"나는 일찍부터 성찬식에 참여하여 성만찬 축복을 기다리고 있었다. 그런데 그 축복은 나에게 찾아오지 않았다. 허름한 옷을 입고 수염이 난 저 조그만 남자가 내 가슴 속에서 이리저리 돌아다닌다는 것을 결코 믿을 수 없었다. 동시에 나는 저 사람이 내 입으로 들어와, 미끄럽고 가파른 내 식도를 통해 내 가슴까지 미끄러져 들어올 것을 생각하니 무서웠다. 교리문답에는, 주님께서는 가장 작은 성체에도 계신다고 씌여 있었다. 그때는 전쟁 중이었기 때문에 모든 것을 아껴야 했고, 신부님은 성체를 네 조각으로 나누셨다. 논리적으로 생각할 때, 그 조각이 작아지면 작아질수록 그 안에 있는 사람도 작아진다. 그러면 그만큼 내 안에 있는 복잡한 기관들 속에서 없어질 위험도 크게 느껴지는 것이었다.

내 몸 안에서 일어나는 일들이 나에겐 아주 흥미로웠다. 어머니는 어린 나에게 겁을 주셨다. '너, 앵두 씨를 그냥 삼키면 네 배에서 앵두나무가 자랄 거야.' 그렇다면 내가 포도 씨를 삼켰을 때는 포도나무가, 살구 씨를 삼키면 살구나무가 자라나게 되는 셈이다. 그래서 나는 조심조심 과일을 먹었다. 실수로 과일 씨앗을 삼켰을 때는 잠을 이룰 수 없었다. 나무가 벌써부터 내 안에서 자라나는 것 같았고, 열매를 매단 가지들이 코, 입, 귀로 마구 뻗어 나올까봐 매 순간 신경이 쓰였다. 나는 내 손가락도 나무 뿌리로 변해서 나를 뒤덮을 것만 같았다" (Marie Cardinal 1979, S. 61f.).

여기서 가장 먼저 눈에 띄는 것은 성체에 담겨있는 "조그만 남자"에 대한, 매력적인 상상이다. 이 어린이는 견진성사에서 배운 것을 글자 그대로 받아들여, 성체 안에 어떤 "사람"이 앉아있다고 믿었다. 그리고 그 성체를 전쟁 기간 중의 물자 절약 때문에 좀더 여러 차례 나눴으니까, 그 안에 있는 사람도 그만큼 더 작아지는 거라고 믿었다. 또 그 작은 남자가 입과 식도를 거쳐 가슴까지 이어지는 위험한 길을 무사히 갈 수 있을지도 걱정이었다. 성만찬을 받을 때, 인간 속으로 들어온 그 사람은 "우리의 마음에 들어와" 거기서 "행복, …… 착한 마음, 지혜, 평화"를 선물해 줄 것이다.

하지만 이런 "축복"은 어디에 있는가? — "그 축복은 나에게 찾아오지 않았다." 아이는 축복을 아주 문자 그대로 이해했고, 그 "축복" 역시 분명하게 알 수 있는 어떤 것이라고 믿었던 것이다.

성체 안의 작은 남자에 대한 상상은, 삼켜 버린 앵두 씨앗이 몸에서 자라 나무가 되는 상상과 겹친다. 이러한 상상이 어린이에게 두려움을 주었다. 그것은 씨앗이 몸안에서 크고 또 커서 온몸 구멍으로 삐죽 삐죽 튀어져 나오는 것에 대한 두려움이었다.

그러므로 성만찬에 대한 어린이의 생각은 다른 것들과 연결되어 있다. 일상적인 어린이의 사고 영역 속에는 이와 유사한 것들이 존재하고 있다. 어쩌면 성만찬과 관련된 상상은 전형적으로 어린이다운 것이라고 할 수 있다.

지금 우리에게 말하고 있는 어린이의 음성 뒤에는 또 뭔가가 있다. 그것은 아마도 편곡, 혹은 (음악적) 개작이라고 표현할 수 있을 것 같다. 지금 이 이야기를 들려주는 사람은 이제 어른이 되어, 과거의 일을 단순히 **보도**할 뿐 아니라 **해석**하고 있는 작가 마리 카르디날이다. 이로써 그녀는 과거의 자신, 즉 한 어린이였던 자기와는 구별되는 자아(Ich)를 취한 것이며, 그것을 우리에게도 노출시켰다. "논리적으로 생각할 때, 그 조각이 작아지면 작아질수록 그 안에 있는 사람도 작아진다"는 표현은 짧지만 아주 중요한 표현이다. 논리적? 과연 누구의 생각에 논리적인 것일까? 모든 것을 말 그대로 받아들이는 어린아이들은 자신들의 생각을

"논리적"이라고 표현하지 않는다. 그러나 어른의 눈으로는, 그 작은 남자가 작아진 원인으로 제시된 그 추론은 전혀 "논리적"이지 않다. 물론 어떤 어른은 이 문제를 진지하게 고민해서, 그런 생각 속에서 어떤 내적 관련성을 찾아내고, 그것을 "논리적" 관련성이라고 변호할 수도 있을 것이다. 그러나 결국 그것은 어린이의 눈으로 볼 때 "논리적"인 것이다.

여기서 우리는 한 명의 어른과 만나게 된다. 그 어른은 스스로 어린이가 되어 생각해 보고, 옛 경험을 새롭게 받아들이고 그것을 해석하고 있다. 일반적으로 이해가 되지 않는 "성체－남자"에 대한 공상에 어떤 열쇠를 제공하기 위해서 앵두 씨 이야기와 같은 평행 본문을 만들어 낸 것도 바로 그녀다. 그녀는 과거의 경험을 실감나게 재현하고, 새로이 파악하고, 자기와 다른 사람에게 납득시키고 있지만 어떤 거리감이 드러나는 것 같다. 앵두 씨 이야기에서 어머니가 한 역할을 성체와 관련된 공상에서는, 그녀가 기억을 통해 되짚어 간 교리문답이 수행하고 있다. 그 둘은 어린이에게 말하고 있지만, 그들의 말은 어린이를 비껴간다. 어린이의 이해력을 잘못 알고 있기 때문이다. 앵두 씨 이야기에서 이 문제가 더 분명해진다. 그 이야기로 인해서 아이는 겁을 집어먹게 된다. 성체에 있는 그 남자에 대한 평행 본문을 통해 이 문제는 당연한 것이 되었다.

리오바 수녀님의 "동전－하나님"

"사랑의 하나님은 모든 걸 보고 계신단다. 유치원에서 리오바 수녀님이 말했다. 그분은 모든 것을 보시고, 모든 것을 들으시고, 모든 것을 알고 계신다.

사랑의 하나님은 하늘에 있는 하얀 구름 위에 앉아 계신단다. 그분에겐 긴 수염이 있어. 그분의 눈은 벽도 뚫고 보실 수가 있고, 이불 속도 들여다 보시고, 작은 틈새나 창고에 있는 것도 보실 수 있단다. 어떤 것도 그분의 눈을 가로막을 수 없지. 그 눈은 밤과 낮에도 계속 보고 계시고 피곤해지지도 않아. 그것은 눈이 아니라 번개야. 보고 보고 또 보시는 거지.

유치원에서 리오바 수녀님이 말했다. 사랑의 하나님이 첫 번째고 그 다음엔 교황이 계시지. 그 다음이 추기경, 다음은 주교, 그 다음은 신부님이셔. 그 다음에는 수녀원장님, 그 다음에는 부모님이 있고 그 뒤로는 쭉 아무것도 없고, 그리고 마지막엔 네가 있지. 리오바 수녀님이 유치원에서 말했다.

나는 자세히 알고 있다. 나쁜 사람은 하나님의 마음을 아프게 한다. 나쁜 사람은 사랑의 구세주가 다시 피를 흘리시게 만든단 말야. 당신의 **은총과 보혈이 모든 허물을 덮으시도다.**"

"착한 아이는 음식을 남기지 않고 먹는다. 착한 아이는 옷을 더럽히지 않는다. 착한 아이는 편식하지 않는다. 착한 아이는 거짓말도 안 한다. 착한 아이는 치마를 들어올려 팬티가 보이게 하지도 않는다. 매일 밤 나는 내가 나쁜 아이였다고 고백해야 했다. 나는 잠자리에 들기 전 엄마와 함께 이렇게 기도해야 했다. 당신의 **은총과 보혈이 모든 허물을 덮으시도다.**

금식 주간에 유치원에는 커다란 종이 상자가 놓여 있었다. 그 옆에는 흑인 소년이 서 있었다. 누가 와서 동전을 집어넣으면 그 소년은 인사를 했다. 리오바 수녀님은 말했다. 저 앤 흑인 아이야. 그러니까 외국인인데 참 불쌍해. 검은 피부에 옷도 입지 못하고 사랑의 주님을 알지도 못해.

흑인 소년 곁에 있던 종이 상자는 원래 사탕을 놓아두던 곳이었다. 타원 모양으로 화려하게 색을 입히고 거품 같은 것으로 속이 채워져 있는 부활절 달걀이며, 초콜릿, 사탕 막대기가 있던 곳이었다. 나는 그것을 가게에서 샀다. 거기서는 요술종이 봉지도 팔았는데 20페니히였다. 아침에 고아원 가는 길에 20페니히에 요술이…….

금식 주간에는 요술종이 봉지를 살 수 없었다. 그때는 간지럼 같은 건 없었고, 유치원 종이 상자에 넣을 부활절 달걀, 화려하게 색 입히고 거품 같은 것으로 속이 채워진 달걀을 샀다. 그래야 고아원 아이들도 착한 목자가 되어 화려한 둥지를 발견할 수 있을 테고…….

나는 사랑의 하나님이 나를 최고로 좋아해 주시기를 원했다. 그분은 나 하나만을 좋아하셔야 한다. 리오바 수녀님은 사람이 모든 것을 자꾸만 가지려고 하는 건 나쁘다고 말했다. 뭔가를 내놓을 줄도 알아야 한다고, 그래야 사랑의 하나님이 기뻐하신다고 말이다.

나는 돈을 아주 많이 갖고 있는 상상을 해보았다. 그래서 그걸로 세상에 있는 예쁜 부활절 달걀을 몽땅 살 수 있을 정도로. 내가 그걸 그 흑인 소년 옆에 있는 상자에 던져 넣으면 사랑의 하나님이 나를 제일 좋아하시겠지"(Jutta Richter 1985, S. 8-10).

이 이야기는 여성작가인 유타 리히터가 가톨릭 교회를 떠나면서, 자신이 어린 시절 받았던 종교교육의 경험에 대해 적어놓은 보고서의 내용 가운데 일부다. 유타 리히터는 이 보고서를 "해방의 시도"라고 불렀다(이것은 책의 부제이기도 하다). 이러한 생각은 유치원 보모에 대한 부정적 태도와 잘 맞아 떨어진다. 그 유치원 보모는 어린이에게 엄격한 하나님, 모든 것을 다 아시고 끊임없이 벌을 주시는 하나님 이야기를 들려준다. 물론 이 하나님은 문학적으로 창작된 이미지로서 저 위에 있는 반면, 어린이는 하늘과 인간의 위계 질서를 상징하는 단계들 중에서도 제일 밑에 있다.

유타 리히터가 여기서 묘사하는 하나님은 도덕의 하나님이다. 그분은 엄마 아빠가 강요하는 "이건 해라"와 "저건 하지 마라"를 뒷받침해 주는 분, 저 높은 곳에서 아래를 내려다보면서 어린이들에게 지나친 죄의식을 심어주는 존재다. "나는 내가 나쁜 아이였다고 고백해야 했다."

이러한 하나님 이해와 더불어 "인사를 하는 흑인 소년"이 기억 속에 남아 있다. 그리고 여기서도 하나님의 사랑은 완전히 어린이의 행동과 연관된다. 하나님의 사랑은 어떤 행동에 대한 보상이었던 것이다. 어린이가 "돈을 아주 많이 갖고" 싶어하고, 제일 많이 사서 기증을 하면 하나님이 "최고로" 좋아해 주실 거라고 생각한 것도 어쩌면 당연하다.

사람들을 위협하는 하나님, 윤리를 부여하고 (특별히 성性 윤리 영역에서) 벌을 주는 하나님. 이러한 하나님 이미지는 자서전을 읽어 보면 많이 등장한다. 종교교육과 관련된 경험들을 모아놓은 보고문의 내용을 한마디로 요약하면 이것이다. "사랑의 하나님은 모든 것을 보고 계신다"(Scherf 1984). 이것을 잘 보여주는 가장 대표적인 예가 틸만 모저(Tilman Moser)의 "하나님 중독"일 것이다. "동트기 전에 드리는 기도"라는 제목의 글에서 그는 이렇게 써 내려 갔다.

"사람들이 나한테 당신에 대해서 말한 것 가운데 가장 끔찍한 것이 뭔지 아십니까? 그것은 당신이 모든 것을 들으시고, 모든 것을 보시며, 비밀스러운 생각까지도 알고 계신다는 얘기입니다. 그것은 정말 음험하게 유포된 확신입니다"(S. 13).

모저의 이러한 하나님 이해는 어린 시절로 거슬러 올라간다. "당신은 부모님의 웃음 속에 있는 영원한 추가 공급이었습니다"(S. 30).

모저의 글은 널리 알려져 있고 이미 다양하게 해석되고 있기 때문에 필자는 이 보고서를, 부분적으로 비슷한 점이 있는 프리츠 초른(Fritz Zorn)의 글 "화성"(Mars)과 마찬가지로 더 이상 파고들지 않으려 한다. 필자에게 중요한 것은 벌을 주시고, 상을 주시는 하나님에 대한 일반적인 경험뿐이다. 모저는 이 경험이 아주 어렸을 적부터 이어져 내려온 것이라고 본다. 이 때문에 유타 리히터의 보고는 흥미롭게도 전혀 다른 성향을 드러내고 있다.

"나는 하나님이 두 분 있다고 생각했던 것 같다. 하나는 내 어머니를 통해 알게 된 사랑의 하나님이고, 다른 하나는 리오바 수녀님이 가르쳐준 사랑의 하나님이다. 이 하나님은 비트캄프 신부님의 하나님이기도 하다. 리오바 수녀님의 하나님은 깁스를 하고 서서 인사를 하고 있는 흑인 아이의 아버지였다. 동전 한 닢에 열 번 절을 했다. 리오바 수녀님의 하나님은 언제나 모든 것을 보고, 모든 것을 알고, 모든 것에 벌을 주려고 신경을 쓰는 하나님이었다. 리오바 수녀님의 하나님은 영원한 생명을 가진 하나님이었고 힘 있고 악한 하나님이었다.

　　우리 어머니의 하나님은 수호천사들의 아버지였다. 어머니의 하나님은 마음씨 착한 노신사. 그분의 손에서 떨어진 하늘의 열쇠가 지금은 개울가의 꽃으로 자라나고 있다. 여름이면 그 하나님은 열정적인 정원사가 되었고, 9월부터는 키가 작고 뺨이 포동포동한 천사들과 함께 하늘 빵집의 일을 거들어 주셨다. 그 천사들은 저녁 노을이 질 때부터 일을 시작했다. 우리 어머니는 성탄절을 위한 빵 굽는 그곳의 좌석을 모두 알고 계셨고 나한테 하나하나 알려 주셨다. 우리 어머니의 하나님은 어린이의 뒤를 캔다는 생각을 절대로 안 하실 것이다. 오히려 그분은 두 눈을 감고 수호천사를 내 침대 오른쪽에 보내서서 밤새도록 지켜주도록 하신다. 나는 내 천사의 숨결을 느낄 수 있었다. 어머니의 하나님은 딱 한 가지 결점이 있었다. 내가 다섯 살 되었을 때 리오바 수녀님으로부터 이런 말을 들었다. '하나님은 인간의 죄, 너의 죄를 위해 유일한 아들을 죽게 하셨다. 그리고 나를 바라보셨다.' 그때 내 어머니의 그 하나님은 돌아가셨다"(S. 17-18).

　　여기서 유타 리히터는 틸만 모저의 경험과는 완전히 상반되는 제2의 하나님, 어머니에 대한 기억과 결부된 좀 더 이전의 하나님 이미지를 묘사한다. 이 하나님은 "수호천사들의 아버지"이다. 틸만 모저의 경우와 마찬가지로 이러한 하나님 이미지도 특정한 인물(부모님, 어머니, 리오바 수녀)과 밀접한 관련을 맺고 있다. 유타 리히터에게 어머니와 같은 이미지로 다가오는 하나님은 생각이 깊고 은혜로운 하나님, 아이들과 놀아주는 하나님이다. 그리고 "오히려 두 눈을 감으시는" 하나님이다. 리오바 수녀의 하나님이 고개를 "끄덕이도록" 하기 위해 동전을 요구하는 것은 나중 일이다. 그 하나님은 본래 "모든 것을 알고, 모든 것에 벌을 주시려고 항상 신경을 쓰는" 분이다.

　　그러나 그 후로 유타 리히터는 종교로 접근하는 또 하나의 다른 통로를 발견한 것 같다. 어린 시절의 놀이에 대한 기억은 심판하시는 하나님 이미지와는 맞지 않는다.

"옛날에 내가 성모 기념 제단을 만들었던 기억이 난다. 나는 부모님 방에서 마리아 상을 몰래 가지고 나왔다. 부엌에서 낮은 걸상 하나를 가져오고, 꼭 맞는 성수 접시가 있는 구리 십자가도 구해놨다. 그 십자가는 첫 번째 성체 미사 때 엘제 이모한테 받은 것이다. 여기다가 식탁보도 하나 찾아냈다. 바에는 비가 내리는데 나는 오후 내내 그 제단을 치장했다. 내 방에서 불을 피우는 것은 금지되어 있었는데 나는 제단 위에다 초를 세워놓기까지 했다. 밤이 되었을 때 나는 제단 앞에 무릎을 꿇고 "바다의 별, 나는 그대에게 인사하노라!"를 처음부터 끝까지 노래했다. 또 다른 놀이는 아주 추운 겨울에, 눈송이들이 천천히 공기 중에 떠다닐 때 강가에서 이 놀이를 하고 놀았다. 그 강가는 꽁꽁 얼어 있었다. 나는 그 얼음에서 갈대 다발을 뽑아내서, 아주 촘촘하게 서 있는 나뭇가지 사이를 채웠다. 그러면 그것이 나의 오두막이 되고 그 오두막은 베들레헴의 마구간이 되었다. 그러면 나는 목수 요셉이 되었고 마리아와 어린 아기가 춥지 않도록 뭔가를 해야 했다. 오두막에 앉아 있는 마리아가 배고파 우는 아기를 달래고 있을 때 나는 성냥으로 마른 짚과 나뭇가지에 불을 붙이려고 했다. 저기 다른 나무에는 천사들이 앉아서 아기가 잠들 때까지 할렐루야를 속삭였다"(S. 30-31).

우리는 유타 리히터의 글에서 다시 한번 종교적 발달이라는 주제를 발견하게 된다. 종교적 발달은 다양한 방식으로 어린이의 표상 속에서 나타나며 아동기의 전반부와 후반부에 따라 상이한 형태를 취한다. 유타 리히터는 그 변화를 하나님 이미지의 변화와 긴밀하게 연결시키고 있다. 이제 교회의 울타리를 벗어난 상황에서—그녀는 이것을 "해방"이라고 해석했다—이제 하나님은 사고의 대상으로 귀착되었다.

유타 리히터는 교회가 자신을 이해하지 못하며 자신을 억압하고 옥죄고 있다는 느낌을 갖고 있다. 교회가 그녀에게 가르쳐준 하나님은 나에게 뭔가를 주기에 앞서 뭔가를 받으려고 하는 하나님이다. 이러한 하나님 이미지 대신 그녀는 엄마와 같은 느낌을 주는 하나님께 호소했다. 그러나 교회의 교육은 그 자비로우신 하나님을 빼앗아 갔다.

이러한 시각은 옳은 것인가? 삶의 이야기에 근거한 경험과 발달에 상응하는가? 여기에 대한 잠정적인 대답은 또 다른 질문 하나를 던져봄으로써 가능하다. 리오바 수녀의 개입이 없었다면 어릴 적 하나님에 대한 이미지는 그대로 유지될 수 있었을까? 대답은 그리 간단치 않다. 하지만 우리는 이렇게 말할 수 있을 것이다. 아무리 그렇다고 해도 어릴 적 이미지들(예를 들면 "수호천사")은 새로운 경험을 통해서 부서지지 않을 수 없었을 것이다. 그러나 그 방식에 있어서는 다른 모습을 보였을 것이다. 어린 시절, 아늑함의 느낌, 혹은 아늑함의 이미지가 오로지 죄책감 때문에 분해될 수 있다는 주장에는 타당성이 없다.

어린이의 놀이 동무 하나님과
청소년기 관념의 구성물인 하나님

지금까지의 이야기 자료들은 어느 정도 특수한 부분에 제한되어 있어서 발달의 어떤 전체적 이미지를 보여주지는 못했다. 더욱이 그것들은 거의 같은 시기인 대략 1970년대에서 80년대 사이를 배경으로 하고 있다. 때문에 외적인 상황의 유사함이―비록 그것이 글이 쓰여진 시간에만 그랬던 것이지만―글쓴이들의 기억에 어떤 영향을 끼치고 있을 것이다. 그래서 이번에는 아동기/청소년기의 발달 중에서 우리에게 좀더 연관성이 있는 이미지를 제공하는 이야기 하나를 골라보았다. 이 이야기는 우리를 200년 전의 상황으로 안내한다.

칼 필립 모리츠(Karl Philipp Moritz)는 『심리소설』(부제)이라는 책에서 안톤 라이저(Anton Reiser)라는 가상 인물의 아동기/청소년기를 묘사한다.[2] 그는 유아기에 대해서는 거의 언급하지 않는다. 그가 주로 묘

---

2) 다음에 나오는 본문은 좀더 읽기 쉽게 언어와 정서법을 단순화시켰고, 중요하지 않

사하고 있는 것은 안톤의 부모, 특히 청교도 신앙에 영향을 받은 아버지의 모습이다. 아버지는 종교적인 문제 때문에 아내와 항상 긴장 관계 속에 있었다. 이러한 "가정 불화"를 피해 안톤이 도망칠 수 있었던 곳은 오직 "늘 가던 밤나무" 뿐이었다. "이렇게 해서 그는 일찍부터 자연스러운 어린이의 세계에서 초자연적인 이상의 세계로 내몰리게 되었던 것이다" (S. 19). 아버지가 안톤에게 "내적인 기도"를 연습하라고 한 것도 이 때의 일이다. 이 기도 연습을 통해서 안톤은 "감각의 세계에서 떨어져 나와야" 했다.

"얼마 가지 않아 안톤은 감각으로부터 상당히 떨어져 나왔다고 믿게 되었다. 그때부터 안톤은 실제로 하나님과 이야기를 나누기 시작했고 금방 아주 가까운 관계가 되었다. 하루 종일, 그러니까 혼자서 산책을 할 때나, 일을 할 때, 심지어는 놀이를 할 때도 안톤은 하나님과 이야기했다. 더욱이 그 대화는 사랑과 신뢰로 가득한 것이었다. 그렇지만 그 대화는 사람이 자기와 비슷한 존재, 격식을 차리지 않아도 되는 사람과 나누는 대화 같았다⋯⋯
물론 항상 만족스러운 일만 생겼던 것은 아니다. 가령 큰 문제가 되지 않을 만한 사소한 일, 혹은 어떤 소망 같은 것이 이루어지지 않을 때가 있었다. 그럴 때면 이렇게 말하는 것이었다. '아니 이런 작은 것도 허락해 주지 않으시다니!' 아니면 '그렇게 불가능한 일이 아니라면 허락해 주실 수 있으실 텐데!' 안톤은 이것을 나쁘게 생각하지는 않았다. 간혹 가다가 자기 나름대로 하나님한테 약간은 화가 난 것일 뿐이다" (S. 24f).

손수레 장난도 이 때 일어난 일이다. 안톤은 "꼬마 예수"를 태우고 돌아다녔다.

아 보이는 대목은 생략했다 ─ 라이저에 대해서는 예컨대 R. Minder(1974)의 자료가 있다.

"집 뒤에는 큰 정원이 있었다. 안톤은 어느날 우연히 손수레 하나를 발견했다. 그 손수레를 끌고 정원 곳곳을 돌아 다니는 것은 정말 재미있는 놀이였다.

그런데 갑자기 이런 놀이는 죄라는 생각이 들었다. 그래서 이것을 정당화하기 위해서 안톤은 아주 기막힌 생각을 해냈다. 전부터 안톤은 꼬마 예수에 관한 책을 많이 읽었다. 그 이야기에 따르면 꼬마 예수는 언제나 어디서나 우리와 함께 할 수 있다.

안톤은 하나님과 이미 친하게 지내고 있다. 그렇다면 그분의 아들하고도 친하게 지내지 못할 이유가 없다. 안톤은 꼬마 예수가 자기하고 놀아줄 것이라고 믿었다. 꼬마 예수를 손수레 위에 올려놓고 끌고 다닌다 해도 아무런 문제가 없을 거야.

그리고 안톤은 자기가 그렇게 높은 분을 손수레에 태우고 다닐 수 있으며, 그걸로 재미를 느낄 수 있다는 것은 굉장한 행복이라고 평가했다. 그분은 상상력의 산물이었으므로 안톤은 자기가 하고 싶은 대로 할 수 있었다.

자기 기분에 따라 그분이 그 놀이를 좀 더 하고 싶어하게도, 그만하고 싶어하게도 만들 수 있었다. 안톤은 그 놀이에 질리면 아주 정중한 태도로 이렇게 말했다. '저는 더 하고 싶지만 당신을 태워드리는 것은 이제 불가능합니다.'

이렇게 해서 결국 안톤은 이것을 일종의 예배로 생각하게 되었다. 반나절 동안이나 손수레를 갖고 놀았지만 이제 그것이 죄라고 생각되지 않았다"(S. 26).

여기서는 일단 안톤과 하나님과의 관계가 묘사되고 있다. 그것은 "자기와 비슷한" 존재와의 관계라고 말할 수 있다. 이 관계에서는 일종의 동등성과 상호 교환이 나타난다: 하나님은 소원이 이루어지도록 해주시기도 하고, 소원을 들어주지 않으실 때도 있다. 소원이 이뤄지지 않은 경우 안톤은 하나님께 화가 날 때도 있다.

이와 비슷한 방식으로 어린이는 예수를 놀이 동무로 생각한다. 이러한 생각의 배경에는, 마리 카르디날의 경우와 같이 "꼬마 예수"에 대한

(글자 그대로 받아들인) 가르침이 있다. "꼬마 예수는 언제나 어디서나 우리와 함께 할 수 있으며" 함께 놀 수도 있다.

여기서 어린이의 공상은 종교적 "기능"의 시나리오를 만들어 낸다. 이 시나리오는 "죄"로 여겨지던 놀이에 정당성을 부여한다. 이렇게 해서 어린이의 공상은 안톤이 교육을 통해서 받았던 편협한 신학적·교육학적 관점으로부터 자유로워지는 계기를 마련하게 된다.

안톤의 어릴 적 생각에 대한 다른 기록에서도 이런 식의 이해의 흔적이 나타난다.

> "안톤의 어머니는 죽어 가는 사람에 대해 이야기하시면서 '죽음은 이미 그 사람의 혀에 앉아 있다.'고 말씀하시곤 했다. 안톤은 이번에도 그 이야기를 곧이곧대로 받아들였다. 언젠가 친척 중 한 분이 돌아가셨는데 안톤은 그 곁에 앉아서 돌아가신 그분의 입을 쳐다보았다. 작고 검은 형체를 띤 죽음이 그분의 혀 위에 앉아있는 것을 찾아내려는 것이었다"(S. 35).

그 뒤에는 이러한 상상이 어린이에게 가져다주는 "완화의 축복"에 대한 언급이 나온다. 이러한 상상은 아직 그 죽음의 냉혹함을 견딜 수 없는 어린이를 보호해 준다. 죽음을 "작고 검은 형체"라고 상상함으로써 어린이는 자신이 보호받고 있다는 느낌을 유지할 수 있다. 이것은 불완전하거나 미성숙한 것이 아니라 연령에 맞는 이해, 발달단계에 맞는 이해인 것이다. 이렇듯 공상으로 채워진 어린이의 세계를 떠난다는 것, 다시 말해 "제약"에서 "도망치는 것"은 아늑함의 상실이다. 다음 두 개의 글은 열 살쯤 된 안톤의 하나님에 대한 표상으로서 이러한 변화를 잘 보여준다.

> "하늘에 구름이 잔뜩 끼고 멀리 지평선이 작아질 때면 안톤은 일종의 불안감에 휩싸였다. 저것과 똑같은 커다란 덮개가 온 세상을 마치 안톤이 살고 있는 작은 방인 것처럼 둘러싸 버리는 것만 같았다. 그렇

게 둥근 아치 모양의 덮개에 대한 생각에서 벗어나면 지금 이 세상은
너무나도 작게 느껴졌다. 그리고 이 세상이 또 다시 다른 덮개로 둘러
싸일 것 같았다. 이런 생각은 꼬리에 꼬리를 물고 일어났다.
　　하나님을 가장 높은 존재로 생각했던 안톤에게는 하나님에 대한
생각에 있어서도 이와 똑같은 변화가 일어났다 …… 하나님은 하늘 위
에 계신 분이라고 생각했다. 그런데 안톤이 생각해서 만들어낸 하나님,
가장 높은 저 하나님이 너무 작게 느껴졌다. 그보다 더 높은 분이 나타
나면 전에 있던 하나님은 사라지고, 그런 일이 무한히 반복되었다 ……
그런 꿈은 아주 생기발랄한 것이었으며, 거의 현실과 맞닿아 있는 것
같았기 때문에 안톤은 벌건 대낮에도 꿈을 꿀 수 있다고 생각했다. 그
리고 자기가 보는 모든 것, 심지어 주변 사람들까지도 자신의 상상력이
만들어낸 것일지도 모른다고 생각했다.
　　이것은 안톤에게 섬뜩하게 놀라운 생각이었다. 그래서 그런 생각을
할 때마다 안톤은 제 자신을 두려워했다"(S. 37f.).

여기서 이 세상과 하나님은 의문의 대상이 되고 있다. 언제나 스스
로를 초월하게 마련인 사고가 그것들을 의문시한다. "그런 일은 무한히
반복된다." "가장 높은 하나님"도 너무 작은 것이 되고 만다. 그보다 더
높은 존재를 생각하게 되기 때문이다. 꿈과 현실이 뒤섞이고 모든 존재
(사물과 인간)는 "상상력이 만들어낸 것"에 지나지 않는다.
　모리츠는 이러한 형이상학적 현기증이야말로 아늑함을 상실한 징표
라고 해석한다. 그것은 "섬뜩하게 놀라운 생각"이다. 그러나 과연 이 뿐
인가? 지금부터 우리가 살펴보겠지만 이때부터 인간에게는 자꾸만 되묻
고 의심하는 능력이 작용하기 시작한다. 이것은 어떤 권위라든지 부정적
판단(안톤 자신을 비난하던)에 의문을 제기하고 온갖 두려움으로부터 벗
어날 수 있는 능력을 뜻한다(S. 65).
　안톤은 어린 나이에 처음으로 아주 짧은 수업 기간을 겪는다. 그 기
간에 안톤은 모자 제조인 밑에서 일을 배우면서 심한 고생을 했다. 이런
안톤에게 유일한 위안이 되었던 것은 P 목사님의 설교를 듣는 것이었다.

안톤은 이 목사님의 모든 면을 존경했고 그를 이상화했다(S. 70). 안톤은 견진성사를 열망했다. 특별히 첫 번째 성만찬을 기다렸다.

"견진성사를 받고 난 다음 일요일에 라이저는 처음으로 성만찬에 참석할 수 있었다. 열심히 받아 적고 외운 모든 가르침을 가장 양심적으로 실행에 옮기려고 노력했다. 그는 죄와 참회의 규범집에 따라 미리 시험을 치른 뒤였으며 기쁨의 떨림을 느끼며 제단으로 나아갔다. 그는 갖은 방법을 써서 이런 **기쁨의 떨림**에 흠뻑 젖어들고자 했다. 그러나 그렇게 되지는 않았다. 자기의 마음이 이렇게 딱딱해진 것에 대해 그는 신랄하게 자책했다. 마침내 그는 추위 때문에 떨기 시작했다. 그리고 이것이 어느 정도 그에게 위안이 되었다. 그에게 이러한 영혼의 양식을 허용한 하늘의 감각과 축복된 감정. 그 모든 것을 그는 느끼지 못했다 ……"(S. 134-135).

그는 "가장 양심적으로" 첫 번째 성만찬에 임했다. 그러나 그 성만찬은 안톤에게 실망을 안겨다 주었다. "기쁨의 떨림"은 일어나지 않았다. 그에게 약속된, 그가 스스로에게 약속한 "축복의 감정"도 느끼지 못했다. 우리는 안톤이 또 다시 어린이의 수준에서 생각하고 있다고 말할 수 있다. 안톤은 상징적인 언어를 곧이곧대로 받아들여 그것이 마치 직접적이고도 체험 가능한 방식으로 이루어지는 것인 양 생각했던 것이다.

"그 당시 안톤은 자기 자신에 대해 불만족스러운 상태였다. 안톤이 생각하는 축복이라든지 경건한 신앙이라는 것은 무엇보다도 자기의 모든 것, 즉 웃음, 표정, 자기의 모든 말과 생각을 조심하는 것이었기 때문이다. 그런 식의 조심스러움은 제대로 이루어지지 않을 때가 많다. 그런 상태에서는 한 시간 이상을 버티기도 어려웠을 것이다. 안톤은 이러한 자신의 모습을 발견하고 무척 실망했다. 그리고 결국에는 진짜로 축복된 삶, 진짜로 경건한 삶을 살아가는 것은 거의 불가능하다고 여기게 되었다"(S. 135).

첫 번째 성만찬에 대한 실망은 자신의 모습에 대한 불만을 동반하고 있다. 안톤은 "경건한 신앙"에 따라 언제나 "자기의 모든 것"을 조심스럽게 행하지 못했기 때문에 불만스러웠다. 성만찬의 경험에서 이렇다 할 영향력을 느끼지 못했던 안톤은 자기 자신에 대해서도 비슷한 실망감을 품게 되었던 것이다. 안톤이 생각하는 경건한 신앙이란 늘 자기 자신에게 주의하는 것이며 "경건한 사람이 되려는 마음을 한 순간이라도 잊지 않는 것"(S. 48)이다.

일단 이러한 생각은 경건주의신학과 교리적 가르침의 영향을 받은 것이었다. 역사적 맥락을 고려할 때 이러한 평가는 타당하다. 그러나 우리는 여기서 한 걸음 더 나아가, 이 이야기로부터 인간의 특정한 이해와 인간의 의식적/무의식적 인격성에 대한 이해를 끄집어 낼 수 있다. 이것은 우리가 "성체 안의 조그만 남자"의 경우에서 볼 수 있는 것 같은 공상적 이해는 아니다. 그것은 인간의 마음을 극도로 단순화시킨 이미지다. 그리고 이것은 안톤이 전개하고 있는 생각의 출발점이다. 전체적으로 보아 이 인격성은 조절이 가능하고, 지적인 노력에 의해 통제가 항상 그리고 매 순간 가능하다고 생각한다. 이러한 생각 속에는 내적인 갈등을 위한 여지, 인간의 불투명성 — 자기 자신에 대한 것까지 포함한 — 을 위한 여지는 존재하지 않는다. 안톤에게는 확실성만이 존재한다. 아니, 확실성만이 존재해야 한다. 그도 그럴 것이 안톤은 자기 자신에 대해서도, 종교적인 예식 속에서도 그 확실성을 제대로 발견해 내지 못했기 때문이다. 아무런 확실한 영향력을 끼치지 못했던 성만찬과 비슷하게, 안톤은 자기 자신의 모순되고 이중적 면을 발견하게 된 것이다.

여기서 안톤의 내적인 모순이 분명하게 드러난다. 이러한 갈등은 발달을 일으키는 동시에 그 발달을 반영하고 있다. 그러나 안톤에게는 아직 이 갈등을 풀 능력이 없다. 안톤이 이러한 경험을 자신의 기대에 대한 실망으로 받아들이는 이상, 자신의 사고와 기대를 온당하게 평가할 수 없을 뿐 아니라, 자신의 경험을 실제 어떤 기반으로 삼을 수도 없다.

계속되는 안톤의 청소년기는 안톤이 다니게 된 학교로부터 큰 영향을 받는다. 물론 무서운 선생님들 밑에서 공부하는 것이 힘들기도 했을 것이다. 그러나 무엇보다도 그를 힘들게 했던 것은 억압적인 관계였다. 여기저기로부터 보조를 받아 근근히 학교 생활을 꾸려갔던 안톤은 다른 이들로부터 사랑을 많이 받지 못했다. 바로 그때 안톤에게 어떤 만남이 찾아왔다. 이미 오래전에 안톤에게 깊은 종교적 영향을 끼쳤던 백발 노인과의 재회가 그것이었다. 이 만남은 다시금 그에게 강렬한 인상을 남겨주었다.

"감정이 고조된 안톤은 집으로 돌아와 전혀 새로운 마음으로 하나님께 향하기로 작정을 했다. 안톤은 아픈 심정으로 자신의 어린 시절을 회상했다. 그때 그는 하나님과 대화를 나누며 언제나 큰 기대를 안고 있었다. 뭔가 큰 일이 자기에게 일어날 거라고 기대했다. 그러한 회상에는 말로 표현할 수 없는 달콤함이 있었다"(S. 160).

이 부분은 다른 기억들과 비교했을 때 상반된 경향을 보이고 있다. 우리는 여기서 어릴 적 종교로부터의 한 걸음 전진이 아니라 어린 시절의 경험을 향한 회귀를 보게 된다. 이때 "아픈 심정"과 "달콤함" 같은 감정이 일어난다. 이러한 감정은 자신이 그 시절로 다시 돌이킬 수 없는 처지에 있다는 의미에서 상실의 표현이자 자신의 기억 속에서 여전히 살아 있는 경험을 되찾음에 대한 표현이다.

잃어버렸던 옛 경험과 오늘을 잇는 일은 결국 실패로 돌아간다(S. 161). 옛 경험의 실제적인 갱신은 일어나지 않는다. 그러나 안톤의 경우에서 우리는 발달의 노선이 어떻게 뒤엉켜 있는지를 확실히 보게 된다. 그것은 전진하기도 하고 후퇴하기도 하는 탐구의 과정이다. 이 과정에서는 직선적 사고가 불가능하다.

아동기 신앙으로의 후퇴가 계속될 수는 없다. 안톤이 일기를 쓰다가 갑자기 느낀 감정이 이것을 잘 보여준다.

"참 이상한 일이었다. 안톤의 머리 속에서 뭔가 쓰고 싶은 것이 생기면 그것은 언제나 펜 끝을 통해 글이 되어 나왔다. '나는 어떤 존재인가?', '나의 삶은 무엇인가?'

존재와 인생에 대한 어두운 생각은 마치 깜깜한 낭떠러지처럼 자기 앞에 도사리고 있다가 언제고 그의 영혼으로 기어오르는 것이었다. 안톤은 자기가 느끼는 의심과 걱정의 중요한 면모를 기록해 두어야겠다고 생각했다. 다른 것이 생각나기 전에……. 안톤은 자기에 대해 정직해지고 싶었다. 자기가 어떤 다른 존재가 되기 이전에…….

안톤은 개인이라는 개념을 파고들기 시작했다. 그 개념은 논리학 시간에 처음 들은 것이었다. 최근 몇 년 동안 안톤은 특별히 이 개념에 흥미를 느끼고 있었다. 마침내 그는 모든 면에서 규정되어 있는 상태, 그러면서 '동시에 완전하게 자기 자신인 상태'의 정점과 만나게 되었다. 얼마간 깊이 생각하고 나니까 마치 자신이 사라져 버린 것 같은 느낌이었다. 과거를 되짚어 보고 나서야 비로소 자신이 누구인지 다시금 확인할 수 있었다. 자기의 존재라는 것은 이렇듯 끊어지지 않은 기억(회상)의 사슬에 매여있다는 것을 느끼게 되었다.

안톤에게 진정한 실존이란 오직 본래적인 개인에 국한되어 있는 것 같았다. 영원히 불변하면서, 모든 것을 한눈에 포괄하는 존재 이외에는 참된 개인이란 생각할 수 없었다.

이러한 연구의 끝머리에서 안톤은 이렇게 생각하게 되었다. 결국 나 자신의 존재는 단순한 눈속임에 불과하다. 나 자신의 존재란 추상적 관념에 불과하다.

자기 자신의 제한성에 대한 생각을 통해 안톤의 신 개념은 좀 더 순화되었다. 이제 안톤은 이러한 큰 개념 속에서 자신의 존재를 느끼기 시작했다. 자신의 존재란 언제라도 사라질 수 있는 것, 아무런 목적도 없이 떨어져 나가 조각나 있는 것처럼 느꼈다"(S. 238-240).

다시금 뚜렷하게 추상적 사고가 우세해진다. 그렇지만 여기서는 이 사고가 다른 무엇보다도 자기 자신에게 쏠려 있다는 점이 특징적이다. "나는 어떤 존재인가?", "나의 삶은 무엇인가?" 지금 그가 골몰하고 있는 문제는 주위의 세계나 하나님이 아니다. 안톤은 "개인이라는 개념"을 중심으로 자기 자신에 대해 묻고 있다. 바로 여기서부터, 즉 철학적으로 경험된 자기 자신에 대한 물음으로부터 안톤은 "신"과 다시 만나고 "이러한 큰 개념 속에서 자신의 존재를 느끼게" 된다.

안톤의 경우, 추상적 사고의 발달 노선은 맨 처음 사고의 대상이었던 이 세계에서 벗어나 자기 자신에게 이르게 된다. 물론 그 과정에서 자기 자신에 대한 회의가 있었다. 신에 대해서 의혹을 품게 했던 바로 그 생각, 즉 "가장 높은 하나님도 …… 그에게는 너무 작아 보였다"(S. 38)는 생각이 이제는 그를 다시 신에게로 인도한다. 그러나 그가 다시 만난 것은 어린 시절의 하나님이 아니라 "하나님(신) 개념"이다. 그런데 이 경우 하나님 개념과 자신의 관계, 그리고 자기 자신에 대한 관계를 특징짓는 단어인 "느낌"과 확연한 대조를 보인다. 안톤과 하나님의 관계는 이제 개념적-추상적 관계임이 드러난다. 물론 안톤은 이 관계에 자신의 가정까지 연결시킨다.

개념적 구조와 감정적 관계 사이에는, 제일 앞부분에서 인용한 전기 기계 조립공의 경우와 비슷한 어떤 긴장 관계가 있다. 그리고 이 긴장은 안톤의 종교적 발달이 멈추지 못하도록 한다. 실제로 안톤은 개념과 감정의 새로운 화해에 도달하지 못한다. 그 대신 안톤의 발달은 미학적인 것으로 전환된다. 이제 안톤은 하나님과 세계를 시적(詩的)으로 이해하려고 한다. "그의 상상력은 쉴새없이 움직였다. 세계, 하나님, 삶, 존재 등과 같은 큰 개념들을 안톤은 자신의 오성으로 파악하려고 하며, 시적인 이미지로 나타내려고 한다"(S. 265).

그러나 안톤의 또 다른 종교적 발달은 내내 어둠 속에 머물러 있다. 안톤은 극장에 대한 불행한 열광에 빠져들었고 그것은 안톤의 삶에 점점 커다란 영향력을 발휘한다. 이로써 저자인 칼 필립 모리츠는 우리에게 하나의 해석을 암시한다. "공상"(Phantasie)과 "상상력"(Einbildungskraft)의 표현이었던 안톤의 종교는 이제 더 이상 종교적이지 않은 영역에서 개진된다. 극장은 공상이 펼쳐지는 새로운 세상이다. 이러한 해석은 저자가 첫 번째 성만찬에 대해 서술하기 바로 전에 끼어 넣은 코멘

트에서도 드러난다. "본래 안톤의 만족은 어릴 적부터 대부분 상상력에 근거하고 있었다. 그 나이 또래의 다른 아이들이 충분히 누리고 있는 즐거움의 결핍을 안톤은 상상력을 통해 어느 정도 이겨낼 수 있었던 것이다"(S. 134).

안톤 라이저의 종교적 발달을 계속 추적해 들어가기에 앞서 반드시 밝혀두어야 할 것이다. 많은 분량의 이야기 본문 가운데서 필자는 종교를 주제로 다루고 있는 부분들만을 골라냈다. 이들 본문에서는 종교적 발달이 핵심이다. 여기서 종교적 발달은 특별히 여러 가지 관념과 성찰내지 감정(관념과 연결되어 있는)의 발달과 동일시된다. 그러나 종교적 발달 뒤에는 이 발달이 깃들어 있는 불특정한 관계의 그물망 전체가 존재하고 있다. 이 망은 관념이 아니라 사람들로 이루어져 있다. 처음에는 부모님, 다음에는 목사님과 선생님, 수공업자(이 사람을 통해서 안톤은 처음으로 누군가에게 무엇인가를 배우게 되었다), 친구들, 그리고 백발 노인(이 사람의 경건한 신앙은 안톤에게 깊은 영향을 주었다)이 있었다. 이들 모두는 안톤의 종교적 발달에 중요한 역할을 했다. 이 영향의 다양성을 연구하는 것만으로도 책 한 권의 분량이 될 것이다. 이 소설에 대한 일종의 정신분석이라 할 수 있는 작업을 욘 비잔츠(John Bisanz)가 시도한 바(1970) 있다. 이러한 분석은 저자 자신이 제시하고 있는 관계의 이면을 캐낸다. 예컨대 안톤의 아버지를 다루면서 동시에 안톤에게 각인된 아버지의 의미를 탐색하는 것이다.

두 번째는 역사적 배경과 관계된 것이다. 우리는 안톤의 삶을 규정하는 역사적 상황, 즉 봉건주의 시대의 끔찍한 가난과 하나님의 은총에 대한 의존성, 그리고 경건주의 신앙의 영향력을 염두에 두어야 한다. 특별히 경건주의 신앙은 안톤에게 큰 영향을 미쳤다. 역사적인 흔적으로 파악될 수 있는 또 한 가지는 뭔가를 기록하려는 의지이다. 이것은 개별적인 사실들만이 아니라 삶 전체를 보도하려는 시도를 의미한다. 기독교 신앙의 인격적인 힘, 삶을 형성해 나가는 힘을 강조하던 18세기 경건주의 신앙의 영역에서 수많은 사람들이 이런 식으로 삶의 여정을 기록하는 일을 해나갔다. 물론 칼 필립 모리츠의 경우에는 계몽된 시야가 심리학적이고 미학적인 차원으로 확대된다. 단순한 보도의 차원을 넘어서서 이제는 특히 교육적 의도가 담긴 고찰과 설명으로 나아간다.

그러므로 종교적 발달은 일단 관념과 감정의 개인적 발달로 나타난다. 그러나 여기서 한 걸음 더 나아가면 인격적 매개가 수반되는 과정으로 나타난다. 그렇다면 이것은 필수적으로 사회적 과정이다. 이 과정은 구체적인 역사적 상황 속에서 이루어진다. 이렇듯 개인적이고 사회적이며 역사적인 발달 과정은 특정한 역사적 상황과 당시의 의도에 의존하고 있는 자신의 기술(記述, Beschreiben), 특별히 자신의 해석(解釋, Deutung)과 다시 한번 구별된다.

그러나 종교적 의도나 심리학적 의도 혹은 교육적 의도에서 볼 때 그러한 해석이나 기술이 종교적 발달에 대한 자서전적 묘사에 어떤 의미가 있는가? 특정한 의도를 가지고 글을 쓰는 저자들을 보도자로서 신뢰할 수 있는가? 아동기 혹은 청소년기에 겪은 자신의 경험에 대해 그들은 믿을 만한 그림을 그려낼 수 있는가? 아니면 지금은 어른이 된 자신들의 이미지만을 우리들에게 제시할 뿐인가?

이 시점에서 필자는 잠깐 멈추어서 지금까지 우리가 관찰한 것에 대해 질문을 던지고 싶다. 우리가 살펴본 본문들에는 어떤 발달 과정이 반영되어 있는가? 이런 본문들이 "종교적 발달"이라는 주제로 묶여질 수 있는 근거는 무엇인가? 지금까지 관찰한 본문들에 의하면 과연 무엇이 "종교적 발달"인가?

넓은 의미에서 우리는 이 본문들이 **삶의 이야기**와 **종교** 사이의 밀접한 관련성을 지시하고 있다고 말할 수 있다. 적어도 글쓴이들의 경우에는 지나온 아동기/청소년기의 추억은 종교적 경험과 확실한 관계 속에 있다. 아동기의 경험이 청소년기로 넘어오면서 겪게 된 변화의 흔적들도 뚜렷하게 나타난다.

지금까지의 본문에서는 어른인 우리에게 자못 낯설거나, 심지어 조금은 유치해 보이는 관념들, 예컨대 "성체 안의 조그만 남자" 같은 생각이 가장 쉽게 눈에 띈다. 우리는 구체적 이미지에서 추상적 이해로 이행하는 변화를 감지하게 된다. 그러나 삶의 이야기에서 변화하는 것은 생각과 관념만이 아니다. 감정도 이와 비슷한 변화를 겪는다. "모든 것을 보시는" 하나님에 대한 관계(유타 리히터), "자기와 비슷한 모습의" 하나님에 대한 관계, 그리고 "신 관념"에 대한 관계(안톤 라이저)는 관념의 차원에서만 구별되는 것은 아니다. 이러한 차이는 확실히 다양한 감정들과 결부되어 있다. 벌에 대한 두려움, 감사의 감정, 화난 상태, 자기 존재에 대한 의식적 경험 등이 바로 그것이다.

여기에 상응하는 변화가 나타나는 것은 인격적 관계영역이다. 이 관계는 종교적 발달에 중요한 의미가 있다. 인격적 관계는 부모님에게서 시작하여 유치원 보모, 선생님과 목사님, 또 그밖의 다른 어른들을 거치게 된다. 유타 리히터의 글에 나타난 "우리 엄마의 하나님"과 "리오바 수녀님의 하나님"에서 볼 수 있듯이 이러한 관계는 종교적 발달에 결정적 역할을 감당하게 된다.

마지막으로 언급해야 할 것은 부분적으로나마 글쓴이가 직접 자신의 삶의 이야기를 통해 자신에게 내재된 종교성의 변화를 성찰하게 된다는 점이다. 이러한 변화를 외부에서 인식할 수는 없다. 전문 교육을 받은 관찰자나 학문적 해석만으로는 불가능하다. 맨 앞에서 인용한 전기기계 조립공의 글에 잘 나타나 있는 것처럼 그러한 성찰은 적어도 청소년기의 경험을 묘사하게 된다. 그의 시선은 과거를 더듬어 간다. "내가 어렸을 때······."

여기서 "종교"라든가 "발달"과 같은 개념을 상세하게 설명하지 않는다 하더라도, 우리는 "종교적 발달"을, 삶의 이야기에 나타나는 경험과 관념과 감정, 인격적 관계의 변화―그것들이 그때그때 종교적인 것으로 이해될 수 있는 것과 결부되어 있는 한―로 이해할 수 있다. 이러한 정의를 내리면서 필자는 종교 이해에 관한 물음에 대해서는 의도적으로 결론을 열어 두었다. 필자는 종교에 대한 **각각의 이해**를 강조하면서 다음과 같은 점을 상기시키려고 한다: 자서전적 기술/글들은 이미 글쓴이들의 해석과 관계가 있으며 이러한 해석은 각각의 종교 이해까지 포함한다. 필자는 인용된 구절들을 선별하는 과정에서 이러한 이해에 동조하게 되었다. 개개인이 내세우는 종교 이해뿐만 아니라 약간은 덜 주관적인 이해 역시 중요하다. 이 점에 대해서는 앞으로 다룰 것이다.

본문에 등장하는 경험들을 전기적 방식으로 정리하는 것이 가능한가? 그로부터 종교적 발달에 대한 최초의 조망을 끌어낼 수 있는가? 아동기와 청소년기의 차이는 아주 분명하게 나타나는 것 같다. 예컨대, 어린 시절 상징적 말이나 가르침을 글자 그대로 이해하는 것에 대해서는 아주 입체적이고도 인상적인 기록이 소개되고 있다. 여기에 공상이 가세한다. 이것은 긍정적인 것(보호)일 수도 있고 부정적인 것(징계)일 수도 있다. 여기서 부모는 뒤로 향하는 지평, 가장 어린 시절로 나아가는 지평을 형성한다. 종교적 발달은 부모와의 관계에서 첫걸음을 뗀다.

반면 청소년기는 "실제적이고" 독자적인 물음을 동반한다. 이 물음은 의심과 거리를 두는 식으로 이어질 때도 있고 종교와의 새로운 관계를 열어주기도 한다. 본문을 통해 살펴본 바에 의하면 이러한 관계는 철학적이고 반성적으로("신 개념") 형성되며 감정적인 면과 연결되기도 한다("내부로부터").

이러한 조망만 가지고 종교적 발달에 대한 해석을 도출하려는 시도는 너무 성급하다. 그러나 글쓴이들이 이러한 글쓰기를 통해 자신들의 글에 어떤 특별한 색채를 부여하는 나름대로의 해석에 근거하고 있다는 사실은 분명하다. 이 해석을 극단적으로 표현하면 다음과 같다.

"어린이들의 신앙은 실제적이지 않다!"
"어른들의 종교적 가르침은 어린이들의 상황과는 맞지 않는다."
"어른들은 자기들이 생각하는 종교로 어린이의 (훨씬 아름다운) 종교를 박탈한다!"
"어른들은 어린이를 벌하시는 하나님을 내세워 두려움을 심어준다."
"종교적 상상은 어른들의 강요나 참기 힘든 냉정한 인생으로부터 어린이를 보호해 준다."
"어린이가 하나님을 신뢰하고 하나님을 가까이 느끼는 경험은 지속성을 갖는다."
"청소년기는 종교적 의심을 몰고 온다."
"청소년기는 다른 사람으로부터 전달받은 종교를 새롭게 인격적으로 받아들이게 한다."

이러한 해석은 다시금 자서전적 글쓰기의 신뢰성 문제와 맞닥뜨린다. 글쓴이마다 종교적 발달에 대한 특정한 관점을 대변한다고 할 때, 그들의 기억과 더욱이 그들의 글은 그 관점과 합치될 가능성이 있지 않은가? 글쓴이의 회상이 선별적이고, 심지어는 왜곡되었을 수도 있지 않은가?

테오도르 슐체(Theodor Schulze)는 교육학적 자서전 연구를 위한 "다섯 단계의 과정(Prozeßstufe)과 자료 층위(Materialschicht)"를 소개했다.

1. "객관적 조건과 사실의 층위"
2. "주관적 경험과 그 구조의 층위"
3. "회상의 층위"
4. "추후의 언어적 묘사의 층위"
5. "논평 형식의 성찰과 포괄적 해석을 위한 시도의 층위"

이 다섯 층위 자체는 본문을 읽거나 해석하는 과정에서 항상 구별되지 않고 겹쳐서 나타난다. 이것은 자서전적 글쓰기의 특징과 부합된다. 자서전적 글쓰기의 목적은 역사적 진술이 아니라 인생의 윤곽을 묘사하고 정당화하는 것이다. 이러한 글쓰기는 자신의 삶에 대해 거리를 두고 객관적 관점을 유지할 수 없다. 그것은 삶의 한 부분이며 자기의 삶을 확인해 주는 기능을 한다.

그러므로 자서전적 본문만 가지고는 종교적 발달과 관련하여 신뢰할 만한 상(像)을 얻어낼 수가 없다. 자서전적 글쓰기는 자기 자신을 해석하는 개별성에 한정된다. 따라서 이것을 극복할 수 있는 다른 통로, 방법론적으로 통제가 가능한 통로가 필요하다. 예컨대 사회학적 연구에 의해 형성된 통로 같은 것 말이다. 개인의 기억(회상)은 타인의 관찰과 질문과 해석이라는 버팀목을 필요로 한다.

그러나 거꾸로 보아 자서전적 글쓰기야말로 종교적 발달에 대한 풍부한 경험과 해석을 제공해 줄 수 있다. 이것은 학문적 글쓰기가 할 수 없는 부분이다. 그러므로 경험과학적 학문의 단초가 되는 자서전적 글쓰기는 자칫 다양한 삶의 맥락을 상실할 수도 있는 학문적 성과들을 보완하고 수정하는 역할을 감당한다고 할 수 있다.

도서자료와 참고문헌

이 장의 들머리에 소개된 텍스트는 R. Schuster가 편집한 책(*Was sie glauben. Texte von Jugendlichen*. Stuttgart 1984)에서 발췌한 것이다. 이 책에는 특별히 하나님과 관련된 문제에 대한 직업학교 학생들의 생각이 많이 실려 있다. K. E. Nipkow의 연구(*Erwachsenwerden ohne Gott? Gotteserfahrung im Lebenslauf*. München 1987)도 여기에 대한 평가를 시도한다. 다른 본문은 M. Cardinal(*Schattenmund. Roman einer Analyse*. Reinbek 1979)과 J. Richter(*Himmel, Hölle, Fegefeuer. Versuch einer Befreiung*. Reinbek 1985) 및 K. Ph. Moritz(*Anton Reiser*. Berlin/Weimar 1981) 등의 소설과 기술문들에 나오는 자서전적 자료에서 따온 것이다. 이런 책들은 끝까지 읽어보는 것도 좋을 것이다. T. Moser(*Gottesvergiftung*. Frankfurt a.M. 1976; Böhm 1977)과 F. Zorn(*Mars*. München ⁸1977)의 작품들은 교육에 관한, 특히 가정교육에 대한 비판적 접근을 시도한다. 여기에 나오는 글은 종교교육이 결여된 사례로서 중요하다.

자서전적 텍스트를 교육적 측면에서 해석하는 문제에 대해서는 D. Baacke와 Th. Schulze가 편집한 연구(*Aus Geschichten lernen. Zur Einübung pädagogischen Verstehens*. München 1979)와 다른 교육학적 전기연구서(*Pädagogische Biographieforschung. Orientierung, Probleme, Beispiele*. Weinheim/Basel 1985)가 좋은 정보를 제공해 준다. 이 분야의 입문서로 추천할 만한 것으로는 Schulze의 »Autobiographie und Lebensgeschichte« (in: Baacke/Schulze 1979)와, H. Krüger와 W. Marotzki가 편집한 사전인 »Erziehungswissenschaftliche Biographie« (Opladen 1995)가 있다.

신학에서는 J. Matthes가 생애주기와 삶의 이야기 사이의 차이를 밝혀냈다(1975). 종교와 관련된 혹은 신학적인 전기/자서전을 연구한 학자로는 Grötzinger/Luther(1987)와 Sparn(1990)과 Wohlrab-Sahr(1995)가 있다. 특히 소녀와 여성의 삶의 이야기에 관한 문헌에 대해서는 제6장을 참조하라.

2
원초적 통찰인가, 천진난만한 신화인가?

　　1장에서 필자가 소개한 자서전적 이야기 본문들은 우리에게 일련의 질문을 제기하고 있다. 이제 그 질문을 명확히 하고자 한다. 첫 번째 질문이자 가장 광범위한 질문은 도대체 아동기와 청소년기의 종교가 존재하느냐는 것이다. 이 질문은 '어린이와 청소년의 종교'와 '어른의 종교' 사이에 어떤 차이가 있다는 것을 염두에 둔 것이다. 그렇다면 그 차이라는 것이 다양한 연령층의 종교에 대해 말해야 할 만큼 큰 것인가?

　　두 번째 질문은 자서전적 글쓰기의 신빙성과 완결성에 대한 성찰에서 나온다. 그러한 글쓰기는 특정한 목적과 뒤늦은 회상의 소산이다. 그런데 어떻게 여기서 종교적 발달에 대해 믿을 만한 것을 찾아낼 수 있는가? 어린이와 청소년의 종교를 파악하고 이해하는 데 필요한 연구 방법과 해석 방법은 어떤 것인가?

　　세 번째 질문은 종교적 발달과 기독교 신앙 사이의 관계에 대한 것이다. 자서전적 본문에 나타난 발달이 신앙의 발달(Entwicklung des Glaubens), 즉 '삶의 이야기'의 변화, 심지어 '신앙의 삶'의 이야기라고 할 만한 발달인가? 아니면, 그것은 신앙으로 나아가는 발달(Entwicklung zum Glauben), 즉 신앙을 발달의 목적과 결과로 삼는 발달인가? 물론 정반대의 경우도 생각해 볼 수 있다. 예컨대 종교적 발달은 신앙에서 중요시되는 것을 빠뜨린다는 의미에서 신앙과 대립관계를 형성한다.

그렇다면 위의 질문에 대한 대답은 교육에서의 종교적 발달이라는 문제와 결부되어 있다. 여기서 교육이 기독교교육을 의미한다면, 그 교육의 관심은 종교적 발달과 기독교신앙 사이의 관계를 생산적 관계가 되도록 하는 것이다. 그러나 이러한 관계는 과연 어떤 모습일까? 이것을 위해 종교교육학이 감당해야 할 과제는 무엇일까?

여기서 한 걸음 더 나아가, 자서전적 본문은 종교적 발달이 단순히 종교교육학의 문제일 뿐만 아니라 교육학 일반의 문제라는 것을 분명하게 보여준다. 유타 리히터, 틸만 모저, 프리츠 초른의 경우처럼 어린이와 청소년의 교육 및 발달이 종교적 발달과 교육 일반에 의해 부정적 영향을 받았다면, 적절한 종교적 발달과 종교교육에 대한 종교교육학적 물음이 주로 부각될 것이다. 하지만 이것은 그 영역에만 한정되지 않고, 어린이와 청소년의 전체적인 발달과 직결된다. 따라서 종교적 발달은 종교교육학이나 기독교적 측면만이 아니라 교육학 전반에 걸쳐 유의미한 주제다.

아동기와 청소년기의 종교가 존재하는가?

아동기와 청소년기의 종교가 존재하느냐는 물음은 두 갈래 방향에서 제기될 수 있다. 우선 그 질문은 아동기/청소년기의 종교와 어른의 종교가 차이를 보이는지의 여부에 관한 것이다. 종교란 사람들과 더불어 똑같이 변화하는 것이 아니라 어떤 지속적인 것, 연령과 상황의 다양함을 뛰어넘는 확고한 지향점이 아닌가? 다른 한편, 도대체 어린이나 청소년이 종교적일 수 있느냐는 물음이 계속해서 제기된다. 이것은 달리 표현하면, 종교가 오직 어른들을 위한 것이냐는 물음이다. 이러한 물음은 종교에 대한 특정한 이해를 전제함과 동시에, 과연 어린이나 청소년에게 그만한 이해가 가능한지를 판단하는 기준을 전제한다. 따라서 필자는 이 물음을 종교의 개념에 관한 물음으로 받아들이려 한다.

만일 우리가 종교를 단순히 하나의 가르침이나 행위, 예컨대 일요일에 교회 가는 것쯤으로 이해한다면 아동기와 청소년기의 종교에 대해 말하는 것은 무의미하다. 그런 식의 이해에 상응하는 종교라면 그것은 하나의 객관적 실체에 불과하며, 그렇다면 우리는 기껏해야 어린이와 청소년이 그 가르침을 얼마만큼 알고 있는지, 얼마만큼 교회의 모임에 참여하고 있는지 묻는 것으로 충분할 것이다. 그렇게 되면 아동기의 종교와 청소년기의 종교는 양적인 개념으로 이해될 뿐이다. 즉 어른들은 아는 것이 많은 데 비해 어린이나 청소년은 상대적으로 아는 것이 적다는 식이다.

이러한 양적인 이해, 다시 말해서 어린이와 청소년은 한 마디로 아는 것이 얼마 안 된다는 식의 이해는 오늘날까지도 상당히 널리 퍼져 있다. 어린이에게 어른의 종교를 "부여하는" 것을 종교교육의 전부로 생각하는 습성은, 명시적이건 암묵적이건 이러한 이해로부터 나온 것이다. 그러나 이러한 이해가 실제로 효과가 있는가?

이렇듯 피상적 의미로 종교를 이해하는 것에서 벗어나 종교적 가르침과 교회 활동에 대한 개인적 관계에 대해 묻게 되면 곧바로 새로운 국면이 전개된다. 물론 다음과 같은 점은 분명히 해두자. 즉 어린이나 청소년은 자연적 발달을 통해서 혼자서 어떤 종교를 접하거나, 어른의 영향을 전혀 받지 않은 채 그 종교 전통과 개인적인 관계를 맺는다는 것은 불가능하다는 것이다. 랑에벨트(M. Langeveld)가 훌륭하게 표현했듯이, 어린이와 청소년은 "조건부 발달" 속에서 그런 것들을 경험한다. 그러나 어른의 영향이 결정적이라는 것은 아니다. 어린이와 청소년은 자기 앞에 주어진 내용이나 삶의 형태를 수용하는 것만으로는 만족해하지 않는다. 오히려 어른들이 자기들에게 전해준 것 혹은 이전의 삶의 모습을 적극적으로 전유하고, 그것을 나름대로 아주 독자적으로 이해하려 한다.

이러한 견해, 즉 어린이는 단순히 전통을 받아들이지 않고, 나름대로 궁리하고 받아들이고 거부하는 활발한 과정, 특히 청소년의 경우는 비판적 거리두기의 과정을 거친다는 견해는 오늘날 사회심리학적 사회화 이론에서 꾸준히 입증되고 있다. 이미 1920년대에 장 피아제(Jean Piaget 1926/1980)는 어린이의 사고가 어른의 사고와 양적으로만이 아니라 질적으로 다르다는 점을 밝혀내려고 했다. 어린이는 어른보다 못하게, 어른보다 단순하게 생각하는 것이 아니라 어른과는 다르게 생각한다. 어린이의 사고는 덜 논리적인 것이 아니라, 다른 의미에서, 즉 어린이의 사유 세계에서는 논리적이다.

종교교육학과 종교심리학도 이 견해를 받아들였다. 특별히 힐데가르트 헤처(Hildegard Hetzer)는 "하나님을 이해하려는 어린아이의 독자적 능력" — 이것은 1971년에 발표된 그의 중요한 논문 제목이기도 하다—에 주목할 수 있도록 해주었다. 헤처는 "하나님이 어디나 계시다는 것을 이해하려는 세 살짜리 어린이의 노력"을 인상적으로 묘사하고 해석하는데, 이것은 우리가 1장에서 읽은 모리츠, 카르디날, 리히터의 글을 연상시킨다.

차를 운전하고 가는데, 이제 세 살박이 베티가 뜬금없이 이렇게 말하는 것이다. "엄마는 하나님 머리를 갖고 있어요. 그렇죠?" 우리와 차를 함께 타고 있던 여자는 이 말에 전혀 신경을 쓰지 않는다. 잠시 후 베티는 또 이렇게 말한다. "제 말 좀 들어보세요. 우리 엄마는 하나님의 머리를 갖고 있어요." 그 여자는 베티의 말에 맞장구를 쳐줘야겠다고 생각한다. 뭐가 어떻게 된 일인지는 전혀 모르지만 운 좋게도 이런 물음을 던진다. "그럼 아빠는 뭘 갖고 있니?" 베티는 아빠가 "다리 한 쪽"을 갖고 있다고 말한다. 그러자 그 여자는 베티의 다른 식구들 다섯 명하고 베티는 뭘 갖고 있느냐고 묻는다. 베티는 다른 사람들도 머리, 팔, 다리를 갖고 있다고 하고 맨 마지막 두 명에게는 다리의 "한 부분"만 있다고 한다. 이렇게 말한 뒤 베티는 의자에 기대 앉아서 다시 노래를 부르기 시작한다.

하나님의 몸을 자기 식구들에게 맞게 하나하나 잘라내어 생각하는 것은 꼬마 아이의 구체적이고도 자기 중심적인 생각과 잘 어울린다. 하나님이 어디나 계신다는 말을 베티는 자기 식으로 이해하려고 한 것이다. 아마 베티는 엄마와 이야기하는 과정에서 이 문제를 알게 된 것 같다. 며칠 전 베티는 하나님이 어디나 계신다는 말을 들었다. 자기는 엄마한테 쉬지 않고 물어보며 다그쳤다. 하나님이 방에도 계시는지, 엄마에게도 있고 자기한테도 있는지 말이다. 그리고 엄마는 계속해서 "그래" 하고 대답해 주었다. 얼마 전에 태어난 동생도 엄마 속에서 자라고 있었다는 나름대로의 지식이 어디에나 계시는 하나님에 대한 생각에 영향을 주었다"(1971, S. 142f.).

작가인 고프리트 켈러(Gottfried Keller)는 "녹색 하인리히"에서 이와 비슷한 이야기를 들려준다. 이 이야기는 피아제의 심리학이 나오기 전, 그러니까 그것과는 무관한 19세기에 이미 사람들이 종교적 가르침에 대한 어린이의 이해에 관심이 있었다는 것을 보여준다.

"내 속에 하나님에게 (길거리에서나 들을 수 있는) 저속한 별명이나 심지어 욕지거리를 붙이고 싶어하는 병적인 유혹이 있다는 사실이 내게는 적잖은 고통이었다. 이런 유혹은 언제나 아늑하기도 하고 자신 있게 믿을 만한 어떤 기분과 함께 시작되었다. 결국 나는 마음속으로 한참을 싸우다가 더 이상 참을 수 없는 지경이 된다. 나는 이것이 신에 대한 모독이라는 것을 잘 알면서도 앞에서 생각했던 말 가운데 하나를 황급하게 뱉어냈다. 그래봐야 별다른 일이 없을 거라고 스스로 다짐하기도 하고 또 용서를 빌기도 하면서 말이다. 그리고 나서 그 말을 다시 한번 반복하지 않을 수 없었다. 그리고 후회는 되지만 어떤 만족감을 느낀다고 할까. 뭐 그런 이상한 홍분이 지나갔다. 특히 잠들기 전에는 이런 일이 자꾸만 나를 괴롭히곤 했다. 물론 그것이 나한테 어떤 불안감이나 부조화를 남기지는 않았다. 나중에 나는 이것이, 하나님이 어디나 계신다는 가르침에 대한 무의식적 실험이었다는 생각을 하게 되었다. 어쨌거나 나는 그것에 대해 몰두하기 시작했다. 그때 내 안에는 어두운 생각이 자라났다. 하나님 앞에서는 우리의 내면을 잠시도 감추어 둘 수 없으며, 그분이 우리에게 살아 있는 존재인 한, 우리가 그분을 그렇게 생각하는 한, 우리의 내면은 언제나 심판의 대상이 될 수 있다는 생각 말이다"(S. 38).

다음 장에서도 이와 비슷한 예를 더 들겠지만 우리가 이러한 이야기를 통해 분명하게 확인할 수 있는 사실은, 어린이나 청소년들이 종교적인 전승을 나름대로의 방식으로 파악한다는 것, 피아제의 표현을 빌면, 그 전승을 자신들의 이해력에 맞게 "동화한다"(assimilieren)는 것이다.

그러나 여기서 인용한 것 같은 이야기를 어린이의 종교 전체와 동일시하는 것은 너무나 성급한 처사다. 그래서 헤처는 다음과 같이 조심스럽게 말한다. "설령 우리가 어린이들한테서 하나님에 대한 물음이나 인식을 얻어낸다 하더라도 그 아이들의 종교적 체험에 관한 한 우리는 어둠 속에 있는 것과 마찬가지다. 아이들의 행위는 강렬한 감정이입과 연결되어 있다. 그러나 우리는 그것이 어떻게 작용하는지 알지 못한다"(S. 147).

물론 헤처가 말하는 "종교적 체험"을 외적으로 나타난 표상(表象, Vorstellung)과 별개로 생각할 수 있는지는 의심스럽다. 오히려 이 표상과 결부된 "체험"에서부터 시작하는 것이 타당할 듯하다. 심리학적 관점에서 봤을 때 표상과 체험이 상호 분리될 개연성은 없기 때문이다.

그러므로 우리는 삶의 이야기에서 종교성의 변화를 증명해 낼 수는 있지만, 어떤 연속성에 대한 물음에는 여전히 대답 할 수 없다. 가변적 측면 너머에는 삶의 이야기 전반에 걸쳐 영향을 끼치는 일종의 불변적 종교 체험이 존재할 수도 있다.

이러한 견해를 뒷받침해 줄 만한 여러 가지 증거들이 있다. 특히 영국의 종교심리학자인 에드워드 로빈슨(Edward Robinson 1983)은 많은 사람들의 경우, 어린 시절에 일종의 "**원초적 비전**"(*original vision*) 혹은 체험 같은 것이 있음을 보여주려고 했다. 로빈슨은 이것을 "총체적"이고

"직접적인" 그리고 모든 지식에 앞서 존재하는 "통찰"의 형식이라고 표현한다. 필자는 로빈슨이 제시한 수많은 사례들 가운데서 두 가지를 번역하여 소개한다.[1]

"나는 어려서부터 참된 실재는 이 세상에서 보통 사람의 눈에는 보이지 않는다는 느낌을 갖고 있었다. 내부로부터 어떤 지속적인 힘이 움직이고 있으며, 그것이 의식의 외부로 나가는 길을 찾고 있는 것 같았다. 이성은 이 힘을 충분히 파악할 수 있을 정도로 많은 상징을 만들어 내려고 부단한 노력을 기울인다. 그러나 그러한 시도는 번번이 실패로 돌아간다. 자신의 주변에 대한 고조된 의식과 더불어 마치 위대한 진리를 듣기라도 한 듯 순수한 기쁨을 느끼는 순간이 있다······. 이것을 나타나게 하기에는 뇌의 용량이 너무 작다는 느낌을 지울 수 없다."

"어렸을 적 나는 삼위일체 주일을 아주 좋아했다. 그날은 조용하고 아름다워 보였다. 삼위일체 주일은 보통 한 여름이었기 때문에 나한테는 그날이 푸르른 나무들과 활짝 핀 꽃들을 연상케 했다. 그날은 '신비롭고' 진실된 것이었으며, 교회에서 사람들이 하는 말보다 훨씬 위대한 무엇이었다. 사실 교회에서 하는 말은 어린이에게 터무니없는 얘기처럼 들렸다. 그러나 삼위일체는 결코 그렇지 않았다. 찬송가에 나오는 것처럼 그것은 거룩 거룩 거룩한 것이었다. 아주 어린 아이라도 밝고 아름다운 모든 사물과 일종의 '하나됨'을 느끼고, 비교할 수 없이 훌륭하고 사랑스러운 그 무엇을 경배할 수 있었으므로, 이것을 이해할 수 없다는 사실이 전혀 문제가 되지 않았다. 여하튼 이것은 **존재했던 것이다**"(S. 27f.).

그런데 이같은 사례를 다룰 때 우리는 슐체(Th. Schulze)가 자서전적 본문에 대해 제기한 문제 의식을 잊어서는 안 된다. 여기서 어린 시절에 대한 기억을 통해 이야기하는 경험들이 대개 어린이들은 쓸 수 없는 개념("현실", "의식", "상징" 등)으로 표현된다는 것을 알 수 있다.

---

1) 슈바이처 사역에 따른 한글 번역

이것만 보더라도 우리는 그것이 단순한 진술이 아니라 회상적 해석이라는 사실을 알아차릴 수 있다. 이런 관점에서 보았을 때, 로빈슨의 예는 그러한 경험의 변화 혹은 발달을 나타내는 증거가 될 수 있다. 어린 시절의 종교적 경험과 어른의 그것 사이의 연속성을 지지하는 로빈슨도 나중에 가서는 "성장", 즉 삶의 이야기가 흘러가는 과정에서 일어나는 성장에 대해 말한다. 그의 주장에 따르면, 한편으로는 삶의 이야기에 등장하는 종교성의 변화, 특히 종교적 관념의 변화를 인정하되, 다른 한편으로는 그 삶의 이야기를 포괄하는 연속성의 가능성을 배제하지 않는 것이 좋다.

그러므로 어린이/청소년의 **종교**(Religion) 내지 **종교성**(Religiosität)[2]이 있는지 여부에 대한 물음은 최소한 다음과 같은 조건, 즉 종교 전승과 어린이 사이에 특별한 관계가 있다는 조건 하에서 긍정적 대답을 이끌어낼 수 있다. 여기서 필자는 특히 어린이와 어린이의 종교성 문제에 집중했다. 그것은 바로 이 부분에서 어른과의 차이가 아주 분명히 나타나기 때문이다. 청소년의 종교성에 대해서 어느 정도까지 말할 수 있는가 하는 문제는 좀 더 자세히 다룰 예정이다. 우선 우리는 이런 물음을 던질 수 있다. 어린이의 종교와 어른의 종교 사이에 확실한 차이가 있다고 할 때, 가령 하나님에 대한 어린이들의 표현은 어른들의 그것과 같은 의미에서 "종교적"이라고 표현할 수 있는가? 이 문제에 관한 한 어린이의 관념과 어른의 관념은 너무나도 동떨어져 있어서 그 둘을 똑같이 하나의 개념으로 묶어낼 수도 없고, 또 그래서도 안 되는 것 아닌가? 이러한 문제설정은 결국 다음과 같은 물음으로 예리하게 만들어 볼 수 있다. 도대체 어린이나 청소년이 종교적일 수 있는가?

이 물음에 대해 장 자크 루소는 1762년에 출간된 자신의 저서 『에밀』에서 단호하게 "아니"라고 대답한다. 루소에게는 특히 두 개의 주장이 결정적 역할을 한다. 첫째, 하나님에 대한 어린이의 관념, 다시 말해

---

2) "종교성"이라는 개념은 부분적으로 "종교"의 주관적인 면을 나타내지만 필자는 이하에서 두 개념을 경우에 따라 서로 바꾸어 쓰겠다.

서 언제나 구체적이고 육체적인 하나님 관념에는 "눈으로 볼 수 없고 머리로 파악할 수 없으며", "우리의 감각"을 벗어나 있는 "모든 것을 포괄하는 신비로운 존재"가 들어설 곳이 없다는 주장이다. 둘째, 어린이는 무한한 것과 유한한 것 사이의 차이를 아직 이해하지 못한다는 것이다. "어린이에게는 모든 것이 무한하다. 어린이는 어떤 것에 한계를 두지 못한다……. 이것은 아이들의 오성이 너무 모자라기 때문이다." 그렇기 때문에 루소에게는 어린이 심지어 15세 이전의 청소년까지도 종교성에 대해 이야기한다는 것은 말도 안 된다. "만일 어떤 어린이가 하나님을 믿는다면, 그것은 하나님을 믿는 것이 아니라 그 아이에게 하나님이라는 존재가 있다고 말해준 베드로나 야곱을 믿는 것이다"(S. 267-68).

루소의 견해는 어린이나 청소년의 종교를 평가하는 기준을 분명히 하고 있다는 점에서 교훈적이다. 그 기준은 하나님을 "신비롭고", "눈에 보이지 않고", 감각적으로는 "파악할 수 없는" 존재로 보는 철학적 관념이다. 이에 비해 "육체적인" 이해는 "신성 모독"이다. 이러한 평가의 배후에는 어린이의 종교성만이 아니라 기독교적인 신 관념과도 불편한 관계에 있는 신학적 입장이 자리잡고 있다. 루소가 말하는 것처럼 "성령, 삼위일체, 위격" 같은 개념도 철학적 신 이해와 결합될 수 없다. 루소에 따르면 이러한 개념들은 신인동형론, 다시 말해 인간적인 특성을 하나님에게 전가하기 쉽다.

그러나 신학적 기준 역시 어린이의 종교성을 부정할 수 있다. 쇠렌 키에르케고어(Sören Kierkegaard)의 경우가 이것을 잘 보여준다. 키에르케고어에 의하면, 어린이에게는 특히 기독교적이라고 할 만한 것이 없다. 그래서 어린이는 하나님이 인간이 된 사건을 그냥 당연한 사실로 오해한다. 어린이는 하나님과 인간의 질적인 차이를 파악하지 못하기 때문에 하나님이 인간이 되었다는 "역설", 즉 키에르케고어의 용어를 빌면 "불쾌한 일"이 제대로 이해되지 않는다:

"그 원인은 그 사람이 하나님에 대한 발달된 관념이 아니라 어린이와 같은 유치한 상상, 즉 어떤 비범한 것, 끝없이 숭고한 것, 거룩하고 순결한 것에 대한 상상, 이 세상의 어떤 왕보다 훨씬 위대한 사람에 대한 생각 같은 것을 지니고 있기 때문이다. 거기에 어떤 질적인 차이가 있다는 것을 모르면서 말이다"(S. 86).

어린이의 종교적 능력에 대한 논의는 철학적이고 신학적인 문제일 뿐만 아니라, 종교심리학적 논의와 연결되어 있다. 여기서 우리는 20세기를 주도했던 입장을 대체로 둘로 구분할 수 있다. 하나는 **감정**(*Emotion*)에 좀더 집중하는 종교심리학이다. 여기서는 어린이에게도 종교적 체험이 가능하다고 말하며, 가장 어린 시절에 나타나는 신뢰(Vertrauen)에서 종교성의 근원을 보려고 한다. 또 다른 하나는 **인지능력**(*kognitive Fähigkeit*)에 좀더 집중하는 종교심리학이다. 여기서는 어린이의 관념 속에 있는 "종교 이전의" 특성을 강조한다. 첫 번째 방향의 대표적인 인물로는 먼저 밀레(A. Miehle 1928)를 꼽을 수 있고, 최근의 학자로는 특히 프라스(H.-J. Fraas 1973; 1983)를 들 수 있다. 두 번째 방향에는 쿠프키(Kupky 1924), 오저/그뮌더(F. Oser /P. Gmünder 1984)가 있고, 부분적으로 파울러(J. Fowler 1981a)도 여기에 속한다.

끝으로, 어린이의 종교에 대한 철학적이고 종교심리학적인 평가의 배후에는 평가된 신 이해에 대한 물음, 즉 핵심적인 면에서 신학적인 물음이 자리잡고 있다. 어린이는 정말로 종교적일 수 없다는 견해는 어린이를 정당하게 평가하지 않는 신학적 규범에서 나온 것이다. 필자는 이러한 규범이, 기독교 신학적 관점에서 나온 것이든 교육학적 관점에서 나온 것이든, 지속될 수 없는 이유를 좀더 상세하게 해명하려고 한다. 여기서 필자에게 중요한 것은, 어린이의 종교에 대한 이야기에 반대하는 주장으로 인해 다양한 연령층을 포괄하는 종교 개념을 포기하는 방향으로 나가지 않겠냐는 것이다.

제일 먼저 눈에 띄는 것은, 어린이가 진정 종교적일 수는 없다고 생각한 루소나 키에르케고어마저도 어린이와 종교의 관계에 대한 특정한 해석에 근거하여 말하고 있다는 점이다. 본질적으로 그들은 이 관계를 무한과 유한, 인간과 하나님을 구별할 수 있는 능력의 결핍으로 묘사한다. 루소와 키에르케고어는 이러한 묘사를 이용하여 자신들을 본질적 의미의 종교로부터 떼어 놓으려고 했지만, 결국 이러한 비교를 통해 어린이의 종교와 어른의 종교 사이의 연관성을 나타낸 셈이다. 이러한 연관성은 하나님, 즉 어린이와 어른의 상이한 견해에 공통적인 하나님과의 관련성을 통해 생성된다. 만일 공통의 관련성이 존재한다면 그러한 비교가 가능하다. 그렇다면 어린이의 종교성에 대한 부정조차도 개념상의 연관성은 전제하고 있는 셈이다.

다양한 연령층을 포괄하는 비교연구를 위한 공통의 토대를 분명하게 만들어 놓는 것은 어린이의 종교와 어른의 종교를 아우르는 종교 개념의 첫 번째 목표이기도 하다. 이러한 종교 개념을 견지한다고 해서 차이를 무시하는 것은 아니다. 오히려 이 개념은 서로 다른 특성을 한 데 모아 비교가 가능할 수 있게 해주며, 이로써 차이점이 실제로 분명하게 드러나게 된다.

물론 특정한 내용을 통해 (가령 하나님과의 관련을 통해) 정의되는 종교개념은 종교현상의 폭 전체를 설명할 수 없다. 예컨대 종교적 의미의 "하나님"이라는 개념을 접하지 못한 채 자라난 어떤 아이가 있다고 하자. 이 아이도 종교심리학적 견지에서 보면 종교적일 수 있다. 이 종교성은 하나님에게만 고착되어 있는 것이 아니라, 하나님이라고 표현되지 않는 어떤 실체와 관련되기도 한다.

> 전통적 의미에서 종교적인 내용만이 아니라 그밖의 것에도 열려 있는 넓은 의미의 종교 개념의 필요성은 종교사회학의 예에서 뚜렷하게 드러난다. 그렇게 넓은 종교 개념의 의미와 테두리는 종교사회학적 논의에서 아주 분명해진다. 특히 루크만(Th. Luckmann)은 단순히 교회에 다니는 등의 행동 방식을 연구하는 대신 종교 개념의 확대를 제안했다(1963). 그는 뒤르켕(E. Durkheim)의 사상을 이어받아 종교를 "기능적인 것"으로, 다시 말해 상징적으로 매개된 초월과 인간의 관계로

이해한다. 여기서 "초월"은 아주 포괄적인 의미의 넘어섬, 즉 직접적으로 주어진 경험의 넘어섬을 의미한다. 이런 조건하에서 루크만은 생물학적 본성을 뛰어넘는 자아의 형성을 하나의 종교적 과정으로 본다. 이러한 종교 개념은 그 내용(이른바 "실체적" 종교 개념의 의미에서)을 통해서가 아니라 초월이라는 "기능"을 통해서 규정되기 때문에 "기능적" 개념이라 할 수 있다.

이러한 종교개념의 장점은 전통적인 내용이나 교회 중심적 내용과 결부되지 않는 종교성에 대한 사회학적 물음을 수용한다는 점이다. 그러나 이 개념에 단점이 없는 것은 아니다. 루크만의 정의에 따르면 "진정 인간적인", 생물학적인 본성과는 다른 모든 것은 종교적인 것이다. 그러나 루크만의 이러한 종교 개념은 너무나 광범위해서 인간 발달의 다른 차원과의 경계 설정에는 적합하지가 않다. 피터 버거(Peter Berger)가 자세히 설명한 것처럼(1973) 여기서 발생하는 문제는 같지 않은 것을 일단 똑같이 다루다가 나중에 그것을 다시 나눠 놓아야 한다는 것이다: "결국 자기-초월에는 아주 다양한 형태가 있다. 그리고 그 각각의 형태에 해당하는 상징적 의미 체계가 있으며, 여기에는 인간학적 근원을 가진 것도 있다. 필자가 보기에는 우리가 현대 자연과학을 종교의 한 형태라고 부른다고 해서 득이 될 것은 거의 없다. 굳이 그렇게 한다면 우리는 다른 모든 사람들—여기에는 개념상의 문제를 안고 있는 **종교학자들**까지 포함된다—이 종교라고 부르는 것과 자연과학이 어떻게 다른지 정의를 내릴 수 있어야 한다"(S. 167f.).

종교적 발달과 관련해서도 상황은 이와 비슷하다. 물론 여기서도 넓은 의미의 종교 개념은 필요하다. 예컨대 틸리히(P. Tillich)의 영향을 받은 프라스(H.-J. Fraas)는 종교를 "인간에게 가장 궁극적이고 지고한 것과의 원초적 결속"이라고 정의할 것을 제안한다(Fraas 1973, S. 63). 이런 식의 넓은 개념은 좁은 의미의 종교개념으로 한정지을 필요가 있다. 그래야 모호함을 피할 수 있기 때문이다.

넓은 의미의 종교 개념은 무책임한 의미 확장이라는 위험에 빠질 수 있으며, 좁은 의미의 종교 개념은 지나친 경계 짓기와 협소화라는 위험에 빠질 수 있다. 그러므로 아직 특정한 학문 분야나 물음 설정에 의해 규정되지 않은 보편적인 영역에서는 둘 중 하나의 개념을 선택하기보다는 각각의 장점과 단점을 고려하는 가운데 두 개념을 모두 받아들여 연구에 이용하지 않을 수 없다.

　어린이의 종교성에 관한 이상과 같은 탐색으로부터 다음과 같은 결론을 도출할 수 있다: 종교의 개념을 넓게 보면 어린이의 종교도 어른의 종교와 함께 볼 수 있다. 그러나 좁은 의미로 보면 어린이의 종교와 어른의 종교 사이에 질적인 차이가 있다는 점을 간과해서는 안 된다.

종교적 발달 연구와 그 접근법

　신학자나 철학자, 교육학자들이 종교적 발달 연구를 위해 사용했던 지식은 상당히 오랫동안 체계를 갖추지 못한채 남아 있었다. 그들의 지식, 그리고 그들이 스스로 안다고 생각했던 것은 우연한 관찰이나, 자신의 유년기 및 청소년기에 대한 기억에 근거한 것이었다. 종교적 발달에 대한 체계화된 방법론과 경험과학적 연구는 20세기 초부터 비로소 모습을 드러내기 시작했다. 경험과학적 발달심리학의 등장은 종교적 발달연구에 중요한 영향을 끼치게 되었다.

　물론 이 시기에는 종교적 발달에 대한 경험과학적 인식에 도달할 수 있는 가능성만 있었던 것이 아니다. 오늘날까지도 해결되지 않은 상태인 논쟁, 즉 올바른 연구 방법에 관한 논쟁도 이 시기부터 불거져 나왔다. 물론 방법론을 둘러싼 논쟁은 종교적 발달연구에만 제한되지 않고 사회과학 분야 전반을 휩쓸고 지나간다. 그러나 이 논쟁은 종교적 발달에 관련된 논의에 매우 중요한 가치를 지닌다. 지금부터 필자는 다양한 접근 방식을 다루되 구체적 사례를 들어 논의를 전개하려고 한다. 그렇게 함으로써, 다음 장에서 다루게 될 종교발달이론을 위한 중요한 준비 작업이 이루어질 것이다: 경험과학적 방법론은, 앞으로 더욱 분명하게 드러나겠지만, 결코 중립적 인식의 도구가 아니다. 오히려 방법론적 접근 이

전에는 항상 특정한 전이해(前理解, Vorverständnis)가 있다. 따라서 종교적 발달에 접근하는 다양한 방식에 관한 물음은 종교발달이론에 접근하는 데 좋은 기회를 제공할 것이다.

종교적 발달에 대해 어떤 신뢰할 만한 것을 찾기 어려운 것은 원칙적으로 우리가 어린이의 종교성에 대해 어린이에게 직접 물어볼 수 없기 때문이다. 어린이가 자신의 종교성에 대해 뭔가를 이야기한다는 것은 거의 불가능하다. 어린이는 여기에 필요한 언어적 수단도 활용하지 못할 뿐 아니라 자기 자신에 대해 직접 성찰하지도 않기때문에 종교성에 관한 질문에 대답할 수도 없다. 외부의 관찰 역시 희미한 윤곽만을 그려내는 데 그친다. 우리가 관찰할 수 있는 것은 그저 아이들의 행동뿐이다. 그런데 그 행동의 의미가 무엇인지, 그 행동을 하면서 어린이가 무엇을 생각하고 느끼는지는 그 어린이가 직접 말을 꺼내지 않는 한 확실하게 알 수 없을 때가 많다.

청소년의 경우, 자신의 생각이나 느낌을 언어로 표현할 수 있는 가능성이 상당히 커지고, 자기 자신에 대한 성찰도 활발하게 일어난다. 따라서 청소년에게는 종교에 대한 물음을 던져볼 수 있다. 20세기가 시작되기 직전 미국에서는 스타벅(E. D. Starbuck)이 그에 관해 비중 있는 연구를 처음으로 수행했다. 이 연구는 그 당시 독일에서도 많은 관심을 불러일으켰다. 그는 많은 청소년들(그리고 어른들)에게 설문지를 돌려 그들의 회심 경험과 종교적 성장에 관한 대답을 이끌어 냈다. <도표 1>은 이 연구의 결과 일부를 요약한 것이다. 그림에 나타난 곡선에서 알 수 있듯이, 스타벅의 설문지는 종교적 발달이 청소년기에 집중적으로 일어난다는 것을 보여준다.

60 삶의 이야기와 종교

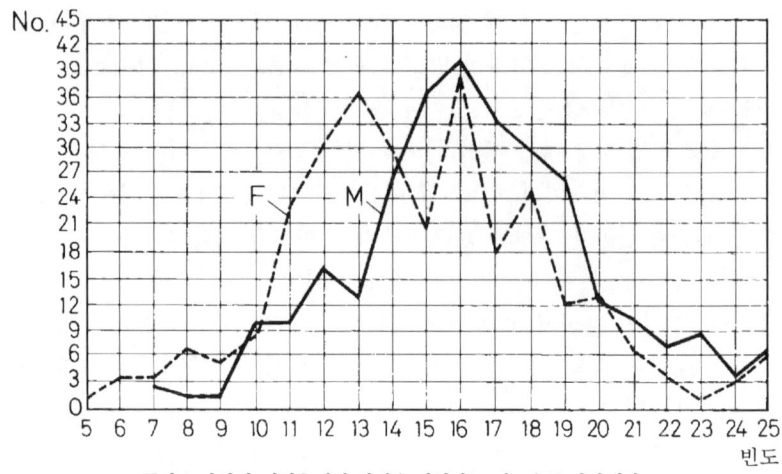

곡선은 다양한 연령층에서 회심을 경험하는 빈도수를 나타낸다.

M = 남자,   F = 여자

<도표 1> Starbuck(1909, S. 30): 도표 우측 진행 방향은 연령의 상승을 나타내고, 세로로 보아 상부진행방향은 매년 일어나는 회심의 수를 보여준다—도표에서 제시된 사례 빈도수는 여성 254명과 남성 235명을 표본으로 산출한 것이다(S. 30f.).

오늘날에도 이와 비슷한 설문 연구를 하고 있다. 물론 현재의 연구는 종교적 발달을 염두에 둔 것이라기보다는, 종교와 교회에 대한 태도를 사회학적으로 분석하기 위한 것이다. 그 연구의 일례로 "교회와의 경험"에 관한 연구를 들 수 있다(A. Feige 1982). 필자는 그 연구의 한 사례를 소개함으로써 이러한 설문조사의 접근 방법을 명확히 하려 한다.

16세에서 22세의 청소년에게 이렇게 질문했다. "내가 삶에서 가장 의지하고 있는 것은 무엇인가?" 그리고 답으로 다음과 같은 것들을 제시해 보았다. "나 자신, 우연, 다른 사람의 행동, 신의 섭리, 사회의 질서, 운명." 응답자의 83% 이상이 "나 자신"이라는 대답에 "매우 그렇다"고 표한 반면, "신의 섭리"라는 대답에 대해서는 64% 이상이 분명한 거부감을 나타냈다(S. 71).

이 결과는 그 자체로서 아주 흥미로운 것이다. 파이게(A. Feige)가 잘 진단했듯이, 이 연구 결과는 교회의 가르침이 중재의 역할을 제대로 할 수 있느냐에 대해 의미 있는 물음을 던지고 있다. 그러나 이 연구는 종교적 발달 문제에 관한 한 그리 중요한 것이 되지 못한다. 우선 우리는 "하나님의 섭리"라는 말에 반감을 나타낸 청소년들이 정말로 거부하는 것이 무엇이냐 하는 것을 분명하게 알고 지나가야 한다. 나아가 이 물음이 특히 청소년의 태도(다시 말해서 어린이나 어른에게는 뚜렷하게 나타나지 않는 태도)에 관한 것인지, 아니면 현대 사회에서 아주 보편화된 견해에 관한 것인지 따져봐야 할 것이다. 여하튼 위에서 언급한 연구의 대상이 된 사람들(16세에서 22세의 청소년)에게서는 나이와 관련된 차이가 나타날 수 없다(S. 73).

또한 이러한 설문 작업은 종교적 발달연구에도 중요한 의미를 제공한다. "셸 – 연구"(Shell-Studien)에 나타난 또 다른 사례(Fuchs 1985; Eiben 1992)가 이 점을 분명히 보여준다. 이 연구는 청소년들뿐만 아니라 어른들에게도 설문조사를 벌인다. 따라서 연령층간의 비교가 가능하다. 예컨대 "당신은 사후 세계를 믿습니까?"라는 질문에 어른들(41%)보다는 청소년들(49%)이 긍정적으로 응답했을 뿐만 아니라, 농촌과 도시 간에도, 교육 수준의 영향 이외에도, 분명한 차이가 나타났다. 대도시에 사는 사람들은 그런 식의 믿음을 거의 갖고 있지 않다는 것이 이 연구를 통해 드러났다.

도시와 농촌 간의 차이는 우리가 종교적 발달을 단순히 개인적 차원이 아니라 사회적 차원의 과정으로 이해해야 한다는 점을 다시금 분명하게 부각시킨다. 종교적 발달연구는 역사적 가변성을 특징으로 하는 환경을 포함하지 않으면 안 된다. 여기에 아주 적합한 연구방법에는 표준설문조사가 있다. 이 방법은 다양한 조건 속에서 살아가는 많은 사람들을 조사할 수 있기 때문이다. 이 방법을 이용한다면 다양한 생활 조건, 다양한 종교, 다양한 연령층에 대한 비교 조사가 가능하다.

그러나 고정된 양식의 설문지를 사용하는 연구방법에 항상 따라 다니는 문제점은, 그것이 정작 설문에 응하는 사람들에게 중요한 측면들을 빠뜨리거나, 혹은 질문의 방식을 통해 특정한 방향의 대답을 유도해 낼 위험이 있다는 점이다. 따라서 파이게의 연구에서 나오는 "신의 섭리"와 같은 표현은 자주적이고 독립적인 삶을 추구하는 청소년에게는 거부감을 일으킬 수 있다. 그렇다면 여기에 대해 부정적인 응답이 나오는 것은 어쩌면 당연한 일이라 할 수 있다. 그러나 그렇다고 해서 우리가 청소년의 하나님 이해에 대해 뭔가 신빙성 있는 것을 알아낼 수 있는가? 아니면 그 특정한 표현에 대한 그들의 거부가 무엇인지 이해할 수 있는가?

청소년들은 스스로를 표현할 줄 안다. 일기를 쓰고 시나 수필 등을 쓸 수 있으며, 자신의 종교적 발달에 대한 통찰을 내비칠 수도 있다. 특히 1920년대 종교심리학 연구가 잘 보여주듯이, 종교적 발달연구에서 일기장만큼 좋은 자료는 없다. 뷜러(Ch. Bühler 1921/1975), 쿠프키(O. Kupky 1924), 프리쉬(F. Frisch 1928)/헤처(H. Hetzer 1928)는 체계적으로 수집해 놓은 일기장을 분석한 결과, 예전에 설문조사(예컨대 스타벅의 조사)를 통해 얻은 가설, 즉 청소년기야말로 종교적 발달이 집중적으로 일어나는 시기라는 가설을 다시 확인하고 그것을 내용적으로 심화시킬 수 있었다. 안타깝게도, 청소년들이 스스로 만들어낸 자료를 종교적 발달과 관련해서 평가하는 일은 그 후로는 거의 없었다. 그러나 이 문제와 관련된 중요한 통찰들을 찾아내는 것은 예나 지금이나 그렇게 불가능하지 않다. 독일의 청소년 셀-단체인 "청소년의 외침"(Jugend-Aufruf)에서 나온 (우연히 작성된) 종교적 자기 고백 모음집이 이것을 증명해 준다(Sziegaud-Roos 1985 참조).

물론 청소년이라고 해서 모든 면에서 자신의 종교성에 대해 충분한 정보를 제공할 수 있는 것은 아니다. 이미 언급한 것처럼 언어 능력의 한계, 자기 성찰의 한계가 있다. 더욱이, 인간은 자신이 처한 상황을 완전히 조망할 수 없다는 것도 유념해야 한다. 사실 사람들은 자신의 삶을 뒤돌아 보는 과정에서 어떤 것은 몽롱해지고 또 어떤 것에는 새로운 의미를 부가시킨다. 그런가 하면 어떤 것은 더욱 명료해지기도 한다. 그러므로 어른이 된 후 과거를 회상하는 것은 종교적 발달이해를 위해 중요하다.

　이것을 위해 우리가 해 볼 수 있는 방법으로는, 제1장에서 이미 소개하고 또 조금이나마 실제로 적용해 보았듯이, 자서전적 자료들을 평가하는 것이다. 이 방법은 특히 1920년대의 종교심리학 연구, 예컨대 보네(G. Bohne 1922)의 연구에서 중요한 역할을 했다. 이 방법은 주관적 경험과 해석에 열린 태도를 취하고 있으므로 추천할 만하다. 설문조사와 같은 표준화된 방법은 그 부분에 대해 폐쇄적이다. 더욱이 이 방법은 자신의 삶 혹은 다른 사람의 삶에 대해 이야기하는 사람에게, 개별적 전기(Biographie)의 다양한 요소, 다양한 체험과 관계를 제한 없이 이용할 수 있게 해준다. 그런데 이러한 주관성과 개별성은 자서전적 방법의 약점이 될 수도 있다. 글쓴이의 자기 진술이나 (아마도 소설적인 형태로 나타날 수 있는) 다른 사람에 대한 진술이 실제적인 것일지, 아니면 허구적인 이미지일지는 아무도 단정할 수 없다.

　종교적 발달 문제를 이해하기 위해 자서전적 자료를 사용할 때 나타나는 몇 가지 문제는 다음과 같은 방법으로 해결할 수 있다. 기억의 자서전적 과정을 활성화하고, 진술하는 사람의 주관적 관점을 역추적하는 방법이 바로 그것이다. 한마디로 이것은 "삶의 이야기"(Lebensgeschichte)를 "사례 이야기"(Fallgeschichte)로 재구성하는 정신분석학의 방법이다. 여기서 일단 한 사람이 관찰하고 묘사한 그 삶의 이야기는 "기억·반복·철저한 연구"(S. Freud)를 위한 출발점에 불과하다. 기억과 반복과 철저한 연구를 거쳐 비로소 실제적인 삶의 맥락이 드러난다. 정신분석학 연구 이전에는 이러한 맥락이 어둠 속에 잊혀져 있었거나 내몰려 있었다고 할 수 있다. 정신분석학적 접근만이 이러한 망각과 억압의 베일을 벗겨내고 삶의 이야기를 좀더 정직하게 드러낼 수 있도록 해준다.

　이러한 재구성 작업에서 "사례 이야기"에 대해 말하게 되는 까닭이 있다. 그것은 삶의 이야기에 대한 해석이 어떤 자서전에서처럼 개별적인 사건이나 관계의 공공연한 다양성에 고착되어 있지 않고, 이론의 안내를 받는 고찰 방법의 틀에 의해 이루어지기 때문이다. 이렇듯 해석의 근거가 되는 정신분석이론은 인간의 삶의 이야기에 어떤 규정성이 있다고 주장한다. 다시 말해서 청소년이나 어른의 특성 뒤에는 (동일하게 인상을 남기는) 어린 시절의 경험이 자리잡고 있다는 것이다. 이러한 경험은 지속적으로 영향을 끼치고는 있지만, 시간이 흐름에 따라 의식에서 사라질 때가 많다. 사람들은 그것을 잊거나 억압한다. 정신분석학의 기본적 전제에 따르면, 인간을 규정하는 경험의 힘은 지속적으로 살아남아 있다가 다시금 의식의 표면에 떠오르고, 이로써—그에 따른 영향으로—변경할 수 있는 것이 된다. 인간의 삶을 규정하면서도 인간에 의해 억압되고 있는 경험들을 새로이 검토하기 위해서는 "기억·반복·철저한 연구"라는 정신분석학적 방법이 필요하다.

이렇듯 삶의 이야기에 대한 임상치료적 재구성과 검토의 틀에서라면 어린이와 청소년의 종교적 경험 또한 고려의 대상이 된다. 자서전적 진술과는 달리, 여기서는 기억의 행위가 일반적으로 임상치료가나 전문 분석가의 도움에 힘입어 진행되기 때문에 덜 주관적인 편이다. 여간해선 뭔가를 알아내기가 어려운 어린 시절의 경험에 대해서도 정신분석가들은 자신들만의 접근법을 갖춰놓고 있다. 그러나 여기에도 두 가지의 근본적 한계가 있으며, 따라서 그것을 짚고 넘어가려고 한다.

첫째, 정신분학적석 이론의 지향성은 인간 발달의 특정한 측면에 집중하는 결과를 낳는다. 정신분석학은 이 발달을 특히 충동, 혹은 "충동의 운명"(Triebschicksale)이라는 측면에서 인간의 발달을 추적한다. 그 중심에는 특정한 갈등과 특정한 인생 단계들이 위치해 있으며, 충동 전개라는 측면에 따라 여기에 결정적인 의미들이 부여된다. 정신분석학의 창시자인 프로이트에게 그것은 특히 "외디푸스적 단계"(ödipale Phase)였으며, 또한 아버지와의 갈등이었다. 프로이트는 이 갈등을 종교적 발달의 결정적 근원으로 이해했다.

둘째, 정신분석학은 임상치료적 실천에서 유래한 이론이기 때문에 여기서 병리학은 매우 중요한 역할을 차지하며, 뭔가 잘못된 (종교적) 발달이 주로 부각된다. 시간이 경과함에 따라 정신분석학의 시야가 "건강한 인격"에까지 확대된 것은 사실이다(예컨대 Erikson 1974). 그럼에도 정신분석학의 근본적인 토대는 예나 지금이나 환자들, 그리고 정신분석 치료를 받은 사람들이 제공한다.

정신분석학의 이러한 한계 때문에, 어린 시절의 종교적 발달에 대한 연구는 다른 방법에 주목하기 시작했다. 물론 아주 어린 시절에 대한 정보를 얻기 위해서는 나중의 기억에 의존하는 것 외에는 다른 방법이 없다. 그리고 이러한 회상은 비록 불가능하지는 않지만 시간상의 격차 때문에 아주 불투명하고 허점이 많다. 그러나 피아제가 개발한 이른바 "임상 인터뷰"(clinical interview) 방식은 유년기 중기과 후기의 아이들에게 좀더 의미있게 접근할 수 있는 가능성을 열어주었다. 표준화된 설문조사와는 달리, 임상 인터뷰는 어린이의 자발적인 질문을 추적해 들어간다. 우리가 원하는 질문을 어린이가 던져오기를 마냥 기다리는 것은 아주 지루할 뿐 아니라, 아무런 성과도 거두지 못할 공산이 크기 때문에 심리학자들은 어린이가 자발적으로 질문하도록 유도하고 자극을 가해야 한다. 이것을 피아제는 다음과 같이 표현했다. 심리학자는 어린이가 "제 멋대로 하면서도 우리의 의도에 따라줄 수 있도록" 한다. 이 표현에서도 나타나듯이 어른의 의도와 어린이의 의도 사이의 관계는 아주 어렵게 형성된다. 더욱이 어린이의 대답이 심리학자의 암시적인 질문을 반영한 것인지 아닌지의 여부는 이 관계에 의존되어 있다.

"어린이의 세계상"에 대한 피아제의 연구에서 한 예를 찾아볼 수 있다(S. 209).

로이(6세): "태양은 어떻게 시작되었을까? — **생명이 시작할 때 있었어요.** — 태양은 항상 거기 있었니? — **아니요.** — 그럼 태양은 어떻게 시작되었을까? — **생명이 시작된 걸 알았으니까요.** — 어떻게 생명이 생겨났을까? — **불이요.** — 어떻게? — **생명은요 저기 위에 불을 갖고 있어요.** — 불은 어디서 왔지? — **하늘에서요.** — 하늘에서 그게 어떻게 나타났을까? — **성냥을 갖고 있다가 불을 붙였어요.** — 그게 어디서 왔지? — **사랑의 하나님이 그걸 던져주셨어요.**" 잠시 후에: "생명은 뭐지? — **우리가, 사람들이 그냥 살아있는 거죠.** — 누가 그렇게 해놓았을까? 그렇게 생명이 시작되게 한 것 말야.—그건 우리에요. 지금까지 살아 있는 사람들……"

　전체적으로 꼬마 로이의 대답은 종교적 발달을 이해하는 데 나름대로 의미가 있다. 로이의 대답은 어린이들이 이 세상의 출발점을 어떻게 상상하고 있는지 추측케 하는 단서를 제공한다. 그런데, 태양-성냥을 "던져주신" 하나님에 대한 표현은 어떻게 이해해야 하는가? 이것이 어린이의 진짜 확신인가? 아니면 잽싸게 내뱉은 대답인가?—피아제는 이러한 대답을 "꾸며내기"라고 부른다. 위의 짤막한 대화 한토막만 가지고는 확실한 평가를 내릴 수가 없다. 우리는 로이가 "사랑의 하나님"에 대해서 어떤 생각을 하고 있는지를 더 들어보아야 한다. 어쨌거나 "임상 인터뷰" 역시 방법론적으로 분명한 어려움에 봉착한다. 아이의 대답 중에서 어떤 것이 정말 그 아이의 종교성을 제대로 표현한 것인지 결정하기가 어렵다는 것이 바로 그 문제다.

　그 밖에도 임상 인터뷰에서는 그러한 인터뷰를 도출해낼 수 있는 이론적 시각이 암시되어 있다. 그것은 인지심리학(cognitive psychology)의 시각이다. 인지심리학의 시각은 아무리 넓게 이해한다고 해도 사고와 표상의 과정에 집중해 있다. 우리는 여기서도, 정신분석학적 접근에 관한 평가에서 그랬던 것처럼 종교적 발달의 연구와 해석에 대한 이론적 한계를 발견한다.

　설문조사, 정신분석학적 사례이야기, 임상 인터뷰는 하나같이 특정한 질문을 미리 설정한 상태에서 종교적 발달을 관찰한다는 공통점이 있다. 특정한 내용에 대해 질문하는 형태든, 아니면 학문적 물음 자체가 특정한 발달의 측면에 집중하는 형태든 관계없이, 이러한 시각은, 그것이 아무리 다양한 형태로 나타난다 하더라도, 인간의 발달과 종교에 대한 전이해로 인해 제한되기 마련이다. 그러므로 우리가 언급한 연구방법 가운데 어떤 것도 어린이와 청소년의 종교성을 전체적으로 조망하고 파악할 수 있다고 말하기는 어렵다.

　최근에는 이른바 열린 인터뷰(open interview)의 도움으로 뭔가를 해보려는 시도가 있었다. 이 열린 인터뷰란 연구 대상자에게 먼저 물음을 던져 대답을 유도해 내지 않고, 그 사람이 가능한 한 주체적으로 자신의 삶의 이야기를 표현할 수 있도록 하는 것이다(양적인 설문 방법이 아니라 질적인 성과를 추구한다). 이미 만들어진 해석상의 관심사에 의한 변조를 최대한 배제한 그 주관적인 진술을 조심스레 해석하는 것이 그 다음 작업이다. 외버만(U. Oevermann)이 전개한 이른바 객관적 해석학(objective hermeneutics)이 여기에 속한다. 객관적 해석학은 특정한 발달이론에 경도되지 않은 질적 인터뷰 평가 방식이다(Schöll 1992; Klein 1994). 적어도 이러한 대안적 방법들이 기존의 양적 방법을 견제하고 있다는 사실 자체는 환영할 만하다. 그러나 이런 방법들 역시 어린이의 경험과 사고 방식에 접근하는 시도들이 안고 있는 한계를 극복하지 못한 실정이다.

이러한 평가 결과 때문에 독자들이 기죽을 필요는 없다. 앞으로 천천히 살펴보겠지만, 지금까지 언급한 방법들이 이루어낸 성과들은 아주 흥미로우며, 종교교육 연구에 극도로 중요한 내용들을 담고 있다. 그런데도 개별적 연구방법들의 적용 범위가 어느 한계선을 넘지 못한다는 사실을 처음부터 밝혀두는 것은, 그러한 일련의 방법들에 기초한 성과들을 보완할 필요가 있음을 못박아 두기 위한 것이다. 물론 여러 가지 방법들을 한데 모은다고 해서 하나의 전체가 구성되는 것은 결코 아니다. 그러나 종교적 발달에 대한 좀더 폭넓은 이해에 도달할 가능성은 다양한 방법에 기초한, 그런 의미에서 **다각적** 접근을 시도할 때 훨씬 늘어난다고 할 수 있다.

모든 학과의 이론적, 방법론적 한계에 직면하여, 다양한 원리들을 서로 연결해 주는 **다각적** 접근(*multi-perspective approach*)이 필요하다는 확신은 우리가 다룰 진술 전체의 근거가 되기도 한다. 다른 진술의 경우에는 빈번하게 일어나는 일이지만, 우리는 의도적으로 특정한 연구 경향을 주도적인 기준선이나 근본적 방향으로 설정하지 않기로 했다. 그 대신 종교적 발달과 관련된 다양한 이론과 방법론의 장점과 단점을 제시하고 그것들의 결합 가능성을 모색해야 할 것이다. 오늘날에는 특히, 종교적 발달에 대한 정신분석이론과 인지구조이론이 많은 관심을 불러모으고 있다. 지금부터 필자는 그 두 가지에 대해 살펴보고, 그런 다음 다른 이론과 연구성과들도 관찰하려고 한다. 지금까지의 연구성과에 대한 총괄적인 조망은 서론적 진술의 틀을 넘어서게 될 것이다.

필자는 종교적 발달에 대한 다각적 접근이라는 의미에서 세 가지 접근법을 선보이려 하는데, 지금까지 종교심리학은 이 세 가지 방법을 이용하는 데 너무나 미온적이었다. 이러한 접근법들은 종교적 발달을 현상학의 의미에서 어른의 눈이 아니라, 어린아이의 눈으로 보려는 시도이다.

첫번째 가능성은 종교적 표현에 대한 일상적 관찰의 수집이다. 다시 말해서 어린이의 부모나 교육 담당자가 다소간 우연히 목격한 것들을 모아 놓은 것이다. 어떤 목적을 지향하는 연구 방법과는 달리, 이러한 수집 방법은 어린이가 자발적으로 의사를 표현하도록 하며, 어린이의 종교성을 제한된 연구 상황이 아닌 일상 생활 속에서 포착한다는 결정적인 장점을 지니고 있다. 과거에도 이러한 수집 방법을 시도한 적이 있긴 했지만(예컨대 Roloff 1921), 안타깝게도 지금까지 계속 이어지지 못하고 있다.

두 번째 가능성은 어린이의 그림과 청소년의 예술적 표현물을 평가하는 방법이다(Brocher 1985; Sziegaud-Roos 1985). 그림이라든지 시적인 표현 등도 역시 어린이나 청소년의 종교성에 대해서 다른 방식으로 접근할 때보다 많은 것을 알려준다. 예컨대 교회의 신빙성과 기독교적 행동의 참된 의미를 소재로 한 청소년의 만화 <도표 2>의 경우를 한 번 살펴보자.

원초적 통찰인가, 천진난만한 신화인가? 69

<도표 2>

마지막 세 번째 가능성은 예컨대 모리츠(K. Ph. Moritz)와 리히터(J. Richter)의 자서전적 진술에서 나타난다. 그 진술을 살펴보면, 그들의 종교성에는 어떤 놀이적 요소가 있음이 드러난다. 안톤 라이저는 "꼬마 예수"를 손수레에 넣어 끌고 다닌다. 유타 리히터는 "성모 기념 제단"(Maialtar)과 "베들레헴 마구간"을 가지고 논다. 어린이의 경우, 이러한 놀이적 관계는 종교적 내용을 체득하는 하나의 형태임이 분명하다. 그렇기 때문에 종교적 견지에서의 어린이의 놀이 방식에 대한 연구는 값진 모험이 될 수 있을 것이다.

마지막으로 반(反)권위주의 교육의 아버지로 잘 알려진 영국의 교육학자 닐(A. S. Neill)이 들려준 이야기를 인용하는 것으로 이 장을 끝맺는다.

"우리가 저녁에 모여서 즉흥적으로 연극을 할 때 나는 의자에 앉아서 이렇게 말했다. '나는 천국의 문에 서 있는 베드로 성인이다. 너희들은 천국에 들어가려는 사람들이구나! 자, 그럼 시작해 볼까?'

애들은 천국 문으로 들어가려고 갖가지 이유를 갖다 붙였다. 어떤 여자 애는 아예 나한테 똑바로 걸어오더니 제발 들어가게 해달라고 애원을 하지 뭔가! 그런데 그 날의 스타는 따로 있었다. 열네 살짜리 남자애가 주머니에 손을 넣고 휘파람을 불며 내 옆을 지나갔다.

나는 소리쳤다. '이봐! 당신은 여기 들어갈 수 없어!'

그러자 그 애가 돌아서서 나를 보면서 이렇게 말하는 것 아닌가.

'어허…… 너 여기 온 지 얼마 안 됐구나, 그렇지?'

'너, 무슨 말을 하는 거야?' 내가 물었다.

'그러니까, 너는 내가 누군지 모른단 말이지?'

'대체 너는 누구냐니까?'

그가 말했다. '나? 난 말이지, 하나님이란다!'

그렇게 말하고 나서 그 애는 휘파람을 불며 천국으로 들어갔다."

도서자료와 참고문헌

어린이와 청소년기의 종교에 대한 물음에 대해서는 M. J. Langeveld 의 고전적 작품(*Das Kind und der Glaube. Einige Vorfragen zu einer Religions-Pädagogik*. Brauschweig u.a. 1959)을 보라. 이 책은 오늘날에도 여전히 읽을 만한 가치가 있다. H. -J. Fraas(Religiöse Erziehung und Sozialisation im Kindesalter. Göttingen 1973)와 B. Grom (Religionspädagogische Psychologie des Kleinkind-, Schul- und Jugendalters. Düsseldorf/Göttingen 1981), 그리고 F. Schweitzer(Die Suche nach eigenem Glauben. Einführung in die Religionspädagogik des Jugendalters. Gütersloh 1996) 등의 책에는 최근의 논의들이 실려 있다.

기능적 종교개념에 대해서는 제임스 파울러의 『신앙의 발달단계』 (사미자 역, 한국장로교출판사 1987) 23쪽 이하(J. W. Fowler, *Stages of Faith*, San Francisco 1981, 특히 3ff.)와 F. Oser/P. Gmünder(*Der Mensch—Stufen seiner religiösen Entwicklung*. Zürich/Köln 1984)를 보라. 참고문헌에 나오는 Döbert(1984), McDargh(1983), Müller(1989) 의 논문에는 이들 연구에 대한 비판적 입장이 실려있다.

발달심리학의 역사에 대해서는 A. L. Montada의 연구(*Themen, Traditionen, Trends*. In: R. Oerter/L. Montada, Hg.: *Entwicklungspsychologie*. München u.a. 1982, S. 3-90)가 간결하게 소개해 주고 있다. 위에서 언급한 Fraas의 관점(특히 68ff.)과 Hyde의 방대한 시각의 연구서(1990)에는 종교적 발달연구에 대한 중요한 자료와 문제점들이 나타나 있다.

정신분석학 입문서로는 Ch. Brenner의 연구(*Grundzüge der Psychoanalyse*. Frankfurt a.M. ^{8}1972)가 있으며, 사례 이야기에 대한 정신

분석학적 해석에 대해서는 G. Bittner의 연구(*Zur psychoanalytischen Dimension biographischer Erzählung*. In: D. Baacke/Th. Schulze, Hg.: *Aus Geschichten lernen*. München 1979, S. 120-128)를 참조. J. Habermas(Erkenntnis und Interesse. Frankfurt a.M. 1973, S. 300ff.)는 이론적 배경을 제공했다.

J. Piaget(*Das Weltbild des Kindes*. Frankfurt a.M. u.a. 1980, 144ff.)는 인지구조심리학의 의미에서 "임상적 접근법"을 설명한다.

"삶의 이야기에 나타난 종교"(Religion in der Lebensgeschichte)와 위에서 언급한 객관적 해석학에 대한 다양한 접근법은 코메니우스 연구소에서 발행한 같은 제목의 책자(1993)에 소개되어 있다.

3
기본적 신뢰, 양심의 형성, 의미물음

종교적 발달에 대한 정신분석학적 해석은 오늘날 점점 더 많은 주목을 받고 있다. 그런데 이러한 영향력은 정신분석학의 창시자인 지그문트 프로이트(S. Freud)가 전개했던 고전적 형태의 정신분석학에 기반을 둔 것이 아니라, 1950년대와 60년대에 미국의 정신분석가인 에릭 에릭슨(Erik H. Erikson)이 주도하여 변형·확장시킨 형태의 정신분석학에 의해 촉발된 것이다. 에릭슨은 "기본적 신뢰"(basic trust)[1]와 "정체성"(identity)의 개념으로 심리학뿐만 아니라 (종교)교육적 사유에 엄청난 영향을 끼쳤다. 그래서 이 장에서는 종교적 발달에 대한 에릭슨의 견해에 초점을 맞추어 논의해 보려한다. 그러나 이런 에릭슨의 관점을 좀더 자세히 평가하기 위해서는 프로이트 심리학에 대하여 적어도 그 기본적인 특징쯤은 알아두지 않으면 안 된다. 에릭슨 스스로가 자신을 다른 누구보다도 프로이트의 계보에 서 있는 사람으로 이해하고 있

---

[1] 에릭슨이 사용한 영어 "basic trust"는 독일어로는 지금까지는 보통 "Ur-vertrauen"으로 번역해 왔으나, 이 책에서 필자는 좀더 중립적인 뜻에서 "Grundvertrauen"이라는 용어를 택하여 쓴다.

으며, 자신의 이론을 프로이트적 사유의 계승 및 실현으로 보고 있기 때문이다.

최근의 정신분석이론은 에릭슨을 넘어서서 특히 유년기 초기와 나르시시즘(Narzißmus)의 문제를 다루고 있다. 여기서도 종교적 발달의 이해를 위해 중요한 자극 요인들이 발견되었다. 그리고 평생에 걸친 종교적 발달 모형이 그 윤곽을 드러냈다.

오늘날 종교적 발달이해에서 정신분석학적 관점이 차지하는 중요성을 의심하는 사람은 거의 없다. 그러나 정신분석학적 시각의 한계에 대해서는 좀더 구체적인 문제 설정이 필요하다. 정신분석학적 방법이 적용될 수 있는 범위는 어디까지인가? 보완이 필요한 부분은 어디인가? 이 물음은 비단 신학적 관점과 심리학적 관점 사이의 관계에 대한 것일 뿐만 아니라, 심리학 이론으로서 정신분석학의 한계에 대한 물음이기도 하다—이 장에서는 특히 그러하다. 이미 종교적 발달의 연구방법론에 대한 논의에서 살펴본 것처럼, 정신분석학 외에도 다른 이론들, 다시 말해서 그와 어깨를 견줄 만한 이론들이 존재하기 때문이다.

지그문트 프로이트: 종교는 아버지에 대한 동경

"개개인에 대한 정신분석학적 연구만이 아주 분명하게 가르쳐주는 것이 있다. 그것은 하나님 이미지는 누구에게나 자기 아버지의 이미지에 따라 형성된다는 사실, 하나님과 자신의 관계는 육신의 아버지와의 관계에 의존되어 있으며, 이 조건에 따라 요동치고 변화한다는 사실, 그리고 원래 하나님이라는 존재는 …… 격상된 아버지에 다름 아니라는 사실이 바로 그것이다"(Freud 1912/13, S. 430f.).[2] "토템과 타부"에 대한 글에서 프로이트는 "하나님은 …… 격상된 아버지"라는 이 극단적 표현을 가

---

2) A. Mitscherlich가 편집한 프로이트 문헌집을 사용했다. 작품에 좀더 쉽게 접근하기 위해 작품이 처음 출간된 연도를 표기했다. 즉 연도는 원본에, 쪽수는 Mitscherlich 문헌집을 따랐다.

지고, 종교적 발달에 대한 다른 이론적 가능성을 아예 거부했다. 여기서 프로이트는 다음 두 가지 사실을 염두에 두었다.

첫째, 프로이트에게 종교는 어린 시절의 아버지(대개는 무섭고 벌을 주는 아버지, 그러나 너무나도 강력한 아버지)에게로 거슬러 올라간다. 둘째, 프로이트의 견해에 따르면, 종교는 인간의 유아기적 측면, 다시 말해, 인간의 미성숙한 일면이다. 어른이 된 뒤에도 이 유아기적 요소, 즉 "아버지에 대한 동경"은 결정적 역할을 한다. 엄밀한 의미에서 어른이 되는 것과 종교는 상호 배제적 관계에 있다. 종교는 극복되지 않은 어린 시절의 유산, 즉 유아기적 특성이며, 앞으로도 그러할 것이다.

이렇게 볼 때, 프로이트의 이론은 종교적 발달에 관한 책과는 어울리지 않는다. 물론 프로이트도 종교의 삶의 이야기적 근원을 어린아이와 아버지의 관계를 통해 연구하긴 했지만, 종교성의 삶의 이야기적 변화라는 의미에서 종교적 발달을 다루지는 않았다. 오히려 프로이트가 관심을 둔 것은 종교라는 이름으로 연장된 유아기적 의존성(프로이트는 그것을 병적인 것으로 간주했다)에 대한 비판이었다. 프로이트는 성숙한 어른의 종교라는 것을 알지도 못했고 인정하지도 않았다. 그런데도 필자가 프로이트를 언급하려는 까닭은, 프로이트의 이론이 그의 종교 비판적 태도에도 불구하고 종교적 발달을 포괄적인 삶의 이야기로 관찰할 수 있는 가능성을 내포하고 있기 때문이다. 정신분석학자들이 이 가능성을 응용하기 시작한 것은 최근의 일이지만, 프로이트 역시 이미 그 가능성을 구상한 바 있었다. 그런데 프로이트에게서 그 가능성이 실현되지 않은 데에는 개인적, 시대적, 문화적 이유가 있겠지만, 이 문제를 여기서 상세하게 다룰 수는 없다. 어쨌든 프로이트는 자신의 학문적 견해와 현실 이해로 인해 병적인 징후가 없는 종교성이나 성숙한 형태의 종교성을 인정할 수 없었다. 그의 이해력에는 객관적으로 확인할 수 없고 인과율로 설명할 수도 없는 맥락을 위한 여백이 마련되지 않았기 때문이다.

프로이트가 시도한 정신분석학의 윤곽을 그리거나 그것을 전체적으로 조망하기는 여기서는 거의 불가능하다. 프로이트에 의해 전개된 정신분석학은 프로이트가 평생에 걸쳐 매달리면서 부단히 수정해 온 여러 가지 이론들의 복합체이다. 임상실험은 이러한 수정 작업의 동력이 되었다. 이론전개에 필요한 여러 가지 새로운 발상들이 바로 그러한 실험의 결실이었다. 정신분석학의 전체적인 틀거리를 제대로 파악하고자 할 때, 프로이트의 이론 전개에 나타난 그런 변화들은 우리의 이해에 유익한 정보를 제공하는, 그래서 결코 포기할 수 없는 측면들을 드러낸다. 지금부터 필자는 종교적 발달에 대한 프로이트의 관점을 깊이 이해하는 데 없어서는 안 될 몇 가지 정신분석학적 개념, 예외적 규칙, 이론 등을 살펴보려고 한다.[3] 그중에서도 특히 의식과 무의식의 구분, 본능이론, 억압의 문제, 단계이론, 심리적 구조의 형성 문제 등을 다룰 것이다.

프로이트의 유명한 저서『꿈의 해석』(*Traumdeutung*, 1900) 제7장은 최초의 위대한 정신분석학적 작업이었으며, 이 획기적인 시도를 통해 프로이트는 꿈에 대한 연구의 이론적 결과물을 하나의 체계적 틀로 정리해 낼 수 있었다. 거기서 결정적인 사건은 프로이트가 **의식적인 것**(*das Bewußtes*)과 **무의식적인 것**(*das Unbewußtes*)을 구분해 놓았다는 것이다. 프로이트의 이러한 구분은 오늘날 너무나도 익숙해져서, 그런 구분을 의아해 하거나 미심쩍게 생각하는 사람들은 거의 찾아볼 수 없다. 나아가 무의식적인 것의 영향력에 대한 생각은 문화적 자명성의 일부가 되었다. 그러나 19세기에서 20세기로 넘어가는 전환기에, 무의식이 인간의 행동을 (함께) 규정한다는 생각은 무척이나 낯선 것이었고 어떤 사람들은 그러한 생각에 격분하기도 했다. 그래서 무의식에 대한 프로이트의 주장은 숱한 비판과 거부를 겪어내야 했다.

그러나 오늘날 무의식에 대한 관념은 프로이트의 견해와 단지 부분적으로만 부합한다. 프로이트는『무의식에 대한 탐구』(*Das Unbewußte*, 1915) 서문에서 타의 추종을 불허하는 치밀함으로 무의식적인 것에 대해 서술하고 있다.

---

[3] 프로이트 종교심리학을 좀더 정확히 이해하려면 정신분석학의 다른 양상을 두루 살펴보아야 하겠지만, 이 자리에서는 문제 전체 중 다만 일부만을 다룰 수밖에 없다.

"우리는 정신분석을 통해서, 억압과정의 본질은 그 충동을 대표하는 표상을 폐기하거나 제거하는 것에 있지 않고 그 표상을 의식으로부터 떼어놓는 데 있음을 알게 되었다. 그래서 우리는 그것이 "무의식"의 상태에 있다고 말한다. 그것이 무의식적으로 표출되기도 하고 결국에는 의식에 도달하기도 한다는 점이 그 좋은 증거이다. 모든 억압된 것들은 무의식 속에 남아 있다. 그러나 우리가 그와 동시에 확실히 해둬야 할 것은, 무의식적인 것이라고 해서 모두 억압된 것은 아니라는 사실이다. 무의식은 그 영역이 더 넓다. 억압된 것들은 그 무의식의 일부에 불과하다"(S. 125).

의식된 과정만으로는 도저히 설명해 낼 수 없는 수많은 행동 양식들이 존재한다는 것이 프로이트의 기본 전제였다. 도무지 그 의도가 납득이 되지 않는 돌발적 행동, 인간이 그것 때문에 고통스러워하면서도 자기 스스로에게 부과하는 강박증이 있으며, 무의식이 표출되는 "프로이트적"—어느새 이 말은 날개 돋힌 듯 유행되었다—징후들이 그런 경우다. 이렇듯 겉보기에는 그 동기를 알 수 없는 행동들을 프로이트는 환자들의 증세에서 뿐만 아니라 일상 생활에서도 발견했던 것이다. 프로이트는 무의식을 심리학적 실체로 소개하면서 그러한 행동들을 설명하고 그것들로부터 의미를 끄집어 내려고 했다. "만일 우리가, 우리 안의 정신적 행동에서 일어나는 모든 일을 의식으로만 경험하게 된다는 주장에 집착하여 그런 일들을 어떤 가시적 관련성에 끼워넣으려고 하거나, 그 분명한 무의식적 행위들을 어떻게든 변조하려고 한다면, 이런 행동들은 그 맥락을 드러내 보이지 않은 채 영영 이해되지 않는다. 그러나 의미와 맥락의 획득은 완전한 자격을 갖춘 모티브로서, 우리를 직접적인 경험의 세계 너머로 인도해 줄 것이다"(Freud 1915, S. 126).

이미 프로이트가 꿈에 대한 해석에서 깨달았듯이, 무의식적 동기는 금방 의식되지 않는다. 특정한 생각이나 소원이 의식되는 것을 방해하는 여러 가지 장애물들은 확실히 존재한다. 프로이트는 그러한 장애물을 "저항", 어떤 것을 무의식에 붙잡아 놓는 장막, 혹은 "억압"이라고 표현했다. 프로이트에 따르면, 무의식은 의식과 단절되어 있다. 그러나 무의식은 의식에까지 파급될 수 있는 어떤 영향력을 생산해 낼 수 있다. 프로이트에게 결정적 의미가 있는 것은 억압된 표상, 다시 말해서 본능에 의해 규정된 소망의 무의식적 특성이다. 그 소망은, 공개적인 형식으로는 의식의 차원에 도달한 것은 아니지만, 내밀하게, 그럼에도 점진적으로 그 의식에 영향을 끼친다.

지금까지 설명한 의식과 무의식, 억압, 저항, 그리고 행위를 규정하는 특별한 영향력의 관련성은 프로이트가 보기에 지속적으로 작용한다. 다시 말해서, 그 관련성은 인간의 정신세계에서 아주 일반적으로 나타나는 특성이다. 그런데 그 특별한 의미는 우리가 그것을 발달의 단계, 그리고 정신적 구조의 형성과 연결시킬 때 더욱 명확해진다. 우선 프로이트의 단계이론을 살펴보도록 하자.

프로이트가 말하는 발달단계, 즉 "구강기", "항문기", "남근기", "잠복기", "사춘기"는 본능의 발달단계로 이해할 수 있다. 프로이트는 인격의 근본적인 층위를 본능으로 보았기 때문이다. 그러면 도대체 어떤 본능을 말하는 것이냐는 물음에 프로이트는 시기에 따라 상이한 본능이 작용한다고 대답했다. 처음에 프로이트는 본능을 성적 본능과 자기보존의 본능으로 나누었다가, 나중에는 성적 본능(Libido, 리비도)을 유일한 본능으로 부각시키기 위해 이러한 구분을 포기했다. 그러다가 결국에는 제2의 본능으로서 공격적 본능을 성적 본능 옆에 두었다.

프로이트는 어린이의 성적 발달에 대한 연구(1905)에서 발달단계를 생각해 냈다. 성적 본능이 어린 시절부터 이미 작용하고 있다는 프로이트의 주장은 많은 논쟁을 불러일으켰다. 그런데 프로이트의 성(sexuality) 개념은 일반적으로 사람들이 이해하는 성 개념보다 훨씬 포괄적인 것이라는 사실을 간과할 때가 많았다. 그것이 분명하게 나타나는 대목이 바로 단계이론이다. 단계이론은 특정한 시기마다 어린아이가 추구하는 만족의 지배적 형태에 관심을 두고 있다. 다시 말해, 그것은 단순히 생식기의 만족에 대한 것만은 아니다.

각 단계의 특징은 다음과 같이 정리해 볼 수 있다. 우선 **구강기**(*die*

orale Phase)의 특징은 음식물의 섭취 및 입(Mund)과의 관련성에 있다. 일반적으로, 이 시기에는 프로이트가 "성의 목표"(Sexualziel)라고 표현하는 "객체의 합체"(Einverleibung des Objekts)가 주로 이루어진다. **항문기**(*die anale Phase*)는 어린이가 대략 2-3세 되었을 때 오는 시기이며, 이 시기의 특징은 항문을 통한 배설과 배설 억제 및 배설물 분비로서, 이러한 행위는 통제의 형태로 일어난다. **남근기**(*die phallische Phase*)에 들어서면, 비로소 인간의 성적 충동은 어떤 인간, 자세히 말하자면, 어머니나 아버지를 중심대상으로 삼게 된다. 여기서는 생식기 또한 어떤 역할을 한다. 그러나 생식기를 통한 두 사람간의 관계를 얘기하는 것은 아니다(이 점과 관련해서는 정신분석학 외부에 확산되어 있는 이해와 프로이트의 이해가 엇비슷하다!). 대개 여섯 살부터 시작되는 잠복기에는 성적 충동이 수그러들고 그러다가 **사춘기**(*Pubertät*)를 맞게 된다.

프로이트가 충동발달(Triebenentwicklung)이라는 관점만 가지고 어린이의 발달을 설명했던 것은 아니다. 그가 충동 발달과 결합시킨 두 번째 관점은 이드(id), 자아(ego), 초자아(superego)라는 심리구조의 형성과 관련된다(Freud 1923). **이드**란 자연적으로 주어진 토대로서 발달의 시작이다. 이드의 내용은 충동과 욕구인데, 이것들은 아직 외부 세계와 접촉하지 않은 상태다. 심리적이고도 사회적인 실재와 만나는 경험이 늘어나면서는 **"자아"**(*das Ich*)가 중요한 역할을 감당한다. 그 역할이란 욕구를 만족시킬 수 있는 현실에 맞는 방법들을 "이성과 신중함"을 통해서 모색하는 것이다. 이것을 프로이트식으로 표현하면 다음과 같다: 이드는 "쾌락의 원리"(Lustprinzip)를, 자아는 "실재의 원리"(Realitätsprinzip)를 따른다. 프로이트는 자아를 "자기보다 힘이 센 말의 입에 재갈을 물리는 마부"와 비교한 바 있다.

마지막으로 세 번째 구조인 **"초자아"**(*das Über-Ich*)의 형성은 훨씬 더 복잡하다. 초자아는 도덕의 의미에서 내면화된 계명들을 의미한다. 초자아의 형성은 남근기와 동시에 이루어지며, 프로이트가 계속해서 관심을 집중시켰던 남자 어린이의 경우,[4] 이것은 **외디푸스 컴플렉스**와 밀접하게 관련이 있다.

남근기에 이른 남자아이의 성적인 소망이 집중하는 대상은 어머니이다. 이 나이의 남자아이에게서 자주 나타나는 소망, 즉 어머니와 결혼하고 싶어하는 소망에서 엿볼 수 있듯이, "어린 남자 애는 엄마를 독점하려고 한다"(Freud 1917, S. 327). 바로 여기서 아버지를 제거하고 그 아버지를 대신하여 어머니 곁에 있고 싶다는 소망이 생겨난다. 이것은 아버지로부터 보복을 당할지도 모른다는 불안감을 동반한다. 그래서 이 아이는 이중적인 상태에 봉착하는데, 프로이트는 그것을 "양가감정(兩價感情)의 상태"(ambivalente Lage)라 불렀다. 사내 아이는 어머니를 차지하기 위해서 아버지와 같은 존재가 되려고 한다. 그러나 자기보다 힘이 센 아버지의 위협적인 보복에 직면해서는 아버지와 같이 되어서는 안 된다는 사실을 안다. 프로이트가 보기에, 이러한 상반된 감정의 대립은 그 남자아이가 어머니에 대한 집착을 포기할 때, 다시 말해, 아버지와의 경쟁을 포기할 때 해결된다. 사실 그 아이는 그렇게 함으로써 외적인 위협을 내부에 축적한다. 프로이트의 용어로 표현하면, 그것을 "내면화한다"(internalisieren). 아들은 아버지의 계명을 **"초자아"**(*das Über-Ich*) 내지 **"자아이상"**(*Ichideal*)으로서 자신의 자아에게 받아들인다.

"외디푸스 컴플렉스를 억압하기는 결코 쉽지 않다. 부모, 특히 아버지는 외디푸스적 소망의 실현에 장애물로 인지되기 때문에, 유아의 자아는 자기 안에 이와 똑같은 장애물을 세워둠으로써 소망에 대한 억압을 강화한다. 이것을 위한 힘의 일부를 아이는 아버지로부터 빌어오는데, 이러한 차용은 엄청난 결과를 가져온다. 초자아는 아버지의 특성을 간직하게 된다. 외디푸스 컴플렉스가 크면 클수록, 억압이 신속하게 진행될수록 (권위, 종교교육, 수업, 독서 등의 영향을 받아) 훗날 무의식적 죄의식이나 양심과 같은 형태의 초자아가 더욱 엄격하게 자아를 통제한다"(1923, S. 302).

---

4) 프로이트 심리학의 남자에 대한 집중적 관심은 오늘날 특히 여성심리학으로부터 많은 비판을 받고 있다. 이를테면 Gilligan(1984) 참조.

그렇다고 해서 초자아의 엄격성이 곧바로 아버지(혹은 어머니)의 엄격함 때문이라고 단정지을 수는 없다. 프로이트가 분명하게 강조하듯이 여기서 개별적인 계명이나 징벌이 결정적인 것은 아니다. 정말 중요한 것은, 스스로도 의식하지 못하는 부모의 초자아가 내면화되고, 이와 더불어 인간의 행위를 의식적, 무의식적으로 규정하는 규범들도 내면화된다는 사실이다(Freud 1933, S. 505).

그러나 프로이트가 엄격한 초자아로부터 생겨난 죄책감(Schuldgefühl)을 신경성 질병의 원인으로 보았다는 사실만큼은 확실하게 알 수 있다. 프로이트가 보기에, 외디푸스적 갈등은 인간의 발달 전체가 결정되는 본질적 요소다. 만일 이 갈등이 적절한 해결을 보지 못한 채 짐이 될 경우, 그것은 이후의 삶 전체에 중대한 영향을 끼친다. 물론 프로이트가 외디푸스적 갈등의 시기 이전이나 이후의 경험이 가지는 의미를 전혀 고려하지 않았다는 뜻은 아니다. 그러나 프로이트가 다른 시기의 경험에 쏟은 관심은 외디푸스적 갈등에 대한 관심과 비교할 때 현저하게 뒤떨어진다.

외디푸스 컴플렉스의 문제와, 초자아의 형태로 아버지의 명령을 내면화함으로써 문제를 해결하는 것에 대한 이야기를 풀어감으로써 우리는 이제, 프로이트의 신 개념, 즉 하나님을 "격상된 아버지"로 이해했던 프로이트에게 결정적인 의미를 지닌 어떤 것에 도달하게 된다. 프로이트는 초자아, 혹은 자아 이상을 "모든 종교가 형성된 맹아"로 보았다. 프로이트가 일찍부터 확언했던 바 종교와 신경증 사이의 유사점(1907)도 이러한 맥락에서 이해가 된다. 그 둘은 (초자아의 특징이기도 한) "죄책감"과 "양심의 두려움"으로부터 자라난다. 그래서 프로이트는 이렇게 단정짓는다.

> 종교형성의 밑바탕에는 억압, 즉 특정한 충동의 **포기**가 있는 것 같다. 그러나 신경증의 경우에서처럼 전적으로 성적인 요소들이 아니라, 이기적이고 반사회적인 충동들이다. 대개의 경우, 여기에 성적인 요소가 작용함도 부정되지 않는다"(1907, S. 19f).

"우리는 이러한 의견 일치와 유비에 따라, 감히 이 강박적 신경증을 종교 형성의 병리학적 모형으로 이해할 수 있을 것이다. 여기에 따르면, 신경증은 개인적인 종교성으로서 그 종교를 하나의 보편적인 억압적 신경증으로 바라본다"(S. 21).

여기서 분명해지는 것은, 프로이트가 종교를 유아기적 고착으로 보았으며, 그 병리학적 특성을 신경증과의 유사점에서 찾아냈다는 점이다. 물론 프로이트는 종교가 요구하는 바 본능의 포기를 "인간문화발달의 토대 가운데 하나"로 보았지만, 그의 후기 저작이 잘 보여주듯이, 그것은 유아기에 고착된 토대이기 때문에 불충분한 토대라고 생각했다.

프로이트의 글 『환상의 미래』(Zukunft einer Illusion, 1927)까지 끌어들인다면 종교에 대한 그의 부정적 평가는 더욱 분명해진다. 그 밖에도 프로이트는 『문화 속의 불만』(Unbehagen in der Kultur, 1930), 좀더 문화사적 성격의 논문인 『토템과 타부』(Totem und Tabu, 1912/13), 그리고 『인간 모세』(Mann Moses, 1939)와 같은 대표작에서 종교에 대해 언급했다. 프로이트 사상의 토대는, 인간의 문화행위가 직접적인 본능에 대한 충족을 상당 부분 포기할 것을 전제한다는 생각이다. 이러한 포기는 분명 강요된 것이다. "간단히 말해, 인간에게는 두 개의 특성이 있는데, 그 특성 탓에 약간의 강제만으로도 문화적인 제도가 유지될 수 있다. 하나는 인간이 자발적으로 일하는 것을 좋아하지 않는다는 점이고, 다른 하나는 인간의 논리(Argument)는 인간의 격정(Leidenschaft)에 대항할 수 없다는 것이다"(Freud 1927, S. 141f). 프로이트의 주장에 따르면 인간의 본능은 문화에 대해 적대적이며, "모든 인간에게는 파괴적인 경향, 다시 말해, 반사회적이고 반문화적인 성향이 존재한다." 그러나 이러한 성향은 문화를 위해 희생되어야 한다. 반대로 인간을 이 희생 제물과 "화해시키고 손해를 회복하는 것"은 꼭 필요하다.

한 걸음 더 나아가, 교양을 쌓은 인간조차도 자기 자신의 존재가치를 뿌리부터 위협하는 자연이나 운명의 힘 앞에서는 무기력함을 체험할 수밖에 없다. 이렇듯 익명의 힘에 의해 곤궁에 빠진 인간은 자연이 인간적 특성을 가지고 있다는 생각에서 도피처를 발견한다. 그러나 "인간은 그 자연의 힘을 자기와 동류처럼 교류할 수 있는 인간으로 만들지 않는다. 그것은 자신들이 그것으로부터 경험한 압도적인 인상과 어울리지 않을 것이다. 그래서 인간은 그 힘에 아버지의 특성을 부여하고 그 힘을 신으로 만든다"(S. 151).

이러한 견해에 따르면, 인간 문화의 토대의 역할을 하고 있는 종교는 "환상"으로 작용한다. 종교적 표상은 경험이나 사고가 아니라 인간의 소망에서 유래한 것이라는 점을 프로이트는 매우 중요하게 생각했다. 그러나 그렇다고 해서 프로이트가 종교를 오류로 치부하려 했던 것은 아니다. "환상"이라는 말은 단순히 참, 거짓의 문제가 아니라, 어떤 것을 실재(현실)에 비추어 검사할 수 없음을 의미하며, 그런 의미에서 "증명이 불가능한 것", "반박할 수 없는 것"을 가리킨다. 이와 동일한 이유에서 프로이트는 종교적 표상을 문화의 불충분한 토대로 여긴다. 이 표상은 자연과학과 경쟁을 벌이다가 마침내는 설득력을 잃게 된다.

그래서 프로이트는 "문화규정"의 토대를 종교가 아니라 "순수한 합리성"으로 수립할 것을 요구했다(S. 175). 그와 동시에 학문과 종교의 분리를 주장했다. 물론 프로이트는 자신의 주장이 환상의 성격을 지니고 있음을 알고 있었다. 그러나 그는 자신의 환상이 최소한 경험을 통해서 교정될 것이라고 말했다. 그러나 최후의 발언권을 가지고 있는 것은 학문이라고 했다. 『환상의 미래』의 마지막 문장에 나타난 프로이트의 소신은 거의 고집에 가깝다. "아니다. 우리의 학문은 결코 환상이 아니다. 만일 우리가, 그 환상이 우리에게 줄 수 있는 것을 다른 어딘가에서 찾을 수 있을거라고 믿는다면 그것이야말로 환상일 것이다"(S. 189).

이로써 프로이트의 종교 이해의 기본 윤곽이 분명하게 드러났다: 무력한 어린 아이가 아버지를 동경하는 데서, 외디푸스적 갈등의 시기와 때를 같이하여, 부성적 신에 대한 표상이 생겨난다. 이 신은 보호와 위안을 주는 동시에 위협적이며, 인간에게 죄책감이라는 짐을 지운다. 종교는 삶의 이야기의 원천으로 소급된다. 바로 이 점에서, 종교적 발달이해에 프로이트가 남긴 공헌을 찾아보게 된다. 그러나 삶의 이야기에 따른 종교성의 발달은 아직 주목을 받지 못하고 있다. 어른의 종교성 또한 어린이와 같은 특성을 지닌다: "어린이의 무방비성을 방어하는 것은 어른들도 인정하지 않을 수 없는 무방비 상태에 대한 반작용, 즉 종교의 형성에 그 특징적 요소들을 제공한다"(S. 158). 그러므로 어린이의 종교는 어른의 종교에 형식을 제공한다. 이런 맥락에서, 헤밍어(H. Hemminger)는 인간의 삶을 규정하는 어릴 적 경험의 힘을 가리켜 "운명으로서의 어린 시절"이라는 표현을 썼다. 이 말은 특히 프로이트의 종교적 발달이론에 유효한 표현이다.

종교에 대한 프로이트의 이해를 둘러싼 **신학적 논의**는 1960년대 후반에 와서야 본격적으로 불이 붙었다. 물론 그 전부터 주로 실천신학 분야, 부분적으로 종교교육 분야는 정신분석학으로부터 중요한 자극을 받아 왔다. 그러나 그때는 정신분석학적 방법론의 차원에 만족했을 뿐, 그보다 훨씬 광범위한 프로이트의 종교철학적, 심리학적 해석을 파고들지는 못했다. 프로이트가 자신의 종교심리학적 분석을 "비천한 사람이 이해하는 종교"의 수준에 제한시켜 놓았다는 사실은, 프로이트의 종교 비판이 함의하는 신학적 가치를 되살리는 데 결정적으로 중요하다. 프로이트는 신학적 개념들과 씨름하지 않았다. 이러한 제약에 근거해 볼 때 종교에 대한 프로이트의 비판적 시각과 종교에 대한 신학의 해석이 최소한 어느 정도는 비슷할 가능성도 배제할 수 없다.

샤르펜베르크(J. Scharfenberg 1968)와 몰트만(J. Moltmann 1972)은 정신분석학의 종교 이해와 신학적 종교 이해 사이에 실제로 그런 유사점이 있음을 밝혀내려고 했다. 샤르펜베르크의 주장에 따르면, 프로이트의 종교 비판에는 정신분석학과 신학의 수렴(Konvergenz)을 증명해 주는 두 가지 특성이 있다. "타부-순종"(der Tabu-Gehorsam)에 대한 저항과 "유아적 소망"(das infantile Wunschdenken)에 대한 저항이 그것이다. 이러한 저항, 그리고 그 부자유(삶의 이야기에 의해서, 혹은 다른 요인에 의해서 규정된 부자유)를 극복하려는 시도는 신학하는 사람들에게 그리 낯설지 않다. 오히려 그것은 신학의 주요 관심사다. 샤르펜베르크는 이렇게 말한다. "프로이트는 자신이 비역사적인 반복 강박(Wiederholungszwang)과, 과거에서 자유롭게 되어 미래로 나아가는 역사 촉진적 움직임의 구분을 통해 성서적 사유의 유대-기독교적 전승의 (결정적인 표지는 아니지만) 한 단면을 그려냈다는 사실을 자기 스스로도 잘 몰랐다"(S. 178).

특히 신학에서, 기독교적 자유의 체험과 "상응"하는 것들이 주목을 받게 되었다. 그리고 이 자유 체험은 심리학의 영역에서도 유효할 것이다. 그러므로 신학은 정신분석학적 종교 비판과 대화할 수 있으며, 또 대화하지 않을 수 없다. 거꾸로 신학은 "환상"에 대한 비판이 필연적으로 체념으로 귀결되는 것은 아닌지에 대한 물음을 가지고 정신분석학과 맞서게 된다. 인간의 소망은 무기력함의 표현이나, 퇴행적 태도의 표현에 그치는 것이 아니다. 인간의 소망이란 앞으로 나아가는 것일 수도 있다. 몰트만이 에른스트 블로흐(E. Bloch)의 사상에 기대어 표현했듯이, 인간의 소망은 "새로운 것과 결부되어 있다"(Moltmann 1972, S. 288).

여러 면에서 폴 리쾨르의 『프로이트에 관한 해석』(*Die Interpretation. Ein Versuch über Freud*, 1965)은 프로이트의 종교 이해로 인해 실추된 신학의 가치를 회복하기 위한 길을 제시해 놓았다. 리쾨르가 이 연구에서 강조하듯이, 종교적 발달에 대한 프로이트의 해석에는, 프로이트 자신이 제기한 종교 비판을 넘어서서, 종교적 성숙의 시각, 혹은 리쾨르의 표현대로 하면 "진보"(progression)가 구상되어 있다. 이러한 시각은 에릭 에릭슨이 수정을 가한 정신분석학에서 뚜렷하게 나타난다.

이 맥락에서 필자가 중시하는 것은, 정신분석학적 종교 비판으로 하여금 오히려 신학의 가치를 부각시키게 만든 요인, 무엇보다도 종교적 발달에 대한 해석이다. 정신분석학에서 말하는 종교적 발달은 기독교의 근본 체험(예컨대 해방의 체험)과 **상응**하는 한 신학적으로 수용할 수 있다. 프로이트의 종교 비판을 신학적 비판으로 계속 이어가려는 시도는 종교적 발달이나 종교교육에도 상당히 의미 있다. 우리가 1장에서 살펴본 유타 리히터와 틸만 모저의 글이 잘 보여주듯이, 요즈음에도 하나님을 벌주는 아버지로 생각하고 경험하도록 가르치는 것은 "모든 것을 보시는" 하나님의 경우처럼 여전하다. 이 경우 실제로 종교적 발달이란, 프로이트가 설명한 것처럼, 대개는 도덕적 근원에서 나온 유아기적 "죄책감"에 속박됨을 의미한다. 이러한 경우에 대해서는 정신분석학자 프로이트만이 혼자서 반기를 든 것은 아니다. 하나님은 사랑이라는 기독교적 이해에 근거한 신학 또한 그러한 속박을 거부한다.

에릭 에릭슨: 기본적 신뢰에서 정체성으로

"기본적 신뢰"와 "정체성"은 (종교)교육학적인 문제를 넘어서서 우리의 일상적 언어 및 사유와 결부된 개념이 되었다. 그 개념을 쓰지 않는 것이 쓰는 것보다 더 불편할 정도다. 다른 사회과학 개념과는 달리 이런 개념들은 원래 일상 언어였다가 나중에 학문 용어로 수용되면서 새롭게 정의되고, 다시금 그것이 일상에 영향을 행사하게 된다. 이는 사회과학적 조어(造語)가 일상의 언어 속에 파고 들어간 경우라고 해야 할 것이다. 이 과정에서 가장 큰 영향력을 보인 사람은 미국의 정신분석학자 에릭 에릭슨(E. H. Erikson)이다. 그는 오늘날 널리 쓰이는 "기본적 신뢰"(basic trust)라는 개념을 내놓았다. 정체성의 개념도 크게 보면 기본적 신뢰의 개념에서 나왔다고 할 수 있다.

에릭슨은 전후 세대의 지도적인 정신분석학자 가운데 한 사람이다. 프로이트의 친딸 안나 프로이트(Anna Freud)의 제자인 그는 정신분석학 3세대에 속한다. 이러한 시간적 격차는 에릭슨이 변화된 시대적 처지와 삶의 정황을 고려하여 정신분석학 이론 분야에서 일으킨 변화에 반영되어 있다. 그럼에도 그가 여전히 프로이트 학파에 속하는지의 여부는 생각해 봐야 할 문제다. 분명 에릭슨에게는 프로이트적 정신분석의 영향이 분명하게 남아 있다. 그러나 입장의 차이도 그에 못지 않게 두드러진다. 이러한 차이는 에릭슨의 사회심리학적 자아심리학과 프로이트의 무의식심리학을 구분한다.

에릭슨의 **발달이해**를 간단히 요약하기는 불가능하다. 프로이트의 경우와 마찬가지로 에릭슨의 연구도 수십 년 동안 한데 모아놓은 저작에는 잘 드러나지 않더라도, 문학적으로는 생생한 형태로 인간 발달 문제에 대해 언급해 왔으며, 그러는 사이 언제나 새로운 측면들을 밝혀냈다. 그런데 프로이트와는 달리 에릭슨의 이론에는 지속적인 중심이 있었는데, 그것이 바로 "생애주기"(life cycle)라는 주제다. 이 주제는 1950년에 출간된 『아동기와 사회』(*Childhood and Society*)에 소개되었으며, 후기 저작에서도 지배적 위치를 차지하고 있다.

물론 에릭슨이 말하는 생애 "주기"(cycle)란 사람들이 일반적으로 이해하는 원형의 반복이나, 결말이 다시 출발점으로 되돌아오는 의미의 주기와는 거리가 멀다. 에릭슨이 이 개념을 통해 말하고자 했던 것은 인간의 삶이 완성과 완결을 추구하고 있으며, 또한 그 삶은 세대를 총망라하는 맥락 속에 있다는 사실이다(Erikson 1968a). 한 걸음 더 나아가, 삶의 이야기라는 틀 속에서 모든 발달 과정은 하나의 특정한 위치를 가지며, 각각의 과정은 삶의 일정한 지점에 도달하면, 최소한 그 발달이 방해받지 않는 한, 모습을 드러낸다는 것이다.

에릭슨의 "생애주기" 개념은 "후생적 성장"(epigenetical growth)의 원리와 밀접하게 연결되어 있다. 이 원리는 생물학에서 배(胚)의 발달에 적용하던 것이다. 그런데 에릭슨은 이 원리가 모든 발달에 적용된다고 생각했다. "이 원리는 더 일반화될 수 있다. 즉, 성장하는 모든 것은 하나의 **기본계획**(*basic plan*)을 가지고 있으며, 개별적 부분들은 그 계획을 따른다. 여기서 각각의 부분은 다른 부분에 비해 우세해지는 기간을 거치고 결국에는 모든 부분이 **기능하는 전체**(*functioning totality*)로 성장한다"(Erikson 1974, S. 57).

에릭슨에 따르면 각각의 성장 과정들은 하나의 "기본계획"과 연결되며, 특정한 시기마다 "인간이라는 유기체가 처한 상태에 의해 미리 규정된" 성장 과정 가운데 하나가 우세해지는 특징을 갖는다. 이러한 관점에서 보았을 때 성장은 **적절한 시기의 적당한 발달**에 의존한다(S. 58-59). 에릭슨이 강조하는 바 '인간 발달의 위기적 성격'도 바로 이러한 가정에 토대하고 있다. 인간의 생애에는 "전환점"이 있다. 이 전환점이란 어떤 끔찍한 파국을 뜻하는 것이 아니라, 어떤 특정한 발달이 결정되는 시간을 뜻한다. 바로 이 시간에 특정한 "발달과제"(R. Havighurst)가 성취되어야 한다.

에릭슨은 발달의 위기(crisises of development)를 각각 두 개의 극(pole)으로 나타냈다. 발달은 양극 사이의 긴장 관계 속에서 이루어진다. 에릭슨에 의하면 여덟 개의 발달단계가 유아기부터 노인기까지 이르는 인간의 생애주기를 결정한다. 에릭슨이 말하는 이 여덟 가지 "시기"(period of life)는 서로 의존하고 서로 교차하면서 하나의 구조(fabric)를 엮어낸다. 에릭슨은 그것을 저 유명한 "발달도식" <도표 3>으로 그려낸다.

왼쪽 아래로부터 오른쪽 위로 상승하는 선은 두꺼운 줄로 테두리를 표시한 영역들로 구성되어 있다. 이 선은 생애주기의 주요 흐름을 가리킨다. 생애주기는 여덟 개의 시기, 혹은 여덟 개의 발달단계로 이루어진다. 이 선의 상승은 인간이 점점 더 높은 쪽으로 발달한다는 의미에서 인생의 진보를 뜻한다고 해석한다면 그것은 에릭슨의 생각을 오해한 것이다. 발달단계의 결정적 위기를 적절하게 극복하는 것은 다음 단계의 위기를 극복하기 위한 필요조건이지 충분조건은 아니라는 점을 에릭슨은 말하려고 했다. 그러므로 왼쪽에서 오른쪽으로 향하는 움직임은 인간의 삶이 항상 새로운 도전에 직면한다는 사실을 암시하는 것이다.

<도표 3>에서 아무 것도 안 적혀 있는 부분도 에릭슨에게는 아주 중요하다. 그 부분은 전 단계의 위기들이 이후에도 작용한다는 사실을 보여준다. 예컨대 V-1 부분은 유아기에 나타난 "신뢰"의 문제가 청소년기에도 변형된 형태로 다시 등장할 수 있는 가능성을 의미한다. 동시에 그 빈칸들은 초반부의 경험들이 나중에 일어날 위기들을 예견하고 있음을 보여준다. 예컨대 I-6 부분은 어린 시절에 다른 사람과 함께 있거나 혼자 있는 경험이 훗날 어른의 나이가 되어 나타나게 될 사랑의 관계를 위한 토대와 전제 조건이 된다는 것을 의미한다. 이렇듯 개별적 단계들의 수직적·수평적 얽힘이 생애주기라는 하나의 구조를

기본적 신뢰, 양심의 형성, 의미물음 89

	1	2	3	4	5	6	7	8
노년기 VIII								통합성 대 절망/권태
성인기 VII							생산성 대 침체성	
성인기 초기 VI						친밀감 대 소외		
청소년기 V					정체성 대 정체성 혼돈			
학령기 IV				근면성 대 열등감				
놀이기 III			주도성 대 죄책감					
아동기 초기 II		자율성 대 수치심과 의심						
유아기 I	기본적 신뢰 대 기본적 불신							

<도표 3> Erikson 1988, S. 72f.를 약간 변형했다.

만들어낸다.

　에릭슨이 인간의 발달을 일생에 걸친 과정으로 보았다는 사실을 우리는 이 발달단계 도식에서 엿볼 수 있다. 프로이트와 마찬가지로 에릭슨도 향후의 발달을 고려하여 어린 시절의 경험을 각별히 중시한다. 이미 "후생적 원칙"이 이것을 잘 보여준다. 이 원칙에 따르면, 후기의 발달은 전기 발달을 전제로 하며 그것을 토대로 전개된다. 그러나 어린 시절은 더 이상 "운명"을 뜻하지 않는다는 점에서 에릭슨의 이론은 프로이트의 견해, 혹은 외디푸스 콤플렉스에 대한 프로이트의 관심과는 차이를 보인다. 에릭슨에 따르면 인생의 주기에는 여러 차례 결정적 전환점이 있으며, 인생 전체를 놓고 봤을 때 그 전환점들은 하나같이 중요하다. 그렇게 때문에 에릭슨은 단지 어린 시절에만 나타나는 원인에만 집착하는 관찰 방법을 거부했다.

　이제 에릭슨의 생애주기 8단계의 내용을 살펴보도록 하자. 일반적인 오해와는 달리, 각 단계를 특징짓는 한 쌍의 개념들은 "양자택일"(alternatives)이 아니라 "양극"(poles)으로 이해해야 한다는 점을 유념해야 한다. 양극 중에서 하나의 "긍정적" 면을 실현하는 것이 아니라, 양극 사이에서 하나의 역동적 균형(dynamic balance)을 잡아나가는 것이 목표다. "어린이는 각각의 주어진 단계에서 긍정적인 것과 부정적인 것 사이의 특정한 관계에 이르게 된다. 균형이 긍정적인 쪽으로 좀더 기울게 되면 그 관계는 어린이가 생명력의 원천에 대한 지향을 견지하면서 향후의 단계들을 맞이할 수 있도록 도와준다. 그러나 각각의 주어진 단계에서 어떠한 내적인 갈등이나 외적인 변화에도 영향을 받지 않는 어떤 선한 것이 획득된다는 생각은, 우리의 개인적이고도 공적인 백일몽을 너무도 위험스럽게 만족시키는 저 성취 이데올로기와 소유 이데올로기를 어린이의 발달에 투영하려는 시도에 불과하다"(Erikson 1981, S. 108 Anm. 8).

　기본적 신뢰 대 기본적 불신(*basic trust vs. basic mistrust*): 갓난 아이 시절부터 어머니와 아이 사이에는, 아이의 먹을거리를 보장해 주는 일종의 공동적 놀이 상황이 전개되어야 한다. 여기서 중심이 되는 것은 물론 아기에게 먹을 것을 공급해 주는 것이다. 그러나 아기가 친근함과 관심을 느낄 수 있게 해주는 것도 그에 못지 않게 중요하다. 이런 모든 것이 어린 아기에게 제공되어야 한다. 아기 자신의 능력이 아직은 많이 제한되어 있기 때문이다.[5] 아이에게 뭔가를 준다는 점에서 어머니를 비롯한 주변 세계가 신뢰할 만한 것인지 아닌지가 드러난다. 어린이의 기본적 신뢰는 바로 여기에 토대를 둔다. 이와는 반대로 기본적 불신은 어머니와 아기 사이의 합동 놀이가 성공하지 못하고 그 아기가 환경을 신뢰할 만한 것으로 경험할 수 없을 때 확산된다.

에릭슨에 따르면, 아기를 낳고 처음으로 아기에게 먹을 것을 줄 때 어머니는 자신의 모든 것을 대해 아기에게 집중하지만, 일정 기간이 지나고 아기의 어머니가 다시 다른 일이나 관심사에 신경을 쓰게 되는 시간이 오면 신뢰와 불신 사이의 균형은 아주 까다로운 검증을 통과해야 한다. 아이의 신뢰가 견고해야만 어머니가 잠깐씩 다른 곳에 관심을 두더라도 불신이 크게 확대되지 않는다.

자율성 대 수치심과 의심(*autonomy vs. shame and doubt*): 이 단계의[6] 뚜렷한 특징은 어린이의 자립심이 증가한다는 것이다. 이 시기가 되면 아이는 바닥을 기어다니거나, 심지어는 일어선 채로 자유롭게 몸을 움직일 수 있다. 아이는 뭔가를 집을 수는 있지만 금방 그것을 놓친다. 아이는 물건을 마음대로 가지고 놀 수 있다. 그러나 그것은 그 물건에 대한 지배력이 아니라 제 몸에 대한 지배력이 생겨났기 때문이다. 여기서 에릭슨은 지나치게 엄격한 "청결 교육"이 문제를 일으킨다고 지적한다. 아이는 부모의 이러한 반응을 수치스러운 패배로 느낀다. 이것은 최종적

---

5) 최근의 연구(예컨대 Schaffer 1982)는 아동 스스로의 능동적인 부분 역시 강조하고 있는데, 이 견해는 정당하다.
6) 필자는 지금까지 통상 사용되어 왔던 독일어 번역어 "Phasen"이나 "Stadien" 대신, 에릭슨이 영어 원본에서 사용했던 "stage"라는 용어에 상응하게 "Stufen"으로 번역한다.

으로 수치심과 의심을 부풀리는 결과를 낳을 수 있다. "자기 감정을 잃지 않고서도 자기를 통제할 수 있다는 느낌으로부터 자율성과 자부심이라는 영속적인 감정이 생겨난다. 그리고 근육과 항문의 힘을 잘 사용하지 못한다는 느낌, 자기 통제력의 상실, 부모의 과도한 개입으로부터 수치감과 의심이라는 지속적인 감정이 생겨난다"(Erikson 1974, S. 78-79).

주도성 대 죄책감(*initiative vs. guilt*): 이 단계의 특징은 더욱 확고해진 새로운 자아의식이다. 이제 아이는 "자기가 어떤 사람이 되고자 하는지를 찾아내야 한다"(S. 87). 맨 처음 아이는 부모와의 동일시(identification)를 통해, 다시 말해 아버지나 어머니 같은 사람이 되려고 함으로써 그 가능성을 모색한다. 그러다가 조금 시간이 지나면 다른 사람들(예컨대 소방관, 경찰관, 정원사, 선생님 등)하고도 동일시한다. 에릭슨에 따르면, 프로이트가 말하는 외디푸스적 갈등은 아이가 다른 사람과 자신을 동일시하게 되는 바로 이 시기에 일어난다. 아버지/어머니와의 경쟁, 죄책감은 이 기간에 생겨난다. 마찬가지로 이 시기에 형성되는 양심이나 초자아는 외디푸스적 죄책감과 밀접하게 연관되어 있다. 이 점에 관해서는 에릭슨과 프로이트의 견해가 일치한다. 그러나 에릭슨은 여기서 한 걸음 더 나아간다. 그에 의하면 인간의 양심은 "커다란 소득"을 의미한다. 제2단계와는 달리 여기서는 책임 의식이 다른 사람의 시선이 아니라 자기 자신에게 달려 있기 때문이다. 바야흐로 어린이는 "아무도 보지 않은 어떤 행동이나, 심지어 단순한 생각에 대해서도 자동적으로 죄책감을 느끼게 된다. 이것은 개인적 의미의 도덕성의 기반이다"(S. 94). 그러나 에릭슨은 이러한 자기 통제나 자책이 건강한 발달에 현저한 위험 요소가 될 수 있음을 분명히 지적하고 있다.

근면성 대 열등감(*industry vs. inferiority*): 에릭슨이 말하는 "근면성"이란 "자기가 쓸모있는 사람이라는 감정, 뭔가를 만들어낼 수 있으며, 또한 그것을 완전하고 훌륭하게 만들 수 있다는 감정"을 의미한다(S.

102). 그에 따르면, 이 감정은 대략 학령기 초기에 중요성을 띠게 된다. 근면성과 열등감 중에서 어떤 것이 부각되는지 여부는 아이의 주변 환경이 그 아이의 행동에 부여하는 가능성에 달려 있다. 이제 아이가 하는 일은 단순한 놀이 차원을 넘어선다. 그렇다고 해서 어른들이 하는 노동에 해당하는 일을 하는 것은 아니다. 사람들은 어린이에게 그 일을 하도록 진지하게 요구해야 한다. 그러나 어린이가 항상 실패하도록 해서는 안 된다. 이 단계에 대한 에릭슨의 설명은 다른 것들과 비교할 때 가장 명확성이 떨어진다. 에릭슨이 "근면성"이라는 개념을 통해, 충동의 "잠복기"라는 프로이트의 (이 시기에 대한) 규정을 넘어서려고 한 것은 사실이다. 그러나 기초 학령기에 대한 정신분석학의 이론이 그 전 단계들에 대한 이론에 비해 정보가 아주 빈약하다는 사실은 부인할 수 없다.

정체성 대 정체성 혼돈(*identity vs. identity confusion*): 에릭슨은 이 단계에 가장 관심을 쏟았다. 그의 저서 가운데 두 권의 제목이 『정체성과 생애주기』(*Identity and the Life Cycle*), 『정체성: 청소년과 위기』(*Identity: Youth and Crisis*)인 것도 결코 우연은 아니다. 그러나 에릭슨은 "정체성"을 명확하게 정의하지 않았다. 이 개념에 대한 가장 분명한 정의는 아마도 교재에 자주 나오는 다음 문장일 것이다. "그러므로 '정체성'이라는 개념은 내적으로 끊임없이 '자기 자신과 같은 상태', 그리고 특정한 집단의 특징에 끊임없이 참여하는 것을 포괄하는 상호적 관계를 나타낸다"(Erikson 1974, S. 124).

이 문장을 통해서 에릭슨이 말하려고 했던 것은, "정체성"이란 **내적**(심리적) 측면과 **외적**(사회적) 측면을 포함한다는 점이다. 이것은 그가 "인격적 정체성"과 "자아정체성"을 분리한 데서 더욱 분명히 나타난다. "**인격적 정체성**을 갖고 있다는 의식적 감정은 두 개의 동시적 관찰에 근거한다. 하나는 그 시기에 자기의 동일성과 연속성에 대한 직접적인 인식이고, 다른 하나는 이것과 관련하여 이러한 동일성과 연속성을 다른 사람도 인정해 준다는 것을 인식하는 것이다. 그러므로 우리가 여기서 자아정체성(ego identity)이라 부르려고 하는 것은 단순히 존재한다는 사실 이상을 의미하며, 인격적 정체성에 의해 중재되는 것이다. 그것은 이러한 존재의 에고-특성(ego-quality)이다"(S. 18). 이에 따르면, "자아정체성"이란 자아의 통합성과(Integrationsleistung)이다(S. 141 참조).

중요한 것은 이 통합의 성과를 단순히 "나는 누구인가"라는 물음에 대한 대답으로 이해하지 않는 것이다─유감스럽게도 그런 식으로 이해하는 경우가 너무 많다. 그런 식의 정체성 이해는 인간의 정체성 형성에 끊임없이 관여하는 무의식적 요소들을 지나쳐 버린다(Erikson 1968b).

에릭슨의 주장에 따르면, 정체성 형성에서 관건이 되는 것은 어린 시절에 이루어진 동일시에 대한 새로운 평가와 개정이다. 청소년기에 생성되는 정체성은 그 이전의 모든 동일시(부모님, 선생님 등과 자신을 동일시하는 것)보다 높은 수준이다. 청소년기의 정체성은 그 동일시를 포괄하지만 그것을 변화시켜 하나의 새로운 전체로 결합시킨다. 이렇게 보았을 때, 정체성 형성은 어린 시절의 발달을 끊어버림과 동시에 성년기로 접어드는 길을 터준다. 그런 의미에서, 에릭슨에게 "정체성"이란 발달의 "선회점과 추축"(P. Homans 1978)이며, 그에게 정체성 형성은 프로이트에게서 성(sexuality)과 외디푸스 콤플렉스가 차지하는 것과 비슷한 압도적인 위치를 차지한다고 말할 수 있다.

정체성 형성의 또 다른 측면으로는, 에릭슨이 말한 것처럼 "이데올로기"를 들 수 있다. 에릭슨은 이 개념을 부정적 의미로 사용하지 않았다. 그가 말하고자 했던 것은, 청소년에게는 하나의 (이데올로기적) 세계상에 의존해 있는 의미 산출(Sinnstiftung)이다. 여기서 중요한 것은 사실과 이상을 결합하는 것이며, 여기서부터 하나의 세계상(世界像)이 생겨나며, 이 세계상은 청소년에게 개인적이며 동시에 사회적 의미를 보증해 준다(Erikson 1975, S. 23).

그러므로 에릭슨의 종교 이해에서 이데올로기 개념은 핵심적 중요성을 띤다. 그 때문에 필자는 에릭슨의 종교관과 관련하여 이데올로기의 의미를 좀더 자세하게 다룰 생각이다. 그 전에 우선 나머지 세 단계에 대해서 몇 가지 더 이야기하고 넘어가도록 하자. 이 세 단계는 성인기에 속하기 때문에 이후로는 더 상세히 다루지는 않을 것이다. 여기서 필자는 각 단계의 긍정적인 극만을 설명하려고 한다(물론 부정적인 극은 <도표 3>에 나오는 것과 같다).

에릭슨의 주장에 따르면, "어느 정도 정체성이 확고하다는 감정"은 "이성(異性)과 진정한 **친밀감**(*intimacy*)"을 누릴 수 있는 전제 조건이다 (Erikson 1974, S. 114). 그래야만 인간은 단순히 자기 자신을 찾는 데서 한 걸음 더 나아가, 진정한 공동체 생활을 영위할 수 있다. 그럴 때 이 "친밀감"은 "생산성"(generativity)의 토대가 된다. 에릭슨이 이해하는 생산성이란 "다음 세대를 낳고 교육하는 것에 대한 관심"을 의미한다. 나중에 에릭슨은 부모가 되는 것 이외에, "다른 형태의 이타적 관심과 창조적 활동"을 생산성 개념에 포함시켰다(1981, S. 141). 결론적으로 에릭슨이 말하는 **"통합성"**(*integrity*)은 정의하기가 무척 까다롭다. 에릭슨의 다른 설명에 따르면, "통합성"은 "자신의 하나뿐인, 한 번뿐인 생애주기를 수용할 수 있는 자세, 또 그 생애주기에 비추어 보았을 때, 반드시 그래야 했던 무엇, 즉 어떤 대리인도 허용하지 않는 그 무엇으로서 의미 있는 존재가 된 사람"이다(S. 143).

발달단계에 대한 설명은 <도표 4>에 근거하여 더욱 깊이 있게 전개될 수 있다. 긍정적인 극과 부정적인 극으로 표현된 발달단계마다 그 각각에 상응하는 이른바 "기본적 능력"(Grundkraft) 혹은 (에릭슨이 처음에 이름을 붙였듯이) "미덕"(Tugend)이 발달의 목표와 성과로 제시되어 있다. 이것의 반대 급부는 "기본적 반감"이다(D/E).

에릭슨의 발달이론은 이차원적이다. 인간의 발달은 기본적 신뢰/기본적 불신, 자율성/수치심 및 의심 등의 지속적인 긴장 속에서 일어난다(**첫 번째 차원**). 그리고 이러한 발달은 성공하여 기본적 능력을 형성하기도 하고, 실패해서 근원적인 반감을 야기하기도 한다(**두 번째 차원**).

발달단계에 대한 설명에서 이미 분명해졌듯이, 에릭슨은 프로이트가 기술한 성적인 발달단계(A)를 좀더 광범위한 맥락 속에 가져다 놓았다. 에릭슨은 정신적 발달과 사회적 콘텍스트 간의 근원적인 관련성을 중요시했기 때문에 그것을 "사회심리적"(psycho-social) 맥락이라 불렀다. 그렇기 때문에, 에릭슨이 말하는 사회심리적 위기들(B)은 (성숙과 성장의 과정을 통해) **심리적으로** 규정될 뿐 아니라, (개인과 개인의 관계나 사회적 관계를 통해) **사회적으로** 규정된다. 에릭슨은 각각의 발달이 진행되는 사회적 상황 맥락을 스스로 확대되는 "의미 있는 관계의 반경"(radius of significant relation)으로 이해했다(C). 에릭슨이 각각의 발달단계에 지정한 "사회 질서의 원칙" 또한 이 발달의 사회적 성격을 지시한다.

그러므로 모든 발달단계는 사회적 기관들과 밀접한 관련을 맺는다. 인간의 생애주기와 사회적 기관들은 동시에 생성된다. 모든 세대는 자신들의 필요와 이상을 이러한 기관들과 새로이 결부시키고 이 기관들로부터 자신들의 삶을 위한 근원적 보증을 얻어낸다.

에릭슨에 따르면, "의례화"(ritualization)는 개인적 발달과 사회적 기관 사이를 잇는 다리 역할을 한다. "의례화"는 에릭슨이 생물학적 행동 연구에 의거하여 각각의 단계에서 작용하는 행동 형식에 붙인 명칭이다. 인간의 의례화는 자신의 행동 속에서 방향성과 확실성을 획득할 수 있는 중요한 가능성을 의미한다. 그러나 에릭슨은 이러한 의례화의 위험성을 지적하는 것을 잊지 않았다. 특히 의례화 안에 내재된 행동의 규제로 인한 강압적인 도식화나 협소화는 아주 위험한 것이다. 그래서 에릭슨의 발달 도식은 우리가 추구해야 할 "의례화"(ritualization)와 피해야 할 "의례주의"(ritualism)를 대치시켜 놓았다(G/H).

에릭슨의 발달이론에 대한 조망을 토대로 이제 우리는 **종교적 발달**에 대한 에릭슨의 생각을 살펴볼 수 있다. 그는 이것을 발달이론의 틀 속에 넣어 설명했다.

에릭슨은 종교심리학에 대한 본격적인 글을 쓰지는 않았다. 그렇게 하기보다는 그는 몇몇 위인의 전기를 쓰면서 종교적 발달에 관한 자신의 견해를 피력했다. 그는 『청년 루터』(*Young Man Luther*)에서 종교심리학 연구에 접근했다. 그러나 이 책은 결국 한 인물(마르틴 루터)의 청소년기에 대한 연구를 넘어서지 못한다. 그럼에도 에릭슨의 저서

기본적 신뢰, 양심의 형성, 의미물음 97

<도표 4> Erikson 1988, S. 36f.을 따라 간단히 파악해 보았다.

단계	A 심리성적 단계와 양식	B 사회심리적 위기	C 의미있는 관계의 반경	D 기본적 힘	E 기본적 반감 (병리학)	F 상응하는 사회적 질서의 원리	G 결합시키는 의례적 기능	H 의례주의
I 유아기	구강기 oral	기본적 신뢰 대 기본적 불신	모성적 인격	희망	물러남	우주적 질서	누미노스적	우상주의 Idolismus
II 아동기 초기	항문기 anal	자율성 대 수치심과 의심	부모의 인격	의지	강제	"법과 질서"	판결적 (사법적인)	적법주의 Legalismus
III 놀이기	유아기적-성기기 (性器期)적 infantil-genital	주도성 대 죄책감	가정의 근본적 의미	목표지향적 의미	억제	이상형을 설정	극 (劇的)	도덕주의 Moralismus
IV 학령기	잠복기 Latenz	근면성 대 열등감	"이웃들", 학교	성취 능력	게으름	기술적 질서	형식적 (기술적)	형식주의 Formalismus
V 청소년기	사춘기 Pubertät	정체성 대 정체성 혼돈	동일인경층 집단과 다른 집단: 지도적 있는 사람을 모범으로 삼음	신실함	거절	이데올로기적 세계상	이데올로기적	전체주의 Totalitarismus
VI 성인기 초기	성기기 (性器期) Genitalität	친밀함 대 소외	친구들, 이성관계, 경쟁관계, 동료관계	사랑	배타성	협력과 경쟁의 향식들	결합하는	엘리트주의 Elite-denken
VII 성인기	번식기 Fortpflanzung	생산성 대 침체성	공동체 과사 일에서의 작업 분할과 생활	배려	기피	교육과 전승의 시대적 흐름	세대를 넘어서는 의미에서 포괄적	권위주의 Autoritarismus
VIII 노년기	감각적 양식의 일반화 Verallgemeinerung der sinnlichen Modalitäten	통합성 대 절망/권태	"인간성", "나의 방식"	지혜	멸시	지혜	철학적	교조주의 Dogmatismus

에는 현대 정신분석학의 종교 이해에 결정적인 영향을 끼친 중요한 요소들이 곳곳에서 발견된다. 종교적 발달과 유년기의 관계, 청소년기의 수용, 평생에 걸친 (종교) 발달에 대한 관념, 그리고 프로이트와 비교했을 때 좀 더 열려 있는 현실성 이해(Wirklichkeitsverständnis)가 바로 그런 것이다.

바로 이 종교적 발달에 관한 물음을 통해, 에릭슨이 전통적인 정신분석학의 울타리를 넘어섰다는 사실이 분명하게 나타난다. 그러나 그것은 정신분석학을 포기하기 위함이 아니라, 그것을 확대하고 심화하기 위함이었다. 그는 "정체성 위기"에 대한 자서전적 글에서 이렇게 썼다. "정신분석학은 지금까지 인간에 대한 일체의 모형적 사유가 완전히 무시하거나 부인했던 많은 것을 탐색했다. 인간의 내적 세계, 특히 무의식을 체계적으로 연구하기 위하여 **안쪽으로** 시선을 향했다. 정신의 발생적 근원과 그에 따르는 장애를 찾아내기 위해서 **뒤쪽으로** 연구를 진척시켰다. 많은 사람들이 개인의 어린 시절(인간 근원의 원초성)과 진화의 원초성을 억압하거나 부인해 놓고 스스로 극복했다고 착각하는 저 충동을 조명하기 위해 **아래쪽으로** 파고들었다." 계속해서 에릭슨은 이렇게 말했다. "그러나 그 정복자들은 새로운 것을 알게 되면 어렵지 않게 자기 자신을 상실하게 된다 ……. 그러나 주로 임상 실험의 관찰과 재구성에 의해 드러나는 인간상에는 어떤 요소들이 빠져있지 않느냐는 질문 앞에서 필자는 모호해진다. 그 요소란, 인간의 복합적인 실존이 자기에 대한 집착으로부터 사랑과 연대의 상호성으로 나아가는 **바깥 방향**의 길, 노예화된 과거에서 새로운 가능성이라는 유토피아적 기다림으로 나아가는 **앞 방향**의 길, 그리고 무의식에서 의식의 신비로 나아가는 위쪽으로의 길을 가리키는 요소들을 말한다"(Erikson 1977, S. 39). 이렇듯 "바깥쪽" · "앞쪽" · "위쪽"으로의 개방성은 에릭슨으로 하여금 (그 자신이 말하는) 믿음과 희망에 대한 물음에 비판적 태도를 취하지 않도록 해주었다.

에릭슨의 발달 도식에서 특히 "**기본적 신뢰와 정체성**"의 단계는 종교성과 관련하여 에릭슨의 견해를 다시 한 번 조명할 수 있게 해준다. 그 외에도 종교적 발달과 관련해서 에릭슨이 중요하게 생각하는 것으로는 우선 양심의 음성이 있다. 물론 그는 양심의 종교적 의미를 제한하고 있으나, 그것을 충실하게 붙잡으려 한다. 그는 또한 종교적인 사람들에게서 일찍부터 시작되는 **통합성**에 대한 물음도 중시한다.

루터에 대한 연구를 토대로 에릭슨은 자신이 "종교의 주요 대상"으로 여기는 세 가지의 "동경"(Sehnsucht) 혹은 "상"(像, Bild)을 언급한다:

"이 동경 가운데 하나는 쾌적한 물질을 공급받고 싶은 욕구, 어머니라는 근원과 하나가 되고픈 소박하면서도 열렬한 욕구이다. 이 목표는 아이의 요구에 잘 응해주는 선량한 얼굴, 자비의 얼굴로 상징된다. 그 자비는 믿는 사람에게 확신을 주어, 자기의 젖가슴으로 되돌아온 모든 사람을 아무 조건 없이 받아주는 그런 자비다……

두 번째 동경의 목표는 양심이라는 아버지의 음성이다. 아이를 지도하는 이 목소리는 어린 시절의 천진난만한 파라다이스를 끝내도록 하고 실제적인 행동을 보증하고 인정해 준다. 그러나 이 목소리는 잘못된 일에 빠져듦이 불가피하다는 것을 보여주며, 분노의 번개로 그를 위협한다. 이 위협적인 음성을, 필요하다면 부분적인 복종과 여러 가지 자기 할례를 통해 바꾸는 것이 절박한 두 번째 욕구다. 그리고 이러한 욕구는 종교적 열심의 토대가 된다. 모름지기 신은 자신의 은총이 구원을 위해 죄와 벌을 직접 심어놓았다는 사실을 공포해야 한다.

끝으로 거울은 순수한 자아(das reine Selbst), 즉 아직 태어나지 않은 창조의 핵심을 보여주며, 그 핵심 안에서 신은 순전한 무(*ein lauter Nichts*)다……. 동방의 신비주의는 신을 이런 방식으로 그려낸다. 이 순수한 자아는 옳은 것과 그른 것 사이의 싸움에서 더 이상 약해지지 않고, 이성과 실재에 도달하기 위해 더 이상 배려나 안내를 필요로 하지 않는 자아이다"(S. 291-92).

이러한 체계화에 따르면 인간의 종교적 발달은 어머니의 돌봄, 아버지의 계명, 그리고 자아에 대한 추구에 의해 규정된다. 그러나 우리는 에릭슨의 종교이해가 단순한 도식으로 압축될 수 없다는 점을 직시하지 않으면 안 된다. 오히려 그는 한번 만들어 놓은 체계화에 안주하지 않고 항상 새로운 방식으로 종교적 문제에 접근했다.

그러나 에릭슨은 기본적 신뢰를 철저하게 믿음과 희망의 원천으로 생각했다. 그의 주장에 따르면, 종교는 "근원적 상"(Urbilder)과 "의례"(Rituale)의 도움을 받아 기본적인 갈등에 하나의 사회적 형식을 부여하며, 이 갈등과 결부되어 있는 불안감으로부터 보호해 준다. 종교는 "인생의 첫 번째 갈등, 가장 깊은 곳에 있는 갈등"을 끄집어내어 어린 시절의 불명확한 기억의 이미지들을 "초인적 보호자라는 집단적인 원초적 상"(kollektive Urbilder)으로 만들어낸다. 종교는 "정의된 악"(das definierte Böse)으로서 기본적 불신에 구체적인 형체를 부여한다. 결국 종교는 의례를 통하여 "신뢰의 주기적이고 집단적인 재현"을 제공한다.

물론 이것은 "종교 자체가 유아기적인 것"이라는 뜻은 아니다. 오히려 에릭슨은 삶의 이야기의 "지속", 즉 어린 시절의 경험이 어른이 되어서도 지속적인 의미를 지닌다는 사실에 초점을 맞췄다. "그러므로 신뢰란 **믿을 수 있는 능력**이 된다. 이것은 매우 긴요한 욕구로서 인간이 어떤 제도적인 확증을 찾아야만 하는 이유가 된다. 종교는 믿음의 형식으로 신뢰감의 의례적 재현에 도움을 주는 가장 오래된 제도, 가장 영속적인 제도인 것 같다"(Erikson 1981, S. 107).

여기서 에릭슨은 아이와 어머니의 관계를 중요하게 여긴다. 이 관계는 "얼굴과 이름을 통한 **상호적 인식**에 기초한 것"이다(Erikson 1978, S. 71). "얼굴과 얼굴을 맞대고" 이루어지는 이 만남은 어머니의 얼굴에 대한 아이의 경험과 연관되어 있으며, 그 경험을 계속 이끌어 나간다. 바로 여기서 이데올로기적 체계가 지니지 못한 것, 즉 종교의 특별한 의미가 드러난다. "모든 이데올로기적 체계 중에서 오직 종교만이 저 최초의 감정, 즉 자신을 돌보아 주는 이가 자신을 바라보고 있다는 감정을 다시금 일깨운다. '주께서 그 얼굴을 네게 비추시고 너에게 은혜를 베푸시기를! 주께서 그 얼굴을 네 위에 두시고 네게 평화를 주시기를!' (시 67:1-2) 유대-기독교 전통에서 이 기도만큼 그것을 잘 표현한 것은 없다. 인정받고 싶다는 희망 속에서 떠오르는 그 얼굴만큼 이러한 체험을 구체적으로 나타낸 것도 없다"(Erikson 1975, S. 130).

이런 의미에서 종교는 어린 시절의 잃어버린 낙원에 대한 회상에 기초한다는 것이다. 그러나 에릭슨에 따르면 "잃어버린 낙원에 대한 이러한 동경"은 일반적인 발달에 속하며, 맨 처음에는 아주 지속적이었던 아이와 어머니의 일치를 포기해야 하기 때문에 생겨나는 것이라 설명할 수 있다.

에릭슨은 유년기 초기에 위치해 있는 그 근원 맞은 편에 성숙이라는 개념을 만들어 놓는다. 유년기의 기본적 신뢰는 "믿음과 현실주의의 결합으로 성숙한다"(Erikson 1954, S. 164). 이러한 주장에 따르면, 종교 또한 더 높은 발전 단계로 나아가는 "재통합"(reintegration)의 가능성을 가지고 있다. 기본적 신뢰의 다음 단계는 외디푸스적 갈등상황이다. 에릭슨은 마르틴 루터와 그의 아버지 한스 루터의 관계에 착안하여 외디푸스적 갈등의 종교적 의미를 설명한다. 에릭슨이 보기에 "벌을 주는 아버지에서 보복하는 하나님으로의 이전"은 명백한 것으로 보인다. 바로 그렇기 때문에, 즉 이 "이전"이 아주 쉽기 때문에, 거기서 에릭슨은 유아기 초기의 또 다른 발달에 주위를 환기시킨다. 이로써 그는 종교적 발달의 심리학적 해석을 아버지의 문제에 제한하는 것만으로는 충분하지 못하다는 사실을 보여주려고 한다. 그러나 이 지점에서 에릭슨의 진술은 그리 명료하지 않다. 어떤 곳에서는 종교를 발달과 관련하여 해석하는가 하면, 다른 곳에서는 오히려 프로이트의 입장에 동조하여, 종교가 "죄책감으로 향하는 인간의 성향"을 약탈했다는 식의 비난이 담긴 발언을 한다(Erikson 1954, S. 167).

외디푸스 콤플렉스와 죄책감, 양심, 초자아, 하나님 관념의 관계에 대한 정신분석학적 이해는 이미 살펴보았다. 이 부분에서는 에릭슨이 프로이트의 견해를 계속해서 따르고 있으므로 필자는 여기서 이것을 더 자세히 다루지 않으려고 한다. 에릭슨의 종교 이해에서 더 중요한 것은 청소년기의 발달이다. 그는 이것을 "정체성", "이데올로기", "신의"라는 개념으로 기술한다.

에릭슨에 의하면, 정체성 형성이 성공하기 위해서는 방향을 제시해

주고 의미를 촉진해 주는 체계, 혹은 세계상이 전제되어야 한다. 이것을 에릭슨은 약간 불행하다고 해야 할 개념, 즉 "이데올로기"로 표현한다. 이 표현은 그 세계상의 단순화하는 특성을 가리킨다. 에릭슨은 청소년기에는 이것이 불가피하다고 생각한다. 청소년의 이데올로기는 "전체성"(Ganzheit)과 "총체성"(Totalität) 사이의 긴장 관계 속에 있다. 두 가지 모두 하나의 온전한 세계상이다. "전체성은 하나의 전체 안에 있는 다양한 부분과 기능의 건강하고 유기적이면서 점점 발전되는 상호성을 의미한다. 여기서 그 전체의 경계 설정은 확정되어 있지 않고 유동적이다." 이와는 반대로 "총체성"에서는 그 강조점이 날카로운 경계 설정에 있다. "임의로 확정된 경계 설정에 직면하여 거기 속해 있는 어떤 것도 밖으로 나갈 수 없으며, 밖에 있는 어떤 것도 그 안으로 수용될 수 없다"(Erikson 1981, S. 80).

청소년기에 발달하는 "신의"(fidelity)의 능력은 이데올로기와 밀접한 관련이 있다. 신의라는 개념은 무엇인가를 신뢰하는 것, 혹은 어떤 확신을 추종하는 것을 의미한다. 에릭슨에게 신의란 가치 체계의 불가피한 모순에도 불구하고 충의(loyalty)를 올곧게 지켜낼 수 있는 능력을 의미한다.

에릭슨이 보기에 청소년은 어떤 이데올로기를 필요로 한다. 청소년들은 방향성과 의미를 추구한다. 그런 면에서 청소년기에 종교는 (에릭슨이 지적한 것처럼) 하나의 이데올로기로서 중대한 기능을 한다. 그러나 에릭슨에게 있어서 청소년기의 발달이 종교에 의존해 있다고 단정지을 수는 없다. 물론 다른 사람이 자신을 향해 있다는 초기의 감정을 이어주는 것은 종교만이 할 수 있다. 그러나 기술과학적 비전이나 다른 세계관 역시 의미를 촉진하는 이데올로기로서 작용할 수 있다.

에릭슨에게 있어서, 정체성의 추구와 청소년기의 이데올로기는 본질적으로 자아중심적(self-centered)이다. 다시 말해, 그것들은 자기 자아의 안정, 그리고 그 자아가 세계 속에서 차지하는 위치의 안정을 지향한다. 그 이후 발달과정에서 일반적으로는 나이가 지긋해진 뒤 자아에 대해 거리를 둔다. 에릭슨은 이것을 "자기초월"(self-transcendence)이라고 불렀다(1981, S. 138). 이러한 거리두기는 "정체성 너머"로 가는 길을 열어준다. 에릭슨은 인간이 삶의 유한성에 직면하여 이러한 길을 가는 것이 필요하다고 생각했다.

에릭슨이 발달 도식 <도표 3>에서 유한성의 경험은 특별히 발달의 마지막 단계, 즉 "통합성"과 결부된다. 그러나 종교적인 사람의 경우(에릭슨의 표현에 의하면 "Homo religiosus"의 경우) 통합성의 위기는 "만성적"(chronic)이다. 다시 말해 그것이 "그 사람의 평생을 따라다닌다." 그렇게 되면 "인격적 정체성의 문제는 실존적 정체성의 문제와 함께 일어난다"(1975, S. 288). 이것은 종교적인 사람의 경우 삶의 유한성에 직면하여 삶의 의미에 대해서 묻는 물음이 청소년기의 정체성 형성을 이미 강하게 규정하고 있기 때문이라고 이해할 수 있다.

그렇다면 에릭슨이 프로이트의 종교비판적 입장으로부터 멀어진 것은 어떻게 설명할 수 있는가? 일반적 의미에서는 보면 에릭슨의 종교이해 뒤에는 정신분석학의 자아심리학이 있다. 자아심리학은 자아의 힘과 능력, 자아의 발달 과정을 강력하게 전면에 부각시킨다. 자아심리학이 이해하는 자아는, 도무지 길들여지지 않는 본능 이드(id) 위에 있는 무기력한 마부가 아니다. 그러나 정신분석학적 방향성의 변화는 종교적 발달에 대한 에릭슨의 열린 자세를 제대로 설명해내지 못한다. 필자가 보기에는 특히 두 가지 측면이 그에게 결정적인 영향을 끼친 것 같다. 하나는 그의 현실성 이해(das Verständnis von Wirklichkeit)이고, 또 다른 하나는 현상적 자아(ein phänomenales Ich)이다. 이 현상적 자아는 자아심리학마저 뛰어넘는 개념으로서, 여기에 대해서 지금까지의 독일어 번역어는 필요한 만큼의 주의를 기울이지 못했다.

에릭슨에게 "현실성"(Wirklichkeit)이라는 단어는 두 가지 양상을 뜻한다. 그리고 그 둘 중 어떤 것도 강조하지 않고 넘어갈 수 없다. 한편으로 현실성이란 자연과학적 인식이라는 의미에서의 실재(Realität/reality)로서 사실적인 것(das Faktische)이다. 그러나 다른 한편으로, 에릭슨이 "능동적 활동성"(Aktualität/actuality)이라고 표현한 것 또한 현실성에 속한다. "실재는 …… 그 최소치에서 왜곡과 그 최대치에서 증거 제시로 인식되는 **현상경험의 세계**(die Welt der Erfahrung der Erscheinung)이다. 이렇게 하여 사람들은 기술과 문화라는 주어진 상황 속에서 그 세계와 하나가 된다. 이와는 달리 활동성은 그 최소치에서 방어적 술책과, 그 최대치에서 서로를 능동적 활동으로 추동시키는 세계, 즉 다른 사람들과 함께 하는 **참여의 세계**(die Welt der Partizipatiton)이다"(Erikson 1966b, S. 150).

에릭슨에 따르면 이 두 가지 측면은 이미 프로이트의 현실성 이해에서도 나타난다. 그러나 에릭슨은 프로이트의 생각, 즉 학문과 현실성에 대한 견해를 뛰어넘어 현실성의 사회적 특징을 강조했음이 분명하다. 에릭슨에게 있어서 학문의 가능성은 제한되어 있다. "**검증 가능한 사실을 찾는 (학문적) 추구**"(Suche nach verifizierbaren Fakten)는 "우주론적인 질서 추구", "하나의 좀더 포괄적인 실재 감정의 추구"(nach einem umfassenderen Realitätsgefühl)를 통해 보완되지 않으면 안 된다(Erikson 1978, S. 49).

지금까지 내용을 간추려서 이렇게 표현해 보자: 인간과 결부되어 있는, 또 자신이 그렇게 결부되어 있음을 알고 있는 "이데올로기적" 혹은 종교적 해석은 처음부터 그러한 현실성 이해에 속한다. 프로이트가 생각했던 것과는 달리, 발달은 종교를 학문적인 현실성 인식을 통해 해체하는 것을 의미하지 않는다. 오히려 에릭슨은 상호 존중과 관용이라는 인간성(Humanität)의 고양을 위하여 세계에 대한 이해, 현실성에 대한 이해를 발전시키고자 했던 것이다.

에릭슨이 종교적 발달 과정에 대해 개방적일 수 있었던 두 번째 전제 조건은 인간의 자아에 대한 그의 견해에 있다. 프로이트의 정신분석학에서 자아는 이드와 초자아 이외의 심리 구조로 이해된다. 자아의 과제는 인간의 소망과 외부 세계 사이를 매개하는 것이다. 자아의 활동은 그 자체로는 의식되지 않으나 실재에 부합하는—그것의 많고 적음에는 무관하게—행동 속에서 표출된다. 따라서 이것은 인간이 소유하고 있는 자아의식 혹은 자의식이 아니라, 프로이트가 행동을 통해 추론한 이론적 실체다. 그러므로 우리는 기능적 실체에 대해서도 말할 수 있을 것이다.

에릭슨의 이론에서도 프로이트적 의미의 자아에 중요한 의미가 부여된다. 이 자아는 특히 자아정체성의 유지를 위해 필요한 종합의 과정을 거친다. 영어권 정신분석학계의 관행에 따라 에릭슨은 이 자아를 "에고"(ego)로 표시한다. 그러나 에릭슨은 이 "에고" 이외에 또 하나의 개념이 필요하다고 주장한다. 에릭슨은 이 개념을 통해 정신분석이론의 틀을 깨뜨린다. 에릭슨이 기능적인 "에고"의 대응 개념으로 제시한 것이 바로 완전히 의식되는 "자아"(영어로는 "I")이다.

에고의 심리학만으로는 "지금까지 인간이 문학이나 형이상학에 위임했던 물음들"을 정당하게 평가할 수 없다는 것이 에릭슨의 주장이다. 그래서 에릭슨은 다음과 같이 요구한다. "우리는 이 '자아'(I)가 완전히 의식된다는 사실과, 우리가 '자아'라는 말을 쓰고 또한 그 의미를 말할 수 있을 때 비로소 실제로 의식된다는 사실을 정말 단호하게 생각하고 말해야 한다……. 반면 에고(ego)는 의식되지 않는다. 우리는 그 작용은 알아챌 수 있으나 그 자체는 결코 알 수 없다"(1981, S. 227).

에릭슨에 따르면 결국 이 자아(I)는 종교적 성격을 지니게 된다. 왜냐하면 이 "자아"는 "경험의 우주에서 의식성의 중심"이라는 감정을 의미하기 때문이다. 이러한 감정, 에릭슨의 표현으로 하면 이러한 "영예"(glory)는 어떤 종류의 물량화(quantification)도 거부한다. 이것은 "내가 살아있다는 것, 나는 **생명**이라는 것"을 의미한다.

여기서 우리는 에릭슨의 심리학이 종교에 대해 열려 있음을 알게 된다. 그는 자아(I)에 대해 계속 설명하면서 이렇게 말한다. "그러므로 자세히 말하자면 '자아'(I)의 상대편은 오직 신성(deity)일 것이다. 이 신성은 유한한 존재에게 이러한 신적 영광을 주며 그 자신이 영원한 누미노제(Numinosität/numinose)를 가지고 있다. 그리고 이러한 선물을 고맙게 받아들일 '자아'는 그 신성을 시인한다"(S. 229-30). 이렇게 보았을 때, 에릭슨이 "정체성의 저편"에 가져다 놓은 자기초월은 에고의 맞은편에 있는 자아(I)의 의식적인 초월로 표현된다(Erikson 1977, S. 111).

종교적 발달에 대한 에릭슨의 견해에서 청소년기의 의미가 두드러지는 것도 이 맥락에서 이해할 수 있다. 에릭슨에게 있어서 "이 '나'(자아, I)가 스스로를 확실하게 실존적인 현상으로 인식할 수 있는 최초의 경험은 청소년기의 경험이 아닐까?"

에릭슨은 프로이트를 넘어서서 종교에 대한 자신의 견해를 이렇게 요약한다. "이 모든 것 뒤에는 아마도 또 다른 하나의, 실존적인 정체성의 위기가 숨겨져 있다고 말할 수 있다. 계몽주의 정신을 이어받은 정신분석학은 한 하나님을 믿는 신앙에 대해 (그리고 믿고자 하는 욕구에 대해) 합리적인 설명을 제공했다. 정신분석학은 신에 대한 관념이 '실제로는' 유아기적 아버지상을 반영한다고 주장한다. 사실상 누가 봐도 명백하게 문화로 변종된 종교의 경우라면 그 주장이 유효하다. 그러나 발생론적 부모에 대한 과도한 숭배가 나중에 신의 표상이나 신에 가까운 지도자에 대한 일반적인 신앙으로 나타나는 경우에도 충분한 실존적, 발전적 근거가 있을 것이다. 아마도 '자아'(I)의 공동체는 모든 개별적인 '자아'가 참여할 수 있는 초자아(super-I), 즉 존재(ein Sein)를 모든 사람이 얼마나 인정하느냐의 정도에 따라 공통의 구원과 운명에 대해 기대할 수 있을 것이다"(S. 111).

종교적 발달에 대한 에릭슨의 견해를 통해서 이 책의 1장에 나오는 자서전적 경험들을 설명해 낼 수도 있다. 유타 리히터의 어린 시절 하나님 모습은 에릭슨이 말하는 파라다이스적 특성을 아주 분명하게 보여준다. "엄마의 사랑의 하나님은 수호천사들의 아버지였다……." 이와는 반대로 "10 페니히 동전의 하나님"은 외디푸스 단계의 특징인 죄책감과 호응한다. 그는 도덕적으로 요구하고 상을 주거나 벌을 준다. 안톤 라이저의 글에서는 확실한 방향을 찾는 청소년의 모습이 아주 뚜렷하게 나타난다. 그는 자기 자신과 하나님과 세계에 대해 깊이 생각하기 시작했다. 자기 자신과 세계를 탐구하는 청소년의 특성이 안톤 라이저에게서 이미 드러난 것이다. 그러나 어린이의 신앙에 대해 의혹을 나타냈던 젊은 전기기계 조립공의 생각에도 그러한 추구의 일단이 엿보인다. 그러나 에릭슨이 말하는 "이데올로기적" 특성은 그리 명확하게 나타나지 않는다. 다음 인용문은 어느 직업학교의 금속학과에 소속되어 있는 한 학생이 쓴 것이다. 아마도 이 인용문은 에릭슨의 "이데올로기적" 특성이 어떤 것인지 잘 보여줄 것이다. 이 학생에게는 모든 것이 분명하고 단순해 보이기 때문이다.

"하나님은 신앙 없이는 잘 살아가지 못하는 사람들의 생각 속에만 존재한다. 그 사람들은 자신들이 매달릴 수 있는 어떤 대상을 필요로 한다. 나 개인적으로는 내 삶을 아름답게 하기 위해서 전혀 하나님이 필요하지 않다.

더욱이 나는 내가 두 눈으로 직접 본 것이 아니면 믿지 않는다. 나는 현실적인 사람이기 때문에 하나님에 대한 신앙과 같은 그런 것은 받아들일 수가 없다. 모든 사람에게 신앙의 자유가 있다. 그러나 의무는 아니다. (정신적으로) 어떤 신앙을 필요로 하면서, 그것에 의존되어 있기 때문에 거기로부터 헤어 나오지 못하는 사람은 금방 정신병원에 가게 될 것이다"(Schuster 1984, S. 95).

종교적 발달의 유아기적 뿌리

1970년대 들어서면서 정신분석학적 종교심리학은 **나르시시즘**에 대한 연구를 통해, 그리고 **상징**에 대한 새로운 이해를 통해 새로운 자극을 경험하게 되었다. 종교적 발달에서 상징이 어떤 기능을 하는지에 대해서는 6장에서 자세히 다루게 될 것이다. 여기서는 우선 나르시시즘에 대한 문제만 살펴보도록 하자.

1960년대까지는 발달연구에서 나르시스적인 측면에 대한 관심이 거의 없었다고 해도 과언이 아니다. 그러나 하인츠 코후트(Heinz Kohut)의 선구적인 연구는 나르시시즘에 대한 논의를 새로운 궤도에 올려놓았다. 그는 심리적 발달과 건강의 중요한 요인 가운데 하나인 나르시시즘을 진지하게 받아들일 것을 주장했다. 제2단계에 접어들어 나르시시즘 이론은 현대 서구 사회 속에서는 변화된 형식의 성장과 그에 걸

맞게 변화된 형태의 정신적 발달이 있다는 주장에 매우 중요한 영향을 끼치게 되었다. 이제 사람들은 양심과 죄책감이라는 외디푸스적 문제가 아니라, (그 뿌리가 최초의 유아기까지 뻗어 있는) 친밀함에 대한 욕구와 융합에 대한 소망을 특징으로 하는 "새로운 사회화 형태"(new type of socialization)에 대해서 논하기 시작했다.

그 사이 새로운 사회화 형태에 대한 주제는 여러 가지 면에서 모순에 봉착했으므로 여기서 더 언급할 필요는 없을 것 같다. 그러나 나르시시즘 논쟁은 종교심리학과 종교적 발달에 대한 이해에 일련의 중요한 통찰을 제공했으며, 그 중요성에 대해서는 오늘날 거의 논란이 없다. 일단 나르시시즘 논쟁은 정신분석학의 종교 이해를 유아기 초기(외디푸스적 시기 이전)의 발달까지 확장한 에릭슨의 시도를 확인해 주었다. 나아가서 나르시시즘 이론은 유아기 초기의 발달과 관련하여 중요한 문제들을 세분화 시켰다.

어쨌거나 정신분석학적 나르시시즘 이론은 매우 까다로운 문제이며, 정신분석학 내부에서도 이에 대한 논쟁이 끝나지 않았다. 그러므로 여기서는 그 이론의 몇몇 기본적인 틀을 아주 단순화시켜 설명하고, 특히 종교적 발달에 직접적 의미가 있는 몇 가지 측면을 살펴보려 한다.

"나르시시즘"이라는 개념은 고대 그리스 전설에 등장하는 청년 나르시스의 이름에서 온 것이다. 전설의 주인공 나르시스는 물에 반사된 자신의 모습을 사랑한 나머지 다른 사람을 사랑할 수 없게 되었다. 정신분석학이 말하는 나르시시즘이란 일단, 바로 이 젊은이의 경우처럼 다른 사람을 배제한 자기사랑을 뜻하는 것이었다. 나르시시즘에서는 리비도가 자아 혹은 자기에게 집중되어 다른 사람 혹은 다른 것을 위해 사용할 수 없게 된다. 정신분석학적으로 말하자면, 인간이 어떤 대상이 아니라 자아에 사로잡히는 것을 뜻한다. 그렇게 되면 그 자아는 과대망상에 빠지게 된다. 그러므로 건강한 발달을 위해서는 대상을 향한 관심을 위하여 자아에 대한 집중을 극복하는 것이 필요하다는 것이다.

그런데 이러한 견해에 반대하는 새로운 나르시시즘 이론이 생겨났다. 특히 코후트는 자기사랑(Selbst-Liebe)과 대상사랑(Objekt-Liebe)을 대립시키는 것은 너무 이타주의에 치우친, 문화적인 제약을 많이 받은 견해라고 지적했다. 그런 식의 생각은 건강한 자기사랑과 건강한 나르시시즘에 대한 적절한 평가에 장애가 된다는 것이다. 코후트에게는 나르시시즘이 극복해야 할 대상이라는 목표 설정이 애초부터 없다. 그 대신 그가 중시하는 것은 나르시시즘을 "개정" 하거나 "조형" 하는 것, 혹은 나르시시즘을 변화된 형태 속에서 유지시키는 것이다.

아이의 발달에 대한 코후트의 주장을 고찰하면 이러한 목표가 더욱 분명하게 나타난다. 코후트에 따르면, 발달의 초기에는 자기 안에 유폐된 자아(Selbst)란 존재하지 않는다. 다만 아직 일치에 도달하지 못한 다양한 육체적 감정들이 있을 뿐이다. 그런데 나중에 자아가 형성되면서 나르시시즘의 단계에 이르게 된다. 다른 사람에게 돌봄을 받는 과정에서 경험된 완전성이 자신의 자아와 관련된 최초의 경험을 규정한다는 것이다.

그러나 완전하게 돌봄을 받던 존재의 황홀한 기대는 결국 강제에 의해 실망을 겪게 된다. 아이의 욕구는 당장 이루어지지 않는다. 아이는 욕망 충족의 연기를 참고 실망도 견뎌내야 한다. 아이는 이렇듯 실망스러운 상황에 대한 결과로 천진난만한 꿈에서 깨어날 뿐 아니라, 그에 대한 대응으로 환상(Phantasie)의 세계를 건설하기도 한다. 코후트는 이것을 "완전성의 새로운 체계"(die neue Systeme der Vollkommenheit)라고 불렀다.

자신이 원래 가지고 있던 완전에 대한 기대가 실망에 부딪힌 것에 대한 반응으로 아이 스스로 만들어낸 이 환상들은, 코후트에 따르면 두 가지 방향으로 뻗어 나간다. 하나는 어린이 자신의 자아 쪽으로 나아간다. 그렇게 되면 이 자아는 나르시스적 자아, 고귀한 자아가 된다. 또 하나의 방향은 부모를 향한 것이다. 물론 여기서 부모는 이상화된 부모상/부모 이미지(Elternimago) 혹은 전능한 객체의 형태를 띤다. 이 견해에 따르면, 어린이는 자기 자신뿐만 아니라 부모까지도 이상화하여 훌륭하고 전능한 것으로 떠올리며, 또 그렇게 경험한다.

코후트는 이렇듯 넘쳐나는 이상화(Idealisierung)를 "길들이는 것"

이야말로 이후의 발달과 교육의 과제라고 생각했다. 자기에 대한 지나친 미화가 아니라 자신의 실정에 적당한 기대와 목표를 지녀야 한다. 그러는 동안 전능한 객체는 인간의 이상으로 발전한다. 여기서 중요한 것은 이상화를 현실적 수준까지 끌어내리는 것이다. 그렇지 않으면 자아상(自我像, Selbstbild)은 심각한 망상의 결과로 현실성을 상실하게 될 것이며, 결국 다른 사람에 대한 비현실적인 기대와 실현 불가능한 목표가 득세하게 된다. 그런데 코후트에게 있어서, 이상화의 적절한 축소는 점진적 과정으로 이해된다. 바깥을 향해 있던 환상들은 이 과정을 통해서 조금씩 내면화된다. "사랑의 버팀목을 점차적으로 거절하는 것" 이야말로 그곳으로 나아가는 최선의 길이라는 것이다(Kohut 1975, S. 149).

코후트가 나르시시즘을 "길들이기"라고 표현한 것, 즉 이상화의 축소화가 성공한다면, 나르시스적 성향은 물론 변화된 형태로 "매우 세분화된 정신적 능력을 획득"하는 데 기여할 수 있다. 코후트는 나르시시즘과 분명한 관련을 맺고 있는 다섯 가지 "성과"를 다음과 같이 언급한다: (1) 창조적인 소질과 노동 (2) 감정이입의 능력 (3) 자기 삶의 한계를 직시할 수 있는 능력 (4) 유머감각 (5) 지혜(S. 154).

코후트에 의하면 나르시시즘과의 관계는 이러한 "성과"로부터 생겨난다. 그도 그럴 것이, 이 다섯 성과는 모두 자아의 한계로 인해 생겨나는 것이기 때문이다. 아이의 자아가 어린 시절에 경험하게 되는 어머니와의 일치는 훗날 다른 사람의 처지에 공감할 수 있는 능력의 토대가 된다. 그러므로 자아가 자기의 한계를 넘어서서 (나르시스적으로) 확장되는 것도 그러한 능력을 위한 중요한 전제 조건이 된다는 것이다.

이상화를 "길들이고" 축소할 경우 나르시시즘은 건강하게 발달하여 이익을 주지만, 반대로 이 발달이 실패하게 되면 여러 가지 문제와 어려움이 생겨난다. 코후트의 관찰에 따르면, 이상화에 대한 실망이 긍정적 분위기에서 완만하게 이루어지지 않을 경우, 아이의 과대한 환상은 자신에게 적합한 정도를 넘어서고 만다. 그리고 이러한 환상은 분열을 겪게 된다. 그렇게 되면 환상은 유아기적 형태로 지속되다가 결국 병적인 증세, 자기 학대, 자포자기 증세를 낳게 되는데, 이것은 나르시스적 부작용의 특징이다.

지금까지 살펴본 발달이 종교적 차원을 지니고 있다는 사실은 코후트의 진술 – 그 관심사는 원래 종교심리학적인 것이 아니다 – 에서 이미 분명해졌다. 여기서 발달의 목표가 되는 긍정적인 측면과 발달의 위험 요소가 되는 부정적인 측면이 구분되었다. 발달의 목표는 "자기 삶의 한계를 직시할 수 있는 능력"이다. 이 능력은 에릭슨의 "통합성" 단계와 비슷하게도 인간의 삶에 내재된 유한성을 인정하는 것과 깊은 관련이 있다. 코후트에게 있어서 "우주적 나르시시즘"(kosmische Narzißmus)은 이러한 유한성에 조율된 발달 가운데 하나다. 코후트는 바로 이것을, "개별적 실존의 유한성을 긍정할 줄 아는 …… 자아의 확대"라고 이해한다. 그리고 자아의 이러한 확대는 "개별성과 시간성을 초월한 존재에 참여함"에 뿌리를 내리고 있다(S. 162). 자아가 우주적인 것을 향하여 자신을 개방하고 그 방향으로 자기를 확대하는 것은 나르시스적 발달로 이해된다. 그런 맥락에서 이 발달은 종교적 해결을 향해 나아간다.

코후트는 이 발달의 위험에 대해 단지 부가적으로만 언급했다. 코후트가 보기에, 어린 시절 이상화된 부모의 이미지가 그대로 하나님에게 전이되는 것이 바로 그런 위험에 속한다. 남들에게 돌봄을 받는 어린아이로 남으려는 인간에게서 나타나는 과도한 의존성도 여기에 상응한다.

메르봐인(F. Meerwein)은 코후트의 이론에서 한 걸음 더 나아갔다. 그는 나르시스적 이상화의 변화와 내면화에서 정신분석학적 종교 이해에 대한 새로운 단초를 발견했다. 메르봐인은 나르시스적 이상화의 축소가 내면화 과정의 형태로 이루어지는 것이 과연 성공할 것인가에 대해 의구심을 가진다. 그의 견해에 따르면 그런 식의 내면화는 결코 기대할 수 없다. 그가 보기에는 이상화의 한 부분은 그대로 남아 있다가 (그의 표현으로 하면) "제3의 절차"(eine dritte Instanz)를 맞을 개연성이 크다. 메르봐인은 이 단계를 신에 대한 관념(Gottesvorstellung)에서 발견했다. 신 관념은 다른 것을 통해서는 결코 제어할 수 없는 소망, 즉 완전성에 대한 소망을 지탱해 준다는 것이다. 메르봐인은 이와 비슷한 관련성을 추측했던 코후트와는 정반대로, 신에 대한 관념을 통해 발달의 성공이 보장된다고 생각했다. 리히터(H. E. Richter 1979)의 표현대로 말하자면, 스스로 이상화하는 인간은 "하나님 콤플렉스"(Gotteskomplex) 때문에 고통을 겪게 되는데, 신에 대한 관념은 이 콤플렉스의 형성을 막아준다.

하나님 이미지의 발달에 있어서 어린 시절의 이상화가 차지하는 의미에 대해서는 이 책의 7장에서 좀더 자세히 살펴볼 것이다. 여기서는 일단 나르시시즘 이론 일반의 종교심리학적 의미를 따져보도록 하자. 샤르펜베르크 이래로 심리학은 주체와 객체의 구분 이전에 존재하는 경험의 차원에 관심을 가지기 시작했다. 이것은 젖먹이 아기가 경험하는 "안전함과 아늑함"이라는 기본적 경험을 말하며, 이것은 나중에 (종교적인) 의례를 통해 새롭게 나타난다. 객관적 인식이라는 정돈된 지식을 뛰어넘는 이러한 기본 경험은 환상과 창조성의 영역을 가리켜 보여준다. 이러한 경험은 주객 일치의 경험으로서 종교적 신비에서 결정적 역할을 한다. 종교심리학 용어로 말하자면, 이 경험은 프로이트가 주제화한 외디푸스적 시기보다 앞서서 존재하는 것이다. 그것은 이 경험이 상호 분리된 인간 사이의 관계에서 나온 것이 아니기 때문이다. 이 경험은 종교심리학이 나르시시즘 이론의 도움으로, 유아기 초기의 일치경험 영역에서 일어나는 발달에 대해서 관심을 갖게 되면서 비로소 해명되기 시작했다.

이상의 내용을 요약해 보자. 나르시시즘 논쟁은 종교적 발달의 뿌리가 유아기 초기에 있다는 가정을 확인해 주는 중요한 단서를 제공해 주었다. 한 걸음 더 나아가, 나르시시즘 이론은 이상화라는 관점에서 주목받기 시작한 주장, 즉 종교성 (삶의 이야기를 통한) 발달에 대한 가정을 증명해 주었다. 끝으로 나르시시즘 이론과 그것에 의해 촉발된 종교심리학적, 신학적 논의는, 창조성과 환상과 감정이입의 능력 등의 형태로 나타나는 이상화의 지속적인 의미를 인정함으로써, 정신분석학적 현실성 이해가 확장되는 데 기여할 수 있다.

비판적 물음

우리는 에릭슨의 연구와 나르시시즘 이론에서 종교적 발달에 대한 이해를 찾아볼 수 있었다. 그리고 이것은 프로이트의 종교비판적 시각을 분명히 넘어서고 있었다. 두 경우 모두, 확장된 현실성 이해가 결정적인 역할을 했다. "현실"(reality)에 대한 사실 지향적 견해에는, 다른 사람과 함께 나누고 이 세상에 대해 개방적인 "능동적 활동성"(actuality)의 의미가 따라붙었고(에릭슨), 현실성에 대한 객관적 이해 옆에는 주객의 분리 너머에 있는 창조성과 감정이입이 나타났다. 이 관점에서 보았을 때, 종교적 발달은 단순히 어린 시절, 혹은 어른이 된 뒤에도 여전히 해결되지 않은 유년기의 갈등에 국한되어 있는 것이 아니라, 인간의 평생에 걸친 발달과 결부되어 있다. 리주토(A. -M. Rizzuto)가 강조하는 것처럼, 종교적 발달은 유아기부터 고령에 이르는 발달 과정이다(1979, S. 52).

신학적 인간학에서도 종교적 발달모형에 대한 논의가 전개되었다. 예컨대 리쾨르, 샤르펜베르크, 몰트만의 프로이트 연구는 신학과 정신분석학의 자유 이해에 나타난 공통점을 찾아내고 보완하는 작업을 했다. 한스 큉(1978)과 볼프하르트 판넨베르크(1983)는 기본적 신뢰를 암묵적 종교현상으로 이해했다. 인간이 믿음과 신뢰에 기대고 있다는 사상은 신학적 인간학에서 매우 중요한데, 바로 이 사상이 기본적 신뢰에 반영되어 있다.

판넨베르크는 에릭슨이 기술한 어린 시절의 기본적 신뢰에 대해 말하면서, 기본적 신뢰의 무조건적 성격은 구체적이고 유한한 인간인 어머니를 처음부터 넘어서며, 암묵적으로는 이미 하나님을 가리키고 있다고 표현한다. 물론 이것은 나중에, 즉 종교교육의 과정에서 비로소 명확하게 나타난다.

기본적 신뢰는 이제 자기 자신의 존재에 대한 보호와 요청을 하는 데 대해 "제한 없이" 능력 있고 준비가 된 작용으로 향한다. 이렇게 한 없는 능력과 준비 상태에 대한 신뢰는 어머니에게로 향하는 젖먹이에게서 잘 드러나지만, 객관적으로 말해서, 사실은 보통 어머니가 이런저런 방법으로 유지하는 능력과 준비 상태를 훨씬 초월한다. 그러므로 무한성을 띠는 기본적 신뢰는 애초부터 종교적 현상이다. 어머니는 자기 자식을 위하여 그의 인생 첫 단계에 있어서 그녀를 넘어서며 그녀를 통해서 자기 자식에게 적용되는 하느님의 사랑을 대신하고 대표한다. 하느님은 맨 처음부터 이미 기본적 신뢰의 진짜 대상이 된다. 이러한 사실은 물론 어머니와 맺은 기본적 신뢰의 배타적 고리가 끊어질 때까지는 문제로 떠오르지 않는다(Pannenberg 1983, S. 224; 우리말 번역 『인간학 II』, 박일형 옮김, 분도출판사, 305에 의거).

그러나 판넨베르크나 큉이 부각시킨 바, 기본적 신뢰의 종교적 성격은 종교적인 사람만이 그러한 신뢰의 능력을 가지고 있다는 식으로 이해해서는 안 된다. 기본적 신뢰는 무신론자에게도 나타난다. 그러나 그들이 주장하려고 했던 것은, 이 기본적 신뢰가 주어진 현실성의 지평 너머를 가리키며 그런 의미에서 결국에는 종교적인 해답을 요구한다는 사실이다.

신학적 해석을 위한 두 번째 접합점, 즉 청소년기의 정체성 형성에 대해서는 치열한 논쟁이 진행 중이다. 물론, 정체성 형성과정이 어떤 종교적 차원을 가지고 있거나, 최소한 그런 차원을 가질 수 있다는 점에 대해서는 이론의 여지가 없다. 에릭슨 자신이 이미 이 점을 분명하게 짚어냈다. 그러나 에릭슨이 이야기하는 정체성이 신학적 인간학과 호응하는지, 혹은 모순되는지에 대한 물음은 여전히 신학적 논쟁의 대상이다.

어쨌든 이 논쟁에는 신학과 종교교육학에서 지금까지 거의 주목을 받지 못했던 물음들이 중요하게 부각되어 있다. 에릭슨과 그 밖의 다른 사회학자들이 대변하고 있는 정체성 개념이 인간의 발달을 묘사하기에 적합한 개념인지에 대한 물음이 바로 그것이다.

정체성 개념이 발달의 목표를 기술하는 데 적합하다는 주장에 일련의 사회학자들이 반기를 들고 있다. 그 가운데서 우리는 에릭슨의 정체성이해의 뿌리가 되는 개인주의적 인간상에 대한 비판을 언급할 수 있다. 이미 살펴본 바와 같이, 에릭슨은 정체성이 친밀감의 전제 조건이라는 가정에서 출발하기 때문이다. 에릭슨에 의하면 자아를 찾는 일은 다른 사람과 밀접한 관계를 맺는 일보다 앞선다. 이것은 인간이 다른 사람과의 관계보다는 자신을 통해서 자기 자신에게 이른다는 입장을 날카롭게 부각시킨다. 그러나 이러한 견해는 여성의 정체성 형성에 대한, 길리간(C. Gilligan 1984) 등으로 대표되는 경험과학적 연구 결과와 모순될 뿐 아니라, 인간의 사회적 본성에 대한 인간학적·신학적 통찰과도 배치된다.

이와 비슷한 경향의 반론으로, 정체성이란 인간의 특성이 아니라 픽션에 불과하다는 주장도 제기되고 있다. 이 주장에 따르면 "자기 자신과 같음"(Sich-Selbst-Gleichsein)은 결코 도달할 수 없는 규범이며, 익명성과 불연속성이 개인의 경험을 지배하는 사회적 상황에서 나온 몽상일 뿐이다.

필자는 여기서 정체성 문제의 역사적 조건이라고 생각되는 것을 넌지시 제시할 따름이다. 아마 여기서 제일 중요한 것은, 사회적 영역들이 계속해서 나뉘어지고 그 차이가 점점 뚜렷하게 드러나는 과정일 것이다. 노동과 여가 시간, 사적인 삶과 직업 생활, 가족과 학교, 종교와 일상 등이 바로 그런 것이다.

어떤 사람들에게 이것은, 개인적인 삶의 연속성과 일체성의 외적 보증 기능을 해줄 수도 있는, 타인과 함께 하는 삶의 영역이 없어졌음을 의미한다. 그래서 개인은 몇몇의 아니 수많은 종류의 다양한 삶의 영역을, 또 때로는 서로 모순되기도 하는 영역들을 옮겨다니면서, 몇몇의 아니 수많은 종류의 다양한 역할을, 심지어 서로 모순될 때도 있는 역할들을 수행하고 있다: 한 쪽에는 고정된 사회 체계가 있고 그 반대쪽에는 자기 거처에서 스스로 모든 것을 결정하는 개인이 있다. 한 쪽에는 무조건 순응만 하는 비인격적인 행동이 있고 다른 한 쪽에는 풍부한 소비 물량에 힘입은 인격 계발이 있다.

　이렇듯 상반된 경험 – 필자는 바로 이것을 중시한다 – 으로 인해 개인들은 정체성의 혼돈을 느낄 뿐 아니라, 자기만의 독특한 정체성을 적극적이고 합목적적으로 형성하고 싶은 유혹을 느끼게 된다. 현대 사회의 특징이 되어버린 바로 이 익명성과 혼동 가능성이, 최소한 사적인 영역에서는 다른 존재와 혼동되지 않을 무엇인가를 갖고 싶어하는 욕구를 낳은 것이다.

　이렇게 보면, 정체성의 위기만이 문제가 아니라, 의식적으로 정체성을 추구하는 것 또한, 사회적 모순에 대한 사적인 순응의 한 형태라는 점에서 문제가 된다.

　그러나 정체성 문제를 이렇듯 사회 구조로 환원하는 것 역시 문제를 해결하지 못한다. 이러한 문제가 사회적인 구조에서 나온 것이라고 해서, 그것을 덜 진지하게 받아들여도 된다는 뜻은 결코 아니다. 다만 우리가 의혹을 품는 것은, 개인으로서 하나의 정체성을 찾거나, 그것을 적극적으로 형성하는 가능성이 그 구조에 의해 주입된 것일 수 있다는 점이다. 여기에 덧붙여, 정체성 문제를 사회 구조 문제와 연관짓는 것은 이 문제가 가지고 있는 획기적인 중요성을 의미한다. 물론 의도적인 정체성 형성은 그 문제를 풀 수 없다. 우리가 경험하는 문제는 실제적인 데 반해, 그렇게 추구하는 정체성은 허구적이기 때문이다.

　루터(H. Luther)는 정체성의 허구성을 신학적으로 정당하게 평가하기 위해서 "규제적 원리"(regulatives Prinzip)로서의 정체성과 "발달의 구성적 목표"(konstitutives Ziel der Entwicklung)로서의 정체성을 구분한다. 후자의 경우 정체성 개념은 "조화롭고 이상화하는 세계상과 인간상"에 토대한다. 그러나 "만일 믿음이라는 이 종교적 차원이 자아정체성의 가능 근거 혹은 그것의 근원적이고 최종적으로 마무리하는 완성으로 이해함으로써, 전체적으로 통일된 자아정체성이라는 착상을 종교적으로 평가 절상하는 부가적 수단으로 이용한다면" 위의 요약적인 표현도 빛을 잃고 말 것이다. 루터의 논제는 이것이다. "자기 안에 폐쇄된 불변적 자아정체성은 신학적으로 도달 가능한 목표로 생각할 수 없으며, 또 그래서도 안 된다"(S. 322). 정체성에 대한 욕구에 나타난 것, 즉 완전성에 대한 인간의 노력에 대해서 신학은 근본적으로 유보의 입장을 보이고 있는 것이다.

정체성 문제는 매우 다층적이기 때문에, 여기서는 그 표층만 만져보고 지나갈 수밖에 없다. 그러나 인간상(人間像)을 개별적이고 이상화된 모습으로 성급하게 정리하는 것을 피해보려는 사회과학적이며 신학적인 노력은 분명하게 드러났다. 정체성 개념에 대한 사회과학과 신학의 견해는 이 점에 있어 일치한다.

종교적 발달의 이해와 교육을 위해서는 기본적 신뢰와 정체성 이외에 다른 발달단계들을 살펴보는 것도 실효성이 있다. 여기서 우리는 두 가지 관점을 구별하게 된다. 하나는 신학적 언술에 경험 및 발달과 관련된 부분이 있다는 관점이며, 다른 하나는 일부 발달단계의 경우 특정한 신학적 주제에 대해 할 말이 있다는 관점이다.

신학적 진술의 경험관련성은 발달단계의 문제 설정과 신학의 문제제기 사이의 유사점을 밝혀냄으로써 접근해 볼 수 있다. 많은 학자들이 이러한 방식으로 발달과 연관성이 있는 신학, 혹은 삶의 이야기를 통한 신앙의 해석학에 도달한다. 이 관점에서 본다면, 예컨대 외디푸스적 죄책감은 인간의 죄에 대한 신학적 물음과 결부되고, "근면성"은 행위와 칭의에 대한 신학적 시각과 연결된다(<도표 12>, 233쪽).

이러한 유사점이 있기 때문에, 특정한 신학적 주제에 관하여 발달이론 쪽에서 할 말이 있을 것이라는 생각이 생겨났다. 이 관점에서 보았을 때, 정신분석학적 발달이론은 신학적 물음으로도 이해될 수 있는 삶의 이야기적 주제들을 다루고 있는 셈이다. 프라스(H. -J. Fraas)는 이렇게 말한다. "이 과정에서, 가능성을 추구하는 추상적인 신학적 인간학이 극복되고 구체적인 인간을 향해 나아간다. 이것은 인간의 발달과정을 신학적인 주제로 포착하려는 구체적인 동반, 즉 인간의 전기(傳記)와 동행함이다"(Fraas 1983, S. 105). 틸리히(P. Tillich)는 삶의 이야기의 질문과 신학적 대답의 이러한 결합을 **상관관계의 방법**(*Methode der Korrela-*

tion)이라고 표현할 수 있었다.

오늘날 종교교육학에서 부단히 시도되고 있는 이 방법, 즉 삶의 이야기 해석학의 도움을 받은 상관관계의 방법에는 아직은 그냥 지나칠 수 없는 어려움이 있다. 그중 하나로, 근본적인 의미와 관련된 어려움은 여기서 살펴보고 지나가야 할 것 같다. 이 어려움은 신학의 주제를 삶의 이야기의 초기에 가져다 놓는 데서 발생한다. 어린이의 경험과 이해력은 그런 신학적 주제에 한참 못미치기 때문이다. 이것은 베어비크(J. Werbick 1983)에게서 가장 선명하게 나타난다. 그는 지금까지 발달과 결부된 신학, 그의 표현대로 하면 "기초적인" 신학을 가장 광범위하게 시도한 사람이다. 그는 에릭슨이 주창한 발달단계이론에 기초하여 신학적 물음을 경험과 결부된 진술로 표현하려 했다. 결국 그는 "죄", "악", "칭의"와 같은 주제를 "자율성 대 수치감 및 의심"과 같은 유아기의 위기 맥락에서 묘사했다.

그러나 신학적인 진술과 어린이의 발달을 이런 식으로 연결하는 것은 지나친 시도였다. 예컨대 "악"에 대한 신학적 견해는 어린이의 경험 및 이해력과 전혀 상응하지 않는다. 그러므로 베어비크에게 남아 있는 다른 가능성은 신학을 발달단계 후기와 연결시키는 것이다. 그럴 경우 신학적 언술은 어른들에게 적용될 수 있다. 물론 여기서 어른들의 경험은 아주 어린 시절의 경험에 뿌리를 내리고 있다고 말할 수 있다. 베어비크가 신학적으로 해석해야 할 대상은 어린이의 경험보다는 어른의 경험일 것이다.

비단 베어비크의 시도만이 아니라, 신학적 주제를 교육학적으로 어린이나 청소년에게 전달하는 문제를 함께 생각한다면, 신학의 주제를 발달단계 초기와 연결시키는 문제의 부적절함이 더욱 분명해진다. 예컨대, 행위와 칭의 같은 다층적 주제는 행위의 사회적 차원을 생각할 능력이 없는 초등학교 학생에게 제대로 납득되지 않을 것이다.

끝으로 발달단계와 신학적 주제의 연결은 심리학적으로 심화된 형태의 신학적 인간학을 형성해 내는 것 같다. 이러한 인간학은 부모나 교육자가 그 단계에 대한 신학적 이해를 통해 교육의 목표를 찾아갈 수 있도록 도와줄 수 있다. 그러나 묻고 답하는 의미에서의 상관관계는, 아무리 이해의 능력이 신장되었다 하더라도, 청소년기에 들어서야 비로소 생각해 볼 수 있다.

따라서 정신분석학적 발달이론의 의미는 어린이의 갈등에 대한 앎에 있으며, 발달이론은 교육자에게 이 앎을 제공해 줄 수 있다. 그러나 이 이론만 가지고는 어린이와 청소년의 다양한 이해 가능성을 여전히 이해할 수 없다. 이로써 우리는 정신분석학적 시도의 원칙적 한계에 부딪힌 것이다. 그것은 이해의 발달이라는 측면이다. 정신분석학은 이 측면을 본격적으로 다루지 않았다.

이런 반론을 제기한다고 해서, 필자가 인간을 감정과 사고와 행동으로 나눠놓으려는 다양한 시도에 편승하려는 것은 아니다. 그런 식의 구분은 인간의 감정과 사고와 행동이 근본적으로 서로 얽혀있음을 간과한다는 점에서 매우 부당하다. 이러한 구분은 발달이론을 평가하는 데 유용한 방법이라고 하기 어렵다. 정신분석학의 경우에서 분명하게 드러나듯이, 발달이론은 인간의 사고 및 행동과 따로 떼어낼 수 있는 느낌이나 감정만을 다루는 것이 아니다. 지그문트 프로이트의 고전적 정신분석학도 사고와 행위를 전혀 배제하지 않았다. 사고와 행위는 충동에 의해 규정될 뿐 아니라, 자아와 초자아라는 심급과정(審級過程)에 의해 제어된다. 에릭슨의 자아 심리학에서는 사고와의 관련성이 더욱 뚜렷하게 나타난다. 그래서 "이데올로기" 같은 개념이 중요하게 된다.

다양한 발달이론(예컨대 정신분석학)은 인간 전체를 다루고 싶어 하지만 관심의 초점은 저마다 다르다. 이런 의미에서 정신분석학은 본능이나 개인적인 관계에 집중하며 그에 따라 특정한 인생의 시기에 집중한다고 말할 수 있다. 정신분석학이 초등학령기보다는 유아기에 대해서 더 많은 정보를 갖고 있음은 틀림없다. 또한 우리는 정신분석학으로부터 초등학생이나 청소년의 사고와 이해에 대한 것보다는 동일화와 정체성의 상호인격적 관계에 대해 더 자세한 정보를 얻을 수 있다.

다양한 발달이론이 특정한 물음에 대해 나름대로의 강조점을 갖고 있으며, 따라서 우리가 그 밖의 다른 문제에 대해서 충분한 정보를 습득할 수 없다고 해서 그것을 결핍이라고 생각할 필요는 없다. 오히려 하나의 이론으로부터 **모든** 물음에 대한 답을 기대할 수 없다는 점을 분명히 하는 것이 더 중요하다. 그러므로 우리는 종교적 발달에 대한 문제 역시 다양한 이론의 빛에서 고찰해야 할 것이다.

도서자료와 참고문헌

S. Freud의 저술 가운데, 특히 그의 종교이해에 대해서는 다음 문헌이 중요하다: ›Zwangshandlungen und Religionsübungen‹(1907, Studien-ausgabe Bd. VII); ›Die Zukunft einer Illusion‹(1927, Studienausausgabe Bd. IX); ›Das Unbehagen in der Kultur‹ (1930, Studienausgabe Bd. IX); ›Der Mann Moses und die monotheistische Religion: Drei Abhandlungen‹(1939, Studienausgabe Bd. IX). 독일에서 이루어진 정신분석학과 신학의 대화 자료로는 J. Scharfenberg의 연구(*Sigmund Freud und seine Religionskritik als Herausforderung für den christlichen Glauben.* Göttingen 1968)가 돋보인다. E. Nase/J. Scharfenberg가 공동 편집한 ›Psychoanalyse und Religion‹ (Darmstadt 1977)은 이 대화의 지위와 발달에 대한 자료를 제공한다. S. Freud의 현실성 이해에 대해서는 위에서 언급한 자료 외에, 다른 학자들의 저서(Rizzuto 1979; Meissner 1984; Ricoeur 1969)에 실린 문헌목록 참조.

E. Erikson의 저술 가운데 그의 종교이해와 관련된 글들은 다음과 같다. ›Der junge Mann Luther. Eine psychoanalytische und historische Studie‹(Frankfurt a.M. 1975); ›Kinderspiel und politische Phantasie. Stufen in der Ritualisierung der Realität‹ (Frankfurt a.M. 1978); ›Jugend und Krise. Die Psychodynamik im sozialen Wandel‹(Stuttgart 1981). 에릭슨의 이론, 특히 그의 정체성 이해에 대한 비판으로는 필자의 책 ›Identität und Erziehung‹ (Weinheim/Basel 1985) 참조. Coles(1970)과 그리고 부분적으로 공정치 못한 비판이 있긴 하지만 Roazen(1976)은 에릭슨의 이론을 전체적으로 조망해준다. 에릭슨의 종교 이해와 논쟁을 벌인 대표적 예

로서 Homans(1978)와 Wright(1982)가 있다. 그 외에도 G. Schneider-Flume(*Die Identität des Sünders.* Göttingen 1985)을 보라. 그러나 여기서 "자아"(I)와 "에고"(ego)를 구분하는 방식에는 동의하지 않는다.

    H. Kohut는 나르시시즘에 대한 새로운 논의를 촉발시켰다(*Die Zukunft der Psychoanalyse.* Frankfurt a.M. 1975; *Narzißmus.* Frankfurt a.M. 1976; *Die Heilung des Selbst.* Frankfurt a.M. 1979). 코후트의 입장에 비판적이었던 대표적 학자로는 Kernberg(1978)와 취리히의 정신분석학 세미나(1981)에 참여했던 이들을 들 수 있다. 나르시시즘의 논의를 종교심리학적으로 수용하려는 시도로는 J. Scharfenberg (*Narzißmus, Identität und Religion.* In: Psyche, 27/1973; *Einige Probleme religiöser Sozialisation im Lichte neuerer Entwicklungen der Psychoanalyse.* In: Wege zum Menschen, 26/1974)와 H. -G. Heimbrock(*Phantasie und christlicher Glaube.* München/Mainz 1977) 및 A. -M. Rizzuto(*The Birth of the Living God.* Chicago/London 1979)를 들 수 있다. 그 밖에도 Preul(1980 bes. S. 215ff), Meissner(1984), 그리고 가장 최근의 나온 Meng의 연구(1997) 참조.

    나르시시즘에 대한 논의는 »Psychologie der Objektbeziehung« 이라는 표제 하에서 일반심리학과 종교심리학 영역에서 계속 전개되었다(Finn/Gartner 1992, Jones 1991 참조).

    Th. Ziehe(*Pubertät und Narzißmus.* Frankfurt a.M./Köln 1975)와 Ch. Lasch(*Das Zeitalter des Narzißmus.* München 1980) 는 오늘날에 "새로운 사회화형태"(Neue Sozializationstyp)가 있다는 주장을 대변한다. 이에 대해 "취리히 정신분석학 세미나"가 출간한 연구서(1981)와 Häsing(1979) 등은 이러한 의견을 달리한다.

    H. -J. Fraas(*Die Religiosität des Menschen.* Göttingen 1990)와 B. Grom(*Religionspsychologie.* München/Göttingen 1992), Schmitz (1992)와 Klosinski(1994)의 논의 참조.

사회과학과 교육학의 정체성 이해에 대한 필자의 물음은 필자의 논문 »Identität—Ein Leitbegriff«(in: Loccumer Protokolle, 58/1985)에 간략히 다루어져 있다. 필자는 여기서 Berger/Berger/ Kellner(1975)의 사회학적 관점과 E. Thaidigsmann(*Identitäts-verlangen und Widerspruch*. München/ Mainz 1983)의 견해에 의거했다. 이 관점들은 W. Pannenberg (*Anthropologie in theologischer Perspektive*. Göttingen 1983)의 입장과는 상반된다.

발달과 결부된 신학, 삶의 이야기 해석학에 관한 물음에서는 특히 Scharfenberg(*Menschliche Reifung und christliche Symbole*. In: Concilium, 14/1978), H. -J. Fraas(*Glaube und Identität*. Göttingen 1983, bes. S. 105ff), J. Werbick(*Glaube um Kontext*. Zürich 1983), Gleason(1975), Pruyser(1976, S. 60ff), Biehl(1985) 참조.

4
하나님과 이 세상 이해하기

앞 장에서 필자는 종교적 발달에 대한 정신분석학의 해석이 안고 있는 한계로 이해(Verstehen)의 발달 문제를 거론했다. 물론 이것은 정신분석학이 이해의 차원을 잘 몰랐다는 뜻이 아니다. 사실 인간의 이해에 관한 문제는 정신분석학의 중심에 서 있다. 정신분석학은 인간이 자기 자신을 이해할 수 없는 영역까지 파들어가 이해의 문제를 다루고 있다. 그러나 정신분석학이 성의 발달이나 사회심리적 발달에 큰 비중을 둔 반면, 어린이와 청소년의 이해가능성의 발달문제와 그들이 자신의 경험을 파악하고 여기에 의미를 부여하려는 시도에 대해서는 거의 가치를 두지 않았다.

그런데 인지심리학, 좀더 정확히 말해서 인지구조심리학(die kognitiv-strukturelle Psychologie)을 창시한 장 피아제(Jean Piaget)의 관심은 정신분석학과는 정반대이다.[1] 피아제의 경우는 이해의 발달이 맨 앞에 부상하고, 대신 충동이라든지 부모나 다른 사람들 및 사회 제도들과의

---

1) "인지구조"라는 표현은 인식의 구조를 지향하고 있음, 즉 피아제가 자신의 시도를 의식(Bewußtsein)에 지향되어 있는 심리학과 구분하려는 의도를 명시하려는 것이다.

관계 등에 대한 관심은 피상적 차원에 머문다. 그러나 피아제의 지능(Intelligenz) 개념은 단순한 사고, 즉 느낌이나 행동과 반대되는 사고가 아니다. 정신분석학의 경우와 비슷하게, 피아제가 말하는 발달은 인간의 모든 국면에 중요한 의미를 지닌다. 인지발달은 정서적 발달이나 사회적 발달과 밀접한 연관을 맺고 있기 때문이다. 그런데 인지구조이론에도 조직적 면에서 한계가 있다. 그것은 인지심리학이 사회적 관계, 정서적 과정, 삶의 이야기적 사건의 독자적 의미를 제대로 평가하지 않는다는 점이다.

인지심리학의 가치를 높이 평가하기에 앞서 그 필연적 한계를 이렇게 미리 짚어두는 것이 좋을 것 같다. 그래도 어쨌든 인지심리학의 영역은 결코 무시할 수 없다. 이 심리학은, 예컨대 지능검사를 효과적으로 수행하기 위해 필요한 추상적 지능이 아니라, 삶의 이야기에 따라 변화하는 경험 이해의 형식을 연구 대상으로 삼는다. 다음 이야기는 피아제의 자서전에 나오는 것으로, 통속적인 지능심리학자들과 피아제 간의 차이를 아주 명확하게 보여준다. 젊은 심리학자 피아제에게 파리의 아동들을 대상으로 지능검사를 실시하라는 과제가 떨어졌다. 제각각 옳거나 그른 답을 대는 아이들을 조사하던 피아제에게 서서히 어떤 분명한 깨달음이 찾아왔다. 아이들의 실제적인 이해력을 판단하기 위해서는, 정답의 수를 헤아리는 것도 중요하겠지만, 그보다는 아이들이 왜 그 답을 선택했는지가 더 중요하다는 깨달음이 그것이었다. 이에 대해 뭔가를 알아내기 위해서는 어린이가 스스로 찾아낸 사고방식에 대해 열린 자세를 취할 수 있어야 한다. 다시 말해서 어린이의 사고를 따라가지 않으면 안 된다. 이것이야말로 피아제의 "임상적 방법"이 추구하려는 바이다. 그러기 위해서는 판에 박힌 질문을 버리고 어린이와의 대화 속으로 들어가야 한다.

앞에서 꼬마 로이의 이야기를 통해 살펴본 것처럼 피아제는 어린이의 세계상을 연구하면서 종교적 발달문제도 자세히 다루었다. 피아제는 다른 경우와 마찬가지로 여기서도 자신이 특히 주목하는 보편적 물음의 틀에서만 종교적 발달에 관심을 두고 있다. 1980년대에 이르러서야 비로소 제임스 파울러(James Fowler), 프리츠 오저(Fritz Oser), 파울 그뮌더(Paul Gmünder)가 피아제의 방법론을 이용하여 종교적 발달 문제를 더 깊이 다루게 되었다. 그들의 이론을 이해하기 위해서는 피아제의 이론뿐만 아니라, 오늘날 인지심리학의 대표자격인 로렌스 콜버그(Lawrence Kohlberg)의 이론도 어느 정도 섭렵하지 않으면 안 된다. 콜버그의 도덕적 판단발달에 대한 연구는 파울러와 오저/그뮌더가 종교적 발달에 대한 견해를 발전시킬 수 있었던 직접적인 배경이 되었다.

장 피아제: 인식의 발달

현실은 우리에게 현실 자체로서 드러나지 않는다. 다만 현실에 대한 우리의 인식(Erkenntnis)만을 마음대로 할 수 있을 뿐이다. 인간이 자신의 감각에 주어진 다양한 인상을 정리하고 두드러지게 하고 서로 연결시키고 해석하는 것은 모두 이러한 인식에 속한다. 그러므로 우리는 이렇게 말할 수 있다. "인식하는 주체는 인식되는 현실의 일부다." 인식 주체는 현실을 수동적으로 받아들이기만 하는 것이 아니라 현실 인식에 적극적으로 참여한다. 그래서 우리는 인식의 구성적 특성(konstruktive Charakter), 피아제 식으로 표현하면 "현실의 구성"(Konstruktion von Wirklichkeit)[2]에 대해 말할 수 있게 된다.

현실이 이러한 구성적 특성을 지니고 있다 하더라도 우리는 다음 두 가지 질문을 던지지 않을 수 없다. 이러한 특성이 어린이나 청소년이나 어른에게 똑같은 것을 의미하는가? 지능이나 인식의 발달이 현실의 구성원리에 어떤 변화를 일으키는가? 피아제는 수많은 연구를 통해, 실제로 시간과 공간, 크기나 부피 등이 발달의 바탕이 되고 있으며 어린이와 청소년과 어른은 그런 요인들을 각각 다르게 이해한다는 사실을 증명할 수 있었다.[3] 이러한 발달의 방식과 이 문제에 대한 피아제의 논리를, 그 유

---

[2] 이 용어는 독일어에서 "Aufbau der Wirklichkeit beim Kinde"로 잘못 번역되어 온 사례가 있다(피아제 이론에 대해서는 다음 연구 참조: Pulaski 1978; Furth 1976).

명한 "물컵" 실험을 근거로 살펴보기로 하자.

    두 개의 컵(a/b)이 있다. 컵 하나는 다른 컵에 비해 지름이 작은 대신 길죽하다. 그리고 두 컵에 똑같은 양의 물을 붓는다(<도표 5>). 대략 네다섯 살짜리 어린이를 불러다가 어떤 컵에 물이 더 많이 들었냐고 물어본다. 그러자 아이는 자신 있게 길죽하고 지름이 작은 컵(a)을 가리킨다. 그렇다면 어린이에게는 확실히 높이(水位)가 그 내용을 결정한다고 설명할 수 있겠다. 어린이가 단순히 시각적 속임수에 빠진다는 뜻은 아니다. 어린이가 지켜보는 앞에서 똑같은 크기의 컵(c/d)에 있던 같은 양의 물을 다시 컵(a)와 컵(b)에 부었을 때도 어린이의 확신은 변하지 않는다. 길죽한 컵(a)에 있는 물이 더 "많다"는 것이다.

    물의 위치가 높아 보이는 것이 결정적 역할을 하는 바람에 컵의 지름은 눈에 안들어오고 그래서 길이와 지름을 비교해 보지 않았다고 설명할 수 있겠다.

    피아제의 관찰에 따르면, 대개 다섯 살에서 여섯 살 사이에 어떤 전환점이 일어나는데, 그 시점부터는 이런 식의 물음이 아이에게 전혀 문제가 안 된다. 피아제 이후에도 많은 연구가 이것을 입증해 주었다. 그때부터 어린이는 용기의 형태와는 상관없이 그 물의 양이 똑같다고 말한다. 그런데 여기서도 중요한 점이 있다. 그것은 이 시기의 어린이도 직접 눈으로 그것을 봐야 그렇게 말할 수 있다는 점이다. 추상적인 교과서의 내용만 가지고는 충분한 성과를 기대할 수 없다는 말이다.

    우리가 이 실험을 통해 알 수 있는 것은 피아제가 인식을 조작적 과정(operative process)으로 이해했다는 사실이다. 이 과정이란 높이와 지름을 따져 보는 것과 같은 내적인 행위(조작)를 말한다. 인식은 바로 이 행위에 기초한다는 것이 피아제의 생각이다. 피아제는 인식의 발달을 설명하기 위해서 이러한 조작의 측면을 다시 이용한다. **전(前)조작기**(*preoperational period*)에 대한 그의 설명에 따르면, 이러한 조작이 아

---

3) 이 연구는 Klett-Verlag(Stuttgart)이 간행한 피아제 전집에 실려 있다.

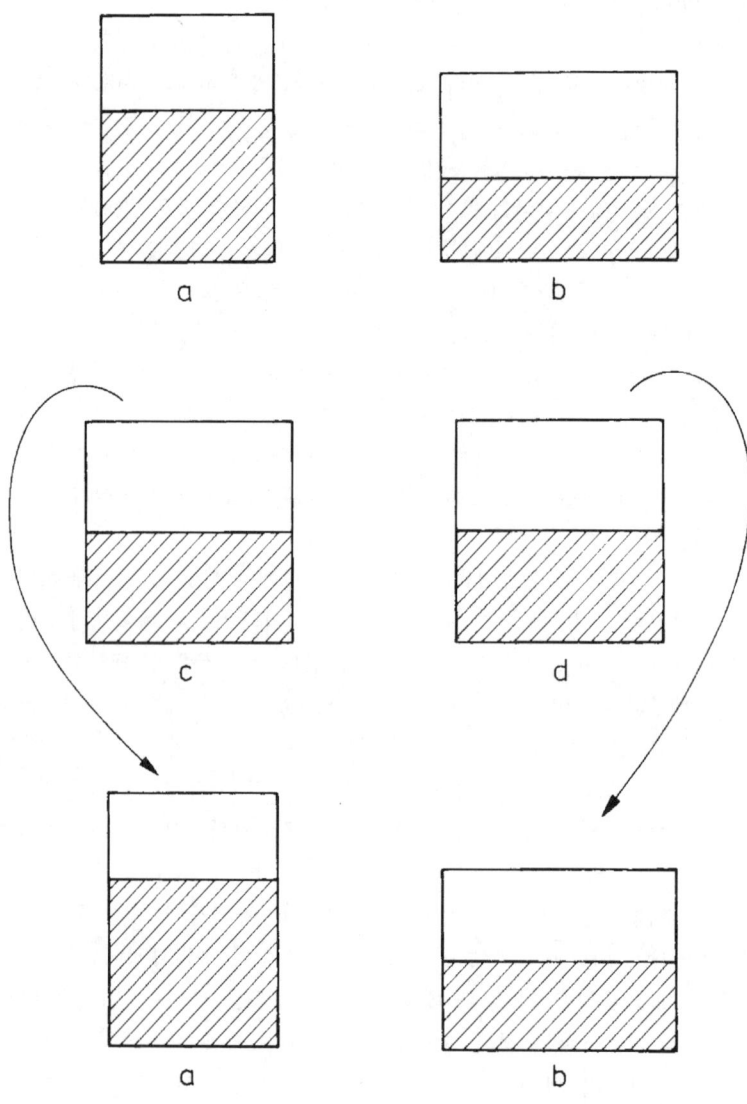

<도표 5> 그림은 같은 양을 다른 그릇에 담았을 때 상이하게 나타나는 현상을 보여준다.

직 이루어지지 않은 아이의 인식은 눈에 보이는 것에 의해 좌우된다. 조작적 활동이 이루어진 뒤에도 그것을 적용하는 데 있어서 여전히 구체적으로 보이는 것에 의존하는 시기가 **구체적 조작기**(*concrete operational period*)이다. **형식적 조작기**(*formal operational period*)에 이르러서야 아이는 시각에 의존하는 습관을 넘어서게 된다. 이것은 이제 그 아이가 추상적 문제도 다룰 수 있게 되었음을 의미한다.

그러나 피아제는 각 시기에 따른 나이 추산에 대해서는 상당히 주저하는 모습을 보였다. 피아제가 보기에 이러한 발달의 절차에서 정말 중요한 것은 단순한 성숙의 진행이나 학습이 아니라 유기체와 주위 환경 양쪽 모두에게 의존되어 있는 상호작용의 과정이다. 환경의 자극 없는 발달단계는 존재할 수 없다. 이런 의미에서 발달단계는 학습에 선행한다. 또한 발달단계는 단순히 학습될 수 있는 것도 아니다. 이런 의미에서 발달단계는 한편으로는 어린이나 청소년의 보편적인 발달상황에 의존하며 다른 한편으로는 앞 단계의 영향을 받는다. 이것을 좀 거칠게 표현하면 다음과 같다: 학령기 이전 어린이에게는 전(前)조작기적 사고가, 초등학교 어린이에게는 구체적 조작기의 사고가, 청소년기에는 형식적 조작기의 사고가 나타난다.

피아제에 의하면 유아기는 향후 발달의 초석이며, 이 시기의 아이는 실천적 혹은 "감각운동적"(sensori motor) 지능을 가지고 있다.

인식의 발달에 대한 피아제의 개괄적 조망에도 이 발달의 종교심리학적 의미가 나타난다. 이미 여러 차례 언급한 "어린이의 세계상"(Weltbild des Kindes)에 대한 피아제의 연구가 잘 보여주듯이 위의 발달단계에는 종교적 측면이 있다. 예컨대 해, 달, 별, 산, 숲, 바다 등이 어떻게 만들어졌는가에 대한 생각이 종교적 측면에 속한다.

로날드 골드만(Ronald Goldman 1964)은 피아제가 정리한 발달단계가 성서 이야기의 이해를 통해서도 증명될 수 있다는 사실을 보여주었다. 여섯 살부터 열 다섯 살 사이의 아이들에게 골드만은 모세의 소명(출 3,1-6: "불타는 가시떨기 나무")과 홍해 바다 이야기(출 14) 그리고 예수가 받은 유혹 이야기(마태 4, 1-11)를 카세트 테입으로 들려주고 그 아이들이 이야기를 어떻게 이해했는지 알아보았다. 여기서 드러난 바에 의하면, 아이들의 대답은 피아제의 인지발달단계에 따른 이해와 맞아떨어졌다. 홍해의 물이 갈라지고 그 위로 사람들이 걸어간 이야기에 대한 아이들의 반응에 대해 골드만은 이렇게 진술했다. "어린이들의 대답에는 아주 조잡하고 비현실적인 믿음과 또 물질적 신학에서 나온 것이 있는가 하면, 성서 전체의 흐름과도 상통하는 아주 '영적인' 신학에 근거한 이성적인 수용(혹은 거부)도 있었다"(1964, S. 107).

다음 인용문을 보면 골드만의 이 말이 무엇을 뜻하는지 분명히 알 수 있을 것이다(S. 108-111).

하나님이 그렇게 하셨어요. 그분이 뭘 하셨는데? 요술을 부렸어요. 어떻게? 그냥 기적이에요. 요술이 뭔지 알려줄래? 하나님이 요술로 그렇게 하셨어요……(캐시, 6세). 그건 하나님의 능력이죠. 하나님은 그 능력으로 바다에게 갈라지라고 명령하셨어요. 그렇다면 바다에도 귀가 있다는 말이구나? 아니에요. 그냥 하나님의 말에 따라 그대로 한 거에요. 바다는 우리 사람처럼 살아있거든요. 바다가 소리 내는 걸 보세요(도널드, 13세).—그건 썰물이 시작되서라고 하던데요. 우연히 그렇게 되었을 수도 있잖아요. 그건 평범한 썰물이었고 그 사람들로서는 굉장한 행운이었죠(폴리, 13세).

그런데 골드만이 발달이해를 묘사하기 위해 제시한 바로 이 사례에서 이런 식의 해석에 수반되는 문제점 역시 드러난다. 나이가 어린 아이들의 답변은 실제로 "조잡"한가? 모든 것을 "우연"으로 돌리는 듯한 인상을 주는 아이들, 즉 나이가 조금 더 먹은 아이들의 생각에 비해 "조잡"하다고 할 수 있는가? 이렇게 "우연"을 끌어들인 대답 뒤에는 무조건 쉬운 답이 최고라는 천박한 사실주의가 숨어있는 것은 아닐까?

청소년의 경우, 비신화화의 일환으로 합리적 상징 비판이 일어난다. 어른들의 경우에도 이것이 반복된다. 그래서 필자는 이 문제를 좀 더 자세하게 다루려 한다. 그러나 인식과 이해를 중심으로 하는 종교적 발달이해는 또 다른 맥락을 더 중요시한다. 도덕적 판단발달의 문제가 바로 그것이다. 이제부터 이 문제를 살펴보기로 하자.

로렌스 콜버그: 도덕적 판단의 발달

피아제는 언어와 사고에 대한 연구를 하다가 어린이의 도덕적 발달에 관심을 갖게 되었다. 그는 1932년에 발표된 『어린이의 도덕적 판단』에서 이 문제를 다루었다. 그러나 그 후로는 이 부분에 대해서 더 이상 연구를 진척시키지 않았다. 1950년대에 들어서 도덕적 발달에 대한 피아제의 연구를 이어받은 사람이 바로 로렌스 콜버그(Lawrence Kohlberg)였다. 그는 이 연구를 처음 청소년기를 대상으로 시작하고, 그 다음에는 성인기로 확대했다.

인식과 이해의 측면에서 볼 때, 도덕적 발달에 있어서 중요한 것은 특정한 가치나 규범이라기보다는 그 가치와 규범이 정립되는 방식이다. 똑같은 규범이, 예컨대 도둑질을 하지 말라는 계명이, 상이한 방식으로 정립될 수 있다는 관찰 결과는 콜버그에게 결정적으로 중요한 의미를 지닌다. 어떤 청소년은 벌을 받을까봐 도둑질을 하지 않는 반면 어떤 청소년은 사회 질서가 위험에 빠지는 걸 원치 않기 때문에 소유권을 존중하게 된다.

이 단순한 경우를 통해서도 알 수 있듯이, 도덕규범 정립의 다양한 근거는 도덕적 행동으로 이어질 수 있다. 물론 은밀한 절도 행각으로 처벌을 피할 수 있다고 생각하는 사람이 있다면 그 사람에게는 처벌에 대한 두려움이 도둑질을 못하게 막을 수 없으리라는 추측도 해봄직하다. 이와는 반대로 사회적 바탕을 가진 규범이 지속적으로 영향을 끼칠 수도 있다.

콜버그는 도덕규범의 상이한 논거를 이른바 딜레마 이야기의 도움을 받아 탐색해 들어간다. 이 이야기는 문제를 해결하려는 시도가 도덕규범에 저촉됨으로써 문제 해결이 불가능해 보이는 상황 속에 청중/독자를 빠뜨린다. 그래서 청중/독자는 어쩔 수 없이 그 문제의 원인 규명을 유보하게 된다.

가장 유명한 딜레마 이야기 하나를 들어 보자.

"유럽에 사는 한 부인이 희귀한 암에 걸려 죽게 되었다. 의사의 말에 의하면 그 부인을 구할 수 있는 약은 오직 한 개뿐이었다. 그 약은 최근 그 마을의 약사가 발견한 라디움 종류의 약이었다. 그런데 그 약사는 제조비의 열 배에 해당하는 돈을 요구해왔다. 그 부인의 남편 하인츠 씨는 아는 사람을 모두 찾아가 돈을 빌려봤으나 그렇게 빌린 돈을 모두 합쳐도 약 값의 절반밖에는 되지 않았다. 그래서 그는 약사에게 아내가 죽어가고 있다고 말하면서 그 약을 싸게 팔거나 후불로 지불하게 해달라고 부탁했다. 그러나 약사는 이렇게 말하는 것이었다. '안 돼요. 이 약은 내가 만든 거요. 나는 이 약으로 돈을 벌어야겠소.' 결국 하인츠 씨는 절박한 심정에서 약국에 침입하여 그 약을 훔쳤다.

하인츠 씨가 이렇게 한 것은 잘한 일인가? 어째서 그런가?" (Kohlberg 1978, S. 111)

이 딜레마에 대해서 다음과 같은 대답이 눈에 띈다.

— "훔치지 말아야 합니다. 약사가 무슨 나쁜 짓이나 불의한 짓을 한 게 아닙니다. 단지 이익을 내려고 한 겁니다. 돈벌이는 거래의 원리 아닙니까?"

— "그 약을 훔친 건 잘한 겁니다. 그는 착한 남편이라면 당연히 해야 할 일을 한 것뿐입니다. 아내를 사랑해서 한 일을 가지고 그 사람을 비난할 수는 없지요. 그렇게 부인을 위해 나설 정도의 사랑을 보이지 않았다면 그거야말로 비난받아 마땅하지요."

— "이런 경우에 대해서는 법률상 규정이 없습니다. 의약품을 훔치는 일은 분명 옳지 않은 일이나 이 경우는 합리화될 수 있습니다"(S. 117).

이러한 대답들은 그 내용, 즉 긍정이냐 부정이냐("훔칠 수 있다"/ "훔쳐서는 안 된다")에 의해서가 아니라, 논거 제시의 형식에 의해서 서로 구분된다는 것이 콜버그의 주장이다. 콜버그는 문화 전반에 걸친 수많은 연구 결과를 토대로 서로 다른 근거 제시의 형식을 세 개의 수준으로, 각각의 수준은 다시금 두 개의 단계로 나누어 놓았다. 이것이 바로 콜버그 이론의 핵심인 도덕발달 6단계이다(<도표 6>).

각 단계의 구성은 사회적 규범에 대한 물음에 따라 이루어진다. 사회적 규범이 규명할 필요가 없는 것으로 여겨질 때, 다시 말해 그 규범이 주어진 대로 수용될 때(3, 4단계) 그것은 인습적 도덕(*conventional moral*)의 시기다. 반대로 사적인 이익이나 처벌에 대한 두려움과 같은 개인적 동기가 주도적 역할을 한다면 그것은 전(前)인습적 도덕(*preconventional moral*)의 시기다. 여기서는 규범의 사회적 성격이 아직 고려되지 않기 때문이다. 후(後)인습적 도덕(*postconventional moral*)의 시기에는 사회적 규범이 규명할 필요가 있는 것으로 여겨진다. 여기서 사회적 규범은 모든 사람이 거기에 동의하고 그 규범을 일반화할 수 있는 원칙으로—가령 칸트의 정언적 명령처럼—받아들일 때만 효력을 발휘한다(5, 6단계). 이것은 그 사회에 앞서 규정된 관점이 존재함을 의미한다("~는 옳지 않은 일이나 ~합리화될 수 있다").

단계의 구분은 그 내용에 의한 것이 아니라 도덕적 해명의 형식에 따른 것이다. 콜버그는 도덕적 판단의 구조에 대해 말한다. 각각의 단계는 그 단계의 바탕이 되고 있는 사회적 관점, 그리고 도덕적 판단의 규칙에 의해 결정된다. 여기서 다시 도둑질에 관한 사례를 살펴보자. 콜비/콜버그(Colby/Kohlberg 1978, S. 358-59)는 전인습적, 인습적, 후인습적 판단의 예로 다음과 같은 의견들을 인용한다.

<도표 6> 도덕 판단의 6단계. Colby/Kohlberg 1978, S. 357을 약간 수정한 것임.

수준과 단계	각 단계의 내용			각 단계의 사회적 관점
	무엇이 옳은 일인가	옳은 것을 행하는 이유		
수준 I – 전인습적 도덕성 1단계: 타율적 도덕성	위반시 처벌을 받게 되는 규칙들을 지킨다. 복종을 가치가 부여된다. 사람이나 사물에 물리적 손해를 입히지 않는 것이 옳다.	처벌을 피하기 위해서. 권위의 압도적인 힘 때문에.		자아중심적 시점: 행위자는 다른 사람의 관심사를 고려하지 않거나, 다른 사람의 관심사가 자기의 관심사와 다르다는 것을 알지 못하거나, 두 개의 서로 다른 가치관을 함께 연결시키지 못한다. 모든 행위는 내적인 의향이 아니다 외적인 현상에 따라 평가된다. 자기 자신의 관점과 권위의 관점이 서로 혼동된다.
2단계: 개인주의, 목적 의식, 교환	규칙을 따르는 것이 옳다. 그러나 그것은 자신의 관심사와 필요를 만족시키고 다른 사람에게도 똑같은 것을 보장하는 어떤 직접적인 관심사에 기여할 때에만 그러하다. 그 밖에도 공정한 것, 공평한 교환, 거래, 의견 일치는 옳다.	자기의 관심사와 필요를 만족시키기 위해서. 물론 여기서 다른 사람도 특정한 관심사들 가지고 있음을 인정해야 한다.		구체적 개인주의 관점: 서로 다른 개인들의 관심사가 서로 갈등 관계에 있기에 정의는 (구체적이고 개인주의적인 의미에서) 상대적이라는 것을 깨닫게 된다.

134 삶의 이야기와 종교

하나님과 이 세상 이해하기 135

수준과 단계	각 단계의 내용		각 단계의 사회적 관점
	무엇이 옳은 일인가	옳은 것을 행하는 이유	
수준 II – 인습적 도덕성 3 단계: 상호 기대, 상호 관계, 인격 상호간의 적합성	나와 가까운 사람들이나 그 밖의 다른 사람들이 나(그들)에게는 아들, 동생, 친구인 나에게 거는 기대에 부응하는 것이 옳다. "착한 아이가 되는 것"이 중요하다. 이것은 다른 사람들을 신경 쓰며 친절한 관심을 가지고 있는 것이다. 또한 만한 일을 하는 것이다. 또한 다른 사람과의 관계를 가꾸어 나가면서 믿음, 충성, 존경, 감사와 같은 것들을 느끼는 것을 의미한다.	1. 자기 자신과 다른 사람에게 "착한 내자"으로 보이고 싶은 욕구 2. 다른 사람에 대한 관심 3. 황금률에 대한 믿음 4. 전형적인 "착한" 행동을 강조하는 권위와 규칙을 지키려는 소	다른 사람과의 관계 속에 있는 개인의 관점: 행위자는 다른 개별적인 관심사보다 우선하는 공통의 감정, 합의, 기대들을 의식하고 있다. 행위자는 "구체적인 황금률"의 도움으로 여러 가지 상이한 입장에서 조화롭게 받아들이고 이 과정에서 다른 사람의 입장을 이해하게 된다. 그러나 일반화된 "체계"의 관점은 아직 나타나지 않는다.
4 단계: 사회적 체계와 양심	자기가 떠맡은 책임을 완수하는 것. 법률은 반드시 지켜야 한다. 물론 그 법률이 다른 사회적 의무와 모순되는 경우는 예외로 한다. 사회와 집단과 기관에 기여하는 것이 옳다.	"모든 사람이 그렇게 할 경우" 사회 각 기관이 기능이 원만하게 이루어지며 그 체계가 붕괴를 막을 수 있기에, 또한 자기 스스로 부과한 책임을 완수하기는 양심을 거스르지 않기 위하여(이것은 3 단계의 특징인 권위와 규칙에 대한 믿음과 혼동하기 쉽다).	사회적 입장과 상호인격적 합의와 개인적 동기를 구별한다. 사람들에게 역할과 규칙을 지정해 주는 체계의 입장을 남겨받는다. 개인간의 관계를 체계의 각 부분 사이에서 이루어지는 관계로 바라본다.

수준 III – 후인습적 도덕성/ 원리에 의해 주도되는 도덕성			
5단계: 사회 계약 및 사회적 유용성의 단계, 동시에 개인적 권리의 단계	사람들은 수많은 가치와 의견이 존재하며, 대부분의 가치와 규범은 집단에 따라 특수하게 나타난다는 사실을 의식하게 된다. 그러나 이런 "상대적" 규범을 일반적으로 따른다. 그러나 정의에 대한 관점에는 변함이 없다면, 그것은 그 규범이 사회적 합의를 구성하기 때문이다. 생명, 자유와 같은 일부 절대적인 가치는 어떤 사회에서도 의견과는 별도로 존중되어야 한다.	1. 법에 대한 의무감. 사회적 합의에 명시된 합의에 바탕을 두고 모든 인간의 복지와 권리를 수호하기 위해 법을 만들고 그 법을 준수한다. 2. 가족, 우정, 신의, 노동의 의무에 대한 자발적인 접근. 3. 공동체의 합리적 계산에 따라 권리와 의무가 분배되는 것에 대한 관점, 표어는 "최대 다수의 최대 행복."	사회에 앞서 구성되어 있는 관점: 사회의 결속과 합의에 선행하는 가치와 권리의 복지와 개인의 이식하는 한 합리적 개인의 관점. 이런 수 단, 합의, 공평 무사, 마땅히 배켜나가야 함을 변화하는 계약들을 통해 모든 변화하는 메커니즘을 통해 윤리적 관점들을 통합한다. 윤리 성이란 관점과 별도 입장을 함께 고려하며, 그 두 관점이 배도는 서로 모순될 수 있음을 인정하고, 그 들을 통합시킬 수 있다.
6단계: 보편적 윤리 원리의 단계	스스로 선택한 도덕 원리를 따르는 것. 특별한 법규나 사회적 합의가 타당성을 지니는 것은 일반적으로, 그것들이 이런 원리에 바탕을 두고 있기 때문이다. 만일 법이 이 원리에 저촉된다면 이 사람은 자기 원리에 따라 행동한다. 여기서 말하는 원리란 정의의 원리를 보편화한다. 모든 사람에게 동등한 권리가 있으며, 개인의 존엄성은 존중되어야 한다.	보편적 윤리원칙의 유효성에 대한 합리적 믿음. 그 원칙에 대한 개인적 의무감.	"도덕적 전기"의 관점: 바로 여기서 사회적 질서가 도출 된다. 이것은 모든 인간이 자신이고, 목적을 소지하고 있으므로 자기에 따라 행동한다는 사실을 인정하는 모든 합리적 개인의 관점이다.

"어째서 상점의 물건을 훔쳐서는 안 되나?" – "상점의 물건을 훔치는 건 좋지 않으니까. 그건 법을 어기는 일이다. 물건을 훔치다가 누구한테 들키면 경찰에게 잡혀간다"(전인습적 도덕성).

"이건 법률에 관한 문제다. 다른 사람이 손해를 보지 않도록 지켜주고, 꼭 상점의 물건이 아니더라도 그 사람의 재산을 보호하기 위해 노력하는 것이 우리의 규칙이다. 그것이 우리 사회의 기반이다. 만일 우리가 법을 안 지킨다면 사람들은 생계 수단을 벌기 위해 일을 하는 것이 아니라 도둑질을 하게 될 것이다. 그렇게 되면 우리 사회 전체는 엉망진창이 될 것이다"(인습적 도덕성).

"물건을 훔치게 되면 다른 사람의 권리, 특히 이 경우에는 재산권을 침해하게 된다." – "여기서 권리란 법에 기록된 권리를 의미하는가?" – "글쎄…… 대개의 경우 법은 도덕적으로 보았을 때 옳은 것에 기초한 것이니까, 어떤 독자적인 영역뿐만 아니라 관찰 방식에 달려 있다." – "당신이 보기에 도덕성, 혹은 도덕적 정당함이란 어떤 것인가?" – "다른 개인의 권리를 인정하는 것, 특히 생존권과 의사 표현의 자유를 인정하는 것을 말한다. 이때 그 권리 행사가 다른 사람의 권리를 침해해서는 안 된다"(후인습적 도덕성).

콜버그가 말하는 발달 "단계"에서(1974b) 또 하나 중요한 것은, 발달단계에 대한 그의 견해를 함께 규정하는 네 가지 측면이다.

– **질적 차이**: 어떤 단계에 해당하는 판단은 그 내용 자체가 아니라, 그 내용을 이해하는 방식에 따라 다른 것과 구별된다. 각 단계에 따른 판단 형식간의 차이는 단순히 지식의 많고 적음을 의미하지 않는다. 여기서 중요한 것은 오히려 상이한 이해의 방식이다.

– **구조화된 전체성**: 어떤 단계의 판단은 공통의 판단 형식에서 나온다. 각 단계는 그 내부에서 일치를 조성한다.

– **순서의 불변성**: 각 단계의 차례는 뒤바뀔 수 없다. 문화적 요인이 "발달을 앞당기거나 더디게 하거나 멈추게 할 수는 있다. 그러나 그 순서를 바꾸어 놓을 수는 없다."

- 위계적 구조에 의한 통합: 하위 단계보다 상위 단계에서 세분화와 통합이 더욱 강도 높게 진행된다. 다시 말해 상위 단계에는 더 많은 요소가 판단에 개입하고, 그럼에도 그 단계의 내적 응집은 더욱 강화된다. 콜버그에 의하면, 이런 이유로 상위 단계에서는 "더 적절하고", "더 나은" 판단을 할 수 있다.

　특히 마지막 요소와 관련하여 콜버그의 발달이론은 여러 면에서 비판을 받게 되었다. 발달단계 가운데 가장 높은 단계가 있다는 것을 경험과학적으로 증명할 수 있는가? 최고의 규범 혹은 윤리의 원칙에 대한 철학적 견해의 다수성이 도덕적 판단이라는 경험과학적 연구를 제한하는 것이 아닌가? 이러한 문제 제기는 일면 타당하다. 실제로 도덕적 판단에 대한 경험과학적 관찰 결과는 그 판단의 윤리적 적합성과는 아무런 관련도 없기 때문이다. 그러나 도덕적 판단의 윤리적 적합성 문제는 철학을 통해 증명되어야 한다. 다양한 윤리철학들 사이의 논쟁은 단순히 경험과학적 결과만 가지고 해결할 수 없다.
　콜버그 자신도 단계의 등급을 구성하는 과정에서 심리적-경험과학적 측면과 철학적-해석학적 측면을 끊임없이 강조했다. 콜버그는 도덕 판단의 적합성을 단순히 경험과학적인 것으로 보지 않고, 하나의 철학적 문제로 이해했다. 그러나 그는 철학적 문제가 경험과학적 관찰의 도움을 받아 결정되어야 한다는 의견을 견지했다. 경험과학적 연구가 철학적 입장을 검증해야 한다는 것이었다. 시간이 흐르면서 콜버그는 비판자들의 주장, 즉 경험과학적 데이터에는 그러한 검증을 수행할 수 있는 능력이 없다는 주장을 받아들일 수밖에 없었다(1984). 그 데이터는 하나의 윤리철학이 경험과학적 대응 관계를 소유하고 있는가, 그렇지 않은가의 여부를 보여줄 뿐이다. 그런데 바로 이 점이 콜버그의 발달 도식 가운데 최고의 단계에 적용되고 있지 않은 것 같다. 최고의 단계는 경험에 의해 증명될 수 없고, 철학적으로 접근해야 한다.

콜버그가 말하는 도덕발달의 최고 단계는 경험과학적 결과의 지위가 아니라 철학적 규범의 지위를 차지한다는 사실은 발달심리적 해석 역시 철학적-신학적 가정에 의존한다는 사실을 분명하게 해준다. 그러나 이를 콜버그의 철학적, 신학적 확신까지도 공유해야만 그의 발달심리학적 연구 성과가 가치를 지니게 된다는 식으로 이해해서는 안 될 것이다. 그의 연구 결과 가운데 일부는 얼마든지 보편화할 수 있다. 특히, 전인습적·인습적·후인습적 판단 형태의 구분이 그러하다. 콜버그의 구분은 사회적 발달에 대한 젤만(R.L. Selman 1984)의 연구에 의거한 것이라 볼 수 있다. 이러한 구분에는 사회적 규범의 점진적 전수(전인습적 판단에서 인습적 판단으로의 변화)와 그 과정에서 형성되는 능력, 즉 사회적 규범에 의문을 제기할 수 있는 능력이 반영되어 있다. 후자의 경우, 사람들은 좀더 상위 규범에 의존한다(후인습적 판단을 향한 변화). 그렇다면 도덕적 발달이란 사회적인 것 이전의 원초적 관점이 사회적 관점에 의해, 그리고 결국에는 사회적인 것보다 선행하는 관점에 의해 해체되는 진보의 과정을 의미한다. 발달을 진보로 해석하는 것은 성숙의 이념(die Idee der Mündigkeit)과 상응하며, 이 성숙의 이념에 대해서는 지속적인 동의가 있는 것 같다. 그러나 이러한 성숙의 이해와 후인습적 발달의 내용에 대해서는 많은 논란이 있다.

상위 단계가 하위 단계보다 "더 적절하고", "더 나은" 것이라는 가정은 각 단계의 위계적 특성에 근거한 것이다. 위계적 특성에 대한 물음은 오저/그뮌더와 파울러에게서 나타난다. 콜버그의 도덕발달이론을 여기서 포괄적으로 다루기는 어렵다. 그 때문에 필자는 다만 그의 사상을 간략하게 소개하고 여기에 담긴 핵심문제를 분명하게 제시해 보려 한다. 과연 어떤 것이 도덕발달에 해당하는 것이냐는 물음이 바로 그것이다.

콜버그는 도덕발달에 대한 연구에서 오랫동안 오로지 도덕적 판단에만 집중했다. 그런 면에서 그에게 비판이 쏟아지는 것은 정당하다. 도덕적 판단과 도덕적 행동간의 차이는 얼마든지 존재할 수 있기 때문에 단순히 판단만 연구하는 것으로는 도덕적 발달의 온전한 모습을 그려낼 수 없다. 그러므로 콜버그는 도덕적 판단이 도덕적 발달의 다른 차원과 어떻게 결부되는지를 제대로 설명할 수 없다. 도덕적 발달은 정신분석학이 자아발달이라는 개념으로 포착하려는 경험과 무관하게 진행되지 않는다. 자기 자신과의 관계에서 이루어지는 경험이 성격강화나 자아강화 같은 능력으로 발전되는 것처럼 인간과 인간 사이에서 이루어지는 경험도 그렇다. 의미와 무의미에 대한 경험 또한 그렇다. 이러한 다양한 경험들 역시 도덕적 발달에 중요한 영향을 끼치며 따라서 도덕적 발달에 대한 연구에 포함시켜야 한다. 그리고 이러한 필요성은 콜버그가 그렇게 중시하지 않았던 종교의 경우에도 적용된다. 콜버그는 종교를 도덕 저편에 있는 것, 즉 의미에 대한 물음으로 이해했다. 그는 이 의미가 도덕적 규범의 근거를 제시하는 데 꼭 필요하지 않기 때문에 도덕적 발달의 마지막 부분(7단계)에 가서야 비로소 시작된다고 보았다.

그러나 도덕과 종교에 대한 콜버그의 관점을 제대로 평가하기 위해서는 국가와 종교를 첨예하게 분리해 놓고 있는 미국의 상황을 염두에 두어야만 한다. 아울러 미국의 학교 교육은 세계관의 중립성을 잃지 않아야만 허용된다는 점을 고려해야 한다. 이러한 배경에서 볼 때 콜버그가 도덕과 종교를 분리한 것은 미국의 학교에서 도덕교육을 강화하고 합법화하기 위해서였다는 점을 알 수 있다.

도덕철학적 관점에서 보았을 때, 도덕과 종교의 분리는 현대 사회의 다원주의적 상황이 필요로 하는 바를 만족시킨다. 전통적 종교전통이 이제 더 이상 모든 사람에게 구속력을 행사하지 못하는 실정에서 사람들의 동의를 이끌어 낼 수 있는 것은 오로지 도덕적 판단, 즉 어떠한 종교적 근거에 의존하지 않는 도덕적 판단뿐이다. 그렇지만 여전히 신학은 종교와 도덕의 분리를 만족스러워하지 않는다. 종교 역시 도덕적 결과를 낳는다. 그러나 사회 전체를 하나로 묶는 통합의 기틀이 될 수 있는 도덕이 그 결과들과 항상 합치되는 것은 아니다.

프리츠 오저/파울 그뮌더: 종교적 판단의 단계

프리츠 오저와 파울 그뮌더는 콜버그의 도덕발달이론과 밀접하게 관계된 종교적 판단발달이론을 완성했다. 콜버그와 마찬가지로 오저/그뮌더에게도 제일 중요한 것은 단계 개념(Stufenbegriff)이다. 오저/그뮌더는 방법론 면에서도 콜버그의 임상실험 방법을 따라 딜레마 이야기를 사용했다.

종교적 판단과 그에 대한 연구: 오저/그뮌더는 어린이, 청소년, 어른에게 각각 다른 딜레마 이야기를 들려주었다. 여기서 필자는 파울의 딜레마를 하나의 예로 든다. 물론 오저/그뮌더도 직접 자신들의 처지를 설명한다.

"파울은 이제 막 국가 고시에 합격한 젊은 의사다. 그에게는 결혼을 약속한 여자 친구가 있다. 결혼에 앞서 그 둘은 영국 여행을 허락 받는다. 여행 비용도 부모님이 대 주시기로 했다.

파울은 여행을 떠난다. 그런데 비행기가 이륙하자마자 기장의 목소리가 들려온다. 비행기의 엔진 하나가 이상이 생겼으며 다른 하나도 정상이 아니라는 것이다. 비행기는 추락하기 시작한다. 모든 예방 수단이 신속하게 취해진다. 사람들은 산소 마스크, 구명 조끼 등을 나누어 받는다. 처음에는 비명을 지르던 승객들이 이제는 쥐 죽은 듯 조용해진다. 비행기는 미친 듯이 요동하며 바닥을 향해 돌진한다. 파울의 머리 속으로 지나온 생애 전체가 주마등처럼 지나간다. 그는 이제 모든 것이 끝났다고 생각한다.

이러한 상황에서 그는 하나님을 생각하며 기도하기 시작한다. 그는 이렇게 약속한다. 만일 자신이 구조된다면 평생을 제3세계 사람들을 위해 바치리라. 만일 몹시도 사랑하는 이 여인이 그런 자신을 따라오지 않는다면 그녀와 결혼하지 않으리라. 파울은 이 사회에서 누릴 수 있는 엄청난 부와 명성도 포기할 것을 약속한다. 그 순간 비행기는 어떤 밭에 떨어져 산산조각이 난다. 그런데 이 무슨 기적 같은 일인가! 파울이

구조된 것이다. 일상으로 돌아온 그에게 한 개인 병원에서 일할 수 있는 좋은 기회가 난다. 탁월한 실력 덕분에 90명의 지원자 가운데서 바로 그가 뽑힌 것이다. 그러나 파울은 자기가 하나님에게 한 약속을 떠올린다. 지금 그는 어떻게 해야 할지 망설이고 있다"(Oser/Gmünder 1984, S. 130-31).

이 이야기를 들려주고 대화를 시작한다. 물론 이 대화의 주된 내용은 파울의 약속이다. "파울은 하나님께 한 약속을 지켜야 하는가?", "왜 그렇게 생각하는가?" 이와 비슷한 질문에 대한 대답에서 우리는 하나님과 인간과 현실에 대한 이해를 끄집어낼 수 있다.

여기서 오저/그뮌더가 중요하게 생각하는 것은 답변의 내용이라든지 하나님에 대한 긍정적/부정적 태도가 아니다. 그렇다고 하나님을 믿느냐 그렇지 않느냐 하는 것도 중요하지 않다. 그들은 종교적 판단을 종교적 문제에 대한 모든 사고와 판단의 밑바탕이 되는 심층구조(Tiefenstruktur)라고 이해한다. 그리고 이 심층구조는 기독교인에게만 나타나는 것이 아니라 힌두교, 회교, 불교 신자에게도 나타나고 심지어는 무신론자에게도 나타난다.

이것은 오저/그뮌더가 무신론자에게도 은밀한 종교성이 있다고 생각했음을 밝히고자 함이 아니다. 그가 의도하는 종교적 물음에서 사고가 어떤 판단 규칙에 의해 규정되는지를 증명하는 것이다. 그 판단 규칙은 내용상으로는 서로 배치되는 견해들 가운데서도 동일하게 나타나는 구조(Struktur)이다.

이런 시각에서 보면 구조는 동일한데 확신의 내용이 변화한다. 그러나 반대로 삶의 이야기에서 보면 오히려 구조 자체가 일련의 변화를 겪는다. 콜버그의 도덕적 판단의 경우와 비슷하게 오저/그뮌더의 종교적 판단도 여섯 단계로 나뉜다. 각 단계는 뒤로 갈수록 상승한다. 종교적 판단의 발달은 각 단계마다 일어나는 판단 구조의 변화를 의미한다.

오저/그뮌더가 이해하는 종교적 판단이란 "특정한 상황에서 궁극적인 것에 대한 개인의 태도를 알아볼 수 있게 해주는 규칙 체계의 표현"

이다(S. 28). 그들이 중시한 것은 한 인간이 하나님—오저/그뮌더의 일반적 표현으로는 "지고의 가치"(das Letztgültiges) 혹은 "궁극적인 것"(das Ultimate)—과 자신의 관계를 어떻게 파악하고 규정하느냐 하는 것이다.

오저/그뮌더가 보기에 종교적 판단과 "의미물음"(Sinn-Frage)과의 관계는 피아제의 인지발달이론이나 콜버그의 도덕발달이론이 다루지 못한 부분이다. "의미물음"은 자신이 어디서 와서 어디로 가는지 생각해 보는 모든 사람에게 떠오르는 물음이다. 오저/그뮌더는 이것을 "우연성 극복"이라는 개념으로 표현한다. 그리고 이 개념에는 두 가지 측면이 포함되는데 하나는 통일성(Einheit)으로서 "전체에 대한 물음"이고, 다른 하나는 "그 통일성을 가능하게 하는 근거"에 대한 물음이다.

"무조건적 가치"에 대한 물음은 오저/그뮌더의 핵심 주제로서 독자적 사유구조를 필요로 한다. 피아제의 인지발달구조와 콜버그의 도덕발달구조의 도움만으로는 그러한 물음을 적절히 수용할 수 없다. 그래서 오저/그뮌더는 "특별히 종교적인 별개의 영역"이 있다고 가정하였다.

그러나 우리가 오저/그뮌더처럼 어떤 종교적 "영역"에 대해 말할 수 있고 또 말해야 하는지는 미심쩍다. 그럴 경우 종교는 나머지 현실 세계와는 구별된 실체로 이해되어 종교와 삶 전체와의 연관성이 소실될 위험이 있기 때문이다. 물론 오저/그뮌더가 의도했던 것은 그것이 아니다. 그들이 확실히 하고자 했던 것은 종교가 삶의 이야기의 발달 속에서 합리적인—인지적이거나 도덕적인—이해 형태를 통해 분리될 수 없다는 사실이다. 만일 종교가 독자적 형태의 세계관을 형성한다면 그러한 종교를 단순히 유아기적인 것이나 합리성 이전의 것으로 처리해 버릴 수는 없다.

이러한 관심과 상응하여 오저/그뮌더의 종교발달이론에서는 상위 단계가 "각각 다른 모습으로 합리성을 관철시킨 종교성을 내포한다." 더 높은 단계로 발달하되 그 과정에서 종교를 배제하지 않는 합리성이 있다는 것이 그들의 주장이다. 종교적 발달은 "의사소통적 현실"(kommunikative Wirklichkeit), 즉 다른 사람과의 의사소통을 통해 규정되는 현실에 종교가 알맞게 통합되도록 해준다.

오저/그뮌더는 종교적 판단과 그 발달을 좀더 자세하게 규정하기 위하여 일곱 개의 차원을 사용한다. 여기서는 인간의 자율성뿐만 아니라 하나님 혹은 궁극적 존재의 자율성을 함께 고려하는 균형 잡힌 판단, 즉 피아제가 말한 "균형"이 이루어져야 한다.

성-속
초월-내재
자유-의존
희망(의미)-부조리
신뢰-불안
지속성(영원)-무상성
설명할 수 없는 것(마술적/신비스런 것)-환히 뚫어볼 수 있는 기능적인 것

종교적 판단의 단계: 오저/그뮌더가 묘사한 단계의 순서는 다양한 측면에 따라 포착될 수 있다. 여기서 근본적 문제는 "하나님 혹은 궁극적 존재의 자율성"이 "인간의 자율성"과 어떻게 양립할 수 있느냐 하는 것이다. 이러한 관점에서 보았을 때 오저/그뮌더의 종교적 단계는 하나님에게 모든 권능과 권위를 돌리고 인간은 낯설게 규정된 존재로 보는 견해에서 출발하여 신적인 권능과 권위가 인간의 자유에서 표현된다고 보는 견해로 나아가는 길이다. 또한 이 단계는 "초월-내재"의 관계를 통해 파악할 수 있다. 초기에는 초월과 내재가 아무런 성찰 없이 혼재되어 있으나 나중에는 그 둘이 근본적으로 갈라지고 마침내 성찰을 동반한 새로운 화해가 이루어진다.

이를 파울의 약속과 관련지어 보면 다음과 같다. 첫째 단계(1, 2단계)의 판단에 따르면 파울에게는 참된 선택의 여지는 없는 셈이다. 약속을 안 지키거나 아니면 벌을 받거나(가령 병에 걸린다거나 사고를 당하는 것) 둘 중 하나다. 그러나 3단계의 판단에 따르면 결정은 완전히 파울

에게 맡겨져 있다. 하나님은 역사에 개입하지 않으시기 때문에 이 일은 파울 자신의 결정 여부에 달려 있다. 이것은 하나님의 자유를 저버림으로써 인간의 자유를 주장하는 것이다. 자기 스스로 결정할 수 있는 인간의 자유는 이보다 더 높은 단계에서도 보존된다. 그러나 인간의 자유는 하나님의 자유와 점점 연결될 수 있다. 그렇게 되면 하나님의 자유는 인간의 자유의 토대로 이해된다.

1단계	궁극적 존재의 권능과 권위에 대한 일방적 관점 (기계적 신 Deus ex machina)
2단계	궁극적 존재가 인간의 예배 의식과 의무 이행과 기도 등에 의해 영향을 받을 수도 있다는 관점 (Do ut des*)
3단계	궁극적 존재를 참된 인간의 영역에서 분리시킴으로 야기된 인간의 자율성 (이신론 Deismus)
4단계	궁극적 존재를 통해 모든 인간적 가능성이 선험적으로 전제되었다는 가정을 통한 인간의 자율성 (선험성 Apriorität)
5단계	궁극적 존재가 모든 행위에 의미를 부여하는 전제 조건이 되는 의사소통적-종교적 실천의 관점(의사소통성 Kommunikativität)

<도표 7> 종교적 판단 단계(Oser/Gmünder 1984, S. 87-88)

오저/그뮌더가 지금까지 증명해 낼 수 있었던 다섯 단계는 <도표 7>로 정리할 수 있다. 제6단계는 가정에 불과하기 때문에 다른 단계와 같은 방식으로 표현할 수 없다. 발달의 초기도 단계의 형태로 포착되지는 않는다. 그것은 오저/그뮌더가 정리한 단계에 앞서, 어린이가 "자신의 자아 외부에서 활동하고 있는 다양한 힘들을 아직 구별하지 못하고 있는" 시기가 있기 때문이다. 오저/그뮌더는 이것을 "종교 이전의 태도"(vorreligiöse Haltung)라고 부르며 이것을 0단계로 표시했다.

이제 오저/그뮌더의 책에 소개된 답변 사례를 토대로 각각의 단계를 설명해 보기로 하자. 단계별 예문은 "파울은 하나님께 한 약속을 지

---

* "내가 주는 것이 네가 주도록 하려는 것"(I give so that you may give)이라는 뜻의 라틴어 관용어.

켜야 하는가? 어째서 그런가?"라는 질문에 대한 답변의 형태로 나온 것이다.

1단계

10세 소년: "약속한 대로 가야 해요. 무슨 일이 있으면 하나님을 생각해야죠. 하나님은 사랑이 가장 많으신 분이에요. 우리가 약속을 하면 우리를 도와주세요. 그러면 우리도 약속한 대로 해야 돼요." 왜 약속을 지켜야 하지요? "약속을 안 지키면 벌을 받으니까요. 하나님은 그 사람을 아프게 하세요. 배가 아프거나 뭐 그런 거요"(S. 144).

이 대답이 1단계로 분류된 것은 약속을 지켜야 하는 이유로 처벌이 거론되었기 때문이다. 여기서는 하나님의 행동이 전면에 부각되어 있다. 인간의 행동 가능성은 아주 적거나 아니면 아예 없는 것으로 여겨진다. 인간은 그저 반응을 보일 뿐이다. 오저/그뮌더는 이렇게 적었다. "0단계에서 1단계로 옮겨가는 커다란 진보는 아이가 부모나 그 밖의 사람에게서 배운 규칙을 아직은 잘 알지도 못하는 궁극적 존재에게 부여한다는 점이다." "인간은 궁극적 존재의 뜻을 수행하는 타율적인 기관에 불과하다"('하나님은 그 사람이 무슨 일을 할지 이미 알고 계신다', '그 사람은 그렇게 행동하게 되어 있어서 그렇게 한다'). 오저/그뮌더는 이러한 하나님 이미지를 연극 용어인 "기계적 신"(Deus ex Machina)으로 표현한다. 이 신은 인간의 행위와 무관하게 직접적으로 역사에 개입하는 신이다.

2단계

9살 소년: "그렇게 해야죠. 하나님이 그 사람을 구해줬잖아요. 하나님은 파울을 항상 사랑하셨고 아마 그래서 구해주셨을 거예요. 그 사람은 나쁜 짓을 하지 않았어요. 그러니까 우리도 하나님에게 착한 아이가 되면 하나님은 우리를 다시 도와주실 거예요." 하나님은 왜 우리를 도와주실까요? "하나님은 우리가 오래 사는 걸 원하세요. 하나님이 우리를 도와주니까 우리도 때때로 하나님을 위해서 뭔가를 해야 돼요. 우리가 뭔가 하면 하나님도 우리를 도와줘요." 어떻게 우리를 도와주실까요? "하나님이 갖고 있는 힘으로요. 하나님은 기적을 일으키세요. 하지만 언제나 기적을 일으키는 건 아녜요. 우리가 하나님한테 어떻게 하는지가 중요해요"(S. 148).

여기서 특징적인 것은 "우리도 하나님에게 착한 아이가 되면 하나님은 우리를 …… 도와주실 거예요."라는 문장이다. 이 단계에서 나타난 하나님과 인간의 관계에서는 "당신이 나에게 하는 대로 나도 당신에게"(오저/그뮌더는 이것을 라틴어 Do ut des로 표현한다)라는 원칙이 통용된다. 1단계와는 달리 인간의 행동이 중요한 가치를 지니게 되며 더 많은 관심의 대상이 된다. "이제부터는 우리 위에 있는 무조건적 존재(운명, 영, 하나님)에게 영향을 끼칠 수 있는 수단이 존재한다"(S. 91). 하나님과 인간의 관계는 두 측면을 띠게 되고 그 두 가지 측면으로부터 활발하게 형성된다. 그러나 이러한 행동 관계는 원만한 상호 관계에 토대를 둔 것이다.

3단계

34세 여성: "파울이 하나님과 흥정을 했다는 사실부터 이미 잘못이죠. 그런 상황에서 그런 식의 반응을 보인 것은 참 유치하다고 생각해요. 그런데 문제는 파울이 자기에게 즐거움을 주는 모든 것을 포기할 경우 그 삶으로부터 얻는 것이 도대체 뭐냐는 겁니다. 만일 내가 개인적으로 가난한 사람들을 위해 내 생애를 헌신하겠다고 다짐했는데 돈 많이 버는 직업을 그냥 받아들였다면 양심에 가책을 받았겠죠. 그러면 원래 계획했던 것을 해야지요. 그러나 그것은 내 안에 어떤 필요성이 있고 또 내 삶의 중요한 순간에 내가 그런 결정을 내렸기 때문이지 하나님과 약속했기 때문은 아닐 겁니다"(S. 155).

이 사람은 하나님과 "흥정"하기를 거부한다. 그 대신 인간의 주체적 행동에 초점을 맞춘다. 인간은 자기 자신에게 책임적 존재이기 때문에 자신의 계획에 대해 (내가 개인적으로 그런 다짐을 했기 때문에) 진실해야 한다. 간신히 하나님에 대한 말이 나오기는 한다. 그러나 하나님의 영향력은 제한되어 있다. 또 다른 인터뷰 기사가 이것을 아주 분명하게 보여준다. "나는 하나님이 계시다는 사실에는 의심을 품지 않아요. 그렇지만 그분이 우리 인간에게 그렇게 큰 영향을 미친다고는 생각하기 힘들어요"(S. 154). 오저/그뮌더는 이 단계를 이신론의 단계라고 명명한다. 계몽주의 시대의 이신론(理神論)이 그랬던 것처럼 이 단계는 인간의 역사와 신을 상호 무관한 것으로 이해한다. 심지어는 무신론적 입장까지도 생겨난다.

오저/그뮌더의 경험과학적 연구 성과에 따르면 — 물론 그의 일반화는 아주 제한적으로만 가능하다 — 3단계는 청소년 후반기부터 성인기의 상당 부분에 이르기까지 가장 빈번하게 나타난다(<도표 8> 참조).

4단계

53세 남성: "우선 저는 그 사람의 약속이 자유로운 확신에서 나온 것이 아니라는 점을 말하고 싶습니다. 그 약속은 두려움에서 나온 것입니다. 그러니까 부자유스러운 결정이었다는 말입니다······. 제 생각은 이렇습니다. 자기의 인생을 전적으로 주 하나님께 바치기 원하는 사람은 그런 위기 상황에 몰려서가 아니라 완전히 자유로운 마음에서 그렇게 할 수 있는 겁니다. 하나님을 위해 전적으로 헌신하려는 자유야말로 진정한 종교 행위의 근간이 된다고 말하고 싶습니다. 그 남자가 그런 약속을 하게 된 것은 하나님을 믿기 때문입니다. 하나님을 믿지 않는다면 거기에 구속될 필요도 없겠죠. 하나님을 믿고 또 그 믿음 안에서 살아가기를 원한다면 억지로 한다는 생각 없이 그저 피조물로서의 본성과 구원받은 존재로서의 본성을 깨닫고 하나님께 대한 태도와 행동을 취할 수 있습니다. 그런 의미에서 그는 의무감을 느끼지 않을 수도 있죠. 그러나 반드시 그래야 한다는 것은 아닙니다. 인간은 자유로운 존재이기 때문에 다른 식으로 살아갈 수도 있습니다. 여기서 중요한 것은 바로 그 자유입니다. 자유롭다는 것은 자기가 원하는 것을 할 수 있다는 뜻만은 아닙니다. 인간은 태어나면서부터, 또 구원받은 뒤에도 어떤 끈에 묶여 있으니까요. 그런 의미에서 저는 이 질문에 그렇다고 대답하고 싶습니다. 그가 믿는 사람이라면 어떤 의무감을 느끼는 것은 논리적으로 아주 당연합니다. 그러나 그 의무감은 내적인 필요에서, 그리고 자유로부터 나온 것입니다. 첫 번째 경우에서 밝혀진 원칙이 여기에도 해당됩니다. 하나님께 억지로 드린 것은 아무런 가치도 없습니다"(S. 161-62).

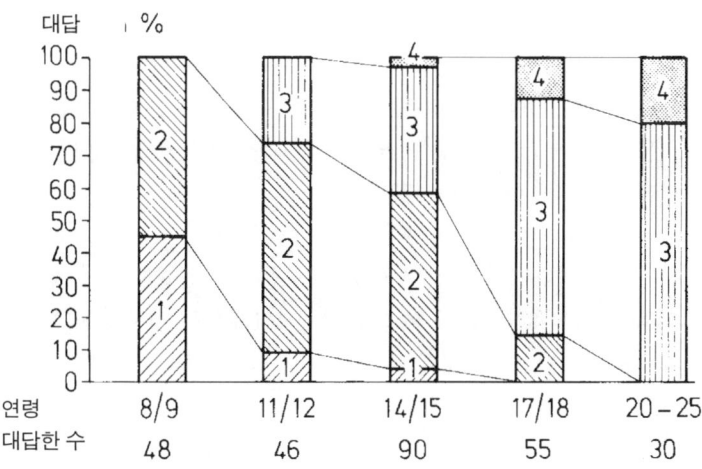

<도표 8> "다양한 연령층에서 1단계, 2단계, 3단계, 4단계에 따라 대답한 비율(모든 딜레마 상황을 넘어서서)"(Oser/Gmünder 1984, S. 193)

앞 단계와 마찬가지로 여기서도 인간의 자유에 대한 문제가 부각된다. 그러나 이 단계에서 이해하고 있는 자유는 더 이상 하나님과 세계를

두 개의 서로 격리된 영역으로 나누지 않는다. 오히려 인간의 자유는 이제 "진정한 종교 행위의 근간"이 된다. 오저/그뮌더는 이것을 주체의 자율성과 무조건적 존재 사이의 새로운 중재로 이해한다. 무조건적 존재는 "모든 결정과 행위 가능성의 조건이 됨으로써" 주체 안으로 이동한다(S. 97). 이것은 위의 인터뷰 가운데 인간의 "본성" 개념에서 드러난다. 이 인터뷰에 응한 남성에게 이 본성은 하나님과 인간의 관련성이 필수적이라는 사실을 가리킨다.

오저/그뮌더는 4단계와 더불어 일어난 진보를 자기성찰능력이라고 본다. 자기성찰은 자유로운 자아가 궁극적 존재와 관계를 맺을 수 있는 새로운 가능성의 조건이다.

위의 인터뷰 내용 중에는 아주 분명하게 나타나는데 오저/그뮌더가 확실하게 다루지 않은 부분이 있다. 그것은 비행기가 추락하는 상황에서 파울의 판단력이 제한되었다는 사실에 대한 성찰이다. 이러한 성찰은 3단계에서도 찾아볼 수 있다. 그러나 4단계에서는 이 성찰이 축적된 형태로 나타난다. 파울이 "물리적인 억압"을 받고 있다든지 "두려움" 때문에 "쫓기는 듯한 상황에서" 그런 약속을 했다는 지적이 나오는 것도 그런 이유에서이다.

여기서 하나님과 인간 사이의 새로운 중재는 결코 1단계로 후퇴하는 것을 뜻하지 않는다. 오저/그뮌더는 4단계에서 이루어진 중재가 하나님의 직접적 개입을 의도하지 않음을 분명하게 밝힌다. 오히려 이 중재가 지향하는 것은 신적인 존재의 비유 가능성이다. 그리고 이것은 지상의 존재도 획득할 수 있는 것이다. 오저/그뮌더는 두 번째 중재가능성을 "구원 계획"이라고 표현한다. 이것은 하나님과 세계와 인간이 우주적 계획 안에서 상호 연관되어 있음을 뜻한다. 인간은 이 틀 안에서 자유롭게 행동한다.

오저/그뮌더가 보기에 4단계의 한계는 자유를 그저 "무엇으로부터의" 자유(Freiheit "von")와 관련지어 논한다는 점이다. 그리고 궁극적 존재는 타인과의 관계 및 상호작용에 아직은 결부되지 않은 상태다.

5단계

오저/그뮌더는 5단계에 해당하는 사례를 아직까지 찾아내지 못했다. 이 단계에 알맞은 내용을 찾아내려면 "현자나 성자, 위대한 사상가 혹은 용기있는 신학자"에게 질문을 던져야 할 것이라고 추측했을 뿐이다. 그래서 필자는 신학자 및 철학자와의 인터뷰에서 나온 몇 구절을 여기에 인용한다.

"이 세상에서 의미 있는 것은 도대체 무엇입니까? 인간입니까? 아니면 하나님입니까?

…… 자기 여자 친구에게 제대로 하지 못하는 사람이라면 하나님과의 관계를 실현할 수도 없고 하나님을 제대로 이해할 수도 없습니다. 물론 파울이라는 청년은 그녀와 연인 관계에 몰입함으로써 자유를 실현한 것입니다. 그리고 이러한 사랑의 관계는 하나님과의 관계와 따로 떼어놓고 생각할 수 없습니다. 그 청년이 자기 나름대로 하나님의 뜻을 해석하고 그 상황을 해석한 것일 수도 있습니다. 그리고 그 해석은 여자 친구에 대한 사랑과 자기직업에 대한 사랑과 결부되어 있습니다. 자신이 외과 부문에서 가장 뛰어난 사람이라는 자의식, 가령 그 일만큼은 내가 언제나 할 수 있다는 생각이 간접적으로 하나님의 뜻처럼 들린 것일 수 있습니다……. 하나님과의 관계는 타인과의 관계 및 자기의 일과 동떨어진 채 이해될 수 없습니다. 그렇지 않으면 하나님과의 관계도 아무런 내용이 없는 하나의 도피에 불과합니다. 하나님과의 관계는 역사적 관계 안에서만 실현됩니다…….

어떻게 하나님이 이 세상에 나타납니까?

…… 사랑이라든지 미움은 (하나님이 나타나는) 중요한 장소입니다. 그런 감정은 인간의 본질이나 인간의 능력이 드러나는 곳입니다. 하나님의 모습은 인간 관계에서 상호 소통이 일어나는 곳이나 혹은 그 관계가 단절되는 곳에서도 나타납니다. 인간의 삶은 하나님의 현현으

로 해석될 수 있습니다. 자연의 역사도 이러한 맥락에서 보아야 합니다"(S. 171-72).

여기서 오저/그뮌더가 중요하게 생각하는 것은 첫째, 인간의 자유와 하나님 사이의 명백한 관계이다. 둘째, 하나님과의 관계와 타인과의 의사소통관계 사이의 본질적인 연관성이다. 이것이 바로 5단계의 특징이다. 이는 무조건적 존재가 상호주관적 행위(intersubjektives Handeln)의 무조건적 차원에서만 나타날 수 있음을 의미한다(S. 101). 그래서 오저/그뮌더는 5단계의 특징으로 **"의사소통성"**(Kommunikativität)을 든다.

5단계는 다음과 같은 공식으로 표현할 수 있다. 절대적 자유인 궁극적 존재는 인간의 유한한 자유를 가능하게 해주며 인간의 자유는 상호주관성과 의사소통에서 나타난다.

6단계

앞에서 미리 밝혔듯이 6단계는 가설의 형태로 남아 있다. 오저/그뮌더는 이 단계에 대한 경험과학적 사례를 아직까지 제시하지 못했다. 필자가 지금까지 주로 거론한 책에서 6단계에 대한 내용은 거의 드러나지 않는다.

아직은 가설 수준인 6단계의 특징은 5단계에서 나타난 관점의 확대이다. 다시 말해서 "보편적 요청에 따른 의사소통의 실천"의 관점이라든지 하나님과의 관계를 "역사와 현실"의 근거로 보는 관점을 확대하는 것이다.

이것을 신학적으로 좀더 강하게 표현하면 다음과 같다. "이 단계에서 결정적으로 중요한 것은 직설법의 구조(indikativische Struktur)를 철두철미하게 살피는 것이다. 직설법(Indikativ)은 명령법(Imperativ)보다 앞선다. 더욱이 범주적 직설법은 인간에게 항상 주어져 있는 문제의 상황을 흐려놓지 않으며 오히려 그 상황을 온전하게 아우른다"(Oser/Gmünder 1984, S. 104). 이러한 주장은 인간이 하나님에 의해 무조건

받아들여지는 것이야말로 모든 행위의 전제 조건이 된다는 사실을 분명하게 보여준다. 바울 신학과의 유사성이 아주 뚜렷하게 나타난다.

인터뷰에 응한 사람들의 연령이 보여주듯이 오저/그뮌더의 발달단계 연구는 어린이나 청소년뿐만 아니라 성인층도 포함한다. 그렇기 때문에 어떤 단계를 특정한 연령과 연결시키는 것도 불가능하지 않다. 위에서 살펴본 자료에서도 알 수 있듯이 뚜렷하게 상승하는 경향은 25세까지 진행되다가 그 후로 65세까지는 눈에 띄게 둔화되거나 심지어 역행하기도 한다.

나이가 많은 사람들에게서 발달의 흐름에서 역행현상이 일어나는 것은 이론적으로 아직 수수께끼에 해당한다. 피아제, 콜버그, 오저/그뮌더의 단계이론은 발달이 상승의 방향으로 전개되며 한번 도달한 단계는 포기될 수 없다는 전제에서 출발한다. 그래서 오저/그뮌더는 노인에게서 나타나는 발달의 역행 현상이 노인의 사회적 지위, 다시 말해 노인의 배제라는 상황으로 야기된 결과일 것이라고 추측한다.

마지막으로 짚고 넘어가야 할 것이 있다. 그것은 종파와 발달단계 사이에는 아무런 연관성이 없어 보인다는 점이다. 그러나 학력이나 경제적, 사회적 지위가 높을수록 상위 단계의 특성이 나타난다. 그러므로 사회적 지위나 학력 수준은 종교적 판단발달에 중요한 영향을 끼친다.

비판적 평가: 오저/그뮌더의 종교발달이론은 정신분석학적 종교이해에 비해 비교적 최근의 연구에 속한다. 종교적 판단에 관한 이론은 1970년대부터 비로소 형성되기 시작했다. 오저/그뮌더의 포괄적인 연구는 1984년부터 진행되어 왔다. 그들의 이론은 종교교육과 신학의 영역에서 일련의 입장 표명을 이끌어 냈다. 지금부터 필자는 그 입장의 핵심적 내용을 살펴보려고 한다. 일단은 다음과 같이 요약할 수 있다: 오저/그뮌더가 대변하는 견해에 대해서는, 우리가 앞에서 확인한 것처럼 다차

원적으로 반론이 제기되었다. 그러나 그 이론 전반의 종교교육적 의미에 대해서는 의혹의 여지가 없다.

종교적 발달의 인지적 측면과 감정적 측면의 관계에 대한 부분은 가장 많은 반론의 표적이 되었다. 종교적 발달은 **판단의 발달**에 제한될 수 있는 것이 아니며, 사고와 느낌과 행동을 포함한 인간 전체를 봐야 한다는 지적은 아주 타당하다. 오저/그뮌더는 개념을 정교하게 사용하지 못한 탓에 더더욱 이런 반대에 마주치게 되었다. 1984년에 출간된 책의 제목 『인간의 종교적 발달단계』(*Der Mensch - Stufen seiner religiösen Entwicklung*)에서 볼 수 있듯이 이들은 종교적 발달에 대해 말한다고 하면서 사실은 종교적 판단에 대해서만 기술했다. 결국 이들은 본래 자신들의 주장을 관철하지 못한 것이다. 그러나 만일 우리가 그 종교적 판단의 단계를 사실상 존재하는 것으로 받아들인다면, 다시 말해 종교적 물음에 대한 인지심리학적 사고와 언어의 표현이자 그 사고와 언어의 발달로 받아들인다면, 우리는 이 단계이론의 적용 범위가 제한적이라는 점을 지적할 수 있을지언정, 그 이론이 단편적 의미에서만 인지적이라고 일축해 버릴 수는 없다.

여기서 또 하나 강조하고 넘어가야 할 것이 있다. 그것은 오저/그뮌더가 일반적인 설문조사와는 달리 자신들의 연구를 단순한 **의견**(Meinen)이나 **지식**(Wissen)에 제한하지 않았다는 사실이다. 오저/그뮌더가 던진 질문은 하나님을 믿는지, 동정녀 탄생을 믿는지, 교회에 대해서 무엇을 알고 있는지 따위의 질문이 아니었다. 이들은 **논거**를 찾으려 했으며 그 논거의 토대가 되는 판단의 구조를 연구한 것이다. 오저/그뮌더가 말하는 정보의 구조, 혹은 "지식의 구조"(Wissensstruktur)는 종교적 발달에 큰 의미가 없다. 반면 인간의 판단과 이해를 규정하는 "심층구조"는 종교적 발달의 핵심적 측면으로 주목받아야 한다. 이 심층구조야말로 인간의 세계상에 근본적으로 결부되기 때문이다.

그 밖에도 이 이론의 타당성과 관련된 일련의 반론은 좀더 심각하다. 이런 종류의 반론은 다음 네 가지로 요약할 수 있다.

- 연구방법에 대한 문제 제기: 직접적인 인터뷰와 무관한 종교적 판단을 오저/그뮌더가 아직까지 찾아내지 못했다는 점은 문제가 있을 수 있다. 종교적 판단은 딜레마 이야기의 종교적 내용이나 특정 질문 때문에 야기되었다. 그렇다면 여기서 드러나는 것은 질문을 받은 사람의 일상 속에서 나타난 종교적 판단이 아니라 오저/그뮌더의 물음에 대한 반응이 되기 쉽다. 만일 어떤 어린이나 청소년의 종교적 판단이 오저/그뮌더가 그려놓은 궤적을 따라 움직이지 않는다면 어떻게 되는가?

이러한 반론은 오저/그뮌더가 사용한 딜레마 이야기 때문에 더욱 첨예하게 부각된다. 이런 종류의 이야기가—이것은 비단 파울이 탄 비행기가 추락하고 파울은 약속을 하게 되는 이야기에만 적용되는 문제가 아니다—피 설문자의 일상과 동떨어져 있음은 분명하다. "비행기가 추락하는 순간의 기도"는 어린이나 청소년의 종교가 표출되는 상황이라기보다는 어설픈 상상에 불과하다. 그렇게 되면 종교는 애초부터 예외적 상황에 국한되는 것이다.

- 구조와 내용의 분리에 대한 문제 제기: 종교적 판단의 인지구조적 연구는 구조와 내용의 분리 및 심층구조와 지식구조의 분리에 의존한다. 그러나 인지발달이나 도덕발달의 경우와 똑같은 의미구조가 종교적 발달에서도 따로 떨어져 나올 수 있는가? 차라리 종교적 판단은 내용적 측면과 결부되어 있으며 따라서 그것은 역사적으로 전개된 특정 종교와 연관되지 않는가? 종교적 발달에는 오저/그뮌더가 말하는 것과 같은 보편타당하고 일반적인 구조가 없다. 이것은 오저/그뮌더의 구조이론에 영향을 끼친 기독교 신학조차 인정하고 있는 사실이다. 이미 언급한 바와 같이 이러한 사실은 특히 6단계에 적용된다. 6단계에 대한 설명에서 오저/그뮌더는 확실히 바울 신학의 도움을 받았다.

- 단계의 위계적 질서에 대한 문제 제기: 이 부분은 구조와 내용을 분리한 것에 대한 문제와 밀접하게 연관된다. 만일 보편타당한 (일반적) 구조가 따로 떨어져 나올 수 없다면 각 단계에 대한 평가는 내용상의 결

정, 즉 신학, 종교 철학, 심리학적인 결정에 의존한다. 그러나 상위 단계가 얼마만큼 하위 단계를 전제하는지, 상위 단계가 더 높게 평가되는 이유는 무엇인지에 대해서는 신학적 관점이나 종교철학적 관점 혹은 심리학적 관점도 아직까지 충분히 대답하지 못하고 있다.

— 순서의 적합성에 대한 문제 제기: 단계의 위계적 성격이 아직 시원스럽게 설명되지 않는 데에는 그 순서의 내적 적합성이 부족하다는 사실도 한몫을 하고 있다. 0단계에서 1단계로의 진보(하나님/궁극적 존재와 부모의 구분)와 1단계에서 2단계로의 진보(행위 주체인 하나님/궁극적 존재와 인간의 구분)는 뚜렷하게 설명이 되어 있다. 그런데 2단계 다음에 4단계(구원 계획)가 오지 않고 3단계(하나님/궁극적 존재와 인간의 분리)가 오는 이유는 무엇인가? 어째서 3단계에서 4단계로 넘어가는 과정에는 이전과 같은 분리가 없는가? 물론 오저/그륀더의 이론에서 이러한 문제에 대한 답을 도출할 수는 없다. 다만 경험과학적 데이터에 대한 암시에 기댈 수 있을 뿐이다.

지금까지 필자가 열거한 반론에는 부분적으로 신학적 동기가 스며 있다. 뚜렷하게 신학적 색채를 띠고 있는 반론은 다음의 세 가지이다.

— 종교 이해: 종교를 일상과는 거리가 먼 한계 상황으로 축소한 것에 대해서는 이미 언급했다. 그런데 오저/그륀더의 종교이해는 그 밖에도 두 가지 측면에서 불충분하다. 첫째, 하나님/궁극적 존재와 인간의 관계는 딜레마 이야기에도 나타나는 것처럼 도덕적 태도에만 국한되어 있다. 그래서 이야기의 초점은 인간이 하나님에게 어떤 요구를 할 수 있으며 또 하나님은 인간에게 어떤 요구를 하는가에 맞춰져 있다. 인간의 존재나 실존이라든지 자기이해라든지 하는 것에 대한 물음은 거의 주목받지 못한다. 둘째, 오저/그륀더의 연구에는 종교의 공동체적 차원이 빠져 있다. 오저/그륀더의 이론은 1단계에서 개인과 하나님의 관계를 다루고 상위 단계에 가서는 모든 인간의 추상적인 공동체에 대해 말한다. 반면

그들은 교회 활동, 즉 좀더 일반적으로 말하자면 어떤 종교 기관에 소속하는 것에 대해서는 충분한 관심을 기울이지 않는다.

— 합리성 개념: 오저/그뮌더는 종교적 판단의 발달을 합리성의 발달로 이해했다. 이 발달을 통해 이루어지는 진보는 곧 종교성의 합리적 관철이 증가하는 것을 의미했다. 이로써 오저/그뮌더는 합리성과 종교성이 서로를 배제하지 않고 서로를 포함할 수 있으며 또 그렇게 되어야 함을 보여주려고 했다. 한 마디로 오저/그뮌더는 합리성과 종교성의 화해를 위해 합리성의 개념을 확대했다. 그 결과 그 개념은 자연과학적 (객관적) 인식 및 도덕적 판단의 울타리를 넘어서 종교적 발달까지도 끌어안게 된 것이다. 이렇듯 합리성의 개념을 확대하기 위해서 오저/그뮌더는 위르겐 하버마스(1981)의 의사소통적 이성(eine kommunikative Vernunft) 모형을 참조한다. 특히 5단계와 6단계—단계의 순서 전체는 이 두 단계로부터 기획된 것이다—에 대한 설명은 하버마스의 합리성 이론에 기댄 흔적이 역력하다. 그렇기 때문에 이런 질문이 제기된다. 오저/그뮌더가 제시한 단계는 사실상 "종교의 이성"(D. Rössler)을 개념화하고 합리성의 이해를 확대한 것이 아닌가? 오저/그뮌더의 단계이론은 의사소통적 이성 속에서 종교를 해체한 것이 아닌가?

지금까지 필자가 언급한 오저/그뮌더의 설명에는 불명료한 점이 있다. 하나님/궁극적 존재가 최상의 단계에서도 상호주관성과 의사소통성의 독자적 실체로서 구별될 수 있는지 여부는 불확실하다.

— 어린이 이해: 단계이론을 주장하는 모든 이론가들이 그렇듯이 오저/그뮌더 역시 최상의 단계를 목표로 삼고 있다. 이 단계에 이르면 인간은 성숙한 판단을 하게 된다. 그래서 발달에 대한 이해는 전반적으로 이러한 성숙의 입장에서 기획되고 이러한 성숙을 지향하게 된다. 종교적 성숙은 신학의 관심사이기도 하다. 또한 이러한 성숙은 성서가 제시하는 목적(예컨대 엡 4, 13-14)이면서 종교개혁신학의 핵심적 측면이라고 할 수 있다. 그런데 신학에서 성인의 성숙은 어린이에 대한 신학적 견해, 즉

어린이를 단순히 미래에 발현할 능력의 견지에서 보고 평가하는 것이 아니라, 독자적인 가치와 존엄성을 지닌 하나의 인간으로 보는 견해와 변증법적으로 뒤엉켜 있다. 이러한 견해는 어린이에 대한 예수의 태도에서 나온 것이며, 조직신학적으로는 인간의 행위를 따지는 것이 아니라 하나님의 조건 없는 사랑에 기초하여 인간을 이해하는 칭의론(Rechtfertigung)과 상응한다. 이것은 어린이의 독자적인 존엄성과 가치를 인정하는 교육 사상, 즉 장 자크 루소나 프리드리히 슐라이어마허로 거슬러 올라가는 교육 사상과 맥을 같이 한다.

그런데 오저/그뮌더의 이론은 이러한 신학적, 교육학적 견해와 마찰을 일으킨다. 그들은 유아기를 0단계로 분류하고 그 단계를 "종교 이전"(vor-religiös)의 시기로 표현했기 때문이다. 그래서 오저/그뮌더의 논리는 지나치게 어른의 성숙만 추구하는 발달이론이 될 위험성을 내포한다. 그럴 경우 어린이의 종교성은 본래적 인간됨의 전 단계 정도로 치부되기 쉽다. 그런 까닭에서인지 전체성(Ganzheitlichkeit)이라는 기준이—오저/그뮌더 또한 이것을 강조한다—각 단계에 적용되고 이에 따라 하위 단계가 평가 절하되었다.

이런 비판에도 불구하고 우리는 오저/그뮌더의 이론에 나타난 문제점을 염두에 두되 종교적 발달에 대한 이해를 위해 이들이 일구어 낸 성과를 잊어서는 안 될 것이다. 이 이론은 하나님/궁극적 존재와 인간 사이의 관계 이해에 대해, 특히 이러한 이해의 발달에 대해 많은 깨달음을 제공한다.

더욱이 오저/그뮌더는 합리성과 종교성의 화해를 모색함으로써 우리 시대의 중요한 문제를 다루었다.『하나님 없이 성인이 될 수 있는가?』(*Erwachsenwerden ohne Gott?*)—이 질문은 오늘날 청소년기의 종교적 발달이해를 위한 실마리라고 할 수 있다(Nipkow 1987b). 그러므로 필자는 종교적 발달에 대한 우리의 이해에서 오저/그뮌더가 발달심리학적 관점에서 이룩한 공헌을 포기하기는 불가능하다고 생각한다. 그러나 인지구조적 종교발달이론의 적용 범위를 따져 보기에 앞서 필자는 먼저 파울러(J. W. Fowler)의 이론을 살펴보고자 한다.

제임스 파울러: 신앙의 단계

오저/그뮌더의 이론과 평행을 이루는 또 하나의 단계이론이 있다. 그것은 제임스 파울러가 미국에서 이미 1970년부터 전개한 이론이다. 1981년부터 파울러는 광범위한 연구 성과를 발표하기 시작했다. 필자가 파울러의 이론을 오저/그뮌더의 이론 다음으로 설명하게 된 것은 파울러 이론의 특성 때문이다. 확실히 파울러의 경우 역시 콜버그의 연구와 밀접한 연관성을 지니고 있다(게다가 파울러의 이론 전개는 부분적으로 콜버그와의 개인적인 교류와 관계가 있다. 두 사람은 1970년대에 하버드 대학에서 교편을 잡고 있었다). 그러나 파울러는 오저/그뮌더보다 훨씬 과감하게 인지심리학과 거리를 두었다. 오저/그뮌더와는 달리 파울러는 정신분석학과 소원했던 관계를 다시 잇기 위한 시도를 했으며 특히 에릭슨을 자주 거론했다. 한 걸음 더 나아가 파울러의 연구에서는 신학적인 신앙 이해가 중요한 역할을 한다. 파울러는 특히 니버(H. R. Niebuhr)와 틸리히(P. Tillich) 및 스미스(W. C. Smith)의 입장을 참조했다. 물론 파울러 연구의 가시적인 결과는 신앙발달에 관한 단계이론(Stufentheorie)이다.

경험과학적 연구의 대상으로서의 신앙: 파울러는 "종교적 발달"이 아니라 명백하게 "신앙"(faith)과 "신앙발달"에 대해 심리학적으로 진술하려고 한다. 파울러의 이러한 시도는 신학적 사고에 익숙한 이들에게는 파격적인 것이며 심지어 불쾌한 일이기도 하다. 도대체 신앙을 인간이 제 맘대로 할 수 있단 말인가? 신앙이란 인간의 경험과학적 인식을 근본적으로 벗어나 있는 초월적인 것이 아닌가? 경험과학적 연구는 기껏해야 인간의 개별적인 측면과 관련된 검증 가능한 인식에 관심을 두고 전개되기 때문에 필연적으로 그 가능성에 제약이 수반된다. 인류 전체와 관계된 신앙은 경험과학적 연구의 제한된 가능성을 뛰어넘는 것이 아닌가?

파울러가 이해하는 신앙은 인간이 의미(意味)에 의존하고 있다는 사실에서 출발한다. 파울러의 견해에 따르면 인간은 해석의 능력을 가지고 있으면서 해석을 필요로 하는 세계 속에서 살아간다. 그러므로 인간은 그 세계에 하나의 의미를 부여해야 한다. 여기에 대해 파울러가 찾아낸 개념이 바로 "의미만들기"(meaning making)이다. 이 세계는 그 의미 속에서 스스로를 드러낸다. 그러나 그 의미는 동물에게 본능이 주어진 것처럼 그렇게 인간에게 그냥 주어진 것이 아니다. 인간은 스스로 그 의미를 발견해 내고 그것을 이 세계에 부여하는 것이다. "의미만들기"라는 개념은 이러한 의미를 내포하고 있다.

바로 이 부분에서도 눈에 띄는 것처럼, 파울러는 그 개념이 전적으로 새로운 의미의 산출(*Erzeugen*)을 가리키는 것인지, 아니면 기존의 의미를 드러내기 위한 것(*Erschließen*)인지, 즉 의미를 "만들어내는 것"인지 아니면 "발견해내는 것"인지 좀더 자세히 밝혀 놓지 않았다. 닙코가 제대로 지적하였듯이(1982, S. 47이하) 잘못하면 그 의미가 임의의 산물이 될 수도 있으며 인간은 자신의 삶의 의미를 생산하는 사람이 될 위험이 있다. 파울러도 나중에는 이러한 오해 가능성이 없도록 노력했다(Fowler 1988a 참조). 인간은 자신에게 삶의 의미를 직접 부여할 수 없다. 인간은 다만 그 의미를 찾아내거나 경험하거나 (신학적으로 표현하면) 부여받을 뿐이다.

에릭슨이 파울러의 사상에 끼친 영향을 엿보려면, 파울러가 의미의 경험을 어떻게 이해했는지 살펴보는 것만으로도 충분하다. 파울러는 이 경험을 단순히 오성(*Verstand*)에 따른 과정이 아니라 신뢰(*trust*)로 해석했다. 에릭슨과 마찬가지로 파울러도 신앙을 의미-창조로 보았고 인간이 어떤 사람이나 어떤 사물을 신뢰하는 것과 관련지었다. 이러한 신뢰에 호응하는 것이 바로 신의(loyality)이다. 인간은 자기가 신뢰하는 대상에게 신의를 보인다(Fowler 1991a, S. 25 이하).

신뢰와 신의는 일단 인간 사이의 관계를 나타낸다. 그런데 파울러의 신앙이해에서 결정적으로 중요한 점은 바로 이 인간 상호간의 관계가 상위가치 혹은, 파울러가 그 가치의 통합 촉진력을 강조하기 위해 사용한 표현으로는 "상위가치중심"(übergeordnete Wertzentren)의 중재로 이루어진다는 사실이다. 여기서 신앙의 기본 모형이 나타나는데 파울러는 그것을 세 꼭지점의 그림으로 표현했다.

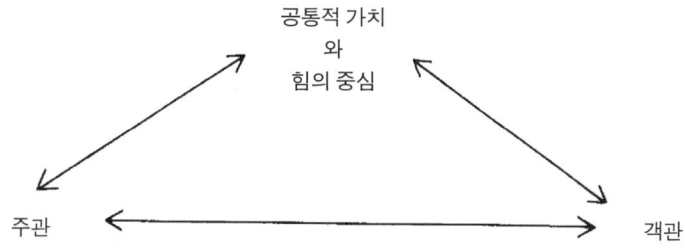

<도표 9> 세 가지 축으로 된 신앙의 기본틀(Fowler 1991a, S. 37에 따라 그려보면)

다른 사람과 공유하는 가치관은 인간의 **환경**으로 이해할 수 있다. 그 공유된 가치관은 인간이 무엇을 지향하며 무엇에 따라 삶을 이끌어 나가는지 보여준다. 그렇다면 이러한 가치관은 "상상력"(Einbildungskraft)—파울러 자신이 이 독일어 개념을 사용했다—의 도움을 받아 구상적이고 상징적인 형태로 농축될 수 있다. 여기서 발생하는 상징은 한 인간이 자신의 삶을 바라보는 방식과 그가 궁극적으로 지향하는 것과 그가 "최종적 환경"으로 여기는 것을 총체적으로 표현해 준다.

지금까지 우리가 파울러의 신앙 이해에 대해 말한 것만 살펴봐도 파울러가 **신앙**을 단순히 종교적 의미에서 이해하지 않았다는 사실을 분명히 알 수 있다. 그가 **중시한 것**은 "의미의 추구"이며—이것은 파울러의 저서 『신앙의 단계』(1991a)의 부제에도 나타난다—그는 이러한 추구가 모든 인간의 보편적인 현상이라고 생각한다. 그래서 우리는 닙코가 제안한 것처럼(1982) 파울러의 견해를 살펴보는 과정에서 "삶의 신앙"에 대해 말할 수 있을 것이다.

파울러가 무신론자도 이러한 신앙을 지니고 있다고 한 것(1991a, S. 27)은 일관성 있는 주장이다. 그러나 그가 허무주의를 신앙에 반대되는 것으로 간주하려 한 것(S. 53)은 그 일관성에 위배된다. 만일 신앙이 정말로 인간 보편의 실체라면 허무주의 또한 신앙의 한 형태로 볼 수 있어야 한다.

만일 그렇지 않다면 신앙은 내용상 규정된 것이며 그런 의미에서 제한적이라고 할 수 있다. 그런데 파울러는 이 두 가지 사이에서 오락가락하고 있는 것 같다. 그가 이 모순을 해결하지 못한 것은 그의 이론 일부가 개념상의 허점을 안고 있기 때문이다.

파울러는 신앙을 단순히 종교적인 것으로 이해하려 하지 않는다. 그럼에도 그는 신앙과 종교 사이에 밀접한 연관성을 본다. 여기서 파울러가 중시한 것은 "신앙"(faith)과 "단순한 믿음"(belief) 간의 구분이다. 신앙은 최종적 가치에 대한 신뢰로서 의미를 촉진하는 역할을 한다. 그런데 후자는 종교에 대한 가르침에 나오는 어떤 견해를 사실로 받아들이는 것을 뜻한다. 파울러는 종교학자면서 신학자인 스미스(W. C. Smith)의 주장을 받아들여 종교를 전통의 축적으로 이해한다. 과거의 신앙은 바로 그 전통 속에 침윤한다. 종교는 신앙과 위배될 수 있다. 그러나 과거로부터 전승되어 온 전통은 그 신앙을 규정하고 있는 개인적 특성을 소유하지 못한다.

파울러가 신앙과 종교를 분리하는 데 바탕이 된 것은 물론 비교종교학이다. 그러나 바로 여기서도 프로테스탄트 신학의 영향이 눈에 띈다. 파울러가 주목하는 신앙은 특히 틸리히의 견해에서 나타나는데 틸리히는 신앙을 "궁극적 관심"으로 규정했다. 또한 파울러는 신앙 모형의 세 꼭지점에 대한 내용을 기독교 신학자 니버(H. R. Niebuhr)에게서 이끌어 냈다.

파울러는 자신이 생각하는 신앙을 요약하여 이렇게 서술했다. "신앙은 초월적 가치와 초월적 힘, 즉 궁극적 관심과 일치된 의지의 정돈과 마음의 선택을 포함한다." "신앙이란 인격 전체의 지향이다. 이것은 인간의 소망과 노력, 사고와 행동에 목표와 목적을 제공한다"(1991a, S. 36).

파울러가 말하는 신앙은 오저/그뮌더가 생각하는 종교적 판단보다 다층적이며 그만큼 명확하게 정의하기 어렵다. 바로 그렇기 때문에 접근 방식이 좀더 개방적이다. 파울러는 그 점을 이용하여 반쯤 열린 형태로 2시간 반 가량 시간이 소요되는 인터뷰를 계획했다. 인터뷰는 총 4부로 구성된다. 이 인터뷰는 응답자의 삶을 회고하는 것으로 시작한 뒤(1부) 주요 경험이나 의미 있는 관계 등을 다룬다(1부). 그런 다음에는 가치관이나 신념에 대한 물음을 던진다(3부). 마지막으로 종교 체험이나 종교적 실천 및 신앙 그 자체에 대해 물음을 던진다(4부).

녹취 자료에 대한 평가는 **일곱** 개의 측면에서 이루어진다(<도표 10> 참조).

164 삶의 이야기와 종교

<도표 10> 신앙 단계의 측면들(Fowler 1991a, S. 262f.) 독일어 번역상 H. Schmidt(1984, S. 38f.)의 제안을 따랐다.

측면 단계	A 사고의 형식(츤리) (피아제)	B 역할의 인수 (셀만)	C 도덕적 판단의 형식 (콜버그)	D 사회 의식의 경계	E 권위의 자리 지정 (Locus of Authority)	F 세계 매락의 형식 (Form of World Coherence)	G 상징 작용 (Symbolic Function)
1 직관적-투사적 신앙	전(前)조작기	아직 발달하지 않은 공감 능력 (자기 중심적)	처벌-상급	가족, 기초적인 인간 관계	유대/이혼 관계, 크기, 세기, 권위의 가시적 상징	에피소드적	마술적-누미노스
2 신화적-문자적 신앙	구체적 조작기	단순한 형태의 관점 인수	도구적 패대주의 (쌍방간의 공정성)	"우리 같은 사람들" (친족, 인종, 계급, 종교적 개념에서)	권위 있는 역할의 담지자, 의미는 개인적 연관성과 더불어 증가한다.	서사적-드라마적	일차원적- 글자 그대로
3 종합적-인습적 신앙	형식적 조작기 초기	쌍방적 상호 인격적	인적 상호간의 기대와 조화	개인적 관계를 구성하는 집단의 세계	인정받는 집단의 동의, 개인적으로 신앙의 가치 전통을 대변하는 소중한 사람들의 동의	여전히 비성찰적 시스템 형성 (= tacit system), 감정적인 해석을 상징적으로 매개하고 보편적으로 대변한다.	다차원적 상징, 의미를 촉진하는 함은 상징에 내재해 있다.
4 개성적-성찰적 신앙	형식적 조작기 (이분법적)	쌍방적 자기가 선택한 집단이나 계급이 관계됨(사회적 관점), 보편주의	사회적 관점, 성찰된 상대주의, 혹은 계급 양립 가능한 공동체, 자기 스스로 선택한 가맹이나 신념과 일치하는 공동체	이해 유효기적으로	자기가 승인한 세계관에서 나온 독자적인 판단, 권위와 규범은 그 판단과 일치해야 내적인 연계에 대한 분명함.	명확한 시스템 형성을 개념적으로 매개한다. 그 시스템의 경계와 내적인 연계에 대한 분명함.	상징으로 표현된 것과 상징의 분리, 판념적 표상으로 번역(환원). 의미를 촉진하는 함은 그 상징을 전달해 주는 뜻에 내재해 있다.

하나님과 이 세상 이해하기 165

5 결합적 신앙	형식적 조작기 (변증법적)	쌍방적 자기 자신의 것과는 "다른" 집단이나 계급과 관계됨.	그 사회보다 우선하는 편견, 현재를 지향하는 지고의 권리(보편적이고 비판적)	계급의 규범이나 계급의 이해관계를 초월하고, 이해율기적인 훈련을 통해 다른 집단이나 전통이 "요구"나 "진리"에 의해 영향을 받을 수도 있다.	판단-경험의 과정을 다른 사람의 이유 있는 요구, 모든 인간의 지혜(wisdom)의 다양한 표현 양식에서 자라난 요구에 변증법적으로 결합하는 것	다양한 시스템을 상징적이고 개념적으로 매개함.	더 이상 죽음(소가 불가능한 상징적 함과 판단력 의미의 (변관 이추의) 재결함. 의미를 촉진하는 함은 상징 속(상징 너머의 있는 실제 (reality)에 내재하며, 자아 내부의 무의식적 과정의 함 속에도 있다.
6 보편화하는 신앙	형식적 조작기 (종합적)	쌍방적 존재의 공공 복지 (Commonwealth of Being)와 관계됨.	존재에 대한 신의 (Loyality to Being)	종(種)과의 동일시, 나드시사즘을 넘어선 사랑, 즉 존재에 대한 사랑 (Love of Being)	앞 단계의 진리와 경험에서 얻어낸 인격적 판단. 자기 중심적인 경향이 사라지고, 훈련된 직관을 통해 모든 존재의 원리와 연결됨	결합적 현재, "다양성의 통일성"을 느끼고 공유함.	의미를 촉진하는 함이 상징에 내재되어 있다. 이것은 중층적인 실체 이해를 통해 실현되며, 상징 및 자아를 통해 매개된다.

제일 처음에 등장하는 A, B, C는 위에서 살펴본 피아제, 젤만, 콜버그의 발달단계와 상응한다. 그러나 파울러는 이들 이론으로부터 불명료했던 몇몇 단계를 좀더 명료하게 확장시켰다. D와 E는 자기 자신에 대한 부분으로서 응답자의 사회적 인식이 어느 정도에 와 있으며 응답자는 무엇을 권위로 여기는지 보여준다. F를 보면 응답자는 세계와의 관계를 어떻게 받아들이고 있는지 알아낼 수 있다. 사람에 따라 그 관계는 아무 맥락이 없는 에피소드의 형태라든지 이야기의 축적이라든지 시스템의 맥락 등으로 받아들여질 수 있다. 마지막으로 G는 상징 능력의 발달, 다시 말해 상징을 파악하는 방식과 상징을 다루는 방식을 보여준다.

평가의 두 번째 형식은 에릭슨의 발달단계에 맞춘 것이다. 여기서는 응답자의 삶과 인격이 어떠한 사회심리적 경험을 만들어 내는지, 그리고 이러한 경험이 신앙에 어떠한 영향을 끼치는지에 대해 물을 것이다 (Fowler 1991a, S. 275ff).

신앙의 단계: 파울러가 일곱 개의 측면을 빌어 정리한 단계이론을 간추리기란 쉬운 일이 아니다. 파울러의 모형은 그저 단순하고 인상적인 모형이 아니다. 차라리 그는 각 단계를 언급하면서 자신이 연구하는 발달의 다층성을 포착하려 했다고 해야 옳을 것이다. 파울러가 이해하는 신앙은 많은 것을 포괄하려는 경향이 있기 때문에 여기서 각 단계에 적합한 사례를 찾아내는 것도 쉽지 않다. 다음에 나열한 인터뷰 내용은 단순히 이해를 돕기 위한 것이다. 그 내용이 해당 단계의 모든 특성을 담고 있는 것도 아니다.

콜버그와 오저/그뮌더의 경우와 마찬가지로 파울러도 어린 시절에서 노년에 이르는 발달 과정을 **여섯** 단계로 구분했으며 출발점인 0단계는 유아기 초기에 해당한다.

0단계: 최초의 신앙

이 시기의 신앙은 언어 이전의 것이다. 의식은 아직 생성 중이다. 그런데 에릭슨이나 파울러는 바로 이 시기에 이미 **신뢰**(*trust*)가 시작된다는 사실을 강조한다. 어린이는 신뢰와 더불어 다른 사람 및 주변 세계와 만나게 된다. 이런 의미에서 (곧이어 전개될) 종교적 발달의 토대는 이 단계에서 이루어진다(Fowler 1991a, S. 137).

파울러는 자신의 초기 저작에서 오저/그뮌더와 비슷하게 이 단계를 "미분화된 신앙"(undifferentiated faith)이라고 불렀다. 앞 장에서 우리는 어린 시절을 인생에서 독자적인 가치와 존엄성을 지닌 기간으로 보는 교육학적, 신학적 관점이 있음을 살펴보았다. 이러한 관점을 비롯하여 이 단계의 근본적 의미를 적절하게 드러나도록 해 주는 표현이 바로 파울러의 "최초의 신앙"(primal faith)이라는 개념이다(Fowler 1984a, S. 52-53).

1단계: 직관적-투사적 신앙

파울러는 직관적-투사적 신앙이라는 표현을 사용함으로써 정신분석학의 개념과 인지심리학의 개념을 결합한다. 직관적-투사적 신앙은 외부 현실을 최대한 있는 그대로 인식하기보다는 자기만의 환상을 추구하는 사고, 피아제의 용어를 빌면 전조작적 사고를 뜻한다. 아직 논리의 규칙에 의해 구애되지 않는 상상력이야말로 이 단계의 장점이라는 것이 파울러의 생각이다. 한편 이러한 상상과 또 그 상상 때문에 일어나는 두려움이 어린이를 향해 가하게 될 폭력은 이 단계의 약점이라 할 수 있다(Fowler 1991a, S. 151).

파울러가 1단계를 설명하기 위해 드는 사례들은 필자가 2장에서 언급한 꼬마 베티의 이야기와 일맥상통한다. 대개는 아이들이 어른의 말(가령 "하나님은 어디나 계신다", "하나님은 우리의 손으로 만져볼 수 없어", "하나님은 징조로 나타나신다"와 같은 설명)을 듣고 공상을 통해 자기 나름대로 앞뒤를 맞추어 낸다. 예컨대 어떤 어린이는 이렇게 주장한다. "하나님은 어디나 계셔요. 그런데 우리 손에는 안 계셔요." (Fowler 1978a, S. 46ff).

2단계: 신화적-문자적 신앙

이 단계를 "신화적"이라고 부르는 이유는 이 시기의 어린이 혹은 청소년에게 그 주위 사람들이 인생의 방향 설정에 매우 중요한 신화나 이야기 혹은 상징을 제공해 주기 때문이다. 이 단계에는 구체적 조작기에 해당하는 사고가 주로 작용한다. 따라서 이 시기의 어린이는 신화를 **문자적으로** 받아들인다. 신화를 상징 언어로 인식하지 못하고 글자 그대로 이해하는 것이다. 이 단계에서 신인동형적 사고가 나타나는 것도 바로 이 때문이다. 상징적인 텍스트를 문자적으로 이해하니까 하나님을 꼭 인간처럼 생각하게 되는 것이다.

10살 소녀 밀리(Millie)와 나눈 인터뷰는 이러한 특징을 뚜렷하게 보여준다.

"밀리: 하나님은 성자(聖者) 같아요. 그분은 착해요. 그분은 이 세상을 다스리는데 착하게 다스리세요. 그리고 ……

기자: 세상을 어떻게 다스리시는데?

밀리: 그러니까 그분은 …… 그분은 진짜로 세상을 다스리는 게 아니고요 …… 응 …… 잠깐만요. 그분은 …… 그분은 저 위 세상에 사시고 항상 모든 인간을 지켜보고 계셔요. 여하튼 그렇게 하시려고 해요. 그리고 그분은 옳다고 생각하는 일을 하시죠. 최선이 되는 일을 하시려고 하구요 ……. 그분은 저기 하늘 위에 사시구요 …….

기자: 그럼 우리도 하늘에 갈 수 있을까?

밀리: 우리가 정말로 가고 싶어하고 또 하나님을 믿으면 하늘에 갈 수 있어요.

기자: 그런데 가려고 하지도 않고 하나님을 믿지도 않으면 어떻게 될까?

밀리: 그러면 반대 방향으로 가지요.

기자: 그게 어딘데?

밀리: 저 아래…… 악마가 사는 땅속이요.

기자: 아, 알겠다. 그런데 너 악마가 뭔지 아니?

밀리: 악마도 성자(聖者) 같아요. 그런데 악마는 악을 믿고요, 모든 걸 잘못 되게 해요. 하나님하고는 정반대예요. 하나님은 이 세상을 정말로 다스릴 힘이 없나봐요. 그냥 이 세상을 지키기만 하니까요. 그런데 악마는 치즈를 먹고 싶어 하는 쪼그만 쥐 같아요. 자꾸만 안으로 들어오려고 해요. 그런데 저는요…… 악마는 그렇게 못 할 거예요" (Fowler 1991a, S. 156-57).

이 짧은 인용문은 밀리라는 아이가 완전히 신화적으로, 가령 "저 위에 있는 세상"을 염두에 두고, 생각하고 있음을 보여준다. 밀리는 이 모든 것을 문자적으로 받아들인다. 위에 인용된 부분을 보아서는 밀리가 비유적으로 그런 말을 하고 있다고 평가할 근거는 없다. 밀리가 그리는 하나님 이미지는 인간적인, 너무나도 인간적인 면을 지니고 있다. 그 하나님은 항상 모든 인간을 지켜보고 계신다. 여하튼 그분은 그렇게 하신다.

이 단계의 장점은 우리가 "이야기된 의미"라고 부를 수 있는 것에 대한 개방성이다. 여기서 의미는 이야기 속에서 살아가는 이에게 밝히 드러난다. 그러나 그런 이야기를 이야기로 받아들이고 또한 그것을 비판적으로 성찰하는 것이 이 단계에서는 아직 불가능하다. 단어의 의미가 이해의 경계선을 결정한다.

3단계: 종합적-인습적 신앙

여기서 중요한 개념은 우선 **인습적**이라는 개념이다. 이 단계의 신앙은 아직 **인격적**으로 동화된 신앙이 아니라 타인에게 전수받은 신앙이며 그래서 타인에게 의존되어 있다. 그렇기 때문에 **종합적** 성격을 띠게 되는 것이다. 개개인은 자신의 생각이나 신념을 내면적으로 응집하지 못하며 자기의 생각과 신념이 서로 맞물려 하나의 조화로운 전체를 이루어 내는지 그 여부도 검토하지 못한다. 그래서 독자적이고 비판적인 판단을 내리지 못한다. 이 시기의 신앙은 언제나 다른 사람, 예컨대 친구, 교회 친구, 학급 동료가 무엇을 믿느냐에 좌우된다.

"기자: 네가 무얼 믿는지 안다고 했지? 네가 그걸 어떻게 **알게** 되었는지 말해줄 수 있겠니?

린다: 제 생각으로는 종교 때문이에요. 저는 늘 교회에 다녔거든요. 제 부모님이 저를 항상 데리고 다니셨어요……. 부모님은 하나님이 어디나 계시고 하나님을 믿어야만 성공한 인생을 살 수 있다고 가르치셨어요……. 모든 일은 그분 손에 달려있어요. 그리고 나는 정말로 그분을 믿어요. 그리고 하나님은 아주 신기한 방법으로 말씀하시는 거 알고 계시죠? 정말이에요. 그분은 어떤 의미에서 정말 자주 저한테 말씀을 하시거든요……. 제가 말하고 싶은 것은 그분이 저를 오늘 이 자리까지 인도하셨다는 거예요. 저는 이런 생각을 할 때가 많았어요……. 이 세상은 그야말로 아무것도 아니구나, 하고 느끼게 되요. 그리고 이런 아침에는 단순히 어떤 감정을 느끼게 되는데요……. 저는 어떤 분이 있구나 하고 생각해요"(S. 172).

린다는 15살이다. 린다의 말을 잘 들어보면 교회와 부모가 큰 역할을 하고 있다는 것을 알 수 있다. 린다의 신앙은 교회와 부모에게서 비롯된 것이다. 지금 린다가 과거 이야기를 하고 있는 것인지, 아니면 자기 신앙의 원인을 말하고 있는지 확실치는 않지만 파울러가 말하는 3단계 신앙에는 비판적 태도가 결여되어 있다는 점이 눈에 띈다.

그러나 3단계에서도 교회나 전통에 대해 비판적 태도가 가능하다. 파울러 자신은 이것을 강조하지 않았지만 이러한 비판적 태도는 3단계와 무관하지 않다. 이 시기의 신앙은 다른 사람에게 의존한다고 했다. 그렇다면 그 사람, 예를 들어 친구가 그런 생각을 갖고 있다면 충분히 그 영향을 받을 수 있다. 그렇게 되면 이 시기의 인습성은 교회에 대한 순응을 낳기보다는 **인습적- 세속적 방향**으로 나가게 된다.

다음의 글은 필자가 슈스터(R. Schuster)의 글 모음에서 또 찾아낸 것으로 20살 신출내기 도매 상인이 한 말이다. 이 글은 한편으로는 비판적 성찰을 담지하면서도 다른 한편으로는 여전히 인습적인 모습을 잘 보여준다.

> "저는 하나님을 믿습니다. 첫째 이유는 부모님으로부터 그렇게 교육을 받았기 때문입니다. 둘째 이유라고 하면 제가 성경을 비롯한 경전을 읽었다는 것이죠. 그리고 성경은 단순히 '문학 작품'이 아니라 증명이 가능하다는 사실이 밝혀졌습니다. 사실 요즘에도 파티마(Fatima)나 루르드(Lourdes)와 같은 성지에서 기적이 일어난다는 소식을 접하게 됩니다. 제 친척 중에 로우어데스에 살았던 분이 있는데 수많은 사람들이 병이 있건 없건 상관없이 그곳에 와서 기도를 하는데 아주 확고한 믿음을 가지고 회복을 기원하더랍니다. 그리고 그 가운데 어떤 사람들에게는 그 기도가 이루어지기도 했다고 그러더군요. 그런 이야기를 들으면 정말 하나님은 계시며 그분을 믿어야겠구나 하는 생각을 하지 않을 수 없습니다. 그렇지 않다면야 그곳에 간 사람들은 잘못된 몽상이나 추구하는 사람들 아니겠습니까?"(S. 27).

여기서도 부모의 역할이 중요하다. 그러나 스스로 오류를 피할 수 있는 "사람"의 역할이 부각된다. 여기서 흥미로운 것은 성서의 증명가능성에 대한 언급이다. 우리는 일단 이것을 독자적인 사고의 표현으로 평가할 수 있을 것이다. 그러나 이것은 우연히 알게 된 것, 다른 사람에게 귀동냥한 것에 지나지 않는다. 그러니까 그 "증명"은 다른 사람한테서 온 것이고 다른 사람의 말에 의한 것이다. 여기서는 다른 사람의 신뢰성은 아예 의심의 영역 바깥에 있는 것처럼 보인다.

물론 다른 사람을 전적으로 신뢰할 수 있다는 것은 중요한 장점이다. 그러나 이것은 인격적 자율성의 결여와 의존성을 뜻하기도 한다. 3단계 신앙에는 독자적인 판단이 결여되어 있다. 현대 사회를 대표하는 무수한 사유방식 및 신앙의 방식과 마주하게 될 때 비로소 우리는 그 독자적 판단을 형성하게끔 되는 것이다(Fowler 1991a, S. 192).

4단계: 개성적-성찰적 신앙

이전 단계와는 달리 이제 4단계에 이르면 독자적 개인성(individuality)과 자율성에 대한 의식이 명료하게 나타나는데 이러한 의식은 다른 의식을 거의 압도하기까지 한다. 파울러의 관찰 결과에 따르면 이러한 특성은 청소년기 후기 이전에는 거의 나타나지 않는다. 이 단계는 전통에 대한 비판적 의식과 자아성찰에 큰 비중을 둔다. 다음 인용문은 한 젊은 남자와의 인터뷰에서 나온 내용으로서 이 두 가지 특성을 잘 보여준다.

"그렇죠. 만일 종교를 기성 종교의 시각으로 고찰한다고 하면 저에게는 근본적으로 종교가 없는 셈이죠. 저는 가톨릭 분위기에서 교육을 받았지만 지금은 어떠한 공식적인 종교 활동이나 종교 의식에 참여하지 않고 있지요……. 저는 그저 스스로 옳다고 생각하는 일을 하면서 살아가고 있습니다. 이건 어떤 집단 혹은 종교 기관의 종교적 가르침하고는 거리가 멉니다. 저의 가치관은 제게 옳다고 보이는 것들뿐이죠. 저는 기성 종교의 가치를 거부합니다. 제가 추구하는 가치관의 일부는 기성 종교와 모순될 뿐 아니라 사회 전체와 모순되기도 합니다"(Fowler 1978a, S. 74).

이 청년이 추구하는 삶의 방향이 종교와 무관하다고 단정지을 수는 없다. 하지만 그는 모든 기성 종교, 특히 교회에 대해 거부감을 표현하고 있다. 그에게 유효한 것은 자신이 "옳다고" 생각하는 것뿐이다.

여기 가정 경제를 공부하고 있는 16살 난 여학생의 이야기가 소개되어 있다. 이 이야기를 구조적으로 분석하면 위의 인터뷰 내용과 비슷한 이미지를 도출해 낼 수 있다.

> "'하나님이 하늘에 있다고 말하는 사람을 조심하라!'
> 사람들은 하나님이 하늘에서 나를 지켜보고 있다고 아직 어린 저에게 말했습니다. 하프를 들고 있는 천사 얘기며 날씨를 좌우하는 예언자의 이름이 베드로라는 얘기도 들었습니다. 그 밖에도 악마에 대한 얘기는 이런 저런 모양으로 참 많이 들었습니다. 얌전히 굴지 않으면 그 악마가 우리를 불에 던져버릴 거라고 하더군요.
> 하늘에 있는 하나님과 대칭적으로 악마는 땅속에 있다는 것이었습니다. 이런 두 가지 이야기는 그야말로 넌센스입니다. 나는 어린 아이들에게 이런 얘기를 들려주는 것은 무책임한 행위라고 생각합니다. 자꾸 그런 얘기를 하는 사람들은 하나님이 우리의 마음이나 우리의 일상적인 삶이 아니라 저 하늘에 있다고 생각하기 때문입니다. 내가 생각하는 하나님은 이를테면 양심입니다. 우리가 해서는 안 될 일을 막 하려고 할 때 양심이 작용을 합니다. 가톨릭 신자들은 너무나 양심에 가책이 되는 일이 있을 때 고해소를 찾습니다. 하나님은 저 하늘이 아니라 우리 인간들 사이에 있습니다. 많든 적든 결정은 하늘에 있는 그분이 내리는 것이 아니라 우리 자신이 내리는 겁니다.
> 하나님에 대해 잘못 생각하고 있는 사람들은 하나님을 아예 이해하지 못하거나 오해하게 마련입니다. 그들의 주장에 따르면 '하늘에 계신 사랑의 하나님'은 우리를 위해 모든 일을 하시며 그것이 우리에게도 좋습니다. 그러나 우리는 스스로 자신의 일을 해나가야 합니다. 하나님은 우리에게 위로와 버팀목은 될지언정 마술사는 아닙니다"
> (Schuster 1984, S. 20).

우리는 여기서 종교적 가르침에 대한 회고적 진술을 접하게 된다. 그런데 이러한 진술은 3단계에서도 모습을 드러낸 바 있다. 그러나 4단계에서는 독자적이고 비판적 판단이 주도적인 역할을 하고 있다. 심지어 신화적 사고를 "넌센스"로 몰아붙일 정도로 철저하게 부정한다. 그런데 흥미로운 것은 이러한 태도 역시 종교와 완전한 거리두기로 이어지지 않는다는 점이다. 하나님을 "양심"으로 표현한 여학생도 신의 존재를 완전히 무가치한 것으로 여기지는 않았다. 바로 여기서 4단계의 개성화된 신앙의 모습이 나타난다. 이 단계에서 하나님의 존재는 개인의 내면에 자리를 잡는다.

파울러에 따르면 이 단계의 장점으로 단연 돋보이는 것은 새롭게 획득된 독립성과 독자적 판단 능력이다. 반면 약점으로는 개인주의와 극단적인 상징비판을 들 수 있다(Fowler 1991a, S. 200f.). 4단계에 접어든 사람은 다른 사람과 자신의 연관성을 쉽게 느끼지 못하고 어떤 (종교적) 전통의 틀에서 자기를 이해하려고 하지 않는다.

5단계: 결합적 신앙

파울러가 5단계를 표현하는 말로 고른 수식어가 다른 단계의 명칭보다는 단순해 보이는 것이 사실이다. 그러나 정작 5단계에 대한 파울러 자신의 설명은 가장 명확성이 떨어진다. 여기서 가장 중요한 것은 4단계에서 나타난 흑백 논리와 양자택일(兩者擇一)과 같은 극단적인 태도를 대체할 **대화적 이해**(*the dialogic understanding*)이다. 파울러에 따르면 이 단계에서는 이 세상과 다른 인간에 대한 대화의 자세와 개방성이 발견된다. 여기서도 독자적 개인성은 없어지지 않고 남아있다. 그러나 그 개인성은 이제 더 이상 다른 사람이나 전통에 맞서 방어해야 할 무엇이 아니다. 어쨌거나 (종교적 전통을 포함하여) 모든 전통의 유효성과 진실성은 상대적인 것으로 간주된다. 그 전통이 한 인간 혹은 한 민족의 독특한 경험과 불가분의 관계 속에 있기 때문이다. 다양한 전통의 진리를 이렇듯 상대적으로 이해하는 것은 5단계의 **결합적** 능력에서 비롯된 것이다.

5단계의 특성을 하나의 사례로 담아내기는 어렵다. 다음 인용문은 36세 여성과의 인터뷰에서 나온 내용이다. 이 인터뷰는 "적절한 인생관"에 대한 것이었다.

"그래요. …… 어떤 관점을 유지한다는 것, 그리고 인간은 그렇게 살아간다는 것을 의식하는 것. 불합리한 것과 현실적인 것 사이에는 이분법이 지속적으로 존재한다는 것을 의식하는 것과 그것을 이해하는 것. 이와 동시에 나 자신의 물리적 세계라는 맥락에서 살아가는 것……. 나와는 다른 생명체가 아주 많다는 사실을 깨닫는 것. 나와는 다른 사람이 무수히 많으며 내가 살고 있는 지구와 다른 수억 개의 행성이 있다는 사실……. 이 우주와 나 사이의 관계를 이해하는 것. 무한과 연관된 유한. 나에게는 유한한 것이지만 다른 사람에게는 무한한 것. 시간 속에서 연속성을 찾아낼 가능성. 나에게 가장 중요한 일을 하되 그 밖의 다른 중요한 일에 손상을 입히지 않을 수 있는 것……. 이것은 아주 어려운 일이다"(Fowler 1978a, S. 85).

이 여성에게 있어서 "결합적인 것"은 "불합리한 것"과 "현실적인 것"의 총괄이다. 분명 이 여성은 자기 삶 속에서 두 가지를 모두 경험했다. 여기에 상대성의 경험이 첨가된다. 인간은 유한한 존재로 드넓은 우주와 마주한다.

70세 할머니와 인터뷰한 것이 있는데, 그 내용 중 한 단면은 종교전통에 대한 "결합적" 태도가 무엇인지 잘 보여준다. 이분은 오랫동안 개신교 교회의 신자였는데 이 인터뷰에서는 크리슈나무르티와의 경험을 술회한다.

"할머니(T): 크리슈나무르티는 나에게 참으로 많은 지혜를 전해 주었어요. 그 지혜는 내가 그때까지 받았던 어떤 다른 도움보다도 의미가 깊은 것이었습니다. 그는 나에게 기독교의 토대를 제공했어요. 제가 보기에 기독교인은 접근하기가 어렵습니다.
기자: 무엇이 어렵다는 거죠?
할머니(T): 예컨대 어떤 기독교인은 지옥이나 저주를 믿고 있어요. 그건 아주 악의에 찬 견해인데, 대개 기독교인들이 그래요. 이 무시무시한 견해 때문에 많은 사람이 상처를 입었고 또 정신적으로 피해를 받았습니다.

기자: 그렇다면 크리슈나무르티가 제공한 그 토대라는 것은 무엇이죠?

할머니(T): 그것을 사람들이 어떻게 부르느냐가 중요한 것이 아니라는 사실입니다. 하나님이든 예수든 우주적 흐름이든 실재든 사랑이든 그 언어적 표현이야 어떻든 그것은 존재합니다. 우리가 이 원천을 통해 직접 경험하는 그것은…… 우리를 이웃과 분리시키는 종파적 신앙과 무관한 것입니다"(Fowler 1991a, S. 210).

이 인터뷰는 파울러가 말한 것보다 명료하게 **상대주의**를 드러낸다. 그리고 이 상대주의는 5단계에서 나타난다. "그것을 사람들이 어떻게 부르느냐가 중요한 것이 아니다." 여기서 종교전통은 지금 당장 필요한 것을 골라내는 채석장과 같은 모습으로 나타난다.

파울러는 이러한 태도의 또 다른 일면을 "아이러니한 표상 능력"이라고 불렀으며 이것이야말로 이 단계의 장점이라고 여겼다. "아이러니한 표상능력"이란 자신의 입장이나 자신이 속한 전통의 가치가 제한적이라는 사실을 의식하는 것을 말한다. 그 위험성은 모든 현실과 진리의 역설적 성격에서 비롯되기 쉬운 수동적 냉소주의이다.

6단계: 보편화하는 신앙

6단계에 대한 설명에서도 파울러의 발달이론은 간간이 인터뷰 사례조사를 이용한다(가령 Fowler 1978a, S. 91ff). 그러나 이 단계와 관련된 내용은 경험상의 연구보다는 이른바 종교사의 "위대한 인물들"에게서 많이 발견된다. 예컨대 간디, 마틴 루터 킹, 마더 테레사, 디트리히 본회퍼, 아브라함 헤셸 등이 여기에 속한다. 6단계의 특징은 5단계의 역설이 "절대적 사랑과 절대적 정의"의 의미에서 극복된다는 점이다. 그 단계에 도달한 인간의 경우 "초월적인 도덕적 실재와 종교적 실재를 추구하는 감정과 성향"으로 인해 자기 보존의 의지가 퇴조한다. 그리고 "비폭력적 고난"과 "존재에 대한 지고한 경외심"은 모든 인간 및 모든 존재와 "공동체"를 이루는 길이다.

파울러는 발달의 규범이자 목표라고 할 수 있는 6단계에서도 **구조**와 **내용**을 분리하려고 한다. 6단계는 특정한 종교나 특정한 종교적 신앙을 암시하는 것이 되어서는 안 된다. 오히려 6단계는 내용적으로 규정되어 있는 모든 전통이나 종교를 포괄하는 보편적 구조이다. 그러나 파울러는 자신이 기독교 신학자라는 사실과 자신의 (기독교적) 견해가 발달단계에 대한 이론에도 일정 부분 영향을 끼쳤다는 사실을 인정한다.

파울러는 자신의 기독교적 입지와 자기 이론의 보편타당성을 봉합하기 위하여 이른바 "특수한 것의 절대성"을 주장한다(1991a, S. 225ff.). 초월적 의미의 절대적인 것은 항상 특수한 것의 형태 안에서, 다시 말해 하나의 특정한 종교에서 나타난다는 것이다. 이렇게 되면 한 가지 종교 전통에 입각하여 일반적 논리를 전개하는 것이 가능하게 된다.

오저/그뮌더와 비슷하게 파울러도 단계에 따른 나이를 확정해 놓지는 않았다. <도표 11>은 파울러의 연구 결과를 개괄적으로 조망한다. 이 도표에 따르면 유년기에는 1단계와 2단계가 중점적으로 나타나고 청소년기와 성인기는 대략 3단계의 특성을 드러낸다. 어른의 나이가 되기 전에 도달할 수 있는 가장 높은 단계는 4단계이다. 물론 이러한 주장은 359명에 대한 인터뷰 통계에 기초한 것이기에 다분히 잠정적인 것이라는 사실을 감안해야 한다.

비판적 평가: 파울러의 발달단계이론은 특별히 미국과 영국 그리고 부분적으로는 독일에서도 광범위한 토론을 촉발시켰다. 그리고 파울러는 언제나 토론할 준비가 되어 있었다. 실제로 파울러는 자신을 비판하는 사람들에 대해 다양한 답변을 시도했으며(Fowler 1978b, 1982b, 1986) 자신의 이론에 대한 개정의 목소리를 받아들이기도 했다. 그 대표적인 예가 "상상력"에 대한 강조이다. 과거의 연구에서는 파울러가 신앙

178 삶의 이야기와 종교

<도표 11> 연령과 성차에 따른 신앙단계별 비율 구분

단계	0-6 M	0-6 F	7-12 M	7-12 F	13-20 M	13-20 F	21-30 M	21-30 F	31-40 M	31-40 F	41-50 M	41-50 F	51-60 M	51-60 F	61+ M	61+ F
6	—	—	—	—	—	—	—	—	—	—	—	—	—	—	—	—
5-6	—	—	—	—	—	—	—	—	—	—	—	—	—	—	3.1	—
5	—	—	—	—	—	—	—	—	—	8.3	—	23.1	—	28.6	15.6	16.7
4-5	—	—	—	—	3.8	6.7	5.3	1.9	20.8	16.7	5.3	15.4	20.0	—	18.8	10.0
4	—	—	—	—	26.9	30.0	44.7	36.5	20.8	16.7	26.3	53.8	—	14.3	18.8	36.7
3-4	—	—	—	—	53.8	46.7	31.6	34.6	25.0	—	57.9	—	40.0	14.3	28.1	—
3	—	—	6.2	30.8	7.7	16.7	15.8	19.2	—	16.7	10.5	7.7	40.0	28.6	12.5	36.7
2-3	—	—	81.2	61.5	7.7	—	2.6	5.8	33.3	41.7	—	—	—	—	3.1	—
2	—	—	12.5	7.7	—	—	—	1.9	—	—	—	—	—	14.3	—	—
1-2	7.0	20.0	—	—	—	—	—	—	—	—	—	—	—	—	—	—
1	93.0	80.0	—	—	—	—	—	—	—	—	—	—	—	—	—	—
	100%	100%	100%	100%	100%	100%	100%	100%	100%	100%	100%	100%	100%	100%	100%	100%*
	(15)	(10)	(16)	(13)	(26)	(30)	(38)	(52)	(24)	(24)	(19)	(13)	(10)	(7)	(32)	(30) (359)

연령집단

※ 총계를 내는 데 오류가 나서 100%가 안 되는 경우와 넘는 경우가 있다.

을 인식이나 **앎**(*knowing*)의 한 형태로 이해하는 경향이 강했다. 그러나 나중에는 신앙을 상상력과 연결시켰다.

지금까지 진행된 경험과학적 연구 결과가 여전히 광범위한 검증을 필요로 한다는 사실에 대해서는 많은 사람들이 공감하고 있으며 파울러 자신도 여기에 의견을 같이 한다(1991a, S. 341). 그러기 위해서는 무엇보다도 미국 이외 지역에서 이루어진 연구의 도움이 필요할 것이다. 그래야만 파울러의 신앙이해 및 발달단계이론이 문화와 종교를 초월하여 그 유효성을 입증받을 수 있을 것이다.

지금부터 우리는 파울러의 이론과 관련해서 가장 논란이 되고 있는 다섯 가지 물음을 하나씩 살펴보려고 한다. 그 가운데 일부는 이론 자체에 관한 것이고 일부는 그 이론의 신학적 의미 및 종교교육학적 의미에 관한 것이다.

― 종교적 발달의 정서적 측면과 무의식적 측면에 대한 문제: 모든 인지이론의 경우와 마찬가지로 파울러의 경우에도 발달의 정서적 측면이 관심의 초점에서 비껴나갈 위험을 내포하고 있다. 물론 파울러 자신은 정서의 의미를 시종일관 강조했다. 이 점에서 파울러는 피아제나 콜버그의 입장과 확연히 구별된다. 또한 파울러는 인지구조이론과 정신분석학 사이를 연결하기 위해 노력했다. 그러나 파울러의 단계이론은, 특히 그가 발달단계를 연구하는 데 사용한 일곱 단계는 정신분석학보다는 인지이론에 훨씬 적극적으로 기대고 있다. 그런 의미에서 파울러는 자신이 직접 추구했던 전일적(全一的) 신앙이해에 다다르지 못했다고 할 수 있다. 어쨌든 파울러가 오저/그뮌더의 단계이론과 마찬가지로 단순히 어떤 의견이나 지식적 저장물이 아니라 **구조**(*structure*)를 술회하고 있다는 점은 강조해야 한다. 인간은 이 구조를 의식하지 못한다. 이 구조는 피아제가 "인지적 무의식"이라고 불렀던 것으로서(1976b) 정신분석학에서 말하는 "정서적 무의식"과 유사하게 인간의 생각과 느낌과 행동을 그 배후에서 동시에 규정한다. 물론 파울러의 이론이 인지적 경향으로 치우쳤다는 비난은 부분적으로 타당하다 하겠다. 그러나 정신분석학이

그러했듯이 파울러의 이론에서도 종교적 발달의 **심층구조**가 발견된다는 사실만큼은 인정해야 한다.

　― **연구 대상에 대한 문제**: 파울러는 정확히 무엇을 "신앙"이라고 규정하는지, 그의 이론은 과연 무엇에 관해 말하고 있는지 아직까지 충분히 밝혀지지 않은 상태다. 파울러가 일곱 가지 측면으로 묘사한 신앙의 단계는 인간성 일반의 발달 혹은 자아의 발달과 구분될 수 있는가? 어째서 파울러는 그 일곱 가지만을 연구하는가? 그 일곱 가지 측면은 하나의 총체를 이루는가? 일곱 가지 측면 속에서 나타나는 발달은 상이한 속도로 진행된다고 주장해야 하는 것이 아닌가? 예컨대 형식적 조작기의 사고는 이미 작용하고 있는데 도덕적 판단의 인습적 단계인 3, 4단계에는 아직 도달하지 못할 수도 있는가?

　여기서 파울러는 일면 아주 신중한 태도를 취하고 있다. 자신이 기대고 있는 경험과학적 이론을 전개할 때 파울러는 "창"(窓), 즉 이는 실제 발달상황에 대해 다만 하나의 시선만을 열어주는 "창"으로 본다. 그러나 그는 다른 한편 신앙의 발달을 경험과학적으로 기술하는 입장을 요구한다. 그러므로 파울러는 위에서 언급한 질문을 지금까지보다 자세히 파고들어야 할 것이다. 그 질문에 대한 응답을 제대로 할 수 없다면 우리는 그저 경험과학적으로 확인된 이론에 대해서만 말할 수 있을 것이다.

　파울러가 주장하는 신앙 이해와 파울러가 몇 가지 측면에 대한 인터뷰의 도움으로 얻어낸 경험과학적 결과물은 서로서로 만족스럽게 맞물리지 않는다. 일곱 가지 측면을 하나씩 떼어놓고 보면 그 가운데 어떤 것도 포괄적인 의미지향성(Sinnorientierung)으로서의 신앙 개념에 접근하지 못한다. 몇 가지 측면은 파울러의 신앙 개념에서 형성되었다기보다는, 종교적 물음과 무관한 사회과학적 연구 전통에서 나온 것들이다.

　― **각 단계에서 나타나는 규범의 내용**: 파울러가 말하는 단계는 피아제나 콜버그적 의미의 **위계**(*Hierarchie*)를 형성하는가? 상위 단계는 하위 단계보다 나은 것인가? 이 질문에 대해 파울러가 취하는 입장은 모

순된다. 한편으로 파울러는 의미지향성이 단순하게 서로 무게를 견줄 수 있다고 생각하지 않았다. 여기에는 보편타당한 기준이 존재하지 않는다. 그 대신 인간의 자유에 바탕하여 나름대로의 권리를 부여받은 기획이 무수히 있을 뿐이다. 다른 한편 파울러는 각 단계의 차별성을 연구하는 과정에서 보다 높은 단계로의 발달에 대한 가정을 받아들인다. 바로 그렇기 때문에 파울러가 상위 단계의 가치를 드러내 놓고 높게 평가한 것 (1991a, S. 120, 217, 317ff)도 그리 놀랄 만한 일은 아니다.

각 단계에 대한 심리학적 평가가능성, 다시 말해 어떤 특정한 종교가 아니라 보편타당한 기준에 의해 지탱되는 평가가능성은 결국 내용과 형식의 분리와 관련된다. 각 단계를 내용과는 별개로 단지 그 구조에 따라 순전히 형식에 비추어 진술할 수만 있다면, 아마 보편타당한 평가도 가능할지 모르겠다. 그러나 파울러가 성공을 거두지 못한 부분이 …… 오저/그뮌더의 경우와 마찬가지로 …… 바로 그 부분이다. 특히 발달에 방향을 부여하고 규범을 제시하는 최상의 단계에서는 기독교 신학의 영향이 그 어디보다도 뚜렷이 나타난다.

― **신앙단계의 신학적 평가에 대한 문제**: 파울러의 신앙이해와 각 단계에 대한 평가는 틸리히나 니버의 기독교 신학에 영향을 받았으므로 우리는 파울러 심리학의 적절성을 따져볼 뿐만 아니라, 그의 **신학**이 적절한 것인가에 대해 묻지 않을 수 없다. 그러므로 제일 먼저 확실하게 짚고 넘어가야 할 것은 파울러가 이해하는 순수하게 형식적인 실체로서의 신앙이 기독교의 신앙이해와 일치하느냐의 여부다. 신학적 논쟁의 울타리를 넘어 말할 수 있는 기독교적 신앙 이해는 항상 기독교적 하나님 이해, 다시 말해 특정한 내용을 갖추고 있는 하나님 이해와의 관련성을 통해 규정된다. 이런 의미에서 볼 때, 파울러가 말하는 신앙의 발달이란 그가 스스로 말한 바와 같이 **기독교** 신앙의 발달만을 의미하는 것은 아니다.[4]

---

4) 최근 들어 파울러는 스스로에게 좀더 강도 높은 기독교-신학적 "신앙발달" 이론을

파울러에게 있어서 기독교 신앙 및 기독교는 신앙의 형식적 구조가 내용적으로 채워진 것이다. 그렇다면 거꾸로 이것은 기독교적 자기이해의 시각에서도 관찰할 수 있는가? 일단 기독교의 신앙이해, 특히 개신교의 전통적 신앙이해는 발달이라는 관념과는 철저하게 상충된다. 개신교의 신앙은 무조건적으로 우리를 용납하는 하나님을 믿으며 신앙은 인간의 칭의(Rechtfertigung)를 믿는다. 이 관점에 따르면 인간은 스스로 완전해지려고 애쓸 필요가 없다. 이런 맥락에서 신학은 완전성을 목표로 하는 발달에 대한 사고를 배제한다. 파울러 이론을 비판하는 사람들이 바로 이 점을 지적하는 것은 타당하다. 또한 파울러 자신도 인간이 가능한 한 빠르게 점점 높이 올라가기 위해 사용하는 사다리의 이미지를 배격한다(1991a, S. 116-1989, S 76ff와 비교).

그러나 기독교적 신앙이해에 있어서 인간의 전진적 발달을 주장하고 그러한 발달을 교육학적으로 뒷받침해 주는 두 가지 관점이 있다. 하나는 신앙에 대한 **이해**(Verstehen)이고 다른 하나는 신앙에 대한 **윤리적 귀결**(die ethischen Konsequenzen)이다. 이 점을 제일 분명하게 지적하고 있는 학자가 칼 에른스트 닙코(K. E. Nipkow)이다(1983, S. 182-83).

첫째, 바울이나 루터나 칼빈의 신앙인식(Glaubenserkenntnis), 교회사 속에서 강조되는 뭇 위인의 신앙인식, 다시 말해 예수 그리스도 안에 나타난 구원에 대한 인식은 인식에 합당한 관철 방식(예컨대 성서 이야기라든가 교회의 가르침을 접하는 것)을 통해—이러한 인식의 내용적인 근본 의미가 완전히 독자적이고 혼동할 수 없는 것이라는 조건을 침해하지 않고—개개인의 (발달하는) 인지구조와 관련을 맺지 않는가? 여기서 구조적 측면(Strukturaspekt)에 속하는 것으로는 논리적 사고 형태(첫 번째 측면), 사상의 체계 형성(여섯 번째 측면), 그리고 상징 이해의 능력(일곱 번째 측면)을 들 수 있다. 신앙인식에 대한 물음은 그

요구하고 있다(Fowler 1985, S. 51; 이와 관련하여 회심에 대한 파울러의 문제 의식에 대해서는 1991a, S. 86ff.; 1984a, S. 75, 138ff. 참조).

기독교인이 권위를 두는 지점과도 관련된다. 예를 들어, 그 물음은 그가 자신의 신앙에 대해 답변을 하느냐 그렇지 않느냐의 여부와 관련된다(다섯 번째 측면).

둘째, 종교개혁가들의 견해, 즉 성령은 우리가 사랑 안에서 봉사의 삶을 살 수 있게 해주며, 이것은 신앙의 성장과 성화의 또 다른 근본적 의미라는 견해는 타인의 관점에서 현실을 바라볼 줄 아는 감수성(두 번째 측면), 사회적 인지(認知) 및 그에 따른 사회적 책임의식의 좁거나 넓음(네 번째 측면), 그리고 최종적으로는 도덕적 판단의 형태(세 번째 측면)와 관련을 맺지 않는가?

그러나 닙코에게서 분명하게 나타나는 것처럼, 기독교 신앙의 성장이라고 할 만한 것은 신앙의 이해와도, 윤리적 결론과도 단순히 동일시되지 않는다. 오히려 신학적 범주는 그러한 이해를 인간의 자기 지배력에 대한 포기, 죄의 힘에 대항하는 싸움, 하나님과 그리스도에 대한 인식으로 규정할 것이다. 이렇게 보았을 때, 파울러가 말하는 발달은 기독교 신앙 자체의 발달이 아니라, 기독교 신앙에 **상응하는** 하나의 형태로 이해해야 할 것이다. 물론 이 둘 사이에는 여러 가지 차이가 있다.

— **합리성이해 문제**: 파울러가 말하는 신앙발달이 기독교 신앙의 전진적 관철(fortschrietende Durchdringung), 즉 "인식에 합당한 관철"의 과정으로 해석되어야 한다면, 과연 파울러가 내세우는 인식과 합리성이해가 기독교의 신앙이해와 상응하는지, 아니면 (많은 비평가들이 말하는 것처럼) 모순되는지에 대한 물음이 생긴다. 이때 모순은 특별히 자연과학적 경향의 합리성이해(피아제)와 종교적 차원까지 포괄하는 합리성이해 사이에서 나타난다. 그러나 우리는 파울러의 입장을 아무렇지도 않게 피아제나 콜버그의 입장과 똑같이 평가할 수는 없다. 파울러는 피아제나 콜버그의 견해를 "합리적 확실성의 논리"(Logik der rationalen Gewißhiet)라고 부르면서, 그 적용 범위에 문제를 제기했으며, "확신의 논리"(Logik der Überzeugung)도 포함시킬 것을 요구했다(1991a, S.

122-1980b와 비교). 이것은 우리가 독자적인 자아에서 분리된 객관적인 인식의 발달만이 아니라 이러한 인식이 자아에게 주는 의미, 그리고 자아와 인식의 관계까지도 인정하고 연구해야 함을 의미한다. 파울러는 인식의 인격적 특성을 중시했으며, 따라서 인식의 과정에서 그 독자적인 인격(Person)도 함께 관련된다는 사실을 부각시켰다. 그러나 파울러가 파악한 그 심리학적 단초를 "확증의 논리"에 맞추는 것이 성공을 거두었는지는 분명치 않다. 합리주의적 사고를 포함한 이 단초가 오히려 파울러의 의도와는 다른 방향으로 관철된 것은 아닌지도 불확실하다. 이런 의미에서 파울러는 얼마 뒤 자기비판적인 글을 통해서 (요한 밥티스트 메츠의 사상에 의거하여) 자신의 이러한 시도는 신학적 내용이 합리주의로부터 "피루스의 승리"[5]를 얻어낸 격이라고 말했다(Fowler 1985. S. 55).

지금까지 살펴본 바, 파울러의 이론에 제기되는 여러 가지 물음에서 알 수 있듯이, 파울러의 이론은 여전히 발전 과정 중에 있으며, 따라서 현재 상태를 아직 결정적인 성과의 단계로 파악할 수 없다. 그러나 우리는 그의 이론이 현재의 상태로도 종교교육학적 사유에 많은 도움과 자극을 주는 유용한 이론으로 입증되고 있다는 사실을 강조하지 않을 수 없다. 이러한 사실은 종교교육과 삶, 종교교육과 발달의 관계에도 그대로 적용된다. 파울러의 연구 성과들은 그러한 관계를 정확하게 표현할 수 있게 해 주기 때문이다(Nipkow 1982, S. 45ff.). 또한 우리는 어린이와 청소년의 하나님 이미지를 이해하고(Haunz 1978), 성서이야기를 이해하고(Csanyi 1982), 젊은이들과 지적인 작업을 할 때(Chamberlain 1979)도 파울러의 이론에 기대지 않을 수 없다.

---

5) Pyrrhussieg: 고대 그리스의 에피루스의 왕인 피루스가 로마군을 격퇴했을 때처럼 많은 희생을 치르고 얻은 승리. <역주>

비판적 물음

인지구조이론을 통해 전개되는 종교발달이론의 적용 범위와 한계를 따져보기 위해, 필자는 우리가 1장에서 살펴본 자서전적 진술과 자료에 의거하여 이 이론의 해명 능력에 대해 이렇게 묻고자 한다. 이 이론은 종교적 발달의 어떠한 측면을 해명해 주고 있는가? 이 이론이 파악한 것은 무엇이고 놓쳐버린 것은 무엇인가?

1장의 자서전적 진술 가운데 일부는 인지구조적 해석의 대상이 된다. 동전을 넣어 주면 고개를 끄덕거리는 "동전-하나님"(Groschen-Gott)에 대해 말한 유타 리히터의 경우는 오저/그뮌더가 분류한 2단계의 특성인 "당신이 나에게 하는 대로 나도 당신에게"의 특성을 잘 보여준다. 마리 카르디날의 "성체 속 조그만 남자" 이야기는 파울러가 2단계로 분류한 신화적-문자적 이해의 대표적인 사례다. 자기의 어릴 적 신앙을 "실제적으로" 반추하는 견습공, 이 세상과 자기 존재의 한계를 골똘히 생각하는 안톤 라이저의 이야기는 오저/그뮌더에 의하면 3단계, 파울러의 이론에 따르면 4단계를 암시한다. 청소년기에 많이 나타나는 질문들은 인지구조이론을 바탕으로 관찰할 때 이해가 잘 된다. 즉 그런 질문들은 형식적-조작적 사고(피아제)와 더불어 발생하는 것으로서 기존의 전통에 대한 비판적 검증 가능성에 부합한다.

그런데 아동기 초기나 중기의 경우는 이런 식의 적용이 다소 어려워 보인다. 유타 리히터의 이야기에 등장하는 "수호 천사의 아버지" 하나님을 파울러의 이론으로 해석하면 직관적-투사적 신앙의 특징이 되지만, 이러한 해석은 여기서 표출되는 아주 중요한 체험, 즉 아버지에 대한 체험을 지나쳐 버린다. 그러다 보니 인지구조적 발달모형에서 인간의 최초 경험은 아주 불충분하게 다루어진다. 파울러가 어린이의 신뢰를 가리켜 표현한 "최초의 신앙"(primal faith)이라는 개념도 여기서는 더 이상 나아가지 않는다. 오저/그뮌더와 파울러의 이론으로는 틸만 모저가 말하는 어린 시절의 경험과 정신분석학적 나르시시즘 이론이 말하는 경험이 서로 구별되지 않는다.

인지구조심리학이 여전히 선호하는 연구 방식인 "임상 인터뷰"는 일정한 나이가 되어야 시도할 수 있는 방법이라는 점을 감안할 때 이러한 실정은 그리 놀라운 일도 아니다. 젖먹이 어린이에게는 질문을 할 수 없다. 다만 관찰할 수 있을 뿐이다. 그러나 나중에 일정한 나이가 되어 회상을 통해 그 시절의 체험에 좀더 구체적으로 접근할 수는 있다. 정신분석학에서 시도하고 있는 회상법(Erinnerungsarbeit)이 그 대표적인 예다. 이러한 회고는 한 번의 인터뷰만으로는 충분치 않다.

인지구조이론의 두 번째 한계는 내용적 부분과 관계된 것으로서 이 이론을 자서전적 진술에 적용하면 가시적으로 드러나는 문제다. 인지구조적 고찰에서는 엄마, 아빠, 형제, 자매, 교사 등의 인물들이 시야에 들어오지 않는다. 물론 인지구조이론은 종교적 발달이 어린이나 청소년의 사회적 경험의 틀 속에서 이루어진다는 점을 전제하고 있다. 그러나 이론적인 진술, 즉 각 단계에 대한 진술을 살펴보면 그러한 경험의 영향이 추상적이고 모호하다. 그렇기 때문에 정신분석학은 바로 이 점에서 인지구조이론에 대한 훌륭한 보완의 기능을 할 수 있을 것이다. 거꾸로 인지구조이론은 아동기 후반과 청소년 시기의 종교적 발달에 대한 이해를 도와줌으로써 정신분석학의 취약점을 보완한다.

모든 경험과학적 이론은 연구 대상을 제한하고 연구 방법론을 선별하지 않을 수 없기 때문에 그 적용 범위가 한정된다. 그러나 이것 말고도 몇 가지 근본적인 문제점이 있다. 일부 비평가들은 바로 이 점 때문에 종교교육학이 인지구조이론을 포기하지 않을 수 없다고 판단한다. 특히, 위계적 절차에 토대를 두고 있는 **단계개념**(*Stufenbegriff*)과 **진보사상** (*Fortschrittsdenken*)은 종교발달이론에는 부적합하다는 비판을 받고 있다. 비판가들은 단계에 대해 말하는 것은 서랍 안의 생각을 전면에 내세우고 선입관을 강화한다는 것이다. 여기에 반해 종교적 발달은 다층적인 과정이기 때문에 6단계와 같은 단순한 공통분모로 파악하려는 시도는 불가능하다는 것이다. 게다가 진보 사상은 우리 사회에 만연한 진보와 성장과 성취의 이데올로기와 영합한다는 것이다. 비록 그런 이데올로기에서 나온 것은 아니라 할지라도 말이다.

우리는 이러한 반론을 가볍게 보아서는 안 된다. 어린이나 청소년을 단계라는 안경으로 보는 방식은 치명적 결과를 낳을 수도 있다. 만일 종교교육이 최고의 단계를 향해 가능한 한 많이 가능한 한 빨리 나아가려고만 한다면 당사자인 어린이와 청소년이 느끼는 발달의 욕구를 놓쳐버리기 쉽다. 물론 인지구조발달이론의 대표자들이 그 두 가지를 추구하는 것은 아니다. 오히려 그들은 그것을 완강하게 거부한다(특히 파울러는 1991a, S. 133에서 이 점을 강조한다). 그러면 이들이 관심을 기울였던 것은 무엇인가? 우선 그들은 종교적 판단과 (의미지향성으로서의) 신앙이 완전히 무질서하고 끝없이 다양하게만 발달하는 것이 아니라는 점에 주목했다. 그들에 따르면 비록 제한적이나마 그 발달에는 우리가 인식할 수 있는 구조가 존재하며, 이 구조는 질적으로 서로 구분되고 다시금 이 구조는 자체 안에서 완결된 총체로 파악될 수 있다.

결국 이것은, 어른과는 다른 어린이와 청소년의 종교적 이해의 차이성과 독특성에 가치를 부여해야 한다는 뜻이다. 어린이나 청소년은 어른보다 덜 생각하고 이해하는 것이 아니라, 어른과는 **다르게** 생각하고 이해하는 것이다. 이러한 주장에 기초하여 어린이나 청소년은 자신에게 과도한 요구를 하거나 이들의 이해 가능성을 무시하는 크고 작은 요구로부터 보호되어야 한다.

인지구조이론은 이해의 발달을 성숙으로 해석해서는 안 된다는 점을 부단히 강조하고 있다. 과거 발달심리학에서 만연했던 성숙이론은 계속해서 거부되고 있다.[6] 인간의 심리(Psyche)에는 주변 세계(환경)로부터 아무런 영향을 받지 않는 영역이란 존재하지 않는다. 발달이론의 이러한 환경 의존성은 단순히 나이(연령)만 가지고는 발달을 전혀 설명해낼 수 없다는 견해를 동반한다. 연령은 비슷한데도 서로 다른 삶의 조건으로 인해 발달상태에 현격한 차이가 나고, 각기 다른 단계에 속하게 될 수도 있다.

---

6) 현대 발달심리학의 입장도 이와 일치한다(Oerter 1975, S. 21ff.; Montada 1982, S. 24ff.).

그런데 발달심리학은 이러한 차이 때문에 적지 않은 어려움에 봉착하게 된다. 발달심리학의 관심사는 발달을 체계적인 변화, 즉 이전 상태에서 이후의 상태로 나아가는 절차로 기술하는 것이다. 그런데 같은 연령 단계에서 다양한 발달단계가 나타난다면 도대체 어떤 것이 "이전"이고 어떤 것이 "이후"인가? 나이에 집착할 경우 이 물음에 대해 만족할 만한 대답을 기대하기는 어렵다. 그래서 우리에게는 또 하나의 원칙, 즉 부가의 원칙(das Prinzip der Zuordnung)이 필요하다. 인지구조심리학에서 이러한 부가의 원칙은 발달의 내적인 논리로부터 발생한다. 즉, 하나의 단계가 다른 단계를 전제하고 그 단계를 기반으로 한다는 것을 증명할 수 있다면, 그 단계는 보다 높은 단계로 불릴 수 있다는 논리가 그것이다.

그러나 하나의 단계를 보다 높은 것으로 평가하는 것은 그러한 평가를 정당화 해주는 하나의 표준을 전제한다. 피아제와 콜버그는 인지발달 및 도덕발달과 관련하여 그러한 발달의 논리를 증명하는 데 최소한 어느 정도는 성공을 거두었다. 그들은 인지이론과 도덕철학으로부터 발달의 표준이 될만한 것을 얻어냈다. 아직 논란이 계속되고는 있지만, 최소한 원칙에 있어서는 발달의 표준이 지속적 동의를 얻고 있다. 그러나 종교적 발달의 경우는 문제가 훨씬 어려워 보인다. 물론 종교적 판단의 단계 내지 신앙의 단계를 전체성의 의미에서 분류할 수는 있을 것 같다. 그러나 필자가 보기에는 그 단계들이 엄격한 의미에서 서로 관련될 수 있도록 각 단계를 이어 주는 내적 논리가 존재하는지의 여부는 불확실하다. 그러므로 인지구조심리학이 말하는 단계이론을 유용한 해석으로 수용하면서도 그 이론의 위계적 성격에 대해서는 신중한 입장을 취하는 것이, 지금처럼 확실한 판정이 유보된 상태에서 우리가 취할 수 있는 가장 솔직한 태도가 될 것이다.

종교적 발달에 대한 평가 가운데 신학적으로도 대표성이 있는 평가는 어떤 양상을 띠게 될까? 이미 앞 단락에서 분명하게 드러난 것처럼 이 물음에 대해 간단히 답할 수는 없다. 종교적 발달을 완전성을 향한 노력으로 파악하는 한 신학은 종교적 발달이라는 관점을 받아들이지 않을 것이다. 종교적 완전을 향한 노력은 인간을 하나님에게도, 자기 자신에게도 안내하지 못한다. 오히려 그런 노력은 자신에 대한 지나친 요구와 자기 파멸로 끝맺을 가능성이 있다. 이런 의미에서 신학적 인간학은 성장과 진보 이데올로기에 대한 비판과 한 목소리를 이룬다. 그러나 종교적 발달이 기독교 신앙에 대한 보다 정밀하고 독자적 인식으로 이해되고 사랑의 윤리에 대한 지향을 의미한다면 그러한 발달이론은 기독교 신학의 관심사와도 부합한다. 물론 그렇게 되면 인지구조심리학이 말하는 발달은 의미의 제약을 받게 된다. 그러나 이러한 의미의 발달이론은 신학이 결코 포기하지 않는 관심사를 대변하게 된다.

종교적 발달에 대한 신학적 평가에서 진보를 긍정하는 입장과 진보에 대해 비판적 입장 사이에 갈등 관계가 있는데, 이러한 갈등은 어린이에 대한 관점에서도 반복된다. 어린이에게 종교적 발달은 여전히 부가적인 의미를 지닐 뿐이다. 신학적 관점에서 어린이됨은 인간됨의 완전한 가치를 담고 있는 형태이며, 따라서 어른됨의 이전 형태로 간주되어서는 안 된다. 그것은 어린이의 고유한 권리이며, 그 권리는 어린이의 발달상태나 성취정도와는 무관하게 언제나 어린이에게 주어져 있는 것이다. 그러나 다른 한편 어린이는 성숙한 어른이 되어야 한다. 그리고 이것은 신학적 관점에서 종교적 성숙을 포함한다.

종교적 발달에 대한 인지구조이론의 신학적 해석 문제에서 우리가 항상 기억해야 할 것이 있다. 그것은 파울러와 오저/그뮌더는 단순히 심리학자일 뿐 아니라 신학자였다는 것이다. 이들이 연구하고 진술한 영역은 신학적 배경 때문에 알려지지 않았거나 심지어 관심의 대상이 되지 못했던 그런 영역이 아니었다. 이들은 심리학자로서 각자의 이론을 전개했으나 이들의 신학적 관심사는 고스란히 드러난다. 이 학자들의 신학적 관심은 이들이 종교를 심리학적 과정으로 환원하지 않은 것에서 잘 나타난다. 프로이트가 신을 단지 격상된 아버지 정도로 여기고 심리학적 관점을 유일하게 믿을 만한 해석으로 절대화한 것과는 달리, 파울러나 오저/그뮌더의 인지구조이론은 신학적 견지에서 볼 때 심리학적 연구에 노정된 한계를 주시했다. 인간이 초월적인 것으로 여기고, 또 그렇게 경험하는 것만이 심리학적 연구의 대상이 될 수 있다. 이러한 경험 뒤에 무엇이 있는지, 그리고 이러한 경험은 신학적으로 어떻게 해석할 수 있는지는 심리학적 주장만 가지고는 결정할 수 없다(특히 Oser/Gmünder 1984, S. 10 참조).

파울러와 오저/그뮌더의 이론이 전개되어 나온 신학적 관심은 그들의 신앙이해와 종교적 판단이해 속에서 표출된다. 이러한 이해의 내용적 불특정성은 인지구조심리학의 바탕인 구조주의적 단초 때문만은 아니다. 그것은 교회와 결부된 종교 혹은 제도적 종교 일반이 퇴조하고 있는 현 상황 속에서 인간 발달의 종교적 차원을 나타내 보이려는 노력과도 상응한다. 이렇게 보았을 때 구조주의적 종교이해는 세속화된 사회 속에서도 종교의 지속적 의미를 증명하는 데 기여하게 되는 것이다.

마지막으로, 종교가 발달의 능력을 가지고 있으며 그렇기 때문에 합리성과 성숙은 종교적 발달의 목표로 간주될 수 있다는 주장(적어도 오저/그뮌더의 경우)은 세속적인 비판에 맞서 종교를 변호하려는 경향을 보인다. 그렇다면 스스로를 합리적인 사회로 이해하는 사회 속에서 종교의 합법성이 검증되어야 한다. 합리성과 종교성을 화해시키려고 할 때 일어나는 어려움들에 대해서는 앞에서 이미 언급해 놓았다. 그러나 종교적 발달에 대한 인지구조이론이 현대 사회 속에서 종교가 처한 상황에 대해 신학적인 답변을 시도하고 있으며, 우리가 그것을 그 자체로 진지하게 받아들여야 한다는 사실만큼은 그러한 어려움 앞에서도 변함이 없다.

도서자료와 참고문헌

J. Piaget의 자서전에 대해서는 >Jean Piaget—Werk und Wirkung< (München 1976)이 권할 만하다. J. Piager/B. Inhelder는 인지구조이론에 대해 알기 쉽게 풀어 놓았다(*Die Psychologie des Kindes*. Frankfurt a.M. 1977). 종교심리학적 문제로서는 Piaget의 글 >Das Weltbild des Kindes< (Frankfurt/M.u.a. 1980)이 특히 흥미롭다. 역시 관심을 끄는 것으로서 R. L. Fetz/K. H. Reich/P. Valentin의 >Weltbildentwicklung und Gottesvorstellung. Eine strukturgenetische Untersuchung bei Kindern und Jugendlichen.< (In: E. Schmitz(Hg.): *Religionspsychologie. Eine Bestandsaufnahme des gegenwärtigen Forschungsstandes*. Göttingen u.a. 1992)이 있으며, 이 맥락에서 아울러 언급할 만한 것으로는 K. H. Reich의 >Denken in Komplemetarität< (Reich 1987), 종교교육학적 문헌으로는 Reich/Schröder(1995)가 있다.

독일어로 번역된 L. Kohlberg의 책으로는 다음 두 권이 있다(*Zur kognitiven Entwicklung des Kindes*. Frankfurt a.M. 1974; *Die Psychologie der Moralerziehung*. Frankfurt a.M. 1995). 독일어 역본으로는 그의 전집(*Essays on Moral Developement*. Bd.I 1981; Bd.II 1984)이 아직 나오지 않았기 때문에 그 이상의 연구를 위해서는 영어판을 권한다. 콜버그의 단계이론에 대한 간략한 서술이 A. Colby/L. Kohlberg (In: *Psycholgie des 20. Jahrhunderts*. Bd. VII. Zürich 1978)에 나와 있다. 콜버그에 대한 비판적 논의에 대해서는 책 끝부분 참고문헌에 제시된 Blasi(1980), Fowler(1980a), Wallwork(1980), Schweitzer (1980; 1986), Eid u.a.(1995)의 연구들을 비교하라. 교육학과 종교교육학적 관점에서는 다음 연구가 있다: Hofmann(1991), Adam/Schweitzer (1996). 여성의 도덕적 발달에 관한 물음으로서는 C. Gillgan(1984)을

들 수 있다. 이와 관련하여 G. Nunner-Winkler(1991), H. Nagl-Docekal/H. Pauer-Studer(1993) 및 Horster(1998)를 비교하라ー콜버그는 그러한 비판에 대한 답변을 그의 Essay 두 번째 권에서 시도하고 있다(1984, S. 224ff.).

종교적 발달에 대한 인지구조적 해석을 위한 첫 번째 이론적 단초는 Goldman(1964)과 Elkind(1978)이 시도했다. F. Oser/P. Gmünder는 자신들의 이론을 »Der Mensch—Stufen seiner religiösen Entwicklung«(Zürich/Köln 1984)에서 아주 상세히 전개했다(우리말 번역 : 프리츠 오저/폴 뮌터, 『종교적 판단론』, 김국환 옮김, 한국장로교출판사 2000). 그외 자료로는 책 끝부분 참고문헌을 보라(Gmünder 1979; Oser u.a.1980; Oser 1980; 1986; v. Brachel u.a. 1983; Fetz 1985; Fetz/Oser 1986). 역시 종교교육학적 관점의 가장 중요한 문헌으로서 Oser(1988; 1992), Oser/Reich (1996)를 보라. Oser에 대한 비판적 연구로서 Heimbrock (1984; 1986), Fraas(1983, S. 154), Mette(1983), Englert (1985), Schmidt(1984), Schweitzer(1985b; 1988)가 있고, 이들 연구와 아울러 Nipkow(1987b), Slee(1983), Nipkow/Schweitzer/Fowler (1988), Bucher/Reich(1989) 같은 학자들이 논의를 전개했다ー이들 모두에 대해서 Oser 역시 반론을 폈다.

Fowler의 이론에 대해서는 특히 1981년에 나온 그의 책 »Stufen des Glaubens«(dt. 1991)를 보라. "신앙발달"이라는 관점에서 이루어진 자서전 연구로서는 J. W. Fowler/R. W. Lovin u.a.(1980)에 실린 여러 편의 논문을 들 수 있다(우리말 번역 : 제임스 파울러, 『신앙의 발달단계』, 사미자 역, 한국장로교출판사 1987). 그 이전에 나온 자료들에 대해서는 참고문헌을 보라. 현재 독일어 번역본으로 »Glaubensentwicklung. Perspektiven für Seelsorge und kirchliche Bildungsarbeit «(1989)가 있다. 신앙발달이론에 대한 추가작업을 통해서 Fowler는 특히 실천신학 영역에서 그 이론의 위치와 과제를 해명함으로써 이름을 떨치게 되었다(Fowler 1983; 1985; 1991b; 1996). 이런 맥락에서 역시 하나의 단초를 시도하고, 신학적이며, 사회학적인 성찰이 가해진 폭넓은 시도가 기독교적 성인됨이라는 관점에서 중요한 역할을 하고 있다 (Fowler 1984a). — 이와 관련하여 좀더 추천할 만한 개론서로서는 Nipkow의 저술을 들 수 있다(*Grundfragen der Religionspädagogik.* Bd.3. Gütersloh 1982, bes. Kap.2; *Wachstum des Glaubens—Stufen des Glaubens.* In: Reformation und Praktische Theologie. Hg.v. H. M. Müller/D. Rössler. Göttingen 1983). 문제를 신학적-철학적으로 좀더 일목요연하게 보여주는 것으로 Chamberlain(1981)의 저작이 있다. Fowler의 신학적 지향성에 대해서는 그의 H. R. Niebuhr에 관한 박사학위 논문(*To see the Kingdom.* Nashville 1974)을 보라. 이론적, 방법론적 관점하에서는 특히 J. W. Fowler u.a.(1986)의 연구 안내서를 보면 좋겠다.

그간 국제적으로 매우 다양하게 분지화되고 따라서 더 이상 일목요연하게 파악할 수 없게 된 Fowler에 대한 논의는 수많은 개개 연구 작업들을 살펴보는 것이 좋겠다. 이 연구들은 다음 강조점에 따라 분류할 수 있다:

— 경험과학적 기초에 대하여: Fowler 1981a, S. 313; McBride 1976; Smith 1983, S. 224; Webster 1984, S. 16f. 이에 대한 반론으로 Smith 1986; Heywood 1986, S. 73f.; Lans 1986, S. 117f., 아울러 Parks (1982; 1986)의 연구 비교.

— 종교적 발달의 정서적, 무의식적 양상에 대하여: Conn 1981; Ivy 1982, S. 273f.; Heimbrock 1984, S. 157ff.; vgl. Neidhardt 1986 아울러 Schmidt 1984, S. 45. 그 이상의 비판적 논의에 대해서는 다음 문헌 참조. Review Symposium. In: Horizons 9/1982.

— 연구대상에 대하여: Ivy 1982, S. 270; Oser/Gmünder 1984, S. 54f.; Loder 1982, S. 138; Webster 1984, S. 16; 아울러 Döbert의 연구 (1984, 종교적 발달과 자아의 발달 간의 관계에 대하여) 비교.

— 단계의 규범적 성격에 대하여: Loder 1982; Miller 1985, S. 149ff.; v.d. Lans 1986; Neidhardt 1986; Schweitzer 1982, S. 107.

— 신앙단계의 신학적 평가에 대하여: Nipkow 1982, S. 47ff.; 1983;

아울러 1987a; Hennessy 1976b; Loder 1982, S. 135ff.; Moran 1983, bes. S. 121ff.; Neidhardt 1986; Schmidt 1984, S. 46ff.; Keen 1978; Schweitzer 1987.

— 합리성(Rationalität) 이해에 대하여: Heywood 1986; Heimbrock 1984, S. 157ff. 인지구조이론을 종교교육학에서 받아들이는 문제에 대한 반론이 있다: Fraas 1983, S. 154f.; Neidthart 1986, S. 127ff.; 그와는 또 다른 논의로서 Lans 1986, S. 114ff.

좀더 최근에 나온 일련의 연구가 있다—특히 Nipkow/Schweitzer/Fowler 1988, Dykstra/Parks 1986, Astley/Francis 1992, Aden/Benner/Ellens 1992(부분적으로 파울러 자신의 반론도 실려 있다). 가장 최근에 나온 것으로 G. Klappenecker(*Glaubensentwicklung und Lebensgeschichte*. Stuttgart u.a. 1998) 참조.

마지막으로 파울러에 관해서는 Emory-Universität(Candler School of Theology, Atlanta, Georgia, 30322 USA)로부터 관련 문헌목록(Faith Developement Bibliography)을 얻을 수 있다.

5
종교적 발달, 사회화, 교육

    3장과 4장이 오늘날 가장 주목을 받고 있는 종교발달이론을 설명하기 위한 것이었다면, 이제부터는 그 종교적 발달이 진행되는 역사적, 사회적 전제에 관심을 쏟을 필요가 있다. 이러한 전제는 일반적으로 **사회화의 조건**(*Sozialisationsbedingung*)이라 불린다. 사회화의 조건이란 어린이나 청소년의 성장에 영향을 끼치는 인격적 조건이나 제도적, 사회적 조건으로, 특히 후자를 말한다. 오늘날에는 가족이나 청소년 문화 말고도 학교에 대한 관심이 두드러진다. 학교는 아동기나 청소년기 중 커다란 부분을 차지하고 그것을 이른바 학창 시절로 규정한다. 그래서 필자는 이 장의 제목에서 **교육**(*Bildung*)을 **사회화**(*Sozialisation*) 옆에 두었다. 그렇게 함으로써 학교의 커다란 중요성 및 그 학교에 의해 매개되는 교육의 중요성을 부각시키려고 한 것이다. 그러므로 필자가 여기서 말하는 교육이나 학교는 가령 프로일(R. Preul 1980)이나 엥글러트(Englert 1985)의 경우처럼 종교적 발달을 종교교육이론의 틀 속에 끼워 넣으려는 시도가 아니라, 사회화의 일부로서의 교육과 학교이다.

    이 글의 목적은 발달심리학과 사회화 이론의 입장을 서로 교차시키는 것이다. 발달과 사회화에 대한 이러한 견해는 자명한 것이 아니다. 실상 종교교육학 분야에서는 오랫동안(특히 1970년대) 오로지 종교적 사회화에 대한 논의만 있었다고 해도 과언이 아니다. 이제 (우리가) 종교적 발달의 개념을 좀 더 집중적으로 살펴보게 되면 일단 아동기와 청소년기에 대한 이해가 달라질 것이다. 우리는 어린이나 청소년이 그 사회의 전통과 제도에 스스로 편입되는 데 적극적 역할을 한다는 사실을 강조해야 한다. 그러나 이러한 이해가 사회화 연구라는 좀 더 사회적인 견해를 단순히 배제하는 것은 아니다. 어린이나 청소년의 발달에 사회적이며 역사적인 요소들이 끼치는 영향에 대한 물음은 여전히 존재한다. 그렇다면 사회화와 발달이 어떻게 양립할 수 있으며, 어린이와 청소년의 적극적인 역할과 사회적 영향이 어떻게 양립할 수 있는가?

여기서 우리는 다시 한번 발달에 대한 이해 문제로 돌아가지 않을 수 없다. 자서전적 기록(1장)과 방법론에 대한 평가(2장)와 이론적 내용(3장, 4장)을 감안할 때 종교적 발달이란 과연 무엇이라고 이해해야 하는가? 그리고 이 발달은 그 발달이 이루어지는 사회적 조건과는 어떤 관계에 있는가? 발달에 대한 이해가 명확해지면 종교적 발달과 사회화의 관계도 분명하게 파악할 수 있다.

"종교적 발달"이란 무엇인가?

1장에서 필자는 자서전의 성격을 띤 여러 가지 글을 소개하면서 종교적 발달을 종교적인 것과 관련된 경험과 생각과 감정과 인간관계의 삶의 이야기적 변화로 해석했다. 2장에서는 이러한 해석을 폭 넓은 (기능적) 종교 이해와 협소한 (내용적/실체적) 종교이해의 구분에 힘입어 더욱 정확히 표현하려 했다. 그렇다면 이제 정신분석이론과 인지구조이론은 종교적 발달에 대해 무엇을 보여 주는가?

두 이론의 가장 중요한 공헌이라면 종교적 발달이 진행되는 종류와 방식을 규명한 것이다. 처음부터 두 이론은 두 개의 극단적 해석을 배제한다. 하나는 종교적 발달을 태어날 때부터 존재하는 어떤 소질(Anlage)의 성숙(Reifung)으로 보려는 해석이며, 또 다른 하나는 종교적 발달이란 환경(Umwelt)이 아이에게 부여한 종교에 적응(Anpassung)해 가는 것이라는 해석이다. 이 두 가지 해석은 경험과학적 증거를 비껴간다. 종교적 발달이 다른 사람과의 경험에 의존한다는 사실은 성숙이론의 타당성에 이의를 제기한다. 만일 종교적 발달이 순수한 성숙의 과정이라면 외부로부터 오는 영향력은 본질적인 역할을 할 수 없기 때문이다. 그러나 어린이나 청소년은 자신들에게 주어진 전통을 받아들여 자기의 것으로 삼기도 하지만 그것을 거부하기도 한다. 그들의 이러한 독자성은 종교적 발달이 단순한 적응이라는 해석에 문제를 제기한다.

이로써 가장 극단적인 해석은 배제되었으나, 신체적이고 정신적인 성숙의 영향과 사회적 환경의 영향 그 자체가 배제된 것은 아니다. 오히려 우리는 **성숙과 관련된** 과정과 **환경에 의존적** 과정 간의 상호작용을 주장할 수 있다. 그리고 이것은 정신분석학과 인지구조발달심리학과 현대 발달심리학 일반이 의견을 같이하는 부분이다. 환경과 무관한 성숙은 존재하지 않으며 성숙과 무관한 환경도 존재하지 않는다. 인간은 항상 주변 환경에 의해 영향을 받는다. 그러나 어떤 환경이 어떤 방식으로 자신에게 영향을 주는지는 다시금 성숙의 과정에 달려있다.

이렇듯 성숙과 환경 내지 유기체와 환경의 구성적 관계의 바탕이 되는 발달이론에 있어서 장 피아제의 이론에 기대어 **상호작용**(Interaktion)이라는 개념이 채용되었다. 발달의 상호작용적 특성, 다시 말해 개개인의 발달이 환경과 연루되어 있다는 견해에 대해서는 오늘날에도 지속적인 동의가 형성되어 있다. 발달을 **생애주기**(life cycle)로 이해하는 정신분석학적 견해와 그 발달을 인지능력의 전진적 획득으로 이해하는 인지구조적 견해간의 분리는, 종교적 발달에 대한 다양한 해석이 가능하며, 또한 앞으로 더욱 분명하게 드러나겠지만 그 다양한 해석 가운데도 의미있는 것이 있다는 사실을 보여준다.

에릭슨이 생애주기에 대해 말하면서 우선 염두에 둔 것은 개개인의 삶이 내적인 "완결" 혹은 "형태"를 형성하는 경향이 있다는 것이며, 두 번째는 세대의 교차가 이 주기 안에 표현된다는 것이며, 마지막으로는 이러한 발달이 각각 삶의 위기들을 넘어가면서 진행된다는 점이다 (Erikson 1968a, S. 286). 여기서 에릭슨이 말하려는 것은 세대간의 관계에 토대를 두면서 자체적으로 위기를 내포하고 있으며 그러면서도 폐쇄성과 총체성을 추구하는 삶의 형태이다. 이때 발달의 단계들은 차례로 쌓아올려진다. 그러나 이 말이 더 높은 단계와 더 낮은 단계를 구별할 수 있음을 뜻하지는 않는다. 한편 이후의 단계는 이전 단계를 전제한다. 과거의 풀리지 않은 갈등은 계속해서 작용하면서 발달의 진척에 방해가 되기 때문이다. 다른 한편 어떤 단계에서 형성된 능력이나 기본적 힘은 이후의 삶의 시기에서도 필요하다. 그러나 모든 발달단계는 동일한 가치를 지닌다.

발달의 위기를 강조하는 것은 비단 정신분석학뿐이 아니다. 인지구조심리학도 인지능력의 전진적 획득에 위기적 성격이 있다고 본다. 새로운 단계를 향한 변화는 지금까지 유효하던 방향성이나 세계관이나 확신 등의 흔들림을 의미한다는 것이다. 이러한 위기를 넘어설 때라야 발달은 더 적합하고 더 나은 문제 해결로 나아가는 **전진/진보**(*Fortschritt*)로 이해된다. 여기서 단계들은 직접적인 의미에서 차례차례로 쌓아올려진다. 결국 하위단계에서 획득된 능력은 상위단계를 위한 전제 조건으로서 기능한다. 그렇기 때문에 인지 발달의 상위단계는 바로 이전 단계를 통한 뒤에야 비로소 다다를 수 있다. 이런 의미에서 우리는 인지구조심리학과 관련하여 위기적 성격을 지닌, 그러나 끊임없이 구축되는 상향적 발달에 대해 말할 수 있을 것이다. 여기서는 최상의 발달단계를 높이 평가하는 경향이 명백하게 나타난다.

그러나 필자가 보기에 이 두 가지 이미지(주기 이미지/전진 이미지)를 서로 대치시키는 것은 부적절해 보인다. 이것은 단순히 양자택일의 문제가 아니기 때문이다. 우리는 둘 중 하나의 견해만을 받아들일 수 있는 것도 아니고 또 그래야만 하는 것도 아니다. 인간의 삶에는 지속적으로 상승하는 진보의 직선도 있고 원의 형태로 유지되는 위기적 특성도 있다. 인지적 영역에서는 확실한 진보가 나타난다. 2 곱하기 2는 4라는 사실을 배운 사람은 그것을 몰랐던 상태로 후퇴하지 않는다.[1] 도덕적 발달의 영역에서도 진보에 대해 말하는 것이 타당할 수 있다. 물론 도덕적 행위는 좀 더 나은 깨달음의 관점에서 보면 항상 뒤떨어진 면이 있긴 하지만, 지속적으로 확장되는 도덕적 지평과 동기부여의 형태는 의심할 나위 없이 진보의 모습을 나타내고 있다. 또한 이것은 그에 상응하는 도덕적 행위의 전제를 이룬다.[2]

정신분석학자 에릭슨도 도덕적 발달영역에 관해서는 그러한 진보 사상을 수용하고 자기 스스로 그것을 대변하기도 했다. 에릭슨 역시 **모든 인간의 존엄성이 인정되고 존중될 수 있도록 도덕적 지평이 확대되는 것**에 관심을 기울였다(Erikson 1981, S. 138ff). 그러나 성적 욕구와 같은 충동, 두려움이나 슬픔 같은 감정, 우정이나 사랑 같은 인간 관계의 경우는 상황이 다르다. 물론 여기서도 그러한 충동을 억누르거나 내버려두는 것이 아니라 그것을 인성 속으로 통합하려는 과제가 존재한다. 감정을 다루는 방법을 배우고 인간끼리의 관계를 풀어 가는 능력을 발전시키고 다듬어 나갈 수도 있다. 그러나 여기서 문제는 결정적으로 해결되지 않고 지속적으로 존재한다. 이 영역에서는 한 번 얻은 통찰이 변하지 않고 남아 있을 수 있다는 의미의 전진/진보는 존재하지 않는다.

따라서 원(주기)의 이미지와 전진/진보의 이미지는 나름대로 적용 범위에 한계가 있으며 보완을 필요로 한다. 만일 우리가 두 이론을 **신학적 측면**에서 고찰한다면 이러한 한계점이 그대로 드러난다. 두 이미지의 경우 인간이 자기 자신과 자신의 발달에 덧씌워 놓은 기대가 스며들어 있다. 신학적 인간학은 인간을 그러한 기대로부터 자유롭게 해주려고 한다. 이렇게 덧씌워진 기대는 특히 인간의 발달을 진보로 해석하는 대목에서 뚜렷하게 파악된다. 이런 식의 해석은 인간의 삶 가운데 나타나는 역전과 퇴보를 제대로 설명해 내지 못한다. 에릭슨이 생애주기를 토대로

---

1) 안팎에서 조성되는 극단적 강요 상황의 경우는 여기서 염두에 두지 않았다.
2) Oser(1986, S. 499)는 나아가서 도덕적 판단과 도덕적 행위 사이의 긴장을 느끼는 의식에서 교육의 목표를 설정할 수 있다고 본다.

내세운 "완결"에 대한 사상도 이렇게 덧씌워진 대표적 경우이다. 인간의 삶은 하나의 총체성에 도달하기보다는 오히려 미완성의 편린으로 남을 때가 많기 때문이다. 실제로 보았을 때 인생에는 진보의 측면도 있고 하나의 완결된 총체성으로 나아가는 부분도 있다. 그러나 인간의 삶 전체는 진보도 아니고 완결된 원형도 아니다. 삶 전체는 열려 있으며 완성되지 않은 것이다. 인간이 제아무리 나름대로의 신성과 완전성을 향해 발버둥쳐도, 삶이 이렇듯 미완의 상태로 열려 있다는 사실은 신학적 인간학의 근본적 관심사 중 하나이다.

지금까지 언급한 것을 토대로 종교적 발달의 개념정의에서 우리가 지향하는 방향을 모색해 보자. 우리는 주기개념이나 진보개념에 의해 대치되지 않는 개념, 즉 **생활사적 변화**(*lebensgeschichtliche Veränderung*)라는 열린 개념을 추구한다. "생활사적 변화" 개념은 지속적 위기와 상승의 직선을 모두 포괄하는 것이라야 한다. 필자의 생각으로는 이 종교적 발달을 종교적 판단이나 신앙—여기서는 파울러가 말하는 바 의미지향성으로서의 신앙—으로 제한하지 않는 것도 의미 있다. 또한 개인적 관계나 사회심리적 위기에만 집중하는 것도 단견이다. 종교적 발달에 대한 이해를 특정한 측면, 부분적으로는 연구 방법론에 의해 조건 지워진 측면에 한정함으로써 이해의 폭이 협소해지는 개념 정의와는 반대로, 자서전적 자료를 통해 얻어내는 정의는 그 유효성이 입증된다. 물론 자서전적 자료를 통한 개념 정의는 정신분석학적 정의나 인지구조적 정의보다는 예리함이 떨어지지만, 더 개방적이어서 종교적 발달의 본질적 측면 가운데 어떤 것도 처음부터 배제되지 않도록 해 준다.

이러한 개방성은 광의의 (기능적) 종교 개념을 지향한다. 물론 종교적 발달과 특정한 종교적 관계에 대한 세부적 사항들이 경험의 대상이 될 때는 종교적 발달을 (내용과 관계된) 협의의 종교 개념으로 고찰할 수도 있다. 그러나 내용에만 중점을 두는 정의는 정신분석학적 발달이론이나 인지구조발달이론이 이룩한 결정적인 연구 성과를 그냥 지나쳐 버림으로써, 인간에 대한 매우 상이한 방향 설정이 어떤 "무제약적 의미"

와 어떤 종교적 질을 띠도록 할 수도 있다.[3]

　이로써 **종교적 발달**을 종교적인 것과 연관된 모든 경험과 생각과 감정과 인간 관계의 **생활사적 변화**로 정의하는 것의 타당성이 입증된다. 이러한 변화는 종교적 발달에 대한 협의의 정의, 형식적 정의, 내용적으로 좀 더 세밀한 정의가 유의미하게 결합될 수 있는 하나의 틀을 나타낸다.

　종교적 발달과 결부되긴 하지만 개념적으로는 그것과 차이를 보이는 것 가운데는 **삶의 여정**(*Lebenslauf*)과 **전기**(*Biographie*) 내지 **삶의 이야기**(*Lebensgeschichte*)가 있다(Matthes 1975 참조). 삶의 여정 개념은 외부로부터 관찰과 설명이 가능한 변화와 관련된다(개인이 그 변화를 의식하지 못할 경우는 반드시 외부의 관찰과 설명이 있어야 한다). 이것과 비교할 때 "삶의 이야기"(Lebensgeschichte)는 이야기(Erzählung)로서는 가장 잘 이해될 수 있는 개념이다. "삶의 이야기"에는 외부의 관찰자로는 대치될 수 없는 저자가 있다. 이 책은 (제목에서도 알 수 있듯이) "삶의 이야기"라는 개념을 사용하고 있다. 이는 넓은 의미에서 종교적 발달과 삶의 여정과 사회화와 전기를 포괄적으로 표현하는 개념이다.

발달을 둘러싸고 있는 주위 상황 맥락: 가족, 학교, 사회

　1장에서 소개한 자서전적 보도나 자료들은 정신분석학과 인지구조 심리학의 도움으로 규명된 것처럼 종교적 발달에 대한 이해에서 곧바로 눈에 띄지 않는다. 자서전적 진술은 심리학 중심의 이해에는 나타나지

---

3) 여기서는 아울러 M. Luther의 제 1계명에 대한 주석을 상기할 수 있다: "당신의 마음이 매어있고 신뢰하고 있는 그 자리야말로 당신의 하나님이시다"(1970, S. 560); Fowler가 Luther를 언급하고 있는 부분(Fowler 1974b, S. 104, 213f.; Nipkow 1983, S. 173 Anm. 49.).

않거나, 나타난다 하더라도 뚜렷하게 언급되지 않는 관점을 내포한다. 특히 종교적 발달의 콘텍스트를 형성하고 있는 조건, 즉 역사적 가변성을 지닌 사회적 조건이 그러하다.

개인의 발달이 사회적 제도와 관련되어 있다는 사실을 밝혀내는 것은 사회과학적 사회화 이론의 주된 관심사였다. 그리고 종교교육학은 1970년경부터 이 사회화 이론을 받아들였다. 사회화 이론은 강조점의 차이는 있지만, 어쨌든 개인과 사회의 관계를 똑같이 강조하면서 어린이와 청소년이 어떻게 기성 사회 속에서 성장하는지, 또한 그들이 어떻게 그 사회의 가치와 규범 그리고 의미의 지향성을 전수받고 내면화하는지를 묘사하려고 했다. 초기의 사회화 이론은, 예컨대 프랑스의 사회학자 에밀 뒤르껭(E. Durkheim)의 경우, 거의 대부분 개인이 사회에 적응하는 문제에 강조점을 두었다. 질문의 초점은 사회가 개인에게 어떻게 영향을 미치느냐 하는 것이었다. 그러나 최근에 들어 사회화 연구의 강조점은 점차 개인의 적극적 역할로 옮겨가고 있다. 그 결과 이제는 사회화 연구에서도, 후렐만(K. Hurrelmann 1983)이 표현한 것처럼, "현실을 생산적으로 개조하는 주체"에 대한 사고가 상당한 영향력을 발휘하고 있다. 결국 사회화란 개인과 사회의 상호작용으로 이해된다.

이렇듯 사회화 과정에서 개인의 역할에 대한 견해의 변화는 발달이론에 있어 새로운 관심사가 되었다. 심리학 진영 또한 발달을 성숙이 아니라 유기체와 환경의 상호관계의 과정으로 이해함으로써 "사회화 연구와 발달심리학의 이론과 방법에서 수렴"(Hurrelmann/Ulich 1982b)이 일어나게 되었다. 물론 이러한 수렴이 강조점의 차이를 폐기하는 것은 아니다. 발달심리학은 예나 지금이나 개인 안의 심리에 집중하는 반면 사회화 연구에서는 "개인적 발달 과정의 사회적 제약성"이 핵심이다.

두 접근 방식의 지속적 권리와 필연성은 바로 고찰 방식의 차이에 있다. 그리고 이러한 원칙은 발달심리학과 사회화 연구의 관계 일반에도 그대로 적용된다. 그렇다면 이것은 종교적 발달과 사회화의 경우에 어떤 양상으로 나타나는가? 여기서도 일단은 우리가 지나칠 수 없는 중요한 수렴이 있다. 즉 발달심리학과 사회화 연구는 둘 다 종교를 단순히 "기독교교리"로서 바라볼 뿐 아니라 "실제적이고 역사적이며 사회적으로 조건 지워진 현재의 제도" — 이것은 슈토트(D. Stoodt 1972)가 사회화 이론의 특징을 나타내기 위해 사용한 표현이다 — 로 보는데 기여한다. 슈토트의 표현은 종교적 사회화에 대한 연구에서도 가족과 학교와 교회 등에 의해 매개된 종교의 역사적이고 사회적인 제약성이 부각된다는 사실을 보여준다. 여기서 종교는 사회제도의 사회화 작용에 의존하는 것으로 여겨진다. 종교적 사회화와 비교해 볼 때, 종교적 발달의 시점은 이 발달의 환경의존성과 사회적 제약성을 부인하지는 않지만, 그래도 개인적 차원에서 각인된 양상을 더 많이 고려한다. 그러므로 종교적 사회화의 개념에서 종교적 발달 개념으로 변화된 것은 한편으로는 사회화에 대한 시각 변화에서 연유한다. 오늘날의 사회화 연구 역시 이 변화에 직면해 있다. 다른 한편 "발달"과 "사회화" 개념은 예나 지금이나 서로 다른 강조점을 지닌 두 개의 고찰방식을 가리킨다. 이 두 방식은 서로 배척하는 관계가 아니라 서로 보완하는 관계다. 그렇기 때문에 우리는 이것을 개념상의 변화가 아니라 확대로 좀 더 정확하게 볼 수 있을 것이다.

만일 우리가 두 가지 고찰방식의 이러한 보완관계를 전제한다면, 종교적 발달을 분명 종교적 사회화의 관점에서 술회할 수도 있다. 여기서 어린이와 청소년에게 종교를 매개해 주는 사회적 기관들이 전면에 부각된다. 이렇게 보면 발달의 과정은 **가족**에서 출발하여 **유치원**을 거쳐 **학교로, 어린이 예배**를 거쳐 **견진성사 교육 및 교회의 청소년 활동**으로, 마지막으로는 **직업교육과 직업생활**로 이어진다. 이런 지점들이 모든 사람의 삶의 여정에 다 나타나는 것은 아니다. 그리고 방금 나열한 지점과는 다른 지점들이, 예컨대 제도적으로는 어디에도 묶여있지 않으나 사회화에서 매우 중요한 위치를 차지하고 있는 **청소년문화**(*Jugendkultur*)가 첨가 될 수도 있다. 이런 관점에서 본 종교성이 사회적이고 제도적인 매개의 표현으로 나타난다는 사실은 매우 중요하다. 이러한 매개는 어떤 명시적인 종교교육이나 종교적 가르침에 한정되지 않는다. 여기서 매개는 일상적인 삶에서 다소간 무의식적으로 발생하는 긍정적 혹은 부정적 영향까지도 포괄한다.

사회적 제도가 사회화의 과정에 끼치는 영향력에 집중하는 고찰 방식의 효율성은 특히 교회사회학(Kirchensoziologie)에 의해 다층적으로 입증된다. 교육기관의 종교적 영향과, 이 기관들이 나중에 종교와 교회에 대해 취하는 태도 사이에는 아주 뚜렷한 연관성이 있다. 특히 이것은 가정의 종교적 분위기에도 그대로 적용된다. 즉 가정생활은 훗날 어린이의 입장에 상당한 작용을 한다. 그렇기 때문에 과거에는 가족 내의 영향력이 교회의 지속성을 보증해 주는 요인이었다. 그러나 최근의 사회학적 연구는 종교적 전통의 전달을 과제로 생각했던 가족의 분위기가 오늘날 점점 희미해지지 않았냐는 물음을 제기하고 있다. 교육과, 이것이 교회에 대해 거리는 두는 것(학교 출석과 학업이라는 의미에서)은 우리가 주목해 봄 직한 또 하나의 연관성이다. 특히 교회의 구성원 연구와 교회 탈퇴의 경향에 대한 연구는 이 두 번째 연관성을 뚜렷하게 부각시켰다. 이 연구에 따르면 교육수준이 높을수록 교회와의 격차는 커진다.

사회적 제도가 사회화에 영향력을 끼친다는 사실에 대한 증거 사례는 지금도 점점 늘어나는 추세다. 그러나 필자가 중시하는 것은 "종교적 사회화"라는 주제에 대한 완전한 조망이 아니라, 그러한 사회화가 어떻게 종교적 발달과 결부되는가에 대한 근본적 물음이다. 필자는 교회 소속과 교육 수준의 반비례 관계와, 가족 내에서의 종교적 사회화를 통해서 이 물음을 좀더 상세히 추적해 보려 한다.

교육, 그리고 교회에 대한 소원함

교회에 대한 소원함과 교육수준 간의 함수 관계는 교회사회학의 관점에서 볼 때 교육딜레마(*Bildungsdilemma*, Hild 1974)로 나타난다. 이 딜레마는 여러 가지 고찰을 통해 확인된다. 우선, 현대사회에서는 교육에 대한 참여가 점차적으로 확대되었으며, 이로 인해서 적어도 현재의 조건 하에서는 교회와의 격차가 증폭되었다는 사실이 밝혀졌다. 이러한 사회의 기본적 특징 가운데 하나는 그 사회의 정치적 분위기나 세계관이 다원주의적이라는 점이다. 그런 사회에서는 정치적 입장이나 세계관이 하나가 아니라 언제나 여럿이다. 그러므로 현대사회 속에서 새롭게 부상하고 있는 여러 가지 대안들에 뒤떨어지지 않으려는 교회는 그 구성원들이 **의식적으로** 교회를 선택할 수 있도록 더 많은 노력을 기울이지 않을 수 없다. 현대사회에서는 단지 전통에 의해 지탱되는 (인습적인) 교회조직만으로는 불충분하다. 다른 전통이나 다른 가능성도 얼마든지 활용할 수 있는 시대이기 때문이다. 교회가 전통지향성을 극복하려면 교육이 필요한데, 문제는, 이 교육 때문에 교회로부터 사람들이 떠나갈 수도 있다는 점이다. 이것이 **교육딜레마**의 내용이다.

흥미로운 것은 생애주기에 입각한 고찰방식이 교회에 대한 소원함과 교육의 관계에 대한 경험과학적 현상을 설명해 내지 못한다는 사실이다. 교육수준과 교회에 대한 소원함 간의 상호관련성은 연령 단계를 뛰어넘어 지속된다. 그러므로 이러한 관계를 단순히 청소년기에 일반적으로 나타나는 이탈 충동의 잠정적 표현으로 해석해서는 안 된다.

교육과 종교적 발달의 관계를 인지구조이론의 의미에서 경험과학적으로 연구하려는 움직임은 아직까지 초보적 단계에 머물러 있다. 그러나 오저/그뮌더가 연구한 임의추출시험에서 두 개의 흥미로운 결과가 나왔다. 첫째, 교육수준의 높고 낮음과 발달단계의 높고 낮음 사이에는 분명한 상응관계가 형성되어 있었다. 비교적 높은 교육수준은 비교적 상위단계의 종교적 판단, 특히 3단계와 4단계(Oser/Gmünder 1984)와 맞물린다. 둘째, 교회와 관련된 주제나 딜레마 물음에서는 3단계에 해당하는 대답, 즉 교회나 종교에 대한 소속보다는 원칙적으로 개인의 독립성을 우선시하려는 대답의 경향이 뚜렷하게 불거져 나왔다. 이에 대해 오저/그뮌더는 "교회와 관련된 주제에서는 얽매임 없고 개인적인 세속화 과정이 판단과정 속에 연루되었다."고 말하고 있다(S. 208).

북미학계를 대표하는 파울러의 자료는—물론 지금까지 통계적으로 상세하게 정리된 자료들은 매우 부족하다—이와 약간은 다른, 그러나 비숫한 진단을 하고 있다. 파울러에 따르면, 교회를 포함한 종교기관은 그 구성원들이 3단계, 즉 종합적-인습적 신앙에 머물러 있을 때 가장 안정된 상태를 유지할 수 있다(Fowler 1991a, S. 181). 그러나 설문에 응한 사람들 가운데 40% 이상이 이미 4단계인 개성적-성찰적 신앙에 도달했거나 그 단계로 이동하는 과정에 있었다. 20대와 30대의 경우는 4단계가 70%를 초과하기까지 했다.

이러한 연구 결과는 세 개의 가설(Hypothese)로 압축된다. 물론 이 가정은 좀더 확실한 설명을 필요로 한다.

- 미국이나 서유럽에서 3단계와 4단계가 아주 많이 나타나는 것은 주민의 높은 교육수준이라는 역사적 상황 때문으로 해석할 수 있다. 청소년기는 대개 학생시절과 일치되며 "문화적 사춘기"(Kulturpubertät)의 형태, 즉 아동기에서 성인기로 넘어가는 기나긴 과정의 형태를 취한다. 그리고 이 기간에는 전통에 대한 비판적 성찰능력과 개인의 독립성 형성을 위한 잠재력이 매우 높다.

- 교회로부터 거리를 두는 지식인들과 교회 사이에 그어진 갈등의 선(線)은 파울러가 말하는 3단계, 즉 종합적-인습적 단계에서 4단계, 즉 개성적-성찰적 단계로 이동하는 과정을 나타낸 것이라고 이해할 수 있을 것이다. 그러나 교육수준이 높아짐에 따라 교회에 거리를 두는 현상에서는 개인적 (발달과 관계된) 영향과 사회적 (사회화에 제약을 받는) 영향이 겹쳐 있는 것처럼 보인다. 높은 교육수준과 상위의 발달단계 사이의 관계는 발달과 관계되어 있는 영향을 지시한다. 사회화의 영향은 오저/그뮌더가 밝혀낸 것처럼, 교회와 관련된 질문에서 세속주의적이고 개인주의적인 판단이 밀집하는 데서 간파할 수 있다. 이것은 교회에 대한 거부감 속에도 일종의 인습적 지향성이 존재한다는 사실을 말해준다. 물론 여기서 말하는 인습은 종교적 인습이 아니라, 교회로부터 거리를 두려는 다수의 집단과 관련된 것이다. 앞장에서 필자는 이것을 **인습적-세속적 지향성**(*konventionell-säkulare Orientierung*)으로 표현한 바 있다.

- 교육수준과 교회에 대한 거리두기의 관계가 청소년기에만 나타나는 것이 아니라 그 이후의 연령층에서도 유지된다는 사실은 3단계(오저/그뮌더)나 4단계(파울러)에게서 발견되는 고착화나 발달정체 문제로 이해할 수 있을 것이다. 연령에 따라 등장하고 다소간 느슨해져서 다시금 퇴조하는 생애주기적 위기와는 달리, 인지구조적 발달단계는 연령에 구애받지 않고 지속된다.

만일 이러한 가정이 검증될 수 있다면 교회의 종교교육적 실천은 중대한 영향을 받을 것이다. 우선 드는 생각은 다음과 같다. 즉, 지식인이 교회를 멀리하는 현상을 극복하기 위해서는 교회에 대해, 그리고 교회가 가르치는 전통에 대해 비판적 물음을 던지는 자세까지도 의식적이고 명시적으로 포용하는 여백을 마련하는 교회가 되어야 할 것이라는 점이다. 인지구조발달이론의 연구성과를 통해서 볼 때, 인습적 종교로 퇴행할 수 있는 가능성은 영영 배제된다. 여기서 발달심리학은 사회학적으로나 교육학적으로 그 논거가 입증된 요구, 즉 "전통의 조종이라는 낡은 구조 원리"의 자리에 "진리라는 구조 원리를 얻기 위한 공의회적 투쟁"(der konziliare Streit um die Wahrheit als Strukturprinzip, Lange 1980)이 들어서야 한다는 요구, 그리고 중요한 것은 "비판적 종교성의 모험"과 "(자기)비판적 교회"(Nipkow 1975b, S. 160)라는 요구를 뒷받침해 주는 중요한 증거가 된다.

둘째로 청소년기 후기와 성인기 초기에 대한 교육학적 연구는 결정적으로 중요하다는 것이 증명된다.[4] 왜냐하면, 인지구조발달이론의 입장에서 볼 때, 발달의 정체기로 파악되는 교회비판적 태도, 그리고 교회에 대한 거리두기가 극복될 수 있는 기회가 바로 이 단계에서 나타난다고 하기 때문이다. 물론 이 경우에도 종교적 발달은 비판적-성찰적 태도를 취하지만, 다시금 아주 종교적이면서 단순한 비판을 넘어선(nach-

---

[4] 이런 평가는 A. Feige의 연구로부터 뒷받침된다(Feige 1982, S. 32ff.). 그의 연구에 따르면 이런 교회에 대한 입장 설정은 특히 종교수업이라는 점에 있어 청소년 중기와 후기(직업학교 재학시기)에 나타난다.

kritisch) 태도를 보이기도 한다. 그 전까지는 인습적 단계(파울러-3단계)와 종교비판적 단계(파울러-4단계, 오저/그뮌더-3단계)가 주도적 역할을 감당했다. 이것은 비판을 넘어서는 흐름을 자극하고 뒷받침해 주는 형태가 그 시기에는 아직 활발하지 않음을 보여준다.

 셋째로, 종교발달이론의 견지에서 보았을 때, 교회에 대한 거리두기가 중요한 의미를 가지는 것은 단순히 교회와 관련된 질문만은 아닌 것 같다. 교회라는 기관을 어떻게 받아들이느냐도 중요하지만, 신학적인 물음도 중요하다. 계속해서 교회의 일원으로 남아있을 것인가 그렇지 않은가의 여부는 그 신학적 물음에 대한 대답에 따라 좌우된다. 어떤 사람에게는 인간의 자유와 하나님의 존재가 어떻게 양립할 수 있는지가 주된 물음이다(오저/그뮌더-3단계, 4단계). 또 어떤 사람에게는 신앙과 의심과 비판간의 관계, 그리고 이 관계를 교회/종교와 연결시키는 가능성이 주된 물음이 된다(파울러-4단계, 5단계). 이렇게 본다면, 교육딜레마는 참된 의미의 신학적 차원을 내포한다고 할 수 있다.

가족을 통한 종교적 사회화와 교회소속

 어떤 사람이 교회와 어떤 관계를 맺고 있는지를 그 사람의 부모가 교회에 어떻게 관계했는지와 비교해 보면, 통계적으로 아주 분명한 관련성이 드러난다. 다시 말해서, 부모가 교회에 대해 소속감을 느낄수록 교회에 대한 자녀의 소속감도 커진다는 점이다. 이러한 통계자료는 교회에 대한 소속감이 사회화에 크게 의존한다는 점을 암시한다. 특히 그것은 모든 경우가 그런 것은 아니지만 부모의 영향에서 비롯된다. 그렇다면 일단 이것은 종교적 발달의 영향력에 대해 부정적이라고 말할 수 있을 것 같다. 모든 것이 사회화에 달려 있다는 식으로 볼 수 있기 때문이다. 그러나 이러한 인상은 신빙성이 없다. 왜냐하면 그 통계자료는 정신분석학적 견해, 즉 결정적으로 중요한 종교적 체험은 어린 시절에, 대개의 경우는 가족을 통해서 이루어지며, 또 그것은 평생 지속된다는 견해를 잘 증명해 주는 자료로도 읽힐 수 있기 때문이다.

가족의 영향을 기계적인 것으로만 생각한다면 그것 또한 잘못이다. 우리가 통계자료의 영역을 벗어나서 개별적 경우들로 시선을 돌리게 되면, 가족의 종교적 영향력은 장단점이 있다는 사실이 부각된다. 부모가 자녀에게 종교적 태도와 종교적 확신을 전수하는 것은 삶을 윤택하게 해 주는 경험이 될 수도 있지만, 자녀가 종교를 하나의 위협이나 제약으로 느끼게 할 수도 있다. 어린이에게 위협적인 것으로 각인된 하나님, 가령 "모든 것(모든 나쁜 것)을 보시는 하나님"에 대한 부정적 경험은 종교라든지 교회에 대해 지속적으로 거리를 두게 할 수도 있다. 자서전적 진술들은 이 점을 아주 분명하게 보여 준다.

아이들로 하여금 이러한 부정적 경험을 하게 만드는 주된 요인은 무엇인가? 이것은 어린이가 환상적, 신화적 표상에 얼마만큼 준비되어 있는지, 그리고 어린이의 종교적 발달이 어떤 상태인지를 존중하고 어린이의 나이에 맞게 생각해 주지 못했기 때문이라고 해석할 수 있다. 어떤 사람들은 스스로 잘못 이해하고 있는 기독교적 신념에 근거하여 그 발달을 무시하거나 소홀히 한다. 또 어떤 사람들은 어린이를 복종시키기 위해서 그것을 이용하기도 한다.

가족을 통한 종교적 사회화의 감소 여부에 대한 논의는 얼마 전부터 증가하고 있다(이 논의에 대한 요약으로는 Mette 1983; Schwab 1995 참조). 물론 그러한 감소현상을 단면적으로 진단할 수는 없다. 예나 지금이나 어린이 세례의 수가 매우 많고 조기 종교교육에 대한 찬성의 목소리도 여전한 것은 연속성의 징표로 볼 수 있다. 그러나 교육 수준이 높아질수록 교회에 대해 비판적인 거리를 두는 현상을 반영하는 여러 변화들이 확인되고 있다. 이러한 현상은 부모들이 어린 자녀에게 과거에 비해 상당히 많은 결정의 자유를 인정해 주기 때문이라고 생각할 수도 있다. 이것을 잘 보여주는 것이 어린이교회(Kinderkirche)에 대한 어른들의 태도다. 대다수의 부모들은 자녀가 **원할 때**, 그리고 자녀가 **원할 때까지** 어린이교회에 자녀를 보낸다.

종교적 사회화의 이러한 변화가 어린이와 어린이의 발달을 사람들이 좀더 존중하게 되었음을 의미한다면 그러한 변화는 충분히 긍정할 수 있다. 그렇게 되면 하나님 이미지와 관련된 위협의 남용이 줄어들지 않겠냐는 희망도 있다. 그러나 이러한 변화는 부분적으로 가족 내에서 종교적 사회화, 특히 교회적 사회화의 감소라는 의미에서 평가할 수 있다. 부모의 태도가 자녀에게 미치는 영향을 고려할 때 이것은 교회에게 있어 매우 위협적이다. 종교적 발달의 관점에서 볼 때 가족을 통한 종교적 사회화의 단절은 어떻게 이해할 수 있는가?

여기서 다시 한 번 확인하고 넘어가야 할 것이 있다. 기독교와 같이 특정한 전통의 의미를 지니는 종교는 개인 내부에서 자체적으로 발달되지 않는다는 것이다. 심지어 우리는 이렇게까지 말할 수 있다. 즉, 어린이 혼자서는 하나님 같은 기본적인 개념마저도 발견해 낼 수 없다고 말이다. 여기서 우리는 다시 한 번 랑에벨트(Langeveld)의 유명한 말을 기억하게 된다. "종교적 발달은 '조건화된 발달', 즉 교육을 통해 제공되는 특정한 조건에 의존하는 발달"이다(1959, S. 30).

그러나 우리는 이 이론으로부터 명시적 종교교육과 사회화에 의존하지 않는 종교적 발달이 존재한다는 사실도 발견해 낼 수 있다. 종교적으로 교육받지 않은 사람도 스스로 최종적 가치를 부여하는 의미지향성을 형성할 수 있다. "하나님"에 대해 이야기하지 않는 사람도 부모의 영향으로 종교적 표상에 침전된 정신분석학적 인식을 생산해 낼 수 있다.[5] 그러나 이러한 의미지향성과 표상은 특정 종교의 상징과 결부되지 않으며, 그것들이 어떻게 형성되고 또 어떻게 상호관련되는지에 대해서는 아직까지 거의 알려진 바가 없다. 정치적이고 사회적인 물음의 "종교적 충전"(religiöse Aufladung)에 대한 성찰, 예컨대 슈미트헨(G. Schmidtchen, 1999)의 시도같은 것은 시기상조인 것 같다. 그럼에도 지금 우리가 확실하게 알 수 있는 것은, 종교발달이론이 어떤 종교적 차원, 즉

---

[5] 이런 견해는 A. -M. Rizzuto가 가장 분명히 피력하였다: "이 책의 중심 명제는 서구 세계에 속해 있으면서 평범한 상황에서 자라나는 어린이 중 적어도 초보적 상태의 하나님 개념을 형성하지 않고 외디푸스기를 종결하는 경우는 없다는 것이다. 이는 나중에 가서 신앙으로 발전할 수도 있고 그렇지 않을 수도 있다(1979, S. 200).

부단히 사회화에 내재하는 종교적 차원을 지시한다는 사실이다. 그렇기 때문에, 전체적인 인간(全人)을 추구하는 교육은 언제나 종교적 교육(religiöse Erziehung)일 수밖에 없다.

도서자료와 참고문헌

사회화 이론은 독일에서 1970년경 이후부터 집중적으로 논의되기 시작했다. D. Kamper가 편집한 >Sozialisationstheorie< (Freiburg u.a. 1974)에서는 이 문제에 관한 70년대의 논의를 소개하고 있다. K. Hurrelmann/D. Ulich가 편집한 >Handbuch der Sozialisationsforschung<(Weinheim/Basel ²1982, neubearb. 1991)은 오늘날의 연구 및 논의 상황을 알려준다.

종교적 사회화에 대한 논의에 있어서 특히 D. Stoodt의 연구가 중요하다(*Religiöse Sozialisation und emanzipiertes Ich*. In: K.-W. Dahm u.a.: *Religion-System und Sozialisation*. Neuwied 1972; *Einführung in das Studium der evangelischen Religionspädagogik*. Göttingen 1980). M. Arndt가 간행한 >Religiöse Sozialisation<(Stuttgart u.a. 1975)에는 종교적 사회화의 다양한 양상에 대해 흥미롭고 주목할 만한 연구 성과들이 실려있다. C. Morgenthaler의 >Sozialisation und Religion<(Gütersloh 1976)는 문제의 개요를 좀 더 체계적으로 보여준다. 그 이상에 대해서는 Heimbrock(1981; 1985), Ebert(1981), Bukow(1986), Schöll(1992), Schweitzer(1996) 등을 보라.

성숙과 환경을 상호연관지어 보려는 시각은 오늘날 발달심리학에서 아주 일반화 되었다(이 점에 대해서는 참고문헌을 보라: Oerter 1975, S. 21ff.; Montada 1982, S. 24; Baltes/Sowarka 1983; Wieczerkowski/Oeveste 1982; 가장 최근의 논의에 대해서는 *das Themenheft "Persönlichkeitsentwicklung" der Zeitschrift für Sozialisationsforschung und Erziehungssoziolgie* 1/1986을 참조). "종교적 소질" 문제에 대해서는 H. -J. Fraas(*Religiöse Erziehung und Sozialisation im Kindesalter*. Göttingen 1973, S. 74ff.)를, 소질-환경 문제에 대해서는

U. Bronfenbrenner의 요약적 개론서(*Wie wirksam ist kompensatorische Erziehung?* Frankfurt a.M. 1982)를 보라. 상호작용으로서의 발달이해 문제는 Rauh(1974a)와 Kohlberg(1974b)가 다루었다. 찾아 볼 수 있다. R. Kegan은 인지발달의 위기적 성격에 대해서 가장 명료하게 파악해 냈다(*Die Entwicklungsstufen des Selbst, Fortschritte und Krisen im menschlichen Leben*. München 1986).

종교교육학에서 삶의 여정을 보는 다양한 관점에 대한 동등한 권리는 역시 K. E. Nipkow(1983, S.177; vgl. 1982, S. 102)도 주장했다. H. Luther(*Identität und Fragment*. In: Theologia Practica, 20/1985)는 삶의 파편화를 신학적, 교육학적 관점에서 다루고 있다: 이 점은 Moltmann(1971)과 Jüngel(1974)의 인간학적 논의와 비교하라.

EKD의 연구 *Wie stabil ist die Kriche?*(hg. von H. Hild, Gelnhausen/Berlin 1974; vgl. auch: "Was wird aus der Kirche?" hg. von J. Hanselmann u.a., Gütersloh 1984; Fremde Heimat Kirche, hg. von K. Engelhardt u.a. Gütersloh 1997)에서 진단된 바 있는, 소위 "교회의 교육딜레마"에 대해서는, E. Lange(*Sprachschule für die Freiheit. Bildung als Problem und Funktion der Kirche*, München/Gelnhausen 1980)와 Nipkow(*Grundfragen der Religionspädagogik*, Bd. 2. Götersloh 1975, S. 38ff.)가 철저히 연구했다. 그 이상의 논의에 대해서는 Drehsen(1989)과 Schloz(1990)를 보라.

6
소녀/여성의 종교적 발달과 사회화

최근 몇 년 동안 필자는 여성의 종교적 발달과 사회화 과정이 남성의 경우와는 다르지 않는가 하는 문제를 놓고 계속 자문해 왔다. 그래서 이 장에서는 지금까지 살펴본 이론들이 여성(소녀/성인 여성)의 생애 경험도 적절하게 수용하는지에 대해 생각해보려 한다. 이 부분은 이 책의 개정판을 내면서 필자가 새로 쓴 것이다. 오늘날 사회과학적, 교육학적 여성연구에서 발견해 낸, 이른바 성차(性差)에 따른 사회화는 종교적 맥락에서 무엇을 의미하는가?

흥미롭게도 인문과학, 종교교육학, 페미니즘 신학은 하나같이 이 질문을 오랫동안 완전히 도외시했다. 1993년에 출간된 책에서 니콜라 슬리(Nicola Slee)가 영국의 상황과 관련하여 기록한 내용은 독일에도 비슷하게 적용된다(이는 유사한 연구 결과를 발표하지 못한 나라들의 경우도 마찬가지다). 페미니즘 신학은 스스로 비판하기도 하고 추구하기도 하는 종교적 지향성의 발생과 형성에 대한 물음을 (아직) 시도하지 않고 있다. 특히 아동기와 청소년기에 대한 고찰은 이루어지고 있지 않다. 남녀의 차이점은 종교교육학 이론의 관심대상이 아니다. 남녀공학의 보편적 도입 이후 장 자크 루소를 위시한 고전적 교육자들에게서는 어떤 면에서 볼 때 극도로 미심쩍은 생각을 찾아 볼 수 있다. 그런데 이 점은 20세기에 이르러 틸링의 막달레네(Magdalene von Tiling) 같은 개신교 여성 교육자들에게서도 나타난다. 남자와 여자에게 각각 구별된 어떤 (종교적) 교육이 적합한지, 다소 불필요한 것이 아닌지 하는 식의 논의가 바로 그것이다. 끝으로 **일반교육학**과 **사회과학적 여성학**은 종교적 차원을 다루지 않는 경우가 많았다. 이렇게 해서, 성차에 따른 사회화 연구는 줄곧 주목을 끌지 못했다. 성차에 따른 종교적 발달에 대한 중요한 주제들도 거의 연구의 대상이 되지 못했다.

    남자와 여자 간의 차이에 대한 무관심에서 비롯된 연구상의 균열에 대해서는 실제적 이유뿐만 아니라 이론적 이유에서도 불만이 쏟아져 나왔다. **첫째**, 발달심리학적이고 사회화 이론적 측면에 대한 연구 없이는 삶의 이야기적이고 심리발생적인 맥락을 상세하게 이해할 수 없다. 이러한 관점에서 종교적 사회화와 발달에 대한 이론은 아직 세분화되지 않은 상태이며, 좀 더 보편적 맥락과 관련하여 자신의 삶의 이야기에 대한 해명 작업은 대중심리학적 확신이나 추측에 의존하여 이루어질 수 있을 뿐이다. **둘째**, 일방적으로 남성적인 특징을 거부하고 성차를 예민하게 포착하려는 종교교육학적 실천은 그에 상응하는 이론이 없다면 제대로 발달하기 어렵다. **셋째**, 성차에 대한 넓은 의미에서의 경험과학적 연구가 페미니즘 신학이나 페미니즘 교육학에서 논의되고 있는 바, 여성을 소외시키지 않는 교육 목표에 대한 물음을 해명하는 데 기여할 것이다. 이러한 논쟁, 즉 여자와 남자 사이에는 어떠한 차이가 실제로 존재하는지, 그러한 차이가 성에 따라 피차 다른 교육형태로 이어지게 되는지, 아니면 종교적 관점에서도 남자와 여자 사이의 동등성과 동등권이 중요시되어야 하는지에 대한 문제에서 결정적인 것은 경험과학적 연구만으로는 아니지만, 일정 부분 그런 도움에 의지하여 결정되어야 한다. 경험과학적 접근법과 페미니즘 신학적 접근은 여기서 의미있게 공조할 수 있을 것이다.

    그렇기 때문에, 적어도 최근 들어 여성의 삶의 이야기에서 종교에 대한 연구가 궤도에 올랐다는 소식은 반갑다. 지금부터 우리는 아직은 잠정적이라고 할 수밖에 없는 이 연구의 현재 상태를 소개하려고 하며, 아울러 앞으로의 연구를 위한 근본적 토대와 출발점, 그리고 이론적인 윤곽도 드러낼 것이다.

이 맥락에서는 **종교적 발달과 사회화**에 초점을 맞추어야 한다. 그렇기 때문에 페미니즘 신학이 중시하는 측면, 예컨대 육체와의 관련성, 육체성과 사회화 이론의 관점에서 조명할 수 있는 다른 측면은 여기서 고찰의 대상이 아니다. 그 대신 우리는 지금까지 희박하게나마 존재하는 경험과학적 연구자료들, 즉 여성의 종교적 발달과 사회화에 대한 자료들이 어떤 상(像)을 그려내는지 묻고자 하며, 또 한 걸음 더 나아가 여성의 종교발달이론을 위한 출발점을 나름대로 모색해 보려 한다.

경험과학적 자료를 찾아서

여성의 종교적 사회화와 발달에 대한 경험과학적 자료를 찾기 위해서 필자는 그 문제에 해당하는 안내서에 일단 초점을 맞추어 본다. 맨 먼저, 종교적 발달에 관한 연구서로서 1971년 슈트롬멘(M. P. Strommen)이 펴낸 책은 이 연구에서 성이라는 범주가 핵심이 아니라는 점을 입증해 준다. 여기서 성차에 따른 사회화에 관한 물음에 독자적으로 기여하는 부분은 전혀 없다. 그러나 이 책의 색인에는 오늘날까지도 계속해서 논의되고 있는 두 개의 중요한 주제에 관한 (미소한) 증거가 나타나 있다.

　　－ 남자보다는 여자가 종교나 교회에 대한 관심을 강하게 보인다 (S. 577, 609, 731).
　　－ 여자들의 하나님 이미지는 남자들의 그것과 다르다. 하나님을 어떻게 생각하느냐는 질문에 대한 남자들의 대답은 오히려 모성적이고 여성적인 특성들을 지시하는데, 여성들의 대답에서는 부성적이고 남성

적인 이미지가 눈에 띄었다(S. 663).

그 뒤 이렇다 할 연구 성과가 나타나지 않다가 1990년 비로소 하이드(K. E. Hyde)가 아동기와 청소년기의 종교에 대한 경험과학적 연구에서 위와 비슷한 포괄적 연구 성과를 내놓았다. 하이드 또한 성차에 따른 물음에 대한 증거 자료들을 명백하게 제시하지는 못했다. 그럼에도 그의 연구는 성차에 대한 연구에 작은 부분을 할애하고 있으며 그에 상응하는 논의를 전제하고 있다(S. 198-201). 그 밖의 다른 개별적 연구의 포괄적 성과는 여성이 종교에 대해 긍정적 관계를 맺고 있다는 사실이다. 이것은 종교 일반(S. 145)뿐만 아니라 종교기관이나 종교적 권위(S. 230)에도 해당된다. 성차는 다시금 하나님에 대한 이미지에서도 확인된다. 여성들의 하나님 이해에서 핵심적인 것은 신적인 전능이나 위대함이 아니라, 하나님과의 관계(S. 78 등)라는 것을 일련의 연구가 밝혀 주었다. 남학생들은 예수에게서 주로 선생님의 이미지를 보는 데 반해, 여학생들은 개인적 관계를 강조했다(S. 268-69). 거의 모든 영역마다 성에 따른 차이점이 나타나는가 하면, 반대로 그런 차이가 드러나지 않는 다른 부분들도 있다. 전체적으로 보았을 때 우리가 깊이 생각해야 할 점이 있다. 하이드의 견해에 따르면, 성차를 인식의 주된 목표로 삼는 연구는 존재하지 않는다는 점이 바로 그것이다. 더욱이 위에서 언급한 결과들은 다른 물음에 대한 연구의 부산물이었다. 이 제반 상황은 최근에 이르기까지 종교적 사회화와 종교적 발달에 대한 연구에서 성차문제를 등한시했음을 다시 한 번 부각시킨다.

핀란드 학자 탐미넨(K. Tamminen)은 몇 십 년간에 걸친 연구를 토대로 하나의 성과물을 만들어 냈다(1993). 탐미넨의 저작은 자료분석 과정에서 성이라는 변수를 적어도 일관성을 유지하면서 입증해낸 우리 시대의 몇 안 되는 대작 중 하나에 속한다. 탐미넨의 연구는 앞에서도 언급한 것처럼 여자아이들에게서 종교적 관심이 강하게 두드러지는 것(게다가 신학적-교회적 가르침에 대한 비판의 경향도 비교적 덜하다는 것)과 하나님 이해에 있어서 나타나는 차이점을 재확인해 주었다. 남자아이들에게는 하나님의 위대함과 능력이 인상적으로 수용되는 데 반해, 여자아이들에게서는 하나님 안에서 느끼는 보다 확실한 안전이 전면에 부상한다(S. 176ff.). 이러한 차이는 기도에 대한 이해에서도 반영된다. 남자아이들은 무엇인가 간청하는 기도를 많이 드리는 편이고, 그 가시적 결과를 기다린다. 그런데 여자아이들은 이와 반대로 기도를 통해 가능해지는 하나님과의 대화를 강조한다(S. 232ff.).

지금까지 언급한 연구결과를 통해 분명히 드러난 것처럼, 하나님 이미지도 발달을 하게 되는데, 이 과정에서 특히 남성과 여성의 중요한 차이가 가시화된다. 그렇기 때문에 우리는 "하나님에 관한 이미지"를 다룰 때(8장) 이 문제, 즉 여성에게서 나타나는 하나님 이미지에 대한 물음을 다시 한번 별도로 다루게 될 것이다.

여성의 종교적 발달과 종교적 사회화에 대한 일반적인 경험과학적 증거라는 차원에서 우리는 여러 가지 문서 자료에서 발견되는 일기, 혹은 그와 비슷한 자서전적 진술을 참조할 수 있을 것이다. 여자아이의 대답과 남자 아이의 대답을 상호 비교한 타밈넨의 설문조사와는 달리, 이성 간의 직접적 비교는 불가능하다. 또한 개개의 삶의 이야기를 일반화하는 작업은 원칙적으로 그 가능성이 매우 제한되어 있다. 그러므로 이러한 연구방법은 종교적 발달과 사회화에 대한 특정한 해석과 밀접한 관계를 유지해야 한다. 지금부터 그 문제를 다루어 보려 한다.

해석에 대한 관점

여성의 종교적 발달과 사회화 이론 가운데서 앞서 거명한 에릭슨, 파울러, 오저 등의 이론과 비교할 만한 것은 아직까지 없다. 쉐리 엔더슨(Sherry R. Anderson)과 파트리치아 홉킨스(Patricia Hopkins)가 그러한 이론을 제시하려 했지만(1991) 결국에는 수많은 삶의 이야기의 묘사에 그쳤을 뿐 독자적인 발달이론을 만들어내지 못했다. 이러한 상황에서 우리는 단지 가설 수준의 진술을 강구할 수밖에 없으며, 그 과정에서 유효한 심리학 이론이나 사회학 이론을 타진하여 가능한 설명의 단초를 마련해 볼 수 있을 것이다. 이미 언급한 것이지만, 여성의 삶의 이야기 속에 나타난 종교 연구로서 최근 몇 십년 동안 출간된 연구서적들 역시 여러 가지 단초들을 제공해 줄 것이다.

필자는 우선 **정신분석학**의 관점을 살펴보려고 한다. 종교심리학과 관련하여 그때까지 거의 주목받지 못했던 사실이 정신분석학에 의해 제기되었다. 정신분석학적으로는 종교적 발달의 분기점(Knotenpunkt)으로 간주되는 그 지점의 사회심리적 발달(psychosoziale Entwicklung)이 여자아이의 경우와 남자 아이의 경우에서 각각 다르게 진행된다는 사실이 바로 그것이다. 정신분석학은 사회심리적 발달과 종교적 발달 사이에 어떤 해명할 수 없는 관련성이 존재한다고 보는데, 그렇다면 우리는 여자아이의 종교적 발달 또한 남자아이의 그것과 구별될 것이라는 가정을 할 수 있다. 여기서 가장 중요한 차이는, 여성의 발달에서 중요한 의미를 지니는 **관계**(Beziehung)의 측면이라고 볼 수 있는데, 이것은 결합성(Verbundenheit), 관련성(Bezogenheit), 결속성(Bindung) 등의 개념과 함께 서술될 수 있다. 지금부터 이 주제를 좀더 상세하게 살펴보기로 하자.

위에서 설명했듯이(86쪽이하) 정신분석학은 아동기와 청소년기는 종교적 발달에 매우 유의미한 세 개의 중요한 도정(道程)을 거치게 된다고 주장한다. 첫째, 종교적 발달의 출발은, 지그문트 프로이트의 주장과는 달리, 이미 **최초 아동기**(früheste Kindheit)에 나타난다. 즉 아이의 신뢰형성(E. H. Erikson)과 나르시스적 일체성 경험 및 여기에 상응하는 전능의 환상(H. Kohut 등)의 관련성 속에서 발견된다. 두 번째 도정은 이미 프로이트가 외디푸스 단계라는 명칭으로 부각시킨 **아동기 중기**(mittlere Kindheit)다. 여기서는 내적인 재판의식이라 할 수 있는 양심이 형성되며 신의 이미지는 부모의 이미지로부터 구별되기 시작한다. 그리고 이것은 종교적 발달에서 핵심적 단계라고 할 수 있다. 여러 관점에서 보았을 때, 신과의 관계가 인간을 자유롭게 할 수 있는지, 혹은 그 관계가 처벌에 대한 두려움과 위협으로 인간을 압박하는지 여부는 바로 이 시기에 결정되는 것 같다. 세 번째는 **사춘기**(*Adoleszenz*)에 이루어지는 정체성의 형성이다. 이것은 종교적 발달에 중요한 의미가 있다. 이 관점에서 볼 때, 정체성이란 이 세계와 역사에 대한 의미 있는 해석에 의존하며, 또한 이 해석은 특별한 방식으로 종교에 의해 제공될 수 있다.

어쨌든 정신분석학에서는 이미 오래전부터 일부 연구가들이 성차에 따른 발달 과정을 좀더 집중적으로 고려해야 한다는 점을 요구해 왔다. 블로스(P. Blos)가 그 대표적 인물이다. 그는 성차에 따른 발달 과정에 대해 예민하게 파악하고 있는데, 유감스럽게도 그의 연구는 오늘날 주목을 받지 못하고 있다. 1962년(영어판)에 이미 블로스는 이렇게 주장했다(1973, S. 28-29). "사춘기의 생물학적 발달 과정이 남성성과 여성성의 문제를 최종적 위치로 끌고가서 하나의 결정적인 타협을 이루어 낸다는 사실은 특히 강조할 필요조차 없다……. 그러므로 사춘기에 일어나는 리비도의 추이와 공격성의 추이 및 자아의 변화를 이해하고자 한다면, 성-심리적 발달(psycho-sexuelle Entwicklung)의 여러 단계를 따라 남성성과 여성성의 발달을 추적하고 그 발달이 자아에게 미치는 영향을 연구하지 않을 수 없다. 이것이 바로 여기서 일어나야 하며, 이때 여자아이와 남자아이가 자기 나름대로 남성성과 여성성의 형성에 이르기 위해 걷는 길의 다양성을 특별히 강조해야 한다. 우리는 잘못된 일반화를 피하고 프로이트의 말, 즉 '남성의 성과 여성의 성을 단순하게 상응시키려는 모든 기대를 우리는 일찌감치 포기했다'(1931)는 말을 항상 기억해야 할 것이다." 현대적 논의에서는 특히 초도로프(N. Chodorow 1985)라든지 올리버(C. Oliver 1991) 같은 여성 심리학자들의 글이 주목을 받고 있으며, 이하 필자의 논지는 이 연구들에 의거한 것이다.

종교적 발달에서 가장 두드러지는 세 단계에서 일어나는 사회심리적 발달은 성차에 따라 상이한 방식으로 진술될 수 있으며, 또 그래야만 한다: 여자아이에게 있어 최초 아동기의 발달은 오랜 시간에 걸쳐 어머니와 일체성을 경험한 징표다. 반면 남자아이는 일찍부터 스스로를 분리된 상대자로 경험한다. 남자아이의 경우 외디푸스기는 위기감이 더욱 긴박한 상황에서 진행되며, 특히 외디푸스적 경향을 더욱 영속적으로 억압하게 되는 결과를 동반한다. 남자아이의 사춘기와 여자아이의 사춘기는 외디푸스기 이전, 그리고 외디푸스기의 상이한 경험에 근거하여 서로 다른 전제 위에서 이루어진다. 일반적으로 어머니와의 관계는 남자아이의 경우보다 여자아이에게 더 큰 역할을 한다. 이는 사춘기에 와서 그에 상응하는 분리의 문제를 낳는다. 여기에 이어 정체성이 형성된다. 이는 예외 없이 여성 정체성과 남성 정체성에 관한 것이다.

한편으로는 종교적 발달에 관한 것이면서, 또 한편으로는 성차에 따른 사회심리적 발달 과정에 관한 것이라고 할 수 있는 이러한 고찰은 결국 다음과 같은 물음에 이르게 된다: 종교적 발달의 분기점에서 분명하게 나타나는 바, 성차에 따라 다르게 나타나는 경험이 종교적 표상 형성에 아무런 영향을 끼치지 않을 수 있을까? 어쨌든 (기존의 자료를 검토해 보았을 때, 여자아이의 하나님 이미지에서 강하게 나타났던) 관계라는 주제가 (여성의 발달에 중요한 영향을 미치는) 어머니와의 관계에서 비롯되었다고 볼 만한 여지는 충분하다. 어머니에 대한 관계라는 측면에서 볼 때 최초 아동기, 외디푸스 단계, 사춘기는 매우 민감한 시기다. 그것은 종교적 발달에 있어 결정적으로 중요한 시기이기 때문이다. 사춘기에는 아동기 초기의 문제들이 다시 나타나고 성차와 관련된 정체성 형성이 일어난다. 이미 여러 차례 언급한 캐롤 길리간의 연구 결과 (1984)가 증명해 주듯이, 이 관계라는 주제는 여성발달심리학의 다른 영역에서도 핵심적이다. 그러나 8장의 내용을 미리 끌어와 확실히 해두고 싶은 것은, 양친부모에 대한 경험이 어린이의 하나님 이미지에 영향을 준다는 사실이다. 이렇게 보았을 때, 여성의 발달을 이해하기 위해서는 여성적 하나님 이미지만 염두에 두어서는 안 되고, 여성적 하나님 이미지와 남성적 하나님 이미지를 함께 고려해야 한다.

인지심리학적 접근법은 특히 두 가지 점에서 정신분석학적 견해를 의미 있게 보충해 준다. 첫째, 인지심리학적 견해는 어린이가 (발달의) 어느 지점부터 의식적으로 유용한 성(성적 역할) 정체성을 소유하는지,

그리고 그 정체성이 그 후로 어떻게 발달하는지에 대한 물음을 제기한다. 로렌스 콜버그(1974c)에 따르면, 어린이가 인지적으로 재현된 성 정체성을 갖게 되는 것은 대략 다섯 살 때부터다. 계속되는 연구에 의하면, 이 정체성이 처음에는 매우 완고한 것으로 나타나며, 결과적으로 어린 아이도 성차에 따른 편견, 예컨대 "여자아이는 약하고 겁이 많아"라든가 "남자아이는 크고 강해"라는 식의 편견(이른바 상투적인 생각)에 빠진다는 사실이 확인된다. 청소년기에 와서야 이렇게 확정적 구분이 다시금 해체되고 두 성에 대한 적절한 이해로 대치될 수 있게 된다.

종교적 발달과 관련하여 지금까지 다루어지지 않았던 두 가지 질문이 이어진다. 첫 번째 질문: 부모의 이미지와는 다른 하나님 이미지 형성이 의식적 성 정체성의 획득과 시기적으로 대략 동시에 발생한다는 것은 무엇을 의미하는가? 두 번째 질문: (대략 여섯 살에서 열두 살 사이의) 어린이가 (다른 것과 더불어) 종교전통을 수용하면서 형성한 세계관이, 성차가 의미를 갖지 못하는 아동기 단계에서 성립되면 어떤 결과가 발생하는가? 이 물음에 대한 좀 더 상세한 경험과학적 연구가 요청된다.

또한 인지발달심리학은 청소년기 후기/성인기 초기의 의미를 고려한다. 제임스 파울러의 신앙발달이론은 "종합적-인습적" 신앙에서 "개성적-성찰적" 신앙으로의 이행 과정을 중시한다(제4장 참조). 자신의 이론이 남녀 모두에게 유효하다고 주장했던 파울러에 따르면, 이 이행 과정은 여러 집단과 공동체 혹은 교회와의 결속으로부터 빠져나오는 것, 그리고 좀더 강한 개별화(Individuation)에 의존한다. 파울러는 캐롤 길리간의 연구(1984)와 특히 메리 블렌키(Mary F. Belenky) 등의 연구(1991)에 착안하여, 자신의 저서 『신앙의 발달단계』 독일어판 서문에서, 자기가 과거에 전개했던 이론이 관계나 결속성은 도외시한 채 일방적으로 이탈(Ablösung)과 자율성(Autonomie) 같은 남성적 발달모형을 추구한 것이 아닌가라는 자기비판적 물음을 던지고 있다.

"한편으로는 '분리적' 변형(separative variant)이 있다 — 성찰적이고 비판적인 의식의 발전, 인식된 것의 객관화를 통한 독자적 인식의 검증, 그리고 이 인식된 것에 감정적으로 연루되는 것과 독자적으로 거리를 두는 것이 그것이다. 이러한 스타일은 데카르트 식의 주-객 분리와 객관적 합리성이라는 계몽주의적 이상에 상응하는 것이다. 그런데 다른 한편 블렌키를 비롯한 여성 연구가들은 이러한 절차상의 인식방향으로 나아가는 하나의 움직임을 밝혀냈다. 그 움직임은 이들이 '결합적' 인식이라고 부르는 하나의 스타일을 특징으로 한다. 이것은 '관계 속에서의' 인식이다. 참여하고 관계를 맺고, 대화와 성찰을 통해 주체성을 훈련함으로써 비판적 성찰과 자의식으로 나아가는 인식이다. 추측컨대, 우리는 종합적-인습적 단계에서 개성적-성찰적 단계로 이동하는 움직임을 기술하는 과정에서 비판적 성찰과 차별화 같은 '분리적' 스타일을 강조하고 '결합적' 모형을 억눌렀다. 이런 의미에서 우리는 그에 상응하는 이론을 충분히 발전시키지 못한 것이다. 아마도 우리는 여성적 사례 가운데 일부와 남성적 사례 일부를 잘못 이해한 것 같다"(Fowler 1991a, S. 19).

우리는 정신분석학과 인지심리학으로 대변되는 발달심리학적 이미지를 이해할 때, 마치 그것이 여성(혹은 남성)의 본성에 존재하는 어떤 본질이 전개되는 것으로서 단순히 내면에서만 일어나는(내생적內生的, endogen) 성숙의 과정인 것처럼 생각해서는 안 된다. 그 발달의 과정은 사회적으로 조건화된 사회화 과정의 틀 안에서 연구되지 않으면 안 된다. 그렇기 때문에 성차에 따른 발달과정에서 도대체 어떠한 사회적 영향이, 역할의 지정, 기대, 투영, 사회적 구조, 의무 분담, 교육의 형태, 학습내용 등의 형태로 반영되어 있는지를 철저하게 물어야 한다. 그 다음에는 거꾸로, 그 사회적 영향의 작용이란 어린이나 청소년이 그것을 얼마만큼, 어떻게 받아들이느냐에 의해 좌우된다는 점을 주시해야 한다. 초기의 사회화 연구는 환경이 직접적으로 인간을 주조(鑄造)한다고 오해했다. 그러나 성차에 따른 사회화 연구는 이러한 오해에 기반을 두어서는 안 된다. 사회화는 단순한 "주조"의 과정이 아니다. 오늘날 "현실을 생산적으로 개조하는 주체"를 말하는 까닭도 바로 이것이다(제5장 참조). 예컨대 페미니즘 교육학 연구가 교과서에 특별한 관심을 보인다면(Pithan 1993) 중요한 것은 그 책에 어떤 내용이 실려 있느냐가 아니라, 여학생들(그리고 남학생들)이 무슨 내용을 어떻게 받아들이느냐에 관한 것이다. 발달과 관련된 전제들 역시 이러한 수용 과정에 포함된다.

여자아이와 여성의 종교적 발달과 사회화에 대한 최근의 연구는 **여성 개개인의 자서전 연구**를 제시하고 있는데, 이 연구는 자료들을 충분히 분석한 뒤에 질적 해석방법(제2장 참조)의 도움으로 그것을 해석한다. 슈테파니 클라인(Stephanie Klein)의 연구(1994)사례는 가장 인상적이다. 이 연구는 1912년에 출생한 개신교 여성 "안나"(Anna)의 삶의 이야기를 다룬다. 클라인은 이 여성의 개인적 신앙이 타인과의 관계 및 삶의 중요한 사건과 "서로얽혀있음"(Verwobenheit)을 설득력 있게 밝혀냈다. 관계 및 사건과 "서로얽혀있음"은, 캐롤 길리간과 블렌키의 이론과의 연장선 상에서, 많은 여성의 자서전적 진술에 나타나는 근본적 주제인 "결합성"이라는 의미에서 해석할 수 있다.

타인을 위한 배려와 책임을 기르는 교육은 여성의 사회화에서 여러 모로 특징적이다. 그러나 이러한 교육은 개인의 자유와 자립을 방해할 수도 있다. 특히, 여자아이의 사회화에 내재된 부적절한 경향을 계속해서 강화하는 종교적 이상(겸손, 복종 등)이나 종교적 규범(자기 희생의 포기가 아니라 자기 추구의 포기)으로 여성을 교육할 경우 그러한 위험성이 나타난다. 캐롤 헤스(Carol Hess 1997)나 레기나 좀머(Regina Sommer 1998)의 진술이 보여주는 것처럼, 그런 식의 종교교육은 발달에 장애가 되기 때문에, (여성을) 해방하는 교육방법론이 모색되어야 한다.

요약적 성찰

　이상 제기한 물음은 여성(그리고 남성)의 삶의 이야기적 자기성찰의 중요한 전제가 될 뿐만 아니라, 논거가 있는 교육학적 관점의 조건을 보여준다. 종교교육학은 단순히 사회과학적-경험과학적 연구에 결코 종속되어 있지 않다. 종교교육학은 실제적으로나 방법론적으로 신학과 교육학의 맥락에서 좀 더 폭넓게 연구되어야 한다. 종교와 관련하여 나타나는 남녀간의 차이를 삶의 이야기로 고찰한 것은 종교교육학이 성차에 따라 다르게 각인된 학습의 필요성과 발달의 필요성을 제대로 평가할 수 있도록 기폭제 역할을 했다.
　지금까지 우리는 여러 연구 성과를 살펴보는 과정을 통해서, 여성의 종교적 사회화와 종교적 발달에 내재된 (성차에 따른) 특징을 따로 고립시켜 놓고 관찰해서는 안 된다는 사실을 인식하게 되었다. 종교적 사회화와 종교적 발달은 명백히 **인격의 사회심리적 형성**을 위한 총체적 과정과 밀접하게 결합되어 있다. 종교적 발달과 여성의 경험간의 밀접한 연관성은 이미 최대한 증명되었다. 그 점은 이 책에 나타난 전체적 입장에 상응한다. 다양한 사회적 경험을 토대로 해 보았을 때, 삶의 경험은 성에 따라 다르게 주조된다. 바로 그렇기 때문에 적어도 넓은 의미로는 성차에 따른 종교적 발달과 사회화에 대해 말할 수 있다.
　우리가 살펴본 증거자료나 여러 연구가 밝혀낸 것처럼, 에릭슨이나 파울러나 오저 등이 전개한 종교발달이론은 성에 따른 차이점 문제에 충분히 개방되어 있지 않으며, 그 문제를 예민하게 받아들이지도 않는다. 여자아이와 남자아이에 대한 설문조사에서 나타난 것과 같은 차이점에 대한 체계적인 고려는 기존 이론에 대한 수정이나 개정으로 귀결되거나, 아니면 여성의 종교적 발달이나 사회화에 대한 독자적 이론 수립으로 이어져야 한다.
　지금까지 언급한 여러 가지 중요한 단초에도 불구하고 아직까지는 그러한 독자적 이론 수립에 필요한 경험과학적 토대가 결여되어 있다. 하나님 이미지의 발달에서, 그리고 그 이미지가 성차에 따라 달라졌던 것에서도 알 수 있듯이(제8장 참조), 바로 여기에 앞으로의 연구가 감당해야 할 중요한 과제가 있는 것이다.

    기존 연구에서는 여자아이나 남자아이를 함께 고려하는 종교교육학적 작업을 위한 어떠한 보장된 기대도 도출해 낼 수 없다. 그러나 여자아이와 남자아이의 상이한 학습과 발달의 필요성에 독자적 관심을 불러일으킬 수 있는 주요 물음과 자극은 아마도 이끌어 낼 수 있을 것이다.

도서자료와 참고문헌

경험과학적 연구를 개론적으로 보여주는 가장 중요한 서술들은 이미 언급한 Strommen(1971)과 Hyde(1990)의 소책자와 K. Tamminen의 연구서(*Religiöse Entwicklung in Kindheit und Jugend*, Frankfurt/M. u.a. 1993)에 실려있다. "교회 안에서의 여성"에 대한 자료로서는 교회공동체 소속 문제에 대한 EKD의 최근 연구가 있다(*Fremde Heimat Kirche. Die dritte EKD-Erhebung über Kirchenmitgliedschaft*, Gütersloh 1997, S. 190ff.; auch vgl. Lukatis 1990). Cornwall(1989)이 국제적 시각으로 연구한 성과 역시 주목할 만한 가치가 있다. 여성 개개인의 자서전 연구는 책 끝부분 참고문헌에서 언급한 바와 같이 Klein(1994), Sommer(1998), Anderson/Hopkins(1991)의 연구들 및 Heizer/Anker가 발간한 전집이 다루고 있다. 또한 Vierzig(1987), Pahnke(1990)와 방법론적 관점에서는 Comenius-Institut(1993)의 연구를 비교해 보라.

소녀와 여성의 종교적 사회화와 발달에 대한 해석과 이론들이 어떻게 발전하고 있는지에 대해서는 사회역사적-교육학적 관점에서 쓰인 M. Kraul과 C. Lüth의 논문모음집(*Erziehung der Menschen-Geschlechter. Studien zur Religion, Sozialisation und Bildung in Europa seit der Aufklärung.* Weinheim 1996)과 프랑크푸르트 대학의 연속강의 문건인 S. Becker/I. Nord의 연구(*Religiöse Sozialisation von Mädchen und Frauen.* Stuttgart u.a. 1995)를 언급할 수 있다. 미국의 연구로는 Hess(1997)가 있다. 중요한 정신분석학적 관점들은 상담과 관련된 U. Wagner-Rau(1992)의 연구에서도 찾아 볼 수 있다. 그 이상의 논의로서는 *Der Evangelische Erzieher*(4/1993), *Katechetische Blätter*(2/1994), *Praktische Theologie*(1/1995), *International Journal for the*

Psychology of Religion(2/1997)을 보라. 이 문제영역에 대해서는 역시 Comenius-Institut에서 간행한 자료집 *Feministische Theologie*(4/1989 의 관점에서), *Feministische Perspektiven der Religionspädagogik* (9/1991의 관점에서), *Geschlechtsspezifische Aspekte in der Gemeindepädagogik*(자료와 보고 12/1996) 등이 있다.

종교교육학적 결론에 대해서는 이미 언급한 종교교육학 학술지의 Themenhaft들과 함께, 무엇보다 H. Pissarek-Hudelist의 연구 (*Feministische Theologie und Religionspädagogik*. In: Jahrbuch der Religionspädagogik 6, 1990, S. 153-173)를 보라. 여성교육에 대한 일반적 물음들에 대해서는 Jacobi-Dittrich/Kelle(1988)의 기초적 연구가 있다.

7
종교적 상징

　　과거 수십 년 동안, 특히 최근 들어 여러 학문 분야와 일반적 논의의 장에서 상징에 대한 관심이 늘어났다. 상징을 만들고 이해하는 능력은 이제 인간과 인간적 발달의 핵심적 특성으로 간주된다. 철학에서는 특히 에른스트 카시러(E. Cassirer)와 그의 여성 제자인 랑어(S. Langer)의 선구적 작업이 주목을 받았다. 틸리히(P. Tillich)는 신학과 종교심리학의 상징이해에서 이러한 작업을 더욱 풍요롭게 만들었다. 오늘날에는 특히 리쾨르(P. Ricoeur)와 융엘(E. Jüngel)의 연구가 두드러지는데, 상징 및 은유에 대한 두 사람의 해석학적-신학적 분석이 논의를 주도하고 있다.

　　틸리히의 상징이해는 종교교육학 논의에서 핵심적 의미를 지니기에 필자는 먼저 그 대강을 살펴본다. 틸리히는 상징을 네 가지 맥락에서 정의한다.

　　– 우선 그는 상징(*Symbol*)과 기호(*Zeichen*)를 구분한다. 기호는 (빨간 신호등처럼) 그것이 나타내는 것과 필연적 관계를 맺고 있지 않기 때문에 임의적 교환이 가능하다. 이와 반대로 상징은 "그것이 상징하는

것의 의미와 힘"에 참여한다(Tillich 1978, S. 214). 따라서 상징은 그렇게 교환될 수 없다.

— 틸리히가 생각한 두 번째 특징은 상징의 **"재현기능"**(*repräsentative Funktion*)이다. "상징은 실제로 그것 자체는 아니지만, 그것을 대표하고 그것의 힘과 의미에 참여하는 어떤 것을 재현한다." 이때 틸리히는 "상징 이외의 다른 어법으로는 접근할 수 없는 현실의 층위"를 열어 주는 것이야말로 상징의 독특한 성과라고 생각한다(S. 215). 따라서 상징은 상징이 아닌 다른 언어로 옮길 수 없다.

— 종교적 상징은 "궁극적 실재의 차원"을 밝혀 준다. 그래서 틸리히는 이를 **"거룩함의 상징"**(*Symbole des Heiligen*)이라고 부른다. 틸리히는 종교적 상징 또한 스스로 거룩한 것이 아니라 경험의 세계에서 비롯된다는 사실에 큰 가치를 둔다. 따라서 종교적 상징은 절대화시켜서는 안 된다(S. 217).

— 틸리히는 상징에 대한 세 번째 규정에 따라, 종교적 상징의 **초월적** 층위와 **내재적** 층위를 구분한다. 틸리히는 "하나님"이라는 말과 하나님에 대한 언술을 초월적 층위에 넣었다. 반대로 내재적 층위는 성육신, 즉 신성이 이 세상에 몸을 입고 나타난 것을 포괄한다(S. 219ff).

이상의 관점에 따르면 상징의 근본적 특성은 지시적 성격, 틸리히의 표현을 따르자면, 그것의 "비본래성"(Uneigentlichkeit)이다. 융엘은 이러한 진술 형태를 "은유적 진리"(metaphorische Wahrheit)라고 표현했다. 융엘에게도 "신앙의 언어는 …… 철두철미 은유적이다"(1974b, S. 110).

우리의 문제 제기 틀에서 중요한 것은, 종교적 상징 역시 발달의 차원을 나타낸다는 사실이다. 우선 이것은 정신분석학이 부각시켰던 관계, 즉 삶의 이야기적 경험과 상징의 관계에 적용될 수 있다. 오늘날 종교교육학에서도 이러한 관계가 계속해서 발견되고 있으며, 이러한 관계는 상징과 경험의 순환으로 이해된다. 그러나 상징능력과 상징이해의 발달도 관찰될 수 있다. 특히 인지구조심리학은 이 측면에 집중한다. 만일 우리가 이 두 가지 측면을 여기서 지지하는 다각적 단초로서 함께 받아들인 다면 상징과 경험의 순환은 세 개의 축을 가진 구조로 확대된다. 그렇게 되면 상징과 경험 외에 상징능력과 상징이해 문제를 고려할 수 있다.

상징과 삶의 이야기 경험

종교발달이론이 상징의 이해와 해석을 위해 할 수 있는 일은 (종교)교육학에서, 특히 (종교적 상징 속에 반영된) 삶의 이야기적 경험의 해명에서 나타난다. 이러한 시각은 상징이 "기본적 갈등을 다루고", "기본적 양가감정"(Grundambivalenz)이 가능할 수 있도록 도와준다는 가정에 바탕을 두고 있다(Scharfenberg/Kämpfer 1980). 이러한 "기본적 갈등" 혹은 "기본적 양가감정의 양립"은 예컨대 에릭슨이 말하는 발달단계이론의 도움을 받아 확인할 수 있다. 에릭슨이 발달의 위기성을 나타내기 위해서 사용한 기본적 신뢰 대 기본적 불신, 자율성 대 수치심 및 의심, 주도성 대 죄책감 등의 양극적 긴장 관계는 각각 특정한 종교적 상징과 호응하는 경험의 영역을 표현한다.

이때 요건은 어린이와 청소년의 **경험**과 **종교적 상징** 간의 상관관계이며, 여기서 종교적 상징이 가지고 있는 갈등 대처능력은 발달과 결부된 경험을 통해 증명되어야 한다. 그 목적은 "인간의 변화 국면을 발달과 연관된 절차 속에서 이미 신학적 주제로 파악하려는 구체적 전기를 따라가는 것"이다(H.-J. Fraas 1983, S. 105).

이렇게 해서 생애주기의 단계는 상징과 경험의 순환 속으로 진입하도록 하는 열쇠가 된다. 그렇기 때문에 신학적 주제는 내부적인, 그리고 조직신학적인 맥락보다는 다양한 삶의 국면에서 나오는 경험과의 관련성에 따라 배치된다. 다시 말해서 신학과 삶의 이야기 간의 상응관계에 따라 결정된다. 그렇다고 신학적 진술이 삶의 이야기에 나타나는 갈등과의 관련성만을 늘어 놓아야 한다든지, 최종적으로는 그 자체의 근거보다는 갈등에서 비롯된 것일 수 있다고 주장하려는 것이 아니다. 그러한 환원주의적 이해, 즉 종교적 상징을 인간적 갈등의 이상화된 표현으로만 보려는 입장은 이미 정신분석학에서도 역시 극복되었다. 삶의 이야기와 신학 사이의 관계에 대한 위의 진술은, 삶의 이야기에 나타난 다양한 경험이 종교적 상징에 유입되며 그 경험이 그 안에서 뚜렷하게 반영된다는 사실을 말하려고 하는 것이다. 상징은 바로 이 전제 하에서 경험과 결부된 종교교육을 위한 가능성을 제공한다.

지난 십 수년간 몇몇 연구가들은 에릭슨의 발달단계에 상응하는 신학적 주제를 찾아내려 했다. 그 가운데서 가장 중요한 제안을 필자는 <도표 12>에 간추려 보았다. 대개 이러한 상응관계는 심리학에서 말하는 위기를 종교적 상징이 수용하고 그것을 신학적으로 해석할 뿐 아니라, 여기에 지속적인 자극을 부여함으로써 삶의 이야기에 나타난 위기 극복의 길을 열어줄 것이라는 가정에서 출발한 것이다. 따라서 종교적 상징은 "갈등뿐 아니라 그에 대한 대처"도 포함한다(Scharfenberg/ Kämpfer 1980, S. 144). 마찬가지로 프라스(H. -J. Fraas)도 유아기의 신뢰 문제와 관련하여 이렇게 말한다. "종교적 상징은 유아기 시절에 가졌던 체험의 맥락을 역방향으로 지시할 뿐 아니라, 이 체험의 맥락을 가능하게 하는 근거로 초월한다는 의미에서 앞쪽을 가리킨다"(1983, S. 114).

종교적 발달은 아동기와 청소년기에 상징이 어떻게 형성되는가 하는 물음에 특별한 관심을 보인다. 정신분석학 영역에서는 로렌처(A. Lorenzer)의 상징이론이 그 답을 제시한다. 그의 상징이론은 에릭슨의 발달도식과 연결되어 있다. 로렌처에 의하면 상징이란 하나의 행위 형태와 하나의 언어적 표현간의 성공적 만남을 나타낸다. 그 행위의 형태가 그것의 모든 정서적 측면을 그 언어적 표현으로 담아낼 수 있을 때, 다시 말해서 어린이의 행위에 따라붙는 정서들이 언어에 의해 배제되거나 억압되지 않을 때 그 만남은 성공을 거둔다. 그런데 이러한 만남이 실패하면 상징이 생겨나는 대신, 모든 정서가 결여된 "텅 빈" 말이 생긴다. 로렌처는 이것을 기호(Zeichen)라고 불렀다. 또 다른 실패의 양상은 언어가 배제된 행위, 그로써 성찰이 배제된 행위의 형태다. 로렌처는 이런

사회심리적 위기(에릭 에릭슨의 이론)	종교적 상징
1. 기본적 신뢰 대 기본적 불신	누미노제(하나님, 어머니 신성) (잃어버린) 낙원, 하나님 나라에 대한 희망
2. 자율성 대 수치심과 의심	선과 악, 은총, 복종과 탈출, 먹고 마심의 상징
3. 주도성 대 죄책감	사랑의 아버지와 처벌하는 아버지 아버지 신성 죄와 구원, 회개
4. 근면성 대 열등감	직업(소명), 창조의 명령, 작업
5. 정체성 대 정체성 혼돈	신앙, 일반적 확신, (고난 속에서) 함께 하시는 하나님, 소외와 구원
6. 친밀감 대 소외	공동체, 기독론의 주제들
7. 생산성 대 침체성	창조, 직업(소명), 올 것에 대한 배려
8. 통합성 대 절망/권태	거룩한 것, 궁극적인 것

<도표 12> 사회심리적 위기와 종교적 상징의 상응관계
(Gleason 1975; Scharfenberg 1978; Capps 1979, S. 114; Müller-Pozzi 1981; Wright 1982, S. 160; Fraas 1983, S. 107ff.; Biehl 1985, S. 54ff.에서 발췌).

"맹목적" 행위를 **상투적인 것**이라 했다(Lorenzer 1972).
    그러므로 상징은 유아기의 경험, 행위와 관련된 경험에 의존하며, 이러한 경험은 상징의 지속적 토대가 된다. 상징은 경험을 열어 밝혀주며, 자아성찰과 타인과의 대화를 위해 그 경험을 활용할 수 있게 함으로써 인간의 행위능력을 보장해 준다.
    로렌처의 상징개념은 매우 광범위하다. 그것은 단순히 종교적 상징만이 아니라 언어적 상징 전반을 포괄한다. 그렇기 때문에 **종교적 상징**의 발달과 관련해서는 최근 들어 정신분석학자인 위니캇(D. W. Winni-

cott)의 연구가 더 큰 관심을 불러 모으고 있다. 위니캇에게 있어서 상징의 형성은 유아기 초반에 이루어지는 **내부**와 **외부**의 구분과 밀접한 관련을 맺고 있다. 애초에 어린아이에게는 아직 그러한 분리가 없다. 일반적으로 유아기의 경험에 관해 말할 때는 비분리성이라든지, 외적인 인상/느낌과 내적인 인상/느낌의 상호 유입에 대한 언급이 나온다. 위니컷의 주장에 따르면, 주관적 체험과 (특히 어머니로 대변되는) 외적인 실재 사이의 차이는 직접 도달할 수 있는 것이 아니라, 환상과 현실 사이에 다리가 되어주는 제3의 영역을 거치는 우회로를 통해 다다르게 된다. 이러한 교량 기능은 예컨대 장난감, 동물, 혹은 아이가 잘 때 꼭 필요한 보드라운 담요가 떠맡게 된다. 이러한 물건들은 문자 그대로 **어린이에게 속한 것이다**. 그것은 단순히 외부 세계의 일부가 아니며, 어린이와 (그 어린이로부터 구별된) 실재 사이에서 중간자 역할을 한다. 위니컷은 이러한 대상을 "이행기의 대상"(Übergangsobjekt)이라고 부르며, 그 대상이 차지하는 위치를 "사이의 공간"(Zwischenraum) 혹은 "중간적 경험영역"이라 한다(Winnicott 1979). 이 사이의 공간은 나중의 발달에서도 사라지지 않고, 어린이나 청소년이나 어른의 환상과 창조성과 종교 속에서 계속 이어진다.

종교교육학이 상징을 다룰 때, 위에서 언급한 정신분석학적 해석은 상징이해와 상징해석에 많은 도움을 준다. 정신분석학적 해석은 경험과 결부된 종교교육학에 공헌을 한다. 그러나 필자는 여기에 수반하는 핵심적 문제점을 미리 밝혀 놓았다. 위의 <도표 12>에서도 분명하게 나타나듯이, 상당히 까다롭고 전제해야 할 것이 많은 신학적 주제들이 너무 이른 시기에 배치되어 있다는 점이 바로 그것이다. 그렇기 때문에 삶의 이야기에 나타난 경험과 종교적 상징 사이의 상응관계를 이해할 때, 우리가 그러한 상징이나 심지어는 신학적 해석을 어린이에게 가르쳐야 한다거나 가르칠 수 있다는 식으로 이해해서는 안 된다. 오히려 그 상응관계는 우선적으로 부모나 교사의 이해를 돕기 위한 것이다. 그들이 삶의 이야기에 나타나는 위기의 종교적 차원에 대한 깨달음을 그 상응관계를 통해 얻을 수 있으며, 적절한 종교교육(처벌에 대한 지나친 공포나, 성과에 대한 과도한 압력을 피하는 것 등)을 위한 방향 제시도 받을 수 있다.

주제의 선택과 관련하여 삶의 이야기에 나타나는 경험과 종교적 상징 사이의 상응 관계는 청소년기가 되어서야 비로소 그 의미를 획득하게 된다. 여기서 종교교육은 종교적 상징을 삶의 이야기에 나타나는 경험과 직접적이고도 명료하게 관련시키기 위해서 노력해야 하며, 또한 그럴 수 있다.

물론 삶의 이야기에서 초기에 나타나는 상응관계에 대한 물음으로서 초기의 위기가 나중에도 지속적으로 영향을 끼친다는 점도 함께 고려해야 한다. 에릭슨의 견해에 따르면, 그 자신이 언급한 위기들은 제아무리 최상의 경우라 하더라도 완전히 해소될 수는 없다. 그 위기들은 지속적인 긴장요인으로, 즉 (언제라도 깨질 수 있는) 다소간 불안정한 균형으로 계속 존재한다. 그렇기 때문에 삶의 이야기에서 초반부에 나타나는 위기는 청소년기나 성인기에도 일정한 역할을 하게 되고 종교적 상징들은 갈등을 대처해 나가는 데 도움을 준다. 이렇게 보면 상징은 이러한 위기로의 회귀를 가능하게 해 주는 한편, 그 위기(이른바 **자아에게 예속된 퇴행**)를 극복할 수 있는 길을 제시한다.

상징능력과 상징이해

지금까지 언급한 기초적 내용을 통해서 상징과 경험의 순환이 전면에 부각되었다. 이제 우리는 이 순환을 세 번째 측면 즉, **상징능력과 상징이해**라는 측면으로 확대시킬 필요가 있다. 다음에 인용하는 한 청소년의 진술이 그 필요성을 분명하게 보여준다.

"난 하나님을 믿지 않아요. 하나님에 대해 어떤 식으로든 마음 속으로 상(像) 같은 것을 만들어서는 안 되는 것이 나한테는 너무 힘들기 때문이죠. 증거에 기반을 두는 현대 과학과 성서 사이의 모순도 아주 커요. 성서에 나오는 하나님은 생명이 없는 물질인 진흙으로 인간을 만들어 내고 거기에 생명의 숨을 불어 넣는 마술사 같아요. 저는 이렇게 생각해요. 옛날에 어떤 사람들이 이렇게 물었지요. 지구는 어떻게, 무엇을 통해 생겨났을까? 왜 인간은 존재하는 것일까? 인간이 살기 이전에는 무엇이 있었을까? 아무도 대답을 할 수 없었죠. 그래서 그 사람들은 이 모든 것을 손으로 빚어 만들어 낸 어떤 존재를 꾸며냈어요. 사람들은 이러한 생각을 하나의 종교로 만들어서 모든 것을 설명해 내려고 했죠. 인간은 설명을 필요로 하고 뭔가를 믿지 않으면 안 되니까 말이에요."(Schuster 1984, S. 63).

이 청소년에게는 경험과 상징의 결합이 명시적으로 일어나지 않는다. 그것은 그가 상징적 진술(인간이 진흙으로 만들어졌다는 표현)을 신뢰하지 않기 때문이다. 한편 여기서는 진흙이라는 말의 상징적 의미를 놓친 문자적 이해가 작용하고 있다. 다른 한편 이 청소년은 그 상징이 답하고 있는 질문(인간의 근원에 대한 물음)을 의식하고 있다. 이런 의미에서 그는 상징을 "꿰뚫어 본다." 상징을 보되 그 상징과 관련된 경험의 토대를 보는 것이다. 그러나 그것이 그로 하여금 어떤 평가를 내리게 하지는 않는다. 오히려 상징을 거부하게 만든다. 다시 말해서 그것은 "꾸며낸 것"이라는 것이다. 그것은 단지 상징일 뿐이다.

이러한 상징비판적 태도, 즉 객관적으로 증명 가능한 실재를 선호하고 상징을 포기하려는 태도에 이르는 길은 넓다. 장 피아제가 밝혀낸 것처럼 상징능력 역시 아주 어린 시절로 거슬러 올라간다(Piaget 1975b). 맨 처음에는 모방과 놀이가 있다. 그러다가 점차적으로 복잡한 의미가 담긴 언어적 상징까지 이해할 수 있는 능력이 생겨난다.

제임스 파울러는 피아제와 리쾨르에 기대어 상징능력과 상징이해의 발달에 대한 가장 광범위한 연구 결과를 제시했다. 파울러는 상징능력과 상징이해를 축약하여 "상징기능"의 단계라고 했다(<도표 10>, G). 필자는 이를 다음과 같이 묘사해 보려고 한다.

1. **마술적-누미노스적 이해**: 파울러의 관찰에 따르면 이러한 인생

초년기(학령 이전기)의 상징은 그 상징이 묘사하는 대상과 아직 실제적으로 분리되어 있지 않다(Fowler 1978a). 상징은 마술적 방식으로 그 대상과 연결되어 있다. 따라서 어떤 상(像)으로 묘사된 동물은 마치 살아있는 동물처럼 겁을 줄 수 있다(Fowler 1991a, S. 146ff.). 좀더 일반적으로 표현하자면 이 시기는 **환상**(*Phantasie*)의 연령이다. 이 시기에 아이는 – 실재에 대한 물음을 던지지 않은 채 – 형상(形像), 표상(表象), 동화(童話) 등을 받아들이고 그 안에 있을 수 있다. 그러나 피아제도 언급했듯이(1975b) 이미 여기서도 상징은 "부재 중인 대상에 대한 표상"을 전제한다.

　　2. 일차원적 – 문자적 이해: 이 단계의 상징이해에는 오직 하나의 차원, 즉 구체적 경험의 차원만이 존재한다. 상징적 진술은 그 지시적 성격에 따라 비본래적인 말로 파악되지 않고, 글자 그대로 받아들여야 할 언어로 이해된다. 이것은 필연적으로 신화적 표상으로 연결된다. 천당과 지옥 등의 상징적 개념을 문자적으로 받아들일 수 있는 길은 오로지 **신화적 이해**뿐이기 때문이다. 바로 여기 두 번째 단계에서 신인동형론적 하나님 이해가 많이 나타나는 것도 그런 이유에서다. 만일 하나님에 대한 성서의 진술을 문자 그대로 받아들인다면 그러한 진술은 불가피하게 신화적 이해로 귀착될 수밖에 없다.

　　3. 다차원적 – 상징적 이해: 이 단계가 이전 단계에 비해 진보한 것은 이제 비로소 상징의 지시적 성격이 인식된다는 점이다. 상징적 언어의 다의성이 의식되고 상징적 진술의 은유적 의미가 이해된다. 그러나 상징은 여전히 그것이 가리키는 대상과 동일하게 거룩한 것으로 간주된다는 사실은 매우 의미 있다. 다만 의미를 촉진하는 능력은 그것이 지시하는 대상이 아니라 상징 자체에서 발견된다. 그렇기 때문에 전통에 의해 제시된 상징 이외에 다른 상징은 인정받을 수 없다. 파울러는 이것을 한 국가의 국기(國旗)와 비교했다. 국기가 더럽혀진다는 것은 그 나라에 대한 직접적인 공격과 모욕으로 간주된다.

상징 자체가 거룩한 것으로 이해되는 한 상징에 대한 비판도 존재하지 않는다. 여기서는 교회를 비롯한 종교 기관이 대변하는 전통이나 가르침이 중요한 역할을 한다. 그런 의미에서 상징이해는 제3단계 전체가 그렇듯이 인습적이다. 이 단계는 주어져 있는 것 그리고 다른 사람이 믿고 있는 것을 지향한다.

4. **상징 비판적 이해**[1]: 이제 비로소 상징은 그것이 의미하는 것으로부터 분리된다. 상징은 어떤 표상으로 번역되거나 환원된다. 상징은 더 이상 의미를 산출하는 힘을 갖지 못하고, 이러한 이해 속에서 다만 그 힘을 전달하는 기능 만을 갖게 된다. 상징은 그 의미가 또 다른 관련 체계에서 실행 가능하도록 번역될 수 있을 때에만 인정을 받는다. 여기서부터 **비신화화**(Entmythologisierung)의 경향이 생겨난다.

도입부에서 인용한 청소년은 바로 이 단계에 배치할 수 있을 것 같다. 그는 창조의 상징을 자연과학적 언어로 "번역하고", 그 의미를 자연과학적 관련 체계의 틀로 검사하고 최종적으로는 상징이 그 틀에 맞지 않기 때문에 상징을 배척한다. 여기에는 겨우 심리적 해석의 여지만이 남아있다: 인간은 정말이지 뭔가를 믿지 않고는 못 배긴다.

페츠(R. Fetz 1985)도 하늘이라는 상징(가령 "하늘에 계신 하나님")의 예에서 이와 비슷한 연구 결과를 제시한다. 그 예에서는 상징적인 하늘 관념을 우주에 대한 자연과학적 관념에 끼워 맞추려 하지만 결국 포기하고 만다. 상징적 관념은 자연과학적 틀에서는 아무것도 의미하지 않기 때문이다.

5. **비판 이후의 이해**: 이 단계에서 상징은 단순히 다른 무엇으로 환원할 수 있는 것이 아니다. 상징은 독자적인 진술, 다른 무엇으로 대치할 수 없는 진술의 형태로 여겨진다. 여기서는 상징과 그 상징이 가리키

---

[1] 이 개념은 파울러에게는 나타나지 않지만, 비신화화(Entmythologisierung)라는 개념에 가장 잘 들어맞는다.

는 대상 모두가 의미를 촉진한다. 그와 동시에 자기인식에 변화가 일어난다. 즉 독자적인 자아는 더 이상(4단계에서처럼) 그저 합리적인 자아로 간주되지 않고, 의식적 맥락과 무의식적 맥락의 다층적 결합으로 나타난다.

비판 이후의 이해로 변화되는 것은 비판 이전의 견해로 돌아감을 뜻하지 않는다. 상징의 한계에 대한 상징비판적 통찰은 계속해서 남아 있다. 그렇다 해도 그것이 상징의 재습득을 가로막지는 못한다. 상징이 다른 어떤 것으로 대체될 수 없다는 사실이 알려졌기 때문이다. 이 단계는 리쾨르의 이른바 "제2의 순수"(*zweite Naivität*)와 상응한다(1971, S. 399). 이는 상징에 대한 비판을 거친 뒤에 상징에 대해 새로이 취하게 되는 참신한 태도를 말한다.

파울러는 **상징이해의 6단계**까지 언급했지만, 그 단계는 뚜렷한 윤곽은 지니지 못한 채 사변적 성격만을 지니고 있다. 이 단계에서는 5단계를 통해 발생한 것보다 한 걸음 더 나아간 상징의 재습득이 일어날 것이라는 점은 분명하다. 파울러는 6단계 전체의 특징을 자아와 "궁극적 환경" 간의 결합으로 표시했다. 이러한 결합은 상징의 뜻을 새롭고 강렬하게 해주며, 상징 또한 이러한 결합에 참여하게 된다. 이로써 상징은 하나의 종교적 전통에 제한된다는 사실을 망각하지 않으면서도 새로이 절대적 의미를 얻게 된다(Fowler 1991a, S. 225ff).

요컨대 상징능력과 상징이해의 발달은 다음과 같이 정리해 볼 수 있다. 맨 처음 언어 이전의 시기에 이어 **환상**에 의해 규정되는 이해가 등장한다(1). 그 다음으로 **일차원적-문자적 이해**(2)와 **다차원적-상징적 이해**(3)가 온다. 여기서 상징은 최초로 상징적 의미 속에서 실제적으로 해명된다. 그와 동시에 **상징비판**(4)으로 가는 길이 열린다. 그리고 이것은 마침내 **비판 이후의 이해**(5)를 통해 지양된다.

이제 결정적으로 중요한 것은 이러한 단계들을 성숙의 산물로 이해하지 않는 것이다. 파울러의 고찰 결과 모든 사람이 거쳐가게 되는 처음 두 단계를 제외하면 어떠한 단계도 필연적으로 도달되지 않는다(Fowler 1991a, S. 126). 그러므로 일차원적-문자적 이해가 한 평생 지속되는 것도 전혀 불가능하지 않다.

삶의 이야기에서 나타나는 경험의 차이뿐만 아니라 상징이해의 차이까지 찾아내려는 시도는 특히 청소년 시기에서 결정적으로 중요하다. 청소년의 경우, 다양한 이해 형식의 폭넓은 스펙트럼이 발견되기 때문이다. 청소년에게는 일차원적-문자적 이해뿐만 아니라 다차원적-상

사회심리적 위기 (에릭 에릭슨의 이론)	종교적 상징	상징 기능의 단계 (제임스 파울러)
1. 기본적 신뢰 대 기본적 불신	누미노제(하나님, 어머니 신성) (잃어버린) 낙원, 하나님 나라에 대한 희망	
2. 자율성 대 수치심 및 의심	선과 악, 은총, 복종과 탈출, 먹고 마심의 상징	마술적-누미노스적
3. 주도성 대 죄책감	사랑의 아버지와 처벌하는 아버지 아버지 신성 죄와 구원, 회개	일차원적-문자적
4. 근면성 대 열등감	직업(소명), 창조의 명령, 작업	
5. 정체성 대 정체성 혼돈	신앙, 일반적 확신, (고난 속에서) 함께 하시는 하나님, 소외와 구원	다차원적-상징적
6. 친밀감 대 소외	공동체, 기독론의 주제들	상징 비판적
7. 생산성 대 침체성	창조, 직업(소명), 올 것에 대한 배려	비판 이후적
8. 통합성 대 절망/권태	거룩한 것, 궁극적인 것	

<도표 13> 사회심리적 위기 및 종교적 상징 <도표 12>과 상징기능의 발달과의 관계(아래쪽으로 트인 괄호는 이 단계가 죽을 때까지 계속될 수 있음을 암시한다).

징적 이해, 그리고 앞서 인용한 청소년의 경우에서처럼 상징비판, 혹은 비판 이후의 이해로 넘어가는 단초가 두루 나타난다. 그렇기 때문에 삶의 이야기에 나타나는 주제와 종교적 상징 사이의 상응 관계를 추구하는 것만으로는 충분치 않다. 상징으로 접근하는 길을 터 주기도 하고 그 길을 막아버릴 수도 있는 그때마다의 상징이해 또한 고려해야 하는 것이다.

상징, 경험, 상징이해의 순환

만일 우리가 두 가지 측면, 즉 상징과 경험의 맥락과 상징이해의 발달을 한데 모은다면 어떤 그림이 생겨날까? 필자는 <도표 13>을 통해 삶의 이야기에 등장하는 주제, 종교적 상징, 그리고 그때그때마다의 상징이해 사이의 관계를 정리해 보았다. 이 도표를 통해서 우리는 상징이해의 한 형태가 여러 경험의 영역을 포괄하며, 삶의 이야기 과정에서 나타난 하나의 이해 형태가 다양한 경험으로 채워질 수 있음을 간파할 수 있게 된다. 이것은 두 가지 발달의 측면이 내포하는 **상이한** 성격에서 나온 것이다. 인지구조적 단계들은 오랜 기간 동안 유지될 수 있으며 **새로운** 내용으로만 채워진다. 새로운 단계는 그에 상응하는 경험이 있을 때라야 도달할 수 있다. 이와는 반대로 사회심리적 위기들은 연령에 의해 규정된다. 그 위기들은 이전 단계의 위기가 만족스럽게 해결되지 않는 상황에서도 등장할 수 있다―물론 그 결과 발달에 장애가 생길 가능성이 있다.

경험의 측면과 이해의 측면은 상호 밀접하게 연관되어 있다. 그러나 발달에서는 두 측면이 동시에 일어나지 않고 그때마다 좀 더 정밀하게 규정되어야 하는 관계 속에서 마주하게 된다. (종교)교육학과 상징의 만남은 경험의 측면과 이해의 측면을 모두 고려해야 한다. 두 가지 가운데 하나만으로는 어린이나 청소년의 관심과 학습욕구를 제대로 설명할 수 없다. 그러므로 상징과 경험의 매개가 성공하기 위해서는 이러한 매개가 그때마다의 상징이해와 상응해야 한다. 그러나 상징이해에만 초점을 맞추는 매개는 경험 부재의 매개, 삶과 유리된 매개가 될 것이다.

그렇기 때문에 도입부에서 소개한 순환, 즉 경험과 상징의 순환은 세 개의 극을 지닌 구조로 확대되어야 한다. 다시 말해, 그 순환은 **상징, 경험, 상징이해**를 포괄하는 순환고리가 되어야 한다.

경험과 상징의 관계는 상징이해를 통해 매개된다. 그러나 상징이해는 경험에 근거하여 변화하며, 이 경험은 다시금 상징과 연결된다.

물론 (종교)교육학과 상징의 적절한 만남에 있어서 상징, 경험, 상징이해의 삼중구조 역시 충분히 만족스러운 것은 아니다. 적어도 경험의 측면이 정신분석학적으로만, 이해의 측면은 인지구조적으로만 채워지고 있다는 면에서 그러하다. 어린이와 청소년에게 있어서 상징의 의미는 그들이 속해 있는 사회가 상징에 대해 취하는 태도에 의해 항상 영향을 받기 때문이다. 이것은 사회와 종교적 상징과의 관계에도 그대로 적용된다. 예컨대 그 사회는 종교적 상징의 도움을 받아 스스로를 "신성한 제국"으로 공포할 수도 있고, 혹은 종교적 자기 이해와 상반되는 "현대 사회"로 생각할 수도 있다. 이 두 가지 경우 모두 상징은 여전

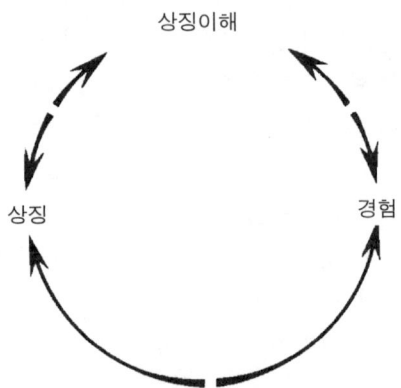

<도표 14> 상징, 경험, 상징이해를 세 축으로 하는 순환고리의 구조

히 종교적으로 표현되고 있다. 물론 넓은 (기능적) 의미에서 종교적이라는 것이다.

그 사회에서 어떤 종류의 **다른** 상징이 특히 광고나 대중 매체에서 발견되느냐 하는 것도 마찬가지로 중요하다. 부분적으로 이러한 상징들은 종교적 상징과 모순되는 지향성을 지지함으로써 종교적 상징과 직접적 경쟁관계를 형성하기도 한다. 그러한 상징 또한 인간의 근원적 경험과 구체적인 소망, 즉 만족과 안전과 명예 등에 대한 소망을 겨냥한다. 그러나 대개는 소비지향적인 해법을 제시할 뿐, 낙관주의는 오래 지속되지 못한다.

우리 시대를 주도하는 상징에 대한 좀더 상세한 연구는 상당히 의미있을 것이다. 그러나 이 문제를 여기서 상론하기는 어렵다. 그러나 상징의 의미가 **발달과 연관된** 것일 뿐 아니라 항상 **사회화에 의존되어 있다**는 사실을 주목해야 한다는 것만큼은 아주 분명해졌다. 어쨌든 상징발달이론은 그러한 사회화의 영향력을 좀더 자세히 이해하고 거기서 상징능력을 향상시키는 (종교)교육의 단초를 찾아내는 데 도움을 준다. 이로써 다시금 **다각적 접근법**, 즉 **발달이론과 사회화이론** 모두에 대해 개방되어 있는 접근법의 필요성이 드러난다.

이러한 다각적 접근법은 상징이해의 신학적 적합성에 대한 물음까지 포함한다. 정신분석이론과 인지구조이론이 기독교의 상징에도 적용될 수 있는가? 성서 본문을 다루는 상징이론의 적용 가능성과 관련하여, 최근에는 정신분석이론의 중요성이 계속 주목받고 있다. 정신분석학을 통해 성서 본문을 해석하려는 시도가 지속적으로 확산되고 있음도 이 사실을 잘 보여준다.[2] 물론 그러한 시도들이 아직 완숙한 형태를 취하지 못하고 있으며 성서 본문을 심리학적 내용으로 만들어 버리는 경향이 나타나고는 있지만,[3] 경험과 결부된 해석의 가능성을 열어 놓았다는 사실

---

[2] 예컨대 *Evangelische Erzieher*(3/1983)의 Themenheft에서 다룬 "성서주석"; Roth(1986)의 비판적 물음 참조.—이와 관련하여 근본적 문제에 대해 다룬 글이 Y. Spiegel(1972; 1978)이 편집한 책 속에 실려있다; Drewermann의 이론적 단초에 대한 비판적 논의에 대해서는 Frey(1995)를 참조.

만큼은 논박의 여지가 없다.

　로날드 골드만(R. Goldman)은 이미 1960년대에 인지구조적 상징이론을 비록 단순화시킨 형태이기는 하지만 성서 본문에 적용하고 그러한 방법론의 풍성한 효과를 증명한 바 있다. 그러나 성서 본문에 대한 인지구조적 접근법의 신학적 적합성은 요사이 근본적 문제 제기에 부딪혔다. 그것은 이를테면 다음과 같다. 합리주의적 이해는 성서 본문의 상징적 특성을 그냥 지나쳐 버리지 않는가? 이것은 상징이 아무런 손실 없이 다른 언어, 즉 상징 이외의 언어로 번역될 수 없다는 생각을 무시한 것이 아닌가?

　이러한 반론의 주된 대상이 된 것이 바로 골드만의 입장이다. 골드만은 성서 본문의 비신화화적 이해를 중시했기 때문이다. 파울러가 제시한 모형, 즉 상징능력과 상징이해의 발달 모형은 이러한 반론에 부딪힐 우려가 훨씬 덜하다. 파울러에게 있어 비신화화적 이해(4단계)는 "제2의 순수"로 나아가는 길에 서 있는 하나의 중간 지점에 불과하다. 파울러는 종교철학자인 리쾨르가 말하는 "제2의 순수"가 발달의 목표라고 생각했다.

　만일 파울러의 인지구조적 발달모형이 (신학적 영향력이 지대한) 리쾨르의 종교철학과 해석학에 기댈 수 있다면, 신학적 상징이해 또한 발달의 차원을 가지게 된다고 추측할 수 있다. 이러한 발달의 차원은 틸리히에게서 아주 분명하게 나타난다. 파울러의 이론은 시종일관 틸리히의 신학에 의존하고 있다. 틸리히는 종교적 상징을 **우상화하는** 이해와 참된 **상징적 이해로 구분한다**(1970, S. 147). 상징 자체가 거룩한 것으로 여겨질 때 그 상징은 신앙이 아니라 **우상숭배**이다. 이와는 반대로 참된 상징적 이해는 종교적 상징의 지시적 성격과 "비본래성"을 인정하고 고려하는 것이다.

　파울러는 우상화하는 이해에서 참된 상징적 이해로 넘어가는 것을,

---

3) 그러한 심리화(Psychologisierung)는 M. Kassel(1980)의 경우가 그렇다. 여기서 정신분석학적 해석은 해석된 성서 본문의 본질적 특질을 전적으로 스쳐 지나간다.

일차원적-문자적 이해에서 다차원적-상징적 이해로 발달하는 심리학적 문제로 나타내고자 했다. 한 마디로 말해, 파울러의 발달 모형은 심리학적 고찰뿐만 아니라 종교철학적이며 신학적인 고찰에서 비롯된 것이다.

도서자료와 참고문헌

신학과 철학의 상징이해에 대해서는 특히 P. Ricoeur(1969; 1973)와 E. Jüngel의 저작이 중요하다. 정신분석학적 상징이해에 대해서는 A. Lorenzer가 주목할 만한 연구 성과를 냈다(*Das Konzil der Buchhalter*. Frankfurt a.M. 1981: 아울러 그의 이전 저작들은 이 책 끝부분 참고문헌을 보라). C. Jung에게 좀더 밀도있게 경도한 연구가 M. Kassel (*Biblische Urbilder*. München 1980)과 E. Drewermann(*Tiefenpsychologie und Exegese*. Bd. I. Olten/Freiburg i.B. 1984)에게서 이루어졌다.

종교교육학에서는 P. Biehl(1980; 1985; 1989; 1993)과 H. Halbfas (1982)가 "상징교수학"의 관점에서 노력을 기울였다. 상징과 경험 간의 종교교육학적 순환 문제에 대해서는 무엇보다 J. Scharfenberg의 연구 (*Menschliche Reifung und christliche Symbole*. In: Concilium, 14/1978)가 돋보인다. 삶의 이야기에 따르는 신학적 주제들 중 하나를 M. Klessmann(*Identität und Glaube*. München/Mainz 1980)과 J. Werbick(*Glaube im Kontext*. Zürich 1983)이 다루었다. 삶의 이야기에 대해서 신학적으로 자극을 줄 만한 것으로 특히 Preul(1980, S. 143ff., bes. 230ff)과 Schmidt(1984, S. 58ff)를 거론할 수 있다. 그 이상의 논의로는 »Symboldidaktik«(Der Evang. Erzieher 1/1994)과 Dressler (1995)가 있다.

인지구조적 상징이해에 대해서는 Fowler가 특히 그의 책 »Life Maps«(1978, S. 42ff.)와 »Stufen des Glaubens«(1991a, S. 136ff.)에서 서술한 바 있다. 나아가서 참고문헌에서 언급한 Goldman(1964), Murphy(1977), Howe(1978) 그리고 Nipkow(1986)의 저작들도 중요하다. 성서 본문에 대한 인지구조적 접근 방식을 신학적으로 성찰하는 데 대한 의문을 Slee(1983), McGrady(1983) 및 Greer(1983)가 제기했다. 언어와 의미발달 문제에 대한 일반적 개론서를 G. Szagun이 내놓았다 (*Bedeutungsentwicklung beim Kind.* München u.a. 1983; *Sprachentwicklung beim Kind.* München u.a. ²1983). 신앙과 상징이해의 발달에 대해서는 특히 A. A. Bucher의 연구가 특히 돋보인다(1990a; 1990b). 종교 수업과 상징 내지 은유에 대한 경험과학적 연구로는 Schweitzer u.a.의 연구(*Religionsunterricht und Entwicklungspsychologie.* Gütersloh 1995)를 들 수 있다.

사회심리적 발달과 인지구조적 발달 사이의 관계에 대해서는 L. Kohlberg가 연구했다(*Eine Neuinterpretation der Zusammenhänge zwischen der Moralentwicklung in der Kindheit und im Erwachsenenalter.* In: R. Döbert u.a., Hg.: *Entwicklung des Ichs.* Köln 1977).

8
하나님 이미지의 발달

하나님 이미지는 종교적 발달의 핵심 주제다. 그런데 바로 이 주제와 관련하여 무언가 신뢰할 만한 것을 찾아내기는 유난히 힘들다. 우리는 어린이에게 하나님이라는 말을 어떻게 이해하고 있는지 거의 물을 수가 없다. 어린이에게는—꼭 어린이만 그런 것은 아니지만—하나님의 의미를 표현할 만한 언어가 없다.

물론 하나님 이미지의 발달은 보편적 상징발달의 한 측면으로 파악할 수 있으며, 앞 장에서 이야기한 많은 것이 실제로 이 문제에도 적용된다. 그러나 하나님 이미지는 그것이 어른의 종교에서 차지하는 핵심적이고도 우월한 지위만 가지고도 이미 특별한 의미를 지닌다. 그러나 어린이나 청소년의 종교에서도 하나님 이미지는 다른 것에 비해 그 의미가 두드러진다. 리히터(J. Richter), 모저(T. Moser), 모리츠(K. Ph. Moritz)의 경우에서처럼 끊임없이 하나님 이미지 주위를 맴도는 자서전적 진술 이외에도 어린이나 청소년의 직접적인 표현, 예컨대 슈스터(R. Schuster 1984)나 헬러(D. Heller 1986)가 수집한 자료들이 이러한 사실을 잘 보여준다. 그러므로 한 장을 할애하여 하나님 이미지의 발달에 관해 살펴보기로 한다.

　여기서 우리는 한편 이미 확인된 결과를 붙잡을 수도 있으며, 또 다른 한편 바로 거기서 하나의 닫힌 이미지를 얻게 된다. 그러나 그 발달에서 나타난 몇 가지 측면과 궤도에 대해서는 여러 면에서 자세히 언급해야 할 것이다. 제한적이기 때문에 확실하다고 할 수 있는 진술을 주로 구사하는 사회과학적 접근방식을 중시하는 의미지향성(파울러), 혹은 종교적 판단으로서의 신앙에 대한 연구(오저/그뮌더)의 경우와는 달리, "하나님"이라는 말은 삶 속에서 다면적 위치를 갖고 있다. 물론 신학적이고 종교학적인 하나님 이해에 있어서는 확실한 진술이 가능하다. 그러나 어린이나 청소년은 보편적인 일상이나 문화 속에서도 "하나님"이라는 낱말과 만난다. 그리고 여기서는 확실한 이해를 운운할 수 없을 것이다. 한 걸음 더 나아가 종교적 발달과 관련해서는 어떤 객관적이고 확정된 하나님 이해를 찾을 수 없다. 그보다는 어린이나 청소년들이 자신들에게 제시된 하나님 이미지에 대한 토론을 통해 직접 만들어 낸 하나님 이해 형태에 대해 물을 수 있을 뿐이다. 모든 하나님 개념은 신학이든 종교학이든 어린이나 청소년의 실제적 하나님 이해를 그냥 지나쳐 버릴 수 있다. 게다가 어린이나 청소년은 하나님이라는 말을 다른 개념으로 사용할 수도 있다. 어린이들이 이따금씩 하나님과 예수님을 혼동하는 것이 그 대표적인 예다.

　이러한 개방된 상황에 상응하는 의미에서 필자는 앞으로의 논의 속에서, 이 문제를 정신분석학적 발달단계나 인지구조적 발달단계에 맞춰 나가지 않고 의식적으로 폭넓게 파악된 연령 통계를 근거로 제시할 것이다. 물론 그러한 연령 통계가 대체적 방향만을 지시한다는 점은 유념해야 할 것이다. 몇년 정도 앞으로 혹은 뒤로 늘이는 것은 언제라도 가능하다. 필자는 또한 최근 들어 상당히 주목 받고 있는 문제, 즉 하나님의 이미지에서도 역시 나타나는 남녀간의 차이에 대한 논의를 별도로 진행할 것이다.

아동기 초기: 부모님 같은 하나님

이미 3장에서 언급했듯이 지그문트 프로이트의 정신분석학적 종교 심리학은 외디푸스적 시기에 나타나는 격상된 아버지·처벌하는 아버지 모습에서 하나님 이미지의 원천을, 하나님 이미지의 첫 번째 형태면서 동시에 지속적인 형태(Gestalt)를 찾을 수 있다고 말한다. 그러나 적어도 나르시시즘 논쟁 이후로는 정신분석학에서 이러한 견해가 더 이상 영향력을 행사할 수 없게 된다. 이제 어린이의 종교성의 뿌리는 출생 직후 일체성(Einheit)과 혼융(Verschmelzung)을 경험하는 **최초의 시기**에 있는 것으로 이해되었다. 믿을만한 안전한 상태의 느낌과 버려짐에 대한 두려움, 부모와 자기의 자아가 전능하다고 믿는 환상, 끝으로 외적인 실재와 주체성 사이에 위치하는 "이행기의 대상"(위니캇), 하나님 이미지는 바로 이런 것들 주위에서 최초의 형태를 띄게 된다. 그 형태는 아직 명확하지 않다. 훗날 그 어린이가 하나님에 대해서 말할 정도가 되었을 때 비로소 우리는 그러한 초기의 경험이 하나님 이미지에 스며들었는지 여부와 그 방식을 알 수 있다.

에릭슨은 이러한 초기의 주된 과제를 **기본적 신뢰**의 획득이라고 규정했다. 이 신뢰는 아기와 엄마의 관계에 파고든다. 그리고 이 관계는 아직 두 개의 분리된 인격 사이의 관계로 이해될 수 없다. 맨 처음 아기는 자신을 분명한 경계가 있는 자아로 경험하지 않는다. 자신의 경계를 인식하고, 자신이 할 수 있는 것과 자기의 욕구에 모순되는 것을 분간하는 것은 발달 과정에서 나타나는 첫 번째 표지라 해야 옳을 것이다.

원래 자아가 이렇듯 개방된 상태로 그 경계가 유동적인 것을 정신분석학에서는 "혼융"(Verschmelzung)이라고 표현하였다. 이러한 혼융과 상응하는 것이 종교적 영역에서도 다양한 형태로 존재한다: 이 세계와의 하나됨(Einssein), 모성적 인격과 자기 자아의 **전능함**(*Allmacht*), 보금자리가 만드는 정서적 아늑함(*Geborgenheit*), 이 모든 것이 또한 종교적 주제이다. 한편 어떤 정신분석학자들은 다른 무엇보다도 두드러지는 병행(유사) 개념에 주목하면서 이 점을 지속적으로 부각시켰다:

아이는 어머니의 얼굴 속에서 자기를 인식하며, 그리고 바로 그 얼굴을 통해서 관심이 무엇인지, 거부가 무엇인지, 그리고 마침내 하나님의 얼굴-우리의 축복 기도문이 그 "비추이심"을 간구하는, "주께서 그 얼굴을 네게 비춰시며······"-을 요체적(elementar) 형식으로 경험하게 된다.

 심리학적으로 볼 때 하나님 이미지에 나타나는 모성적 특성은 이렇듯 아동기 초기의 경험을 통해서 설명할 수 있다. 그것은 이 시기에 아이를 돌보고 아이와 놀아주는 것이 대개 엄마이기 때문만은 아니다. 최소한 서구문화권에서는 돌보아 주고 돌봄을 받는 것은 일반적으로 모성적인 것과 연관되어 있다. 물론 처음에는 모성적 신성 이미지가 모든 어린이에게 각인되었다가(Fraas 1983, S. 112 참조) 나중에 가서야 아버지 하나님의 이미지로 옮겨간다는 극단적 주장까지도 가능한지의 여부는 기존의 경험과학적 자료만으로는 단정지을 수 없을 것 같다. 그러나 **양친 부모**의 특성이 어린이의 하나님 이미지에 스며든다는 것만큼은 분명하다. 물론 이것도 부모 이미지가 그대로 하나님 이미지로 변화한다는 식으로 이해해서는 안 된다. 오히려 부모 이미지와 하나님 이미지의 동질성은 "무조건적 사랑"이나 "궁극적 권위"와 같은 관념들이 부모와 하나님에게 연결되는 점에서 드러나는 것이다. 벨기에의 종교심리학자인 베르고트(A. Vergote)를 중심으로 하는 연구단체가 국제적인 차원에서 시도한 설문조사 결과는 이 점을 다면적으로 증명해 주었다.

 아동기 초기에 나타나는 하나님 이미지의 바탕이 되는 모성적 특성과 부성적 특성은 결코 이상화시켜서는 안 된다. 정서적 아늑함과 신뢰라는 기초적 체험이 모든 아이에게 똑같이 자연적 유산으로 선사되는 것은 아니다. 또한 초기의 경험은 결코 풀리지 않는 긴장 상태에 있다. **기본적 신뢰와 기본적 불신, 정서적 아늑함과 버림받음, 소망의 충족과 깊은 실망** 사이의 긴장이 바로 그것이다. 이러한 긴장은 어린이가 서서히 부모라는 존재와의 첫 번째 혼융에서 빠져나올 때 만들어 내는 위대함에 대한 환상 및 전능함에 대한 환상(Größen- und Allmachtsphantasie)에서 가장 분명하게 나타나는 것 같다. 이러한 환상은 해체되어야 한다. 부모와 자기 자신의 가능성이 제약적이라는 상황에 직면하면 어떠한 길도 그것을 그냥 지나쳐갈 수 없다. 그러나 이 환상이 단번에 깨지는 바람에 억압으로 귀속되어 잠복상태에서 계속 작용하게 만들 것인가, 아니면 "단계적 해체"를 감행할 것인가-코후트(H. Kohut)는 이것이 건강한 발달을 위해 꼭 필요한 조건이라고 본다-의 여부는 교육의 과제다.

심리학적으로 보았을 때, 정서적 아늑함/버려짐의 느낌, 발달에 알맞은 자아와 부모 이미지/지속적인 위대함의 환상은 모두 하나님 이미지에 영향을 준다. 그래서 아동기 초기의 어린이가 보여주는 모습은 긍정적인 것과 부정적인 것이 뒤섞인 경험들의 혼합이다. 무엇이 인간을 채워주고 인간을 이끌어주는가 하는 것만이 아니라 무엇이 인간의 속을 비워 내고 아득한 두려움의 나락으로 떨어뜨리는가 하는 것이 하나님 이미지에서 집중적으로 드러난다.

아동기 중기와 후기: 하나님 이미지와 부모 이미지의 구분

하나님 이미지의 발달에서 또 하나 중요한 국면은 부모 이미지와 하나님 이미지간의 **구분**이다. 이것을 오저/그륀더는 종교적 판단의 1단계로 넘어가는 과정이라고 보았다. 이제 처음으로 하나님은 부모와 분리된 상대자로 이해되고 경험된다.

이 상대자는 인간을 보호해 주는 친절한 존재일 수 있다. 유타 리히터의 이야기에 나오는 "수호천사 아버지"같이 사려 깊고 사랑이 많은 존재 말이다. 그러나 그 상대자는 "모든 것을 보시는 하나님"에서처럼 위협적이고 처벌하는 존재일 수도 있다. 이렇듯 상반된 경험은 마치 어떤 아이는 하나님을 친절하고 보호해 주는 분으로 경험하고 어떤 아이는 위협적이고 벌을 주시는 분으로 경험하는 식으로 개인마다 따로 분할되는 것은 결코 아니다. 그 보다는 두 가지 종류의 경험이 서로 뒤섞여 있다고 보는 편이 옳다. 헬러(D. Heller)가 인용한 여섯 살 난 남자아이 지라르

(Gerard)의 표현은 이러한 진리와 잘 들어맞는다. "때로는 하나님이 정말 친절한 분처럼 느껴져요. 그러나 어떤 때는 화난 분 같기도 해요" (1986, S. 43).

이렇듯 뒤섞인 경험은 이 시기에 대한 고전적 정신분석학의 견해, 즉 외디푸스 컴플렉스에 대한 프로이트 이론의 경우와도 상응한다. 고전적 정신분석학에 따르면 하나님과의 관계에는 아버지와 관련된 양가감정의 상태(die ambivalente Vaterbeziehung), 다시 말해 한편으로 관심과 경모의 감정과 다른 한편으로 두려움과 거부감이라는 감정 사이를 오락가락하며 양쪽으로부터 영향을 받는 상반된 감정의 양립상태가 반영되어 있다.

부모라는 구체적인 사람에 비중이 실린 하나님 이미지가 퇴조하면서 (파울러가 언급했듯이) **신인동형적-신화적 하나님 표상**의 시대가 시작된다. 신화적-문자적 상징이해에서는 천당과 지옥이 상징적으로 파악되지 않고 종교적 세계상-하나님도 여기에 포함된다-의 극(極)으로 이해된다. 이 시기의 특징은 오저/그뮌더가 기술한 2단계의 모습 즉 "당신이 나에게 하는 대로 나도 당신에게"이다. 그리고 이것이 하나님에 대한 이해를 규정한다. 그렇게 되면 하나님과의 매우 인격적인 관계가 가능하게 되고 어린이는 하나님의 인격적인 관심과 인정을 원하게 된다는 것을 보여주는 이야기가 있다. 아홉 살 난 여자아이 카린의 이야기가 그것이다(Heller 1986, S. 46).

> "옛날 어느날 하늘나라에서…… 하나님이 깨어나셨어요. 그 날이 그분의 생일이었어요. 그런데 천사 한 명을 빼고는 아무도 그 날이 그분의 생일이라는 사실을 몰랐지요……. 그래서 이 천사는 다른 모든 천사들을 불러 모았어요. 그래서 하나님이 샤워를 마치고 나왔을 때 그분을 위한 깜짝 파티가 마련되어 있었답니다."

꼬마 카린은 자기를 이 천사와 동일시하고 있다. 카린은 유일하게 하나님의 생일을 잊지 않은 그 특별한 천사가 되고 싶은 것이다. 이 이야기는 이 단계의 핵심적 문제가 무엇인지 잘 보여준다. 그 꼬마 천사는 하나님의 사랑을 받을 만한 일을 해야 하며 "다른 모든 천사들"보다 뛰어나고 돋보여야 한다. 바로 여기서 종교적 성취주의와 경쟁의 원리가 드러난다.

아동기 후기만 해도 하나님 이미지가 어느 정도 **영적인 것**으로 변화하기 시작한다. 신인동형적 하나님 표상은 퇴색되고 추상적 상징에 의해 해체된다. 이 시기에는 하나님이 영(Geist)으로 이해된다.

요컨대 아동기 중기와 후기에는 종교적 실천과 가르침이, 어린이의 주변 환경에서 그렇게 나타나는 바와 같이 더욱 강하게 의식된다는 사실을 발견할 수 있다. 이것은 주로 교회와 학교 수업을 통한 사회화와 상응할 뿐 아니라 종교적 발달에 있어서도 중요한 의미를 지닌다. 왜냐하면 어린 시절의 경험으로 채워진 **독자적인** 하나님 이미지가 교회나 학교 내지 사회에서 큰 영향력을 행사하는 **공식적인** 하나님 이미지와 어떻게 결합될 수 있는가 하는 문제가 비로소 빈번하게 제기되기 때문이다. 로빈슨(E. Robinson)이 수집한 자료가 보여주듯 이러한 결합은 항상 성공하지는 않는다. 로빈슨은 어린이가 여기서 만나게 되는 "교회의 하나님"(Kirchengott)에 대해 언급한다. 리주토(A. -M. Rizzuto)도 이렇게 말한다. "견진성사에 관심이 있는 사람들에게는 이것이 결정적 시점이다. 그런데 만일 어린이 각자의 진보를 이해하기 원한다면 그 어린이가 지니고 있는 사적인 하나님에 대해 알고 있어야 한다. 모든 어린이는 겨드랑이에 사랑의 하나님을 챙기고 난 뒤라야 '하나님의 집'에 간다"(1979, S. 8). 유타 리히터의 이야기에서 "수호천사 하나님"이 "리오바 수녀님의 하나님"과 맞닥뜨린 이야기는 아주 의미심장하다.

청소년기: 하나님 이미지의 내면화 · 인격화 · 추상화

하나님 이미지가 청소년기에 어떻게 발달하는지에 대한 우리의 인식은 아동기의 경우에 비해 매우 단편적이고 불명확하다. 아동기가 여전히 부모의 영향을 크게 받는 데 비해 청소년기는 사회적 처지나 역사적 상황에 따라 상당히 다양한 형태로 진행된다는 점이 하나의 원인이 될 수 있다. 그러나 다른 한편 청소년기의 하나님 이미지의 발달에 우리가 무지할 수밖에 없는 이유는 하나님 이미지와 관련하여 중요한 경험은 이미 아동기에 다 이루어진다는 (주로 정신분석학 계열의 연구가들이 대변하고 있는) 생각 때문이다. 그래서 청소년기의 발달은 거의 주목을 받지 못하고 있다. 하나님 이미지가 전 생애에 걸쳐 변화한다는 입장을 대변하는 리쭈토조차도 청소년기에는 하나님 표상에 대한 개념적 손질만이 있을 뿐이라고 주장한다. 그러나 이러한 손질도 이미 존재하는 하나님 표상에 "정서적 측면에서는…… 아무것도 첨가하는 것이 없다"(1979, S. 200).

그러나 다른 심리학파에 대표격이라고 할 수 있는 디콘치(J. -P. Deconchy 1965)나 바뱅(P. Babin 1965) 같은 학자들이 학생들에 대한 설문조사의 도움을 받아 1960년대에 이미 증명한 바에 따르면, 청소년기에도 하나님 이미지와 관련하여 상당히 중요한 발달이 일어난다. 이러한 발달은 하나님 이미지의 **내면화·인격화·추상화**라는 일반적 형태로 잘 나타낼 수 있다. 디콘치에 따르면, 종교수업시간에 배운 개념이라든지 하나님을 나타낼 때 사용하는 개념들은 아동기의 신인동형적–신화적 표상이 다음 단계로 옮겨갈 수 있게 한다. 그 다음 단계는 개인적인 하나님 이미지의 강화다. 이 단계에서는 외부로부터 받아들인 개념이나 학습을 통해 얻은 개념이 하나님 이미지에 미치는 영향이 줄어든다.

이 연구의 연장선상에서 베르고트(1970, S. 376ff.)는 청소년기 하나님 이미지의 발달과 관련된 세 개의 자료를 보여 준다.

– **외로움**의 경험. 그리고 이것과 결부된 우정의 경험. 이 우정은 외로움을 물리친다.

– **이상화**(하나님은 모범이며, 놀라운 속성을 지닌 존재이다)의 경향. 도덕적 이상에 비추어 실패한 자신의 모습에 대한 **죄책감**.

― **종교적 의심**. 이것은 자유추구의 표현이며 일반적으로 닥쳐오는 신뢰성의 위기에서 나온다.

베르고트는 종교적 의심까지도 "정서적으로 규정된 것"으로 이해한다. 만일 이 말이 인지적 지향성과 개성발달 사이의 밀접한 관련성을 뜻하는 것이라면 우리는 베르고트의 의견에 명백하게 동의할 수 있다. 그러나 우리는 여기서 한 걸음 더 나아가 인지적 지향성의 변화까지도 주목해야 한다. 그렇기 때문에 우리는 하나님 이미지의 **추상화**를 베르고트보다 더 강조해야 한다.

하나님을 주제로 그린 그림을 통해서 우리는 청소년기에 나타나는 이러한 추상화 과정을 인상적으로 확인할 수 있다. 다음 그림은 보스만/자우어(Boßmann/Sauer)의 책(1984, S. 210-211)에 실린 것이다.[1] 첫 번째 그림 <도표 16>은 초등학생이 그린 그림이다. 이 그림은 우주를 혹성들의 체계로 파악하는 현대적 사고를 종교적인 하늘 관념과 연결시켜 보려 한 것이다. 지구는 하나님 안에 있다. 그리고 하나님은 **우주-하늘 속**에 계신다. 하나님에게서 사람과 같은 모습이 있다. 사람 이상의 천사 모습이다.

이에 비해 여고생(16살)이 그린 두 번째 그림에서는 관점의 철저한 변화를 엿볼 수 있다. 첫 번째 그림과 달리 여기서는 하나님이 **사람 속**에, 그리고 **자연 속**에 계신다. 사람이나 자연이 하나님 속에 있는 것이 아니다. 하나님은 더 이상 직접적인 형태가 아니라 간접적으로 인간과 자연에 대한 묘사를 통해서 묘사된다.

두 번째 그림과 이에 대한 해석은 추상화 과정이 가지고 있는 불확실한 결말을 보여준다. 다시 말해 추상화는 하나님을 구상적으로 묘사하려는 마음이 없어지게 할 뿐만 아니라 하나님을 도무지 떠올릴 수 없게끔 하기도 한다. 그렇게 되면 이 세상은 그저 인간과 자연일 뿐이고 하나님을 위한 자리는 마련되지 않는다.

---

[1] 여기 제시된 그림 해석은 정신분석학적인 경향이 두드러진다.

하나님 이미지의 발달 257

<도표 15> 초등학교 학생의 그림(Boßmann/Sauer 1984, S. 30)

베르고트(Vergote 1983)와 닙코(Nipkow 1986; 1987b)와 후체바우트(Hutsebaut 1986)는 서로 독립된 연구를 통해서 공통된 결론에 도달했다. 청소년에게 있어 하나님의 존재는 특히 이 세상에서 일어나는 부정적인 일들과 쉽게 연결되지 못한다는 사실이 바로 그것이다. 예컨대 한 학생은 이렇게 묻는다. "하나님을 잘 믿는 사람이 있는데 아버지가

258 삶의 이야기와 종교

돌아가셨어요. 어떻게 그런 일이 있을 수 있죠?"(Schuster 1984, S. 91). 하나님이 계시다면 어떻게 이런 일이 일어나게 내버려 두시는 거죠? — 불의한 세상 속에서 하나님의 정당성(이른바 신정론, Theodizee)을 요구하는 이 물음은 대답이 만족스럽지 못할 경우 하나님의 존재를 아예

<도표 16> '하웁트슐레'에 다니는 열여섯 살짜리 여학생의 그림(Boßmann/Sauer 1984, S. 93)
※ 하웁트슐레(Hauptschüler): 중등교육단계의 직업교육을 위한 학교, 주(州)에 따라 9학년이나 10학년으로 마친다. <역주>

거부하게 된다. 이러한 물음은 하나님에 대한 관념이 단지 픽션에 불과할지 모른다는 생각과 밀접하게 관련되어 있다. 인간이 자기 소망에 따라 하나님을 만들어낸 것은 아닐까? 도대체 하나님은 계시는 걸까? 앞 장의 인용문에서 나오는 바 창조 이야기를 비판적으로 해석한 아이의 경우만 그런 것이 아니라 다른 많은 청소년들 또한 이러한 고민을 한다. 이 세상은 도대체 어떤 의미가 있는 걸까? 결국 모든 것은 불합리한 것 아닌가? 닙코는 이러한 고민을 "이 세상의 모든 것을 해명해 주는 열쇠라 믿었던 하나님에 대한 실망"(1986, S. 21)이라고 표현했다.

청소년들의 물음은 하나님 이미지만 직접 겨냥한 것은 아니다. 만일 누군가가 그들에게 "하나님" 하면 무엇을 떠올리게 되는지 묻는다면, 그들은 교회에 대해 이야기를 하고 교회를 비판하기도 한다. "교회는 돈이나 거두어들이려 하고 사람들을 멍청하게 만들어요……. 교회에선 항상 가난한 사람을 도와야 한다고 말하지만 지금까지 교회가 가난한 사람들을 도왔다는 증거는 찾아볼 수가 없어요." 어떤 학생의 말이다(Schuster 1984, S. 87). 그런데 흥미로운 것은 이 학생이 교회를 평가할 때 외부의 규범이 아니라 교회 자체가 내세우는 목표를 기준으로 삼았다는 점이다. 많은 청소년들은 과연 교회가 설득력 있는 모습을 보일 수 있는지, 또 교회가 정말 믿을 만한지를 묻고 있다.

청소년들의 이러한 물음은 파울러와 오저/그뮌더의 단계이론을 가지고 해석해 볼 수 있다. 특히 청소년들에게는 상징비판과 더불어 **개성적-성찰적 신앙**(파울러의 4단계), 하나님과 이 세상 사이에 분명한 경계선을 긋고 있는 **이신론적 종교적 판단**(오저/그뮌더의 3단계)이 두드러진다. 그러나 또 다른 한편 파울러나 오저/그뮌더의 연구는 모든 청소년들이 이러한 단계에 있는 것은 아니라는 점을 상기시켜 준다. 일부 청소년들은 이미 **결합적 신앙**의 경향을 보이지만 대다수 청소년들은 여전히 **인습적 단계**에 머물러 있다. 그러므로 우리는 하나님 이미지와 관련해서도 다양한 발달의 상태를 감안해야 한다. 하나님 이미지의 추상화와 결부된 여러 가지 문제점이 모든 청소년들에게 똑같이 나타나는 것은 아니다.

물론 청소년들이 어떤 무의미성을 경험한 뒤 하나님의 정의나 하나님의 존재나 삶의 의미에 대해 던지는 질문은 어른들의 질문이기도 하다는 사실을 항상 기억해야 한다. 그런 질문은 의식이 깬 사람이라면 누구나 던지는 질문이며 근세에 이미 보편적으로 제기되었다가 현대사회에 들어 폭넓게 확산된 물음이다. 그러므로 인습적으로 판단하는 청소년의 경우에도—이들이 같은 연령대의 친구에게 동화된 것이든 일반적인 문화의 경향을 따른 것이든—이러한 질문이 나타날 가능성이 있다.

인지구조발달이론은 전통에 대해 비판적 자세를 취하고, 이 세상과 하나님을 나누는 것이 하나님 이미지와 관련된 발달의 최종 단계는 아니라는 사실에 주의를 환기시킨다. 청소년기에도 이미 이러한 단계를 보내고 하나님과 세상을 새롭게 결합시키는 경우가 있다. 오저/그륀더도 이것을 하나 더 높은 단계로 표현하려고 했다. 그렇다고 해서 사춘기 발달에서 나타나는 추상화 과정이 퇴조하는 것은 아니다. 오히려 그 단계에 오른 청소년에게서 엿볼 수 있는 한층 더 복합적인 사고는 (비판 이후의 상징이해와 걸맞게) 하나님과 이 세계에 대한 새로운 시야를 열어 주고 하나님과 세계의 새로운 공존 가능성을 보여준다.

남녀 간 성차에 따른 특징

하나님 이미지와 관련하여 남성의 발달과 여성의 발달을 나누어야 하지 않겠느냐는 물음이 점점 빈번하게 제기되고 있다. 여자아이는 남자아이와는 다른 하나님 이미지를 가지게 되는가? 하나님 이미지의 차이는 (경우에 따라) 어떻게 묘사해야 하는가?

6장에서 우리가 이미 살펴본 바와 같이 하나님 이미지에 대한 기존의 연구 결과는 남성과 여성 사이에 경험과학적으로도 감지할 만한 차이가 있다는 사실을 말해 준다. 남자아이와 달리 여자아이는 하나님과의 관계 및 하나님에 대한 개인적인 친밀함을 더욱 강조한다는 연구결과가 계속해서 발표되고 있다. 하나님에게서 확실한 안전을 찾는 경향이 여자아이에게서 뚜렷하게 부각된다.

남자아이와 여자아이가 하나님에 대해 갖는 이미지가 다른 것은 대개 남자와 여자에게 서로 다른 영향력이 주어지는 데서 비롯된다. 이 영향력은 하나님 이미지와 관련된 어머니 이미지 혹은 아버지 이미지로부터 비롯된다. 이 책에서 이미 언급한 바 있는 헬러(D. Heller)의 연구(1986)는 주목할 만한 가치가 있다. 그는 한 **남자아이**에게 하나님에 대해 물었다. 그 남자아이가 생각하는 하나님(신성)은 "인간의 삶과 세계 전반에 대해 대단히 합리적이고 실용주의적 태도"(S. 57)를 띠고 있었다. 그 아이의 하나님은 모든 것을 아시는 하나님이다. 그분의 합리성은 학문과 조화를 이루기 때문에 종교와 합리성은 상호 결합될 수 있으며 이를 위해서는 감정에 치중하는 태도, 즉 거룩한 것과의 관계를 포기한다. 남자아이에게 있어 하나님은 언제나 활동하는 분이다. 그분은 자신의 목적을 어떤 차원에서든지 관철시키신다. 그러나 동시에 하나님은 먼 곳에 계신다. 하나님이 여성일 수도 있다는 생각은 남자아이들에게 두려움을 안겨준다. 남자아이들의 하나님 이미지는 남성적으로 각인되어 있기 때문이다(S. 65).

반대로 헬러의 인터뷰를 받은 **여자아이들**이 생각하는 하나님은 예술이나 미학에 더 가깝다. 여자아이에게 있어 음악과 춤과 예술은 하나님에게 속한 것이다. 여자아이의 관념 속에서 하나님은 오히려 수동적인 편이다. 하나님은 감정적인 면에서 여자아이들에게 더 가깝다. 여자아이들은 하나님과의 관계를 파트너 관계로 생각한다(S. 66ff.). 물론 여자아이들이 생각하는 하나님에게도 남성적 특성은 있다. 여기서는 양성적인 표상도 나타나고 있으나 여자아이들은 이것에 대해서 말하기를 매우 꺼린다. 헬러는 남자나 여자나 다 양성적 표상으로 기울어지는데 이것을 양가감정의 상태로 경험한다고 추정한다(S. 73f.).

헬러는 어린이가 그린 그림이나 어린이와 나눈 대화를 해석하면서, 남자아이의 하나님 이미지와 여자아이의 하나님 이미지가 다른 것은 아이들이 가정이나 사회에서 남녀에 따라 상이한 역할을 부여받는 것과 상응한다는 사실을 밝혀냈다. 남자아이가 생각하는 하나님은 합리적인 분이고 적극적으로 행동하고 강하고 그러면서도 멀리 떨어져 있는 분인데 반해, 여자아이가 생각하는 하나님은 미적인 면과 많이 연관되어 있으며 수동적인 측면이 있기는 하지만 인간하고는 가까운 분이라고 한다. 이러한 표상은 남녀 어린이가 자신을 각각 아빠/엄마와 동일시하며 그에 따른 역할과 동일시한다는 사실을 나타낸다. 물론 여기서 직접적인 모방 관계를 염두에 두고 성급한 결론을 이끌어 내는 것은 금물이다. 하나님 이미지와 관련해서도 어린이는 자기 생각을 적극적으로 구성한다는 사실을 고려해야 한다. 언제 어린이가 자신과 부모의 동일시라든지 실제로 자기에게 맡겨진 역할과의 동일시에서 벗어나 자기에게 어울리는 하나님 이미지를 받아들이는지, 언제 아이들이 하나님 이미지를 가지고 하나의 이상—아이는 부모가 이 이상에 상응해야 한다고 생각한다—을 기획하는지는 금방 결정되는 것이 아니라는 사실을 헬러 또한 인식하고 있다. 그러므로 어린이가 **실제로 경험한 부모의 특성(1)과 이상적으로 희망하는/특성(2)은** 서로 뒤섞여 구분할 수 없다. 한 사회에서 작용하고 있는 역할 이미지는 그 두 가지, 즉 실제적 경험과 이상적 표상에 함께 영향을 미친다. 그러므로 어린이의 하나님 이미지는 단순히 부모 중 어느 한쪽에 마주하여 형성되는 것만은 아니다. 오히려 우리는 모성적 요소와 부성적 요소의 공동 작용을 고려하지 않으면 안 된다.

심리학적으로 어린이의 하나님 이미지는 자기와 성(남성/여성)이 같은 부/모와의 동일시만으로 설명될 수 없다는 사실은 이미 1960년대에 밝혀졌다. 몇몇 연구 결과에서 드러난 바와 같이 남자아이의 하나님 이미지에서도 여성적 특성이 발견되었고 여자아이의 이미지에도 남성적인 면이 부각되었다(Godin/Hallez 1965; Deconchy 1968). 최근에는 경험과학적 심리연구뿐만 아니라 정신분석학 또한 여성적 요소와 남성적 요소의 공동 작용을 지지하는 경향을 보이고 있다. 다양한 나라에서 이루어진 연구가 하나같이 입증해 주는 바와 같이 하나님 이미지는 언제나 양친부모 모두에게 관련된 이미지의 측면을 내포하게 된다(Vergote/Tamayo 1981; Rizzuto 1979).

바로 이 문제에 대해 각국에서 시도한 설문연구를 비교한 결과 각각의 종교적 전통이 미치는 영향이 드러났다(Vergote 1981). 종교전통들은 가족과 사회를 통해 각인된 경험의 틀 속에서 그 영향력을 행사하는데 그 과정에서 보편적인 (사회화의) 경험을 특별한 방식으로 해석하고 또 강조한다. 베르고트에 따르면 아버지 이미지와 어머니 이미지는 둘 다 하나님 이미지에 스며드는 것이 사실이지만 그 뒤에 오는 종교 전통은 서로 다른 (남성적/여성적) 요소에 대해 **상이한 비중을 둔다**(S. 210).

물론 이러한 증거는 그 사회에서 작용하고 있는 역할 표상과 하나님 이미지 사이의 관계에 아무런 변화도 주지 않는다. 그러나 종교적 사회화가 "여자아이-엄마-여성적 하나님 이미지" 혹은 "남자아이-아빠-남성적 하나님 이미지"라는 단순한 관계로 파악될 수 없다는 것만큼은 분명히 해주었다.

지금까지 이야기한 것을 토대로 부모 이미지와 하나님 이미지 사이의 관계는 최소한 네 가지 측면으로 나누어 생각해 볼 수 있다. 그 네 가지 측면 하나 하나는 종교교육학적인 도전을 나타내는 것이기도 하다.

첫째, 하나님 이미지는 부모와의 **동일시**에서 생겨난다.

둘째, 이러한 동일시는 처음부터 가족이라는 **역동적 관계 조직**의 맥락에 있기 때문에 개개인의 상황에는 남성적 특성과 여성적 특성, 모성적 특성과 부성적 특성이 뒤섞여 있다.

셋째, 하나님 이미지를 만들어 내는 데는 아이가 실제로 경험하는 부모의 모습만이 아니라 **이상화된 부모의 모습**이 중요한 역할을 하며, 그 사회와 문화 속에 내재된 실제적, 이상적 역할 배정도 한몫을 한다.

넷째, **종교전통**과 그 전통의 하나님 표상 또한 경험을 규정한다.

위의 네 가지 측면 가운데서 어떤 하나에 일어난 변화도 하나님 이미지의 변화를 예측할 수 있는 충분한 조건은 되지 못한다. 가정에서 역할 분담에 어떤 변화가 생겼다는 것은 하나님 이미지의 변화를 위한 하나의 전제로 간주될 수 있을 뿐이기 때문에 그러한 변화는 위에서 거론한 여러 가지 조건의 틀 속에서 단지 제한적인 결과를 낳게 될 것이다. 파트너십에 입각하여 역할분담이 비교적 잘 이루어지는 가족관계에서도 다른 경향의 문화적 영향력이 작용할 수 있다. 베르고트의 연구가 이것을 잘 보여준다. 그가 제시한 (1970년대의) 자료에 따르면 아버지 이미지의 사회적 변화는 아버지에 대한 상징적 이미지를 (아직까지는) 실제로 뒤흔들지는 못했다. 그러나 아버지 이미지의 변화는 우리 시대의 아버지들이 그 상징적 이미지에 맞춰나가는 것을 힘들게 한다(Vergote 1981, S. 197).

어린이들이 하나님을 상상하며 그린 그림에 대한 최근의 분석에서도 역시 여성적 하나님 이미지에 대한 물음이 주목을 받았다. 종교교육학자 부허(A. Bucher 1994)가 오스트리아와 스위스에서 시행한 연구를 보면 7살에서 8살의 여자아이 일곱 명 가운데서 한 명은 하나님을 그릴 때 여성적인 모습으로 표현했다. 이와 비슷한 연구가 하니쉬(H. Hanisch 1996)에 의해 독일에서도 이루어졌다. 여기에는 7살에서 16살 사이의 어린이와 청소년이 참여했는데 그 아이들 가운데 3%(여자아이의 6.5%)만이 "하나님을 여성으로" 표현했다(S. 39). 특히 초등학교 여자아이들에게서 이와 비슷한 그림을 많이 발견할 수 있었다. 이것은 청소년의 경우에도 크게 다르지 않았다. 동독 지역에서 종교교육을 받지 않은 학생들을 대상으로 조사를 했을 때도 하니쉬는 비슷한 결과를 얻었다(S. 134). 그러므로 여성적 하나님 이미지가 많이 나타나지 않는 것이 종교교육의 영향과 직접 관계된다는 설명은 설득력이 없다.

종교수업 시간에 대한 튀빙엔대학교 연구팀의 조사는 청소년들이 여성적인 하나님 이미지를 어떻게 생각하는지 그 방식에 대한 첫 번째 통찰을 제공한다(Schweitzer u.a. 1995). 이 연구가 밝혀낸 바에 의하면 사춘기의 남녀 학생들은 하나님의 표상을 성적 특성에 입각하여 성찰하기 시작한다. 어떤 종교 수업 시간에 10학년의 여학생 한 명이 이렇게 말했다. "사람들은 하나님을 아버지와 비슷한 어떤 존재로 생각하지요……. 그러나 얼마 전 저는 이런 질문을 던져 보았어요. 왜 하나님이 여자면 안 될까? 왜 하나님이 남자여야 할까?" 다른 여학생은 이와는 생각이 달랐다. 그 여학생은 우리가 외우는 "주기도문"이 "우리 어머니"가 아니라 "우리 아버지"로 시작된다는 점을 지적했다. 선생님은 다른 의견은 없는지 묻자 세 번째 여학생은 이런 문제가 자기한테는 "사실 아무런 상관이 없다"고 밝혔다. 선생님이 왜 그러냐고 묻자 자기는 "여하튼" 어떤 경우에라도 "너무 그렇게 극단적"으로 믿고 싶지는 않다고 했다. 우리는 어떤 "특정 인물을 믿는 것이 아니라 그 신앙을 믿는다"는 것이다. 계속해서 대화가 이어지면서 분명해진 것이 있다. 그것은 대부분의 여학생들에게 있어서 하나님을 남자로 생각하느냐 혹은 여자로 생각하느냐에 대한 물음보다 중요한 것은 "수염을 기른 할아버지" 하나님 이미지와 차별을 두는 것이다. 여기서는 남녀의 차이에 따른 종교적 발달이 남녀 차이를 초월하는 측면, 즉 어린아이적 신앙의 결별이라는 측면과 확실히 뒤섞여 있다(S. 138-39).

요컨대 지금까지 나온 자료들을 보면 남자아이와 여자아이에게 있어서 하나님 이미지의 발달이 서로 다르게 드러나 있으며, 청소년의 경우도 이와 상응하는 물음을 제기하고 있다. 그러나 현재의 연구 상태는 여자아이/남자아이의 전형적인 발달을 보편적 방식으로 기술하거나 그것을 계속해서 설명하는 것을 용납하지 않는다. 마지막으로 또 한 가지 확인된 것이 있다. 그것은 기존의 증거자료들이 우리로 하여금 여자아이와 남자아이의 상이한 발달에 민감하게 해 준 것은 사실이나 이것이 어떤 고정된 기대의 토대가 될 수 없다는 점이 바로 그것이다. 특히 종교교육학적 귀결에서는 이 점을 숙지해야 한다.

종교교육학적 귀결

아동기와 청소년기에 전개되는 하나님 이미지의 발달에서는 네 번의 중요한 시기가 있으며, 이 시기들은 하나님 이미지와 관련하여 특별한 의미를 지니고 있다.

— 부모에 대한 아동기 초기의 경험. 이것은 특히 전능 및 위대함을 꿈꾸는 나르시스적 환상과 타인을 통한 기본적 신뢰 형성 및 최초의 인정과 결부된 경험이다.

— 부모의 명령에 대한 외디푸스적 내면화(초자아의 형성). 이것은

도덕적 행위의 토대이며, 부모 이미지와 하나님 이미지의 의식적인 구분이다.

　　- 어린 시절에 형성된 **사적인** 하나님 이미지와 학교와 교회에서 받아들인 **공적인** 하나님 이미지의 만남.

　　- 하나님 이미지의 **내면화 · 인격화 · 추상화**가 일어나는 청소년기.

　　우리는 이런 시기들을 교육학적으로 주목해 볼 필요가 있다. 왜냐하면 각각의 지점마다 종교적 발달을 마비시키고 위협하는 하나님 이미지가 생겨날 수 있는 위험성, 혹은 종교교육이 어린이나 청소년의 경험과 표상과 물음을 비껴갈 수 있는 위험성이 존재하기 때문이다. 첫 번째 경우에는 하나님 이미지가 어린 시절의 그릇된 발달 형태 속에 고착된다. 두 번째 경우에는 종교교육이 어린이나 청소년의 표상을 수용할 수 없기 때문에 종교교육을 위한 하나님 이미지가 없어지게 된다. 두 경우 모두 그 나이에 적합한 하나님 표상이 형성될 것을 기대할 수 없다.

　　그 나이에 적합한 하나님 이해를 위해서는 발달과 결부된 종교교육이 중요하다. 그 방식에는 차이가 있지만 가정에서의 종교교육이나 학교와 교회의 수업의 경우도 그와 마찬가지다. 지금까지 살펴본 하나님 이미지의 발달 문제에서도 드러나듯이 종교교육은 일차적으로는 교육 일반과 합류한다. 이를 달리 표현하면 다음과 같다. 종교교육학적 관심, 특히 어린 시절에 대한 관심은 교육 전반에 초점을 맞추지 않으면 안 된다. 부모에 대한 어린 시절의 경험이 하나님 이미지에 영향을 끼친다면 종교교육에 있어 중요한 것은 이 경험이 어린이의 발달 욕구에 상응한다는 사실이다. 충격적인 실망을 피하면서 어린이가 꿈꾸는 전능함과 위대함의 환상을 서서히 해체하는 것은 교육 일반의 관심사일 뿐 아니라, 특별히 종교교육의 관심사이다. 외디푸스기에 발생할 수 있는 과도한 죄책감은 교육 일반의 문제일 뿐 아니라 종교교육학의 문제이기도 하다.

　　또 하나의 결론은 학교와 교회에서 이루어지는 수업과 관련된 것이다. 어린이의 가정 경험에서 생겨나는 사적인 하나님 이미지와 종교전통 속에 체현된 하나님 이미지의 결합은 그 어린이/청소년이 자신의 경험과 표상과 물음을 적극적으로 표현할 때에만 성공할 수 있다. 이것은 즉시 명백하게 확증될 수 있는 것은 아니다. 예컨대 미국의 심리학자 헬러(D. Heller)는 어린이들이 하나님에 대한 질문을 받으면 보통 자기가 생각하는 것을 말해도 되는지 망설일 때가 많다고 말한다. 어린이들은 자기가 배운 것을 말해야 하는지 확실히 알지 못한다. 과연 자기가 하고 있는 생각이 다른 사람에게 진지하게 받아들여질 만큼의 권리를 가진 것인지도 분명하지 않다.

이러한 망설임이 일으키는 고통스러운 영향을 다음 이야기가 잘 보여준다. 이 이야기는 유타 리히터의 글에서 다시 찾아낸 것이다(1985, S. 11).

"뷔트캄프 신부님의 종교수업 시간에 우리는 십계명을 외웠다. 우리는 노트를 펼쳤다. 신부님은 우리에게 첫 번째 계명을 불러주셨다. 우리가 해야 할 일은 그것에 들어맞는 그림을 그리는 것이다. 나는 보라색 수염을 기른 빨간 하나님이 분홍색 구름 위에 앉아 있는 모습을 그렸던 것으로 기억한다. 아래로 내려가서 땅 위에는 인간들이 있는데 가슴 왼쪽에 빨간색 심장을 그려 넣었다. 너는 주 너의 하나님을 마음과 뜻과 정성을 다하여 사랑하라. 신부님은 그 그림을 보시더니 화를 벌컥 내셨다. 이건 하나님이 아니라 악마야! 어떻게 감히 이런 그림을 그릴 수 있니? 나는 설명했다. 빨강은 사랑의 색깔이니까 하나님도 빨간색이어야 하잖아요. 그러나 뷔트캄프 신부님은 고개를 흔들면서 손동작으로 내 말을 가로막고는 내 그림에다가 '다시 그릴 것'이라고 썼다. 클라우디아 케텔하크가 히죽히죽 웃었고 난 의자 밑으로 그 애 다리를 걷어찼다."

유타 리히터의 이 이야기는 종교적 발달 과정에서 형성된 하나님 이미지가 기독교의 하나님 이해와 어떻게 관련되는지에 대한 물음을 제기한다. 우선 이 이야기를 통해서 알 수 있는 것은 기독교적 하나님 이해가 중시하는 것은 하나님 그 자체 혹은 추상적인 하나님의 표상 그 자체가 아니라 성서가 말하는 하나님, 예수의 삶과 동일시되는 하나님이라는 사실이다. 그러므로 기독교 신앙이라는 의미에서 이루어지는 종교교육은 이러한 기독교적 이해에 상응하는 하나님 이미지가 부각된다. 그 하나님의 신성은 예수의 인성을 통해 나타나며 그 하나님의 거룩성은 구원받지 못할 사람들에 대한 관심 속에서 표현된다.[2]

이러한 하나님 이해는 단순히 종교적 발달로부터는 나오지 않는다. 이러한 이해는 종교적 발달에서 일반적으로 나타나는, 그때 그때마다의 종교교육과는 분명 무관한 표상보다 내용적인 규정을 많이 받고 있다. 여러 종교나 교파를 초월하여 발견되는 하나님 표상은 가령 하나님의 **전능**과 **무소부재**, 그리고 하나님과 만나는 순간의 **경외/두려움**이다. 그러나 그러한 표상에는 기독교적 하나님 이해에서 결정적으로 중요하게 등장하는 하나님의 **인간성**이라든지 **구원받지 못할 인간에 대한 관심**이 포함되지 않는다. 차라리 그러한 표상은 종교적 발달에서 발생한 철학적 하나님 이해라고 해야 맞을 것이다. 여기에 비해, 종교적 발달에 이미 규정된 내용의 자극을 줄 수 있는 종교교육만이 기독교신학적 하나님 이해를 표방할 수 있다.

그러나 이 말을 잘못 이해하여, 종교적 발달을 통해 형성된 하나님 이미지는 기독교 교육[3]에 무의미하다는 식으로 오해해서는 안 된다. 내용적으로 규정된 하나님 이미지 또한 발달의 상태나, 어린이와 청소년 하나하나의 표상이나 경험과 무관하게 전달될 수는 없는 법이다. 그렇기 때문에 기독교적 하나님 이해에서 비롯된 교육, 그러한 기독교적 이해를 지향하는 교육 또한 종교적 발달의 과정에서 형성되는 표상과 관계를 맺지 않을 수 없다. 그러나 그 교육은 이러한 표상들을 수용하고 장려하는 것이 아니라 그것을 발전시키고 거기에 새로운 의미를 부여한다.

물론, 종교교육이 종교적 발달과 관계를 맺어야 한다는 사실은 단순

---

[2] 이렇게 축약된 진술은 기독교의 두 가지 핵심적 교리인 삼위일체론과 칭의론을 지시한다(Moltmann 1972; Jüngel 1977 참조).
[3] 여기서 "기독교 교육"이란 용어는 저자가 "religiöse Erziehung"(종교교육)과 구별하여 명백히 기독교적 교육이라는 뜻으로 쓴 "christliche Erziehung"에 대한 번역어이다. <역주>

히 외적인 필연성만은 아니다. 또한 그 사실은 어린이나 청소년의 제한된 이해 능력에 적응해야 한다는 의미만도 아니다. 종교적 발달에서 아주 일반적으로 나타나는 표상과 기독교적 하나님 이해 사이에는 분명한 차이점이 있는 것은 사실이다. 그러나 이와 동시에 상당히 유의미한 유사성이 있으며, 따라서 종교교육을 위한 접촉점 또한 존재한다. 예컨대 무조건적으로 받아들여짐의 경험은 아동기의 신뢰에서 나타나는 것이지만 기독교적 하나님 이해에서도 등장할 수 있는 것이다. 이러한 이해가 일정 정도 시간이 흐른 뒤에 의식적으로 회복된다면 이 경험은 종교교육을 위한 하나의 접촉점이 될 것이다.

이 점은 특히 기본적 신뢰와 관련하여 종교교육학에서 지속적으로 인정을 받고 있다. 그런데 이와는 달리, 하나님의 존재와 정의에 대한 청소년들의 물음이 신학적으로 매우 중요한 접촉점을 제시하고 있으며 신학적인 핵심을 간직하고 있다는 사실은 그리 주목을 받지 못했다. 청소년들에게 의혹의 대상이 되는 것은 근본적으로 하나님의 전능이다. 신앙인이 옳은 행위를 통해 그 도움을 확인하는 그 전능 말이다. 삶의 무의미성과 좌절에 대한 경험, 다른 사람의 죽음에 직면하여 청소년들이 바로 거기서 (하나님의 전능이라는 관념에서) 인간의 소망과 환상, 즉 자신이 무언가에 의해 보호받고 있다고 느끼고 싶은 바람을 발견하게 되는 것은 당연하다. 그들은 그러한 소망이나 환상에 의해 생겨난 신 관념이 오래 지속되지 못한다는 것을 알고 있다. 신학적으로도 이러한 통찰이 강조될 수 있다. 기독교의 하나님 이해 또한 이러한 환상에 대해 거부하고 있다. 물론 기독교의 하나님 이해를 소극적인 비판에서만 사용할 수 있는 것은 아니다. 기독교적 하나님 이해는 이러한 비판을 넘어서서, 인간의 고난을 포괄하고 그 고난의 경험을 하나님 이미지 속으로 받아들이는 하나님 이해를 표방한다. 그런 의미에서 "십자가에 달리신 하나님"(J. Moltmann)은 바로 이 청소년 시기에, 그리고 이제 막 시작된 신정론적 물음(Theodizeefrage)에 매우 중요하다.

도서자료와 참고문헌

하나님 이미지라는 문제에 있어 인생 초년기의 경험에 대한 가장 중요한 연구는 다음과 같다: J. Scharfenberg, *Narzißmus, Identität und Religion*. In: Psyche, 27/1973; *Einige Probleme religiöser Sozialisation im Lichte neuerer Entwicklungen der Psychoanalyse*. In: Wege zum Menschen, 26/1974; A.-M. Rizzuto, *The Birth of the Living God*. Chicago/London 1979; H. Müller-Pozzi, *Gott-Erbe des verlorenen Paradieses*. In: Wege zum Menschen, 33/1981; J. McDargh(1983), W. Meissner(1984). 객관적 대상과의 관계에 대한 심리학적 문제를 일반종교심리학적으로 다룬 것으로 Finn/Gartner(1992)와 Jones(1991)의 연구가 있다. 역시 종교교육학에서 언급할 만한 다음 문헌이 있다: H.-G. Heimbrock, *Phantasie und christlicher Glaube*. München/ Mainz 1977; H.-J. Fraas, *Glaube und Identität* Göttingen 1983, S. 105ff.; K. E. Nipkow, *Grundfragen der Religionspädagogik*. Bd. 3. Gütersloh 1982, S. 57ff.; Frielingsdorf는 이 문제를 교육의 결과로 서술했다: >Dämonische Gottesbilder<(1992).

아동기 중기와 후기의 발달에 대해서는 J. W. Fowler(1991a, S. 136ff.); D. Heller, *The Children's God*. Chicago/London, 1986; R. A. Haunz(1978), Hanisch(1996) 등을 들 수 있다. 개인적 하나님 이미지와 공적 하나님 이미지 간의 갈등에 대하여, 또 그 종교교육학적 귀결에 대한 문제를 K. E. Nipkow가 부각시켰다(1986, S. 9f.). 실천적 문제에 대해 추천할 만한 것으로는 Hull(1997), Biesinger(1994) 및 Merz(1994)가 있다. 흥미로운 개론서로서는 Coles의 연구가 있다 (1992).

청소년기의 하나님 이미지의 발달에 대해서는 A. Vergote (*Religionspsychologie*. Olten/Freiburg 1970, S. 374ff.), K. E, Nipkow

(*Erwachsenwerden ohne Gott?* München 1987), G. Leyh(*Mit der Jugend von Gott sprechen.* Stuttgart u.a. 1994) 등이 연구했다. 아울러 F. Schweitzer의 연구도 언급할 만하다(*Die Suche nach eigenem Glauben.* Gütersloh 1996). 또한 K.-P. Jörns는 이 문제를 일목요연하게 볼 수 있도록 개론서를 내 놓았다(*Die neuen Gesichter Gottes.* München 1997).

아동의 기본적 신뢰가 가지는 의미를 종교교육의 연결점으로 강조한 것으로는 예컨대 Fraas(1983, S. 107ff.)와 Grom(1981, S. 61ff.) 등의 연구가 있다. 청소년들의 물음이 담고 있는 신학적 내용에 대해서는 Nipkow가 다룬 바 있다(s.o. 1987).

소녀와 성인 여성의 하나님 이미지의 발달을 다룬 것 중 가장 중요한 문헌들에 대해서는 본문에서 이미 언급했다. 다시 한번 강조하자면 Tamminen(1993), Heller(1986) 및 Hess(1997)의 연구가 중요하다. 종교교육학 문헌에 대해서는 6장의 자료안내를 보라.

9
종교적 발달과 기독교 신앙

필자는 이미 앞 장에서 종교적 발달과 관련하여 사회과학 이론 외에 신학적 입장을 함께 고려하고자 했다. 그러나 종교적 발달에 대한 신학적 해석은 아직까지 체계적으로 정리되지 않은 실정이다. 이제는 그 부분을 만회할 필요가 있다. 이것을 위해서 두 가지 차원의 문제를 사전에 구별해 두는 것이 좋을 것이다. 지금부터 우리가 다루게 될 문제는 첫째로 종교적 발달과 기독교 신앙의 관계에 관한 것이며, 둘째로는 사회과학적 종교적 발달이론에 대한 신학적 평가에 관한 것이다. 첫 번째 문제를 **대상의 차원**(*Gegenstandebene*), 즉 어린이나 청소년 자신의 종교적 발달에 관한 것이다. 두 번째 문제는 다양한 학문 분야를 통하여 이러한 발달을 해석하는 것, 다시 말해 **이론의 차원**(*Theorieebene*)을 겨냥한 것이다.

그러므로 신학은 두 가지 방식으로 이 문제에 개입한다. 한편으로 신학은 삶의 실천에서 결정적 역할을 하는 의미의 구상과 관계하며 그 구상을 자체의 시각이라 할 수 있는 신학적 인간학의 빛에서 해석한다. 다른 한편 신학은 그 해석과 더불어 사회과학적 종교발달이론의 대화 파트너가 된다. 종교적 발달에 대한 신학적 해석과 사회과학적 해석은 시각의 상이성에 따라 그때그때 다른 모습을 보인다는 사실은 미리 감안해 두어야 한다. 그러나 완전한 조화를 이루어내기 위한 노력이 무의미하지는 않을 것이다. 신학적 해석과 사회과학적 해석이 가지고 있는 바로 그 상이성 속에 꼭 필요한 상호 자극과 보완의 가능성이 있다.

먼저 **종교적 발달과 기독교 신앙**의 관계에 대한 물음으로부터 시작하자. 먼저 확실히 해두어야 할 것이 있다. 여기서 말하는 발달이 **신앙으로 나아가는 발달**(Entwicklung *zum* Glauben)인지 아니면 **신앙의 발달**(Entwicklung *des* Glaubens)인지의 여부가 그것이다. 두 번째로 필자는 종교적 발달에 대한 신학적 해석과 사회과학적 해석을 대화의 장으로 끌고 들어오고자 한다. 이를 위해서 필자는 **발달의 규범**에 관한 물음에 집중할 것이다. 이 물음이 종교적 발달에서만이 아니라 신학적인 평가, 특히 인지구조이론에 대한 신학적 평가에서 핵심적 중요성을 띠고 있기 때문이다.

신앙과 종교

일반적으로 신학은 어린이나 청소년의 종교적 발달에 관한 물음에 개입하지 않았다. 종교 일반에 대한 해석에는 관심을 보일 망정 각각의 발달단계에는 따로 신경을 쓰지 않았던 것이다. 그러나 인간과 인간의 종교 자체를 고려하는 해석 방법은 종교적 발달에도 관심을 나타내기 시작했다. 이로써 신학은 일반적 인간학을 경험과 결부시켜 구체화할 수 있는 기회를 얻게 되었다.

"신앙과 종교"라는 주제—종교적 발달에 대한 신학적 물음은 이 주제의 하부 테마로 볼 수 있다—는 오랜 역사를 가진 주제다. 그 역사를 여기서는 간략하게만 살펴보려고 한다.[1] 이 맥락에서 일단 우리는 특히

---

1) 이 주제에 관한 역사적 발전과 최근의 신학적, 사회과학적 논의를 일견하기 위해서

변증법적 신학 이래로 확산된 입장, 즉 (일반) 종교와 기독교 신앙의 비판적 구분을 검토해야 한다. 이러한 구분은 종교교육학이나 신학이 종교적 발달을 고려하는 것에 대해 오랫동안 반대해 왔다. 물론 이 말(구분)은 다른 의미로 사용되어야 한다. 다시 말해 신앙에 비해 종교를 단순히 깎아내리는 것이 아니라, 사회과학적 해석과 신학적 해석의 차이를 표현할 수 있는 가능성으로 이해해야 한다. 현대의 세속적 사회 상황 속에서 이제 종교와 신앙의 **긴밀한 연관성**은 일반적인 신학 전통에서 제시하는 것보다 더 강하게 부각되어야 한다. 종교적 물음이 지속적으로 감소하는 상황에 직면하여 인간 삶의 한 차원으로서 종교가 제공하는 돌봄과 지원의 요소가 신학에서도 중요성을 인정받고 있다.

사회과학적 토대에서 볼 때 기독교 신앙은 일반적인 종교 개념의 범주로 분류될 뿐 특별한 관심을 끌지 못하는 반면 신앙과 종교의 구분은 곧바로 하나의 신학적 해석을 위한 출발점이 된다. 그러나 결정적으로 중요한 신학적 질문은 기독교 신앙이 종교로 간주되느냐 그렇지 않느냐의 물음이 아니다. 오히려 그런 식의 물음은 오해를 낳을 수 있다. 그것은 오히려 개념 정의의 문제에 해당한다. 정말 중요한 문제는 그 신앙에 대한 내용적 규명, 즉 신앙이란 인간 스스로 만들어 내거나 마련해 낼 수 없는 것, 다시 말해 선물이라는 사실을 규명하는 것이다.[2] 신앙(Glauben)은 적극적인 관계와 완전한 의존이라는 의미에서 신뢰(Vertrauen)이다. 그러나 신앙은 자아에 의해 그 토대가 만들어지는/만들어질 수 있는 그런 신뢰는 아니다. 이러한 내용을 오늘날 많이 사용되고 있는 개념인 의미/무의미로 표현해 보자: 신앙에서 나온 의미는 인간이 창조하거나 세우거나 만들 수 있는 것이 아니라, 단지 발견하고 받아들이고 경험할 수 있는 것이다.

신학은 신앙의 특정한 의미, 즉 선물로서의 의미를 의미구성(Sinn-

는 Rössler의 글(1986, S. 65ff.; vgl. 1976) 참조.
[2] M. Luther는 그의 소교리문답(Kleiner Katechismus)에서 이렇게 쓰고 있다: "나는 나의 이성이나 힘으로는 나의 주 예수 그리스도를 믿을 수도 나아갈 수도 없고, 오직 성령께서 복음으로 나를 부르신 것을 믿는다……"(1976, S. 511f.).

konstruktion)과 엄격하게 구분한다. 인간은 바로 이 의미 구성을 통해서 자신의 "최종적 환경"(파울러)을 스스로 규정하려고 한다. 이것은 안전과 명확성에 대한 인간의 욕구를 의미한다. 이러한 욕구는 자연이나 다른 사람만이 아니라 삶 전체를 대상으로 한다. 이러한 일종의 종교는 자기지배와 세계지배를 성취하려는 가장 광범위하면서도 가장 최종적인 시도다. 그것은 인간이 이 세상과 삶에 부여하고자 하는 궁극적 의미이다. 그러나 신학적 인간학은 인간이 궁극적 의미를 제시할 수 없으며 그런 시도 속에서 인간은 자신의 인간성을 상실하고 그의 삶도 물화된다고 못박아 말한다. 인간이 스스로 일어서서 의미를 부여하려 할 때마다 나타나는 무리한 노력으로 인해 인간은 스스로 공언했던 것처럼 자신을 찾기는커녕 자신을 잃어버리게 된다.

그러므로 인간이 스스로 만들어낸 의미와 선물로 받은 의미의 대립은 필연적으로 (그런 식으로 이해된) 종교와 신앙의 구분을 가져온다. 그러나 이러한 구분은 종교와 신앙이 서로에게 아예 무의미하다는 것을 뜻하지는 않는다. 오히려 신앙은 독자적인 의미 추구와 의미의 창출이라는 과중한 부담으로부터 인간을 해방하려함으로써 바로 종교와 관계를 맺는다. 선물로서의 신앙은 인간이 이 신앙을 선물로 받아들이는 것이 아니라 그것을 제멋대로 이용하려고 할 때 언제라도 종교가 될 위험을 안고 있다. 그러므로 종교와 신앙의 구분은 양자를 분리하기 위해서가 서로를 밀접하게 하지만 비판적으로 관련지어 보기 위한 것이다.

신앙과 종교의 관계가 이렇듯 분명하게 드러나기 때문에 종교의 중요한 경험관련성(Erfahrungsbezug)도 바로 이러한 관계에 기초한다. 신앙이란 그저 인간의 다른 경험에 뒤이은 또 하나의 추상적 경험이 아니다. 융엘과 에벨링이 표현한 바와 같이 신앙이란 **"경험과 함께 하는 경험"**이다. 이 신앙은 경험을 통해 진행되며 그 경험과 관계를 맺는다. 동시에 그 신앙은 모든 경험에 하나의 새로운 빛을 비추어 주는 경험으로 규정된다. 그 신앙은 삶의 경험 속에 있는 것이 아니라 그 경험을 뛰어넘어 새로운 의미를 부여한다. 다른 말로 표현해서 신앙은 의미물음에 대한 대답이다. 그러나 신앙은 그 물음과는 다른 방식으로 대답한다. 그런 이유에서 신학에서는 신앙과 종교의 **변증법**을 말한다.

신앙과 종교의 관계에 대한 이러한 일반적 원리를 종교적 발달에 적용시켜 보면 그 변증법은 발달의 각 단계마다 반복되고 구체화된다. 각각의 발달단계는 독자적 형태의 의미추구와 의미부여를 포함하고 있으며, 그때마다의 의미구성이라는 자립적 노력에 내재된 자기 부담에도 나름대로의 형태가 나타난다. 그렇기 때문에 여기서도, 신앙은 모든 의미구성(종교적 발달에서 형성되는 의미 구성)과 철저하게 **분리되어** 있으며 동시에 그 의미구성과 가장 긴밀하게 **연결된다**.

파울러가 제시한 신앙의 단계는 이러한 연관성을 분명하게 보여주는 예다. 물론 파울러는 자기의 모형을 사회과학적 모형이라고 생각했다. 그러나 그는 종교와 신앙을 **신학적** 입장에서 구분하지는 않았다. 이 점은 신학적 구분에 바탕을 두지 않은 그의 **심리학적** 단초에 상응하는 것이다.[3] 이제 우리가 종교와 신앙의 변증법을 파울러의 모형에 적용한다면 제일 먼저 유념해야 할 것이 있다. 그것은 파울러가 말하는 발달의 목표, 즉 6단계와 기독교적 의미의 신앙을 혼동하지 않는 것이다. 기독교 신학의 이해에 따르면 신앙은 선물이다. 그것은 삶의 후반부에 가서야 획득할 수 있는 어떤 발달 상태에 국한되지 않으며 그 지점에 다다르는 것도 발달단계의 경우와는 다르게 이루어진다. 신앙과 종교의 변증법은 평생을 따라다닌다고 해야 차라리 옳을 것이다.[4] 신앙과 종교의 긴장, 달리 표현하자면, 선물로 받아 경험한 의미(1)와 **스스로** 구성하여 견지해 내는 의미(2) 사이의 긴장 관계가 평생을 따라다닌다고 할 때, 이 긴장 관계는 (이것을 파울러의 모형에 적용하면) 각각의 발달단계에서 새로운 형태로 **반복**되지 않을 수 없다. 이 긴장 관계가 반복될 수밖에 없는 까닭

---

3) 물론 파울러는 부분적으로 신학적 관점과 심리학적 관점을 충분히 명료하게 구분하지 않았다.
4) 이것이 M. Luther의 칭의론이 말하는 핵심적 진술로서 *simul iustus et peccator*, 즉 '의인이면서 동시에 죄인'이라는 뜻이다; 루터의 칭의론과 파울러의 발달이론간의 관계에 대해서는 Nipkow의 연구(1983, 특히 S. 165ff.)를 참조.

은 그것이 평생에 걸친 과정이기 때문이며 이 과정은 어느 순간에 완결될 수 있는 성격의 것이 아니다. 그러나 이 긴장관계는 종교적 의미구성이 한 단계 한 단계 변함에 따라 새로운 형태를 취하게 된다.

이로써 종교적 발달과 기독교 신앙의 관계를 좀더 자세히 포착할 수 있는 방법이 드러난다. 지금까지 이야기해 온 바에 따르면 종교적 발달은 "신앙으로 **나아가는** 발달"로 이해할 수 없다. 그런 식의 이해는 신앙의 선물로서의 성격과 상충될 것이다. 다시 말해 신앙이 신앙의 전제 조건임을 표방하는 심리적, 사회적 발달에 의존되어 있다는 생각을 배제하는 신앙의 성격은 그런 이해를 받아들일 수 없다. 그렇기 때문에 우리는 아마 "신앙의 발달" 혹은 신앙의 삶의 이야기에 대해 말할 수 있을 것이다. 만일 신앙이 "경험과 함께하는 경험"으로 규정된다면 삶의 이야기에 따른 그 경험의 변화는 신앙의 변화를 동반하지 않을 수 없다.

이러한 평가는 종교적 발달과 회심경험의 관계에 대한 파울러의 연구 결과와도 일치한다. 파울러의 연구에 따르면 회심은 인간이 의식적으로 경험하고 수행하는 종교적 방향재정립(religiöse Neuorientierung)이며 기독교식으로 표현하면 신앙에 이르게 되는 것(Zum-Glauben-Kommen)이라 할 수 있는데 이것은 새로운 발달단계로의 이전이 아니다. 그러나 이것은 어떤 하나의 단계 내에서 수행될 수도 있다. 그러므로 신앙과 종교의 변증법은 단계발달의 의미에서 해결되는 것이 아니라 각각의 단계 내부에 머무른다.

신앙과 종교의 비판적 구분에 기반한 신학적 해석(종교적 발달에 대한 해석)은 율법과 복음을 구분한 종교개혁의 입장과 상통하며, 기독교 신앙을 자력적 종교문화 속에 묻어버리는 것에 반대했던 변증법적 신학과도 상응한다. 그리고 아직까지도 이러한 입장이 지니고 있는 의미가 소실되지 않았음도 분명하다. 인간이 스스로 만들어낸 의미와 선물로 받은 의미 사이의 구분은 종교적 발달에 대한 신학적 해석에 있어 근본적 의미를 띄고 있다. 그러나 그 신학적 해석이 다루어야 할 사회적, 교육학적 상황은 여러 면에서 달라져 있다. 종교개혁이 일어난 시기나 문화 프로테스탄트주의 시대의 사회는 그 자체적으로 상당히 종교적인 사회였고 신학적인 해석도 그런 사회적 상황을 다루고 있다. 그래서 그때에는 종교적 자기 이해는 **어떤** 모습이어야 하는지 (종교교육과 관련해서는) 종교교육은 **어떻게** 해야 하는지가 특히 논란 거리였다. 종교적 자기 이해 자체와 종교교육 자체가 논쟁의 대상이 되지는 않았던 것이다. 이에 비해 오늘의 상황은 훨씬 세속화되었다. 이제 문제는 어떻게 종교적으로 교육할 것인가가 아니라 도무지 (아직도) 종교적으로 교육해야 하는가 그렇지 않은가의 여부다. 달라진 사회에서도 전통적 구분은 여전히 타당한가?

현대사회를 지속적으로 지배하고 있는 과학적 합리성에 견주어 신앙과 종교는 둘 다 뒷전으로 밀려난 상태다. 물론 우리는 이 합리성(Rationalität)을 세속종교의 한 형태로 이해할 수도 있을 것이다. 그러나 많은 사람들이 이 합리성을 종교의 대체물로, 심지어는 종교의 극복으로 이해한다는 문제점은 여전히 남아 있다. 이런 이유에서 오늘날의 신학적 해석은 종교개혁이나 변증법적 신학이 처한 것과는 다른 문제에 맞부딪히게 된다. 오늘날 우리를 위협하고 있는 문제는 인간의 종교적 자기주장이 아니라, 인간이 종교를 과학적-합리적 능력이나 기술로 축소·제한하는 상황에 관한 것이다. 이제 더 이상 궁극적 방향성이나 무조건적 의미에 대한 물음이 들어설 자리는 존재하지 않는다. 그러한 물음은 기술과학적 견지에서 생산적인 일상을 위해 주변으로 밀려나고 말았다.

사회적 상황이 이렇게 전개될 때는 인간의 이러한 축소와 제한적 시도에 맞서고 발달과 교육의 종교적 차원을 열어 놓는 것이 신학의 첫 번째 관심사다. 우리는 "신앙과 종교"의 관계에 대한 에벨링의 상세한 설명(1979, S. 137ff.)에 기대어 우리의 달라진 문제설정을 이렇게 표현할 수 있다: 기독교 신앙과 종교의 구분은 신앙을 "종교적 종교비판"으로 "종교의 기준"으로 내세우지만, 오늘날 세속화된 사회에서는 "신앙의 조건으로서의 종교"가 주목을 받는다. 종교 없이는 신앙도 표현될 수 없기 때문이다.

바로 이 점이 종교적 발달에 대한 최근의 관심사이기도 하다는 사실은 상당히 흥미롭다. 발달과 교육의 종교적 차원은 언제나 열려있어야 한다. 최근의 이론은 오늘날 사회과학에 널리 퍼져있는 발달모형에 저항하고 있다. 이 모형은 기술과학적 합리성의 발달에만 관심이 있으며, 설령 사회적, 도덕적 발달을 포함한다고 해도 종교적 발달을 유아기 초반에 국한시킨 뒤 다시 그것을 (자율성을 동반한) 의사소통적 합리성으로 대체하고자 한다. 종교적 발달에 대한 신학적, 사회과학적 해석은 이렇듯 합리주의적으로 협소화된 견해를 거부한다는 점에서 의견을 같이 한다. 이어서 신학적 해석과 사회학적 해석의 관계를 좀더 자세히 살펴보기로 하자.

발달의 목표

종교적 발달에 대한 신학적 해석과 사회과학적 해석의 관계는 오랫동안 피차 예리한 비판과 거부의 대상이었으며 이 점에 대한 지식도 축적되지 않은 상태였다. 이러한 문제는 특히 정신분석학에서 두드러졌다. 정신분석학적 종교적 발달이해는 애초에 종교에 대한 비판으로 구성되었으며 정신분석학은 이러한 이해를 대변했다. 신학에서는 이에 대해 지속적으로 거부반응을 보였다. 그리고 이러한 거부는 신학과 심리학 사이의 열린 대화를 차단하고 말았다. 그 결과 한편에서는 신학적 성찰이 결여된 종교심리학이 생겨났고, 다른 한편에서는 (심리학적 견지에서 볼 때) 경험과학적인 면이 궁색한 신학이 나타났다. 다행스럽게도 이렇듯 양쪽 모두에게 비생산적인 상황은 오늘날 극복되었다고 평가받고 있다. 최근 들어 정신분석학자들과 신학자들 모두 서로 다른 견해에 대한 개방성을 강조하고 있으며 "신학과 심리학의 대화"를 지지하고 있다. 물론 그러한 대화는 지금까지 주로 정신분석학과의 대화였다. 오늘날 종교발달연구에서 두 번째로 중요한 연구방향으로 간주되고 있는 인지구조심리학은 여전히 신학과 종교교육학의 대화 파트너가 되지 못한 실정이다. 그래서 필자는 지금부터 발달규범의 문제와 관련하여 하나의 물음을 던지고자 한다. 이 물음은 종교교육에 있어 결정적으로 중요한 것일 뿐만 아니라, 인지구조심리학과의 대화와 논쟁을 추동할 만한 것이다.

종교와 신앙의 관계에 대해 앞에서 우리가 살펴본 바에 의하면 기독교 신앙은 종교적 발달에 대해 나란히 거리를 유지하고 있음이 분명하다. 신앙은 종교적 발달의 최종점이 아니다. 그보다 그것은 각각의 단계에서 새롭게 다르게 경험되는 변화, 즉 독자적 자아와 독자적 의미부여에서 벗어나 단지 발견하고 받아들이고 경험하는 것밖에는 다른 도리가 없는 의미로의 변화다. 그러므로 기독교적 신앙이해에서 도출할 수 있는 첫 번째 결론은 저 깊은 곳에 자리잡은 "경험과 함께하는 경험"을 통한 모든 발달 규범의 상대화이다. 이러한 상대화는 어린이에 대한 신학적 견해에서 가장 분명한 형태로 나타날 것이다. 이것은 모든 종교적 규범과 상충한다. 어린이는 그 능력과는 전혀 무관하게 어린이 자체로 받아들여져야 한다. 어린이에 대한 예수의 태도를 묘사하고 있는 성서의 짧은 이야기 하나가 이 점을 가장 또렷하게 보여준다. 예수는 어린이를 모범으로 제시하는데 이것은 당시의 이해와 어긋날 뿐만 아니라 어린이에 대한 오늘의 견해와도 대칭을 이룬다.

사람들이 어린이들을 예수께 데리고 와서 쓰다듬어 주시기를 바랐는데 제자들이 그들을 꾸짖었다. 그러나 이것을 보시고 예수께서 노하셔서 제자들에게 말씀하셨다. "어린이들이 내게 오는 것을 허락하고 막지 말아라. 하나님의 나라는 이런 사람들의 것이다. 내가 진정으로 너희에게 말한다. 누구든지 어린이와 같이 하나님의 나라를 받아들이지 않는 사람은 거기에 들어가지 못할 것이다"(막 10:13-15).

이 말씀에 따르면 하나님의 관심은 인간의 공로나 발달 정도에 따른 것이 아니다.

그러나 이 본문을 근거로 하여 오로지 미성숙한 어린이만이 기독교 신앙에 적합하다고 주장하려 한다면, 그것은 어린이를 미화하거나 이상화하는 것이며 동시에 신학적 인간학의 실제적 견해를 비껴가려는 것에 지나지 않는다. 어린이에 대한 무조건적인 관심은 실제로 어린이에 대한 기독교적 관점의 근본 자료일 수 있으며 또 그래야만 한다. 그러나 이것 외에도 성숙한 그리스도인이라는 목표가 있다. 자신이 믿는 것을 이해하고 무엇이 믿을 만한 것인지를 알고 있는 성숙한 신앙인 말이다.

> 그것은…… 그리스도의 몸을 세우게 하시려는 것입니다. 그리하여 우리 모두가 하나님의 아들을 믿는 일과 아는 일에 하나가 되고 온전한 사람이 되어 그리스도의 충만하심의 경지에까지 이르게 됩니다. 우리는 이 이상 더 어린아이로 있어서는 안 됩니다. 우리는 인간의 속임수나 간교한 술수에 빠져서 온갖 교훈의 풍조에 흔들리거나 이리저리 밀려다니거나 하지 말아야 합니다(엡 4:12-14).

기독교적 신앙이해에서 도출해 낼 수 있는 두 번째 결론은 **성숙**(成熟, Mündigkeit)이라는 목표의 이해이다.[5] 우선 여기서 성숙이란 신앙에 대한 인식의 진전을 포함하고, 이로써 종교적 물음에 대한 자립적 판단이라는 의미까지 내포한다. 그러나 다른 한편, 이러한 성숙의 내용은 삶이 형성되는 과정에서 기독교 신앙에 대한 윤리적 응답을 통해 규정된다.

어떻게 그러한 삶의 형성이 전개되는지 살펴보기 위해서는 이 문제의 윤리적 측면을 상세히 살펴야 한다. 여기서 필자는 이 문제와 관련하여 기독교윤리의 근본적 목표를 - 이 점은 줄곧 논란거리이다 - 두 개의 개념, 즉 **자유**와 **화해**로 압축하여 정리하려고 한다. 자유와 화해는 기독교 윤리의 개인적 축과 사회적 축으로서 서로를 규정한다.[6] 그러므로 여기서 말하는 자유는 단순히 개인주의적 자유가 아니며, 화해 역시 자유

---

5) 종교적 성숙의 목표에 대해서는 Schleiermacher(1850, 특히 S. 395f.)가 이미 다룬 바 있다. 아울러 Schweitzer(1987a; 1987c)를 참조.
6) 이를테면 Rendtorff(1980, S. 31ff.)는 "자유"와 "화해"(그의 용어를 쓰자면 "삶의 주어짐"과 "삶을 줌")를 윤리학의 세 가지 근본 요소 중 두 가지 주제로 언급하고 있다.

를 희생한 화해가 아니라 다른 사람과 공유된 자유다. 다시 말해서 자유에 기반을 둔 화해인 것이다. 종교적 발달과 관련하여 우리는 다음과 같이 추론 할 수 있다. 즉 종교적 발달은 인간의 자유를 기준으로 하여 평가할 수 있으며 따라서 불필요하게 심리학적, 사회학적 예속을 받아들이지 않아도 된다. 한 걸음 더 나아가 이 발달이 사랑과 공동체를 지향한다면 신앙적 화해 경험과도 상통하게 된다.

자유 속에서의 성숙, 인간과 자연과의 화해―자연과의 화해에 대한 강조는 오늘날 더욱 두드러지고 있다―속에서의 성숙은 기독교적 신앙 이해에서 발생한 발달 규범의 축약이다. 그렇다면 이 규범은 (앞 장에서 살펴본) 사회과학의 발달이해와 어떤 관계가 있는가?

사회과학 이론에 기초한 발달 규범은 넓은 의미에서 **의사소통적 윤리**와 결부된 **인격적 자율성**이라고 정의할 수 있다. 이 발달은 개개인의 자기결정과 자기실현 그리고 모든 사람의 평등한 권리인정으로 나아가야 한다. 이것을 가능하게 해주는 것이 바로 의사소통적 윤리이다. 그러기 위해서는 이 윤리가 모든 인간의 평등한 자기 결정에서 출발해야 하며, 원칙적으로 모든 참여자들의 동의에 기반한 규범을 제시해야 한다.

이렇듯 인격적 자율성과 의사소통적 윤리가 발달의 목표를 이룬다면, 최소한 부분적으로는 사회과학적 규범과 신학적 규범 사이에도 일치/수렴이 존재할 수 있다. 인격적 자율성과 의사소통적 윤리는 신학이 요구하는 바 자유와 화해 속에서의 성숙에 대해 철학적-윤리적으로 호응하는 것으로 이해될 수 있다. 이러한 일치는 그리 놀라운 것이 아니다. 실상 사회과학적 발달이해는 철학적 전통 속에서 나온 것이며, 이러한 전통은 다시금 서구기독교의 토양에서 자라난 것이기 때문이다. 이렇게 볼 때 종교적 발달에 대한 신학적 해석과 사회과학적 해석 사이에는 내용적 일치가 있을 뿐만 아니라, 양측을 서로 연결시켜 주는 역사적 연관성도 있는 것이다.

그럼에도 신학 측에서는 사회과학적 해석에 대해 몇 가지 **유보** 조항을 둘 수 있다. 특히 인지구조이론이 대변하고 있는 **위계적** 발달이해가 이러한 유보적 태도의 첫 번째 대상이 된다. 인지구조이론이 말하는 발달은 항상 능력의 증가와 행동가능성의 획득을 의미한다. 이런 관점에서 볼 때 어린이는 무능력한 존재로 비치게 되며 어린 시절은 "온전한" 삶의 전단계로 격하된다. 이에 비해 신학적 인간학은 어린 시절까지 포함하여 모든 단계의 삶이 나름대로의 가치와 존엄성을 지니고 있다는 점을 강조한다. 물론 신학적 인간학 또한 인간의 발달이 어떤 면에서 획득을 의미하기도 한다는 점을 완전히 배제하지는 않는다. 그러나 과연 어른이 된다는 것이 행동가능성의 증가이며 획득이라고만 볼 수 있느냐는 물음이 필연적으로 제기된다. 그런 의미에서 우리는 파울러의 의견에 이의를 제기한 나이트하르트(W. Neidhart)의 주장에 동의할 수 있다. "두 개의 생애 국면 사이에 있는 경계를 뛰어넘는 것은 언제나 어떤 손실을 의미한다"(1986, S. 132).

사회과학적 해석에 대한 두 번째 반론은 **상위단계의 이상화**이며 위에서 제기한 문제와도 밀접하게 연관되어 있다. 물론 사회과학적 발달이론도 인간의 완전을 주장하지는 않는다. 다만 특정한 발달 차원의 온전한 형성을 말할 뿐이다. 그럼에도 이 이론은 인간적 완전함의 이데올로기로부터 충분히 차단되지 않은 상태다. 그러므로 여기서 우리는 신학적 인간학으로부터 배워야 한다. 인간 삶의 존엄성은 최종 단계에서나 도달할 수 있는 완전성이 아니라, 개선의 능력이 있으며 또 개선의 필요성을 내포한 삶, 그러나 결국에는 언제나 단편적인 것에 불과한 그 삶의 실제적 형성 속에 있다는 것을 말이다.

세 번째 반론은 **개인주의** 문제이다. 사회과학적 발달이론은 종교 이해에 있어서 계속 개인주의에 천착하고 있다. 물론 이 이론은 상당히 사회적 인간이해에 기초를 둔 의사소통적 윤리에서 그 규범을 끌어내고 있다. 그런데 종교문제에 있어서는 **개개인의 종교**만을 고려하고 있다. 그러나 우리는 종교적 발달의 목표를 종교의 공동체성에서 찾을 수 있다. 기독교적 견해에 따르면 신앙은 공동체와 결코 분리될 수 없다.

끝으로 합리성과 종교성의 관계에 대해—이 문제는 인지구조이론을 다루는 자리에서 이미 상론했다—다시 한번 상기해 보자. 발달이론이 지향하는 인격적 자율성과 의사소통적 윤리는 사회과학적 입장에서는 언제나 합리성의 형태를 전제한다. 그리고 이 합리성은 종교적 해석체계의 대체 및 연장으로 이해된다. 물론 이러한 합리주의적 발달이해는 종교발달이론의 폭을 확대하려는 의도를 가지고 있다. 그러나 부분적으로 사회과학적 이론은 아직도 이런 합리주의적 이해에 고착되어 있다. 그러므로 종교발달이론은 그 발달이론이 실제로 종교가 들어설 여지를 마련해 주고 있는지, 아니면 종교를 합리성이라는 이름 하에 해체시키는 쪽으로 나가고 있는지를 항상 자문하지 않으면 안 된다.

 신학 쪽에서 사회과학적 발달이해에 대해 제기한 물음들이 신학적 해석과 사회과학적, 교육학적 해석 간의 원칙적인 갈등은 아니라는 점은 매우 흥미롭다. 그 물음들은 교육학적으로나 사회과학적으로 확실한 논거를 제시하고 있다. 그래서 우리는 사회과학적 해석에 대한 신학의 문제제기가 풍성한 결실을 맺게 될 것이라고 주장할 수 있다.

도서자료와 참고문헌

신앙에 대한 신학적 이해에 대해서는 G. Ebeling(*Das Wesen des christlichen Glaubens*. Gütersloh ⁴1977), P. Tillich(*Wesen und Wandel des Glaubens*. In: Ders.: *Offenbarung und Glaube*. Stuttgart 1970)를, 그리고 성서와 관련지어 밀도 있게 다룬 것으로는 H.-J. Hermisson/E. Lohse(*Glauben*. Stuttgart u.a. 1978)를 들 수 있다. 신앙을 "경험과 함께하는 경험"(Erfahrung mit der Erfahrung)으로 규정한 것은 Jüngel(1972, S. 8; 1977, S. 40, 225)과 Ebeling(1975, S. 25)에게서 찾아 볼 수 있다; 이를 종교교육학적 문제로 받아 연구한 학자는 Nipkow (1982, S. 215ff.)이다. 종교를 소홀히 하는 문제에 대해 비판한 예로는 Marsch(1973)를 들 수 있다.

의미개념에 대한 비판적 논의는 G. Sauter(*Was heißt: nach Sinn fragen?* München 1982)와 인지구조심리학적 견지에서 연구한 K. E. Nipkow(*Grundfragen der Religionspädagogik*. Bd. 3. Gütersloh 1982, S. 47ff.)의 예가 있다; 이 물음과 비교할 만한 것으로는 Tillich의 기초적 연구가 있다(1977, 특히 S. 75).

현대 사회의 자기이해를 위한 세속성에 대해서는 특히 T. Rendtorff가 그 의미를 탐구했다(*Gesellschaft ohne Religion?* München 1975).

인간에 대한 신학적 관점에 대해서는 J. Moltmann(*Mensch. Christliche Anthropologie in den Konflikten der Gegenwart*. Stuttgart/Berlin 1971)과 E. Jüngel(*Der Gott entsprechende Mensch*. In: H.-G. Gadamer/P. Vogler, Hg.: *Philosophische Anthropologie. Neue Anthropologie*. Bd. 6. Stuttgart/München 1974)을 보라. 삶의 형성을 위한 윤리적 귀결에 대해서는 O. Bayer가 깊이 연구했다(*Aus*

Glauben leben. Über Rechtfertigung und Heiligung. Stuttgart 1984). H.-R. Weber는 아동에 대한 신학적 관점에 대해 독자들이 잘 읽을 수 있도록 좋은 안내서를 내 놓았다(*Jesus und die Kinder.* Hamburg 1980).

신학과 정신분석학 간의 대화에 대해서는 P. Homans(*The Dialogue between Theologie and Psychology.* Chicago/London 1968)와 E. Nase/J. Scharfenberg(*Psychoanalyse und Religion.* Darmstadt 1977)가 간행한 전집에서 잘 찾아 볼 수 있다. 종교적 발달의 의미를 위한 근본적 성찰과 매개 모형에 대해서는 R. Preul(*Religion-Bildung-Sozialisation.* Gütersloh, 1980, S. 155ff.)에서 찾아 볼 수 있다.

지난 십 수년 이래 시작된 인지구조심리학과의 대화에 대해서는 K. E. Nipkow(*Grundfragen der Religionspädagogik.* Bd. 3. Gütersloh 1982; *Wachstum des Glaubens-Stufen des Glaubens.* In: Reformation und Praktische Theologie. Festschrift hg.v. H.M. Müller und D. Rössler. Göttingen 1983; *Lebensgeschichte und religiöse Lebenslinie.* In: Jahrbuch der Religionspädagogik, 1987)를 들 수 있고, 나아가서 Schweitzer(1982; 1985b; 1988; 1992), Fraas/Heimbrock(1986), Schweitzer(1987b), Moran(1983)을 언급할 수 있다.

발달의 규범으로서, 자율성과 의사소통적 윤리학으로부터 출발하는 발달이해는 무엇보다 J. Harbermas(*Theorie des kommunikativen Handelns.* Bd. 2. Frankfurt a.M. 1981)와 Oser(1988)의 견해를 보라.

10
종교적 발달과 교육

지금까지의 논의에서 필자는 종교적 발달에 대한 고찰이 적절한 종교교육에 도움이 된다는 점을 음양으로 전제하였다. 그러나 이러한 전제 조건이 그저 자명한 것만은 아니다. 그렇기 때문에 종교적 발달과 교육의 관계에 대해 마지막으로 좀더 자세히 살펴 볼 필요가 있다.

일단 필자는 발달과 관련된 종교교육의 필요성을 구명해 보려 한다. 이를 위해 발달을 저해(沮害)하고 발달문제를 방기(放棄)하는 교육의 문제점을 요약해서 제시할 것이다. 종교교육은 아동기나 청소년기에 삶의 이야기를 따라 일어나는 변화를 설명할 수 있어야 한다. 그러나 교육의 과제는 단순히 개인적 발달의 단계에서 발견될 수 없다. 그 다음으로는 우리가 지지하는 바, 발달과 관련된 종교교육이 콜버그 유의 견해, 즉 "발달을 교육의 목표"로 보는 견해와 어떻게 구별되는지를 드러내려고 한다. 물론 후자가 발달과 교육 사이의 밀접한 관계를 강조하는 것은 타당하다. 그러나 여기서 종교교육이 서 있는 사회적 콘텍스트와 역사적 콘텍스트, 그리고 종교교육의 과제가 규정하는 신학적 내용의 지평은 간과되고 있다. 마지막으로 필자는 발달과 관련된 교육의 과제를 지금까지의 논의를 바탕으로 서술할 것이다.

발달과 관련된 교육의 필요성

종교적 발달을 고찰하는 것이 종교교육에서 얼마나 중요한 것인지는 자서전적 진술/글에 잘 나타나 있다. 이러한 글에서는 탄식하는 듯한, 아니 심지어 탄핵하는 듯한 분위기가 짙게 배어나고 있다. 독자적인 발달을 위한 여지는 남아있지 않고, 종교교육은 거의 이해할 수 없는 내용을 기계적으로 주입시키는 꼴이 되고 말았으며, 종교교육은 어린이의 이해 가능성을 무시하고 지나친다. "모든 것을 보시는 하나님"에 대한 이야기는 그보다 훨씬 가슴 아픈 경험을 상기시킨다. 그것은 어린이에게 그에 해당하는 하나님 표상을 가지고 처벌에 대한 두려움을 불어 넣는다.

물론 종교적 발달에 대한 정신분석이론과 인지구조이론이 밝혀주듯이 모든 문제가 단순히 빗나간 교육에서 비롯되는 것만은 아니다. 아동기와 청소년기의 종교적 발달은 그 자체 이미 위기적 요소를 내포하고 있으며 잘못된 발달로 번질 위험성을 내포하고 있다. 그러나 종교교육이 여러 면에서 발달과 결부된 어린이/청소년의 가능성과 관심을 그냥 지나쳐 버렸으며, 발달이 빗나간 교육으로 인해 지장을 받을 수 있다는 사실은 결코 간과할 수 없다.

어린이와 청소년이 지나친 요구, 실망, 협박, 처벌 때문에 발달이 제약되고, 그 결과 이러한 발달의 진전이 장애에 부딪히거나 아예 발달 자체가 의문시된다면, 그것은 종교적 교육의 발달저해적 형태라 할 수 있다. 교육의 발달저해적 형태가 어린 시절에 나타난다면 나중에는 엄청난 파급 효과를 가져올 수도 있다. 어린이는 청소년이나 어른에 비해 더 열려 있으며 바로 그렇기 때문에 상처에 더 쉽게 노출된다. 하나님은 "모든 것을 보시며", 착한 행동을 해야지만 그분의 사랑을 받을 수 있다는 식의 위협은 어린이에게 큰 짐이 될 수 있으며 결과적으로 어린이가 종교를 단지 처벌이나 제약으로 경험하게끔 한다. 그리고 이러한 경험은, 틸만 모저나 유타 리히터의 이야기에서 나타나는 것처럼 시간이 한참 흐른 뒤에도 종교나 교회하고는 거리를 두어야 할 것 같은 느낌으로 남는다. 그런 거리를 두지 않으면 자기의 자유가 위태로워질 수도 있기 때문이다.

발달저해적 형태 외에도 발달방기적 종교교육의 형태가 있다. 이 형태를 경험할 때는 외상(外傷, Trauma)이 그래도 약한 것은 사실이지만 종교적 발달에 부정적인 영향을 미치는 것만큼은 분명 사실이다. 종교교육이 발달의 차원을 소홀히 한다고 해서 발달에 직접적인 장애가 생긴다거나 왜곡이 일어난다거나 잘못된 길로 접어드는 것은 아니다. 그러나 종교적 발달의 진전에 꼭 필요한 경험이나 자극은 존재하지 않는다. 그럴 경우 종교교육은 어린이의 표상이나 이해 방식에 다가서지 못하고 단지 어른의 종교를 건네 주어 그 외적인 형태만을 가르치는 것(가령 그 내용을 이해하지 못한 채 기계적으로 암기하는 것)으로 끝나고 말 것이다.

요즘에는 유치원이나 초등학교에서 연령에 알맞는 교육, 발달에 알맞는 교육을 하기 위해 다양한 노력을 기울이고 있다. 놀이를 통한 사귐이라든지 이야기 공연형식은 종교교육의 확고한 구성 요소로 자리매김했다. 그러나 청소년기의 교육은 여전히 발달의 차원을 소홀히 하고 있어 문제가 있다. 여기서도 학교나 교회의 수업은 발달에 알맞은 방향으로 전진하는 데 기여하는 것은 사실이나,[1] 바로 청소년기에 돌출되는 물음이나 의혹은 여전히 충분히 다루지 않는 것 같다. 종교발달이론이 분명하게 보여주듯이 청소년기의 종교교육은 청소년의 신앙이나 그들의 교회생활을 문제 삼지 않으면서도 그들의 급진적이고 자극적인 물음이나 의혹에 열려 있을 때라야 성공을 거둘 수 있다. 중요한 것은 청소년들 자신이 지금의 상황을 양자택일의 상황으로 받아들이지 않도록 하는 것이다. 즉 그들이, 지금 자신의 물음과 의혹에 대해 침묵하고 교회에 다닐 것인지, 아니면 자기 생각과 감정을 솔직하게 털어놓고 교회를 떠날 것

---

[1] 예컨대 문제 중심적 종교수업이나 학생중심적 접근방식을 통해서.

인지 하는 문제를 놓고, 양자택일을 해야 하는 것이 아니라는 점을 인식하게 해야 할 것이다.

물론 이는 청소년기의 종교교육이 신학적 물음이나 철학적 물음에 대한 사색이나 토론으로 소진되어야 한다는 뜻은 아니다. 이 시기에도 교육이나 학습은 경험이나 행동과 관련된 형태로 나타나야 한다. 예컨대 "교회의 교육딜레마"에 대한 관찰에서 드러나는 것처럼 이 시기에는 종교나 교회에 대해 비판적인 물음들을 지성적으로 대처하려는 지속적인 노력이 요구된다.

발달방기적 교육의 극단적인 예로서, 종교적 발달을 아무런 자극이 없는 무용한 것으로 만들어 버리는 사례는 종교교육의 완전한 중단이라 할 수 있다. 특히 여기서는 오늘날까지도 여전히 가설에 불과한 하나의 상황이 전제된다. 더 이상 명시적인 종교교육이 일어나지 않고 가정과 학교와 사회 안의 종교가 세속적 지향성에 의해 주변으로 밀려나 버린 상황이 바로 그것이다. 이미 필자가 앞에서도 밝혔듯이 사회과학적 종교발달이론으로는 특정 종교교육의-가령 기독교적 의미의 종교교육의-필요성을 도출해 낼 수 없다. 그러나 사회과학적 이론은 인간발달에 종교적 차원이 존재한다는 것과 이 종교적 차원이 발달의 본질적 구성요소라는 사실, 그리고 다른 모든 발달의 차원과 마찬가지로 교육을 통한 돌봄과 지지를 필요로 한다는 사실을 분명하게 밝혀 주었다. 그렇기 때문에 장 자크 루소가 생각하는 것처럼 종교교육을 청소년기에만 제한하는 것은 무의미하다.

지금까지 필자가 말한 종교교육의 잘못된 두 가지 형태는, 어린이나 청소년을 그들 나름의 종교적 발달 상태에서 도와주어 그들이 자신들의 나이나 발달 정도에 알맞은 종교성을 형성할 수 있도록 한다는 과제 뒤로 물러나는 것을 의미한다. 발달과 관련된 종교교육의 필요성이 이를 증명한다. 그러나 여기에 기초하여 발달을 교육의 **목표**로 본다거나 발달의 측면만이 **유일하게** 중요하다는 결론을 이끌어 내서는 안 될 것이다. 그렇기 때문에 필자는 발달과 관련된 교육의 과제에 관해 언급하기에 앞서 교육학이나 심리학에서 발견되는 바 "발달은 교육의 목표"라는 주장-오저/그뮌더도 이러한 입장을 종교교육에 도입하려고 했다 (Gmünder 1979; Oser/Gmünder 1984, S. 259ff.)-을 먼저 짚고 넘어가려 한다.

발달은 교육의 목표인가?

콜버그(L. Kohlberg)와 마이어(R. Mayer)가 1972년에 함께 발표한 논문은 "교육의 목표로서의 발달"(*Entwicklung als Ziel der Erziehung*)을 논증하기 위한 것이었으며, 이 글은 인지구조심리학을 지향하는 교육학에서 고전적인 글로 자리매김했다. 콜버그/마이어는 자신들이 보기에 불충분하다고 여겨지는 두 개의 교육관을 비판하고 이들 주장에 대해 맞서는 데 초점을 맞추었다. 그 첫 번째는 그들이 "낭만주의적" 견해라고 부르는 것으로서, 교육관은 어린이와 청소년의 성숙에 전적으로 순응하는 교육을 요구한다. 그렇게 되면 교육은 이러한 성장(타고난 소질의 전개로서의 성장)의 꽁무니만 쫓으면서 그 성장을 방해하지 않는 것으로 한정된다. 두 번째 견해는 콜버그/마이어가 "문화적 전수"라고 부르는 것으로서 낭만주의적 견해와 대칭되는 또 하나의 극단이다. 이 견해에 따르면 교육이란 기존 문화의 내용이 다음 세대로 전이되는 것에 불과하다. 첫 번째 견해의 경우 교육은 인간의 근본적 소질이나 성장 앞에서 어떤 것도 할 수 없다. 반면 두 번째의 경우에서는 어린이와 그의 발달에 아무런 고려를 하지 않기 때문에 교육이 모든 것을 할 수 있다.

콜버그와 마이어는 "교육의 목표로서의 발달"이라는 문구를 통해서 이러한 일방적 교육관을 극복하려 했다. 그들이 지향하는 교육은 어린이의 발달을 고려하면서도 사회적 환경의 영향과 의미를 부인하지 않는 교육이다. 그들은 이러한 교육의 실마리를 그 발달 자체에 내재하는 법칙에서 발견한다. 발달이 그 법칙에 알맞게 진행되기 위해서는 환경을 통한 자극이 필요하다는 것이다. 바로 이 점에서 콜버그/마이어는 낭만주의적 교육관과 구별된다. 또 교육은 외부에서 임의로 설정된 목표만을 추구하는 것이 아니라 그 발달 자체에 내재해 있는 목표를 지향한다는 점에서 "문화적 전수"와도 다르다.

아동기의 발달에 어떤 폭력도 가해서는 안 되며, 또한 교육은 단순히 내적인 성장에 의존된 것으로 볼 수 없다는 사실이야말로 "발달은 교육의 목표"라는 것을 표현하는 것이라면, 우리는 콜버그/마이어의 의견에 동의할 수 있다. 이러한 입장은 우리가 말하고자 하는 교육(발달과 관련된 교육)과도 상통한다. 발달을 고려하는 것은 그러한 교육의 필수조건이다. 그러나 이러한 조건만으로 충분한 것일까? 지금부터 필자는 우리가 교육의 과제를 단지 발달의 단계에서만 찾을 수 있는 것은 아니라는 사실을 밝혀내려고 한다. 필자가 보기에 발달과의 관련성은 틀림 없는 필요조건이지만 충분조건이라고는 할 수 없기 때문이다. "발달은 교육의 목표"라는 문구는 제한적 의미에서만 통용될 수 있다.

현대사회의 종교교육은 세 개의 콘텍스트가 규정하고 있으며, 따라서 교육의 과제도 이 콘텍스트로부터 규정될 수 있다는 점을 지적할 수 있다. 즉 종교교육은 **교회**라는 콘텍스트(1), **개인의 종교적 발달**이라는 콘텍스트(2), **사회**라는 콘텍스트(3) 안에 있다. 그런데 이 세 가지 콘텍스트가 하나의 공통분모로 묶여지지 않는다는 점이 바로 현대사회의 특징이다. 종교와의 관계에서 볼 때 교회와 개인과 사회는 분명 서로 겹치는 부분이 있지만 결코 동일시할 수 없는 영역들이다. 개인은 더 이상 교회로 대표되는 종교나 한 사회를 지배하는 종교에 묶여 있지 않다. 또한 현대사회에는 일치된 종교, 교회에 의해 규정된 종교가 존재하지 않는다.[2] 종교교육과 그 과제에 대한 적절한 이해에서 중요한 것은 세 가지 콘텍스트 각각을 모두 고려하되 서로 다른 콘텍스트와의 관계까지도 놓치지 않는 것이다. 이 책에서 필자는 종교적 발달의 콘텍스트만을 다른 것보다 좀더 자세하게 다룰 수 있었다. 그러나 필자는 그 발달이 진행되는 사회적 틀과 교회적 틀을 계속해서 환기시켰으며(특히 제5장 참조),

---

2) 교회적, 사회적 및 개인적 종교성의 분화는 종교사회학에서 여러 차례 다루어졌다 (Berger 1973; Luckmann 1963; Luhmann의 다른 데 강조점을 둔 연구 1977 등).

나아가서 교육과 발달에 대한 이해를 해명하는데 신학이 어떤 기여를 할 수 있는지 보이려 했다(특히 제9장 참조).

사회과학이론으로 대표되는 발달이해는 개인적 콘텍스트를 구명하는 데만 도움을 주기 때문에 다른 관점으로 보완하지 않으면 안 된다. 이에 비해 "발달을 교육의 목표"로 보는 견해는, 교육에 대한 이해를 개인의 발달문제로 협소화시키고, 형식적이기만 하고 사회과학적이고 종교철학적인 논증을 위해, 교육의 목적에 대한 신학적이며 내용적인 성찰을 포기한다. 이러한 협소화는 개인적 발달이 현재의 형태를 획득할 수 있었던 역사적, 사회적 전제조건을 무시하는 것이다. 더욱이 이 견해는 신학으로부터 전수받은 내용적 규정을 포기한다.

"발달을 교육의 목표"라고 생각하는 견해의 두 번째 한계는 이 견해가 교육을 단순히 진보를 위한 수단쯤으로 이해한다는 점이다. 그러나 이런 식의 이해로는 종교교육을 충분히 설명해 내지 못한다. 물론 종교교육에서도 종교적 성숙이라는 의미에서 일정부분 진보에 가치를 부여한다. 그러나 역사 속에서 삶의 이야기에 따라 나타나는 경험의 변화를 종교적인 입장에서 대처하고 각각의 발달단계 너머에 있는, 필자가 즐겨 사용하는 표현인 종교적 연속성을 견지하는 것 또한 중요하다.[3]

필자가 역사 속에서 삶의 이야기에 따라 나타나는 "변화"에 관하여 말하는 까닭은 어린이나 청소년의 경험이 그들 자신의 삶의 이야기에 의해서, 그리고 사회적인 영향을 통해서 끊임없이 변화를 겪게 되는데 그 변화는 단순히 **진보**로 해석될 수 없다는 점을 분명히 하기 위함이다. 이 변화는 각각의 발달단계마다 새롭게 생겨나는 관심과 욕구에서 자라나는 변화며, 사회적 기관이나 타인에 대한 관계의 변경에 따라 일어나는 변화라고 해야 옳을 것이다. 인간의 경험 속에 바로 이러한 변화가 있기 때문에 종교교육은 늘 새로운 상황에 알맞은 해석을 제공하지 않으면 안 된다. 그렇지 않으면 종교적 발달은 일반적 발달 뒤켠으로 물러나게 될

---

3) 진보와 연속성과 변화라는 세 가지 양상에 대해서 필자는 교육에서의 종교 언어를 예로 들어 연구한 바 있다(Schweitzer 1987).

것이다.

그러나 역사 속에서 삶의 이야기에 따라 나타나는 경험의 **변화**에 종교적으로 대처한다는 과제는 그 과제가 드러나는 가변적 형태에도 불구하고 하나의 연속성을 부각시킨다. 다시 말해 종교교육은 언제나 발달단계 너머에 있는 **종교성의 연속성**(*Kontinuität der Religiosität*)에 초점을 맞춘다. 종교교육의 기본적 관심사는 종교에 대한 관심 및 종교적 물음에 대한 개방성을 견지하는 것이다. 이러한 관심과 개방성은 기술과학과 합리성에 의해 해체되어서는 안 된다.

신학적으로 볼 때, 발달단계 너머의 "종교성의 연속성"은 각각의 발달단계에서 반복되는 신앙과 종교의 변증법에도 상응한다. 여기서 종교교육의 과제는 새로운 경험과 변화하는 의미구성에 직면하여 자기 스스로 만든 의미와 선물로 받은 의미 사이를 거듭 구분해가는 것이다. 물론 이러한 과제도 지속적으로 종교적 발달과 관계를 맺는다. 그러나 종교교육의 목표는 발달 그 자체가 아니라 그 발달 속에서 형성된 종교적 의미구성을 신학적으로 적절하게 수용하고 작업해 나가는 것이다.

이 시점에서 우리는 교육을 진보의 수단으로 생각하는 견해에 대한 다차원적 문제제기를 상기할 필요가 있다. 신학적 인간학은 어린 시절도 나름대로 존엄성과 가치를 지닌 삶의 여정으로 이해한다. 그런데 이러한 신학적 견해는 교육을 어른과 미래의 관점에서 일방적으로 규정하려는 견해와 상충된다. 물론 콜버그도 이러한 일방성을 피해보려고 노력했다. 그러나 "교육의 목표"로서의 발달이라는 표현은 상위단계로의 진보만을 추구하는 교육으로 이어질 위험성을 내포하고 있다.

균형잡힌 종교교육학은 이중적 과제의 형태로 규정될 수 있다. 우선 어린이의 종교는 어린이에게 알맞은 형태로 인정되고 허용되어야 한다. 그러나 동시에 그 어린이를 종교적 성숙에 이르는 길로 안내하고 그 길에서 앞으로 나갈 수 있도록 해주어야 한다. 이 두 가지 과제를 적절하게 고려할 때 비로소 어린이의 현재와 어린이의 미래 사이에 긴장감 넘치는 관계가 유지될 수 있다.

발달과 관련된 종교교육의 과제

발달과 관련된 종교교육의 근본적 과제는 그 발달을 동반하는 것이라고 표현할 수 있다. 이는 닙코의 표현으로 하면 **"삶의 동반"** (*Lebensbegleitung*)이라 할 수 있다. 일차적으로 "동반"이라는 개념은 교육에 대해 발달이 지니고 있는 독자성을 강조하고 있다. 모든 발달이 과정이 그러하듯이 종교적 발달도 교육에 의해 제조되는 것이 아니다. 또한 교육이 종교적 발달을 임의로 형성할 수도 없다. 그러나 그 발달은 어린이나 청소년이 자라나는 환경과는 무관하게 저절로 진행되는 것도 아니다. 그리고 이것이 바로 동반 개념이 포괄하는 두 번째 측면이다. 종교적 발달은 포괄적 학습의 과정이다. 의식적인 교육행위를 비롯하여 어린이나 청소년이 사회 속에서 겪게 되는 모든 경험이 이 과정에 중요한 영향을 끼친다. 결국 동반은 더 높은 단계로의 진보만이 중요한 것이 아니라, 발달의 과정에서 어린이와 청소년의 곁에 머물러 있으면서 그들의 고민과 필요에 응답하는 것 역시 중요함을 의미한다. 그런 의미에서 동반은 "발달은 교육의 목표"라는 견해와 구별된다. 인간이 살아가는 삶의 어떤 시기도 다른 (흔히 더 낫다고 착각하고 있는) 시기의 뒷켠으로 밀려날 수 없다. 따라서 "머물러 있음"은 교육의 본질적인 구성요소로 간주되어야 한다.[4]

삶의 이야기에 따라 나타나는 경험과 종교적 학습 과정의 생산적 결합이야말로 발달과 연관된 교육이 풀어나가야 할 포괄적 문제를 함축한다. 엥글러르트(R. Englert)의 표현을 빌리자면 그것은 종교적 학습의 **"적시성"**(適時性, *Pünktlichkeit*) 문제이다.[5] 이것은 학습이 너무 빠르거나 너무 늦게 제공될 가능성이 있음을 뜻한다. 학습의 시기가 **너무 빠를 경우** 제공된 내용이 어린이나 청소년의 지평에는 아직 나타나지 않아 그

---

[4] 교육에서의 미래와 현재 사이의 그러한 관계설정은 Schleiermacher가 이미 다룬 바 있다(1966, S. 45ff.).
[5] Englert(1985, S. 2)는 "종교교육학적 학습동기에 있어 신앙의 이야기를 특정한 의도를 가지고 배치한다"는 점에서 "Kairologie"에 대해 말하고 있다.

들의 관심을 끌지 못한다. 또 그것이 너무 늦을 경우에는 그 내용이 삶의 이야기에 따른 물음의 지평 뒤로 밀려나 결국 그들의 삶에 아무런 의미도 주지 못할 수 있다. 두 경우 모두 삶의 이야기에 따른 경험과 종교적 학습 과정의 생산적인 결합을 기대할 수 없다.

이미 상징능력의 발달문제를 다루면서 언급한 바 있는 상징과 경험과 상징이해의 순환은 종교적 학습 과정의 적시성 문제에 중요한 암시를 제공한다. 종교적 상징이 삶의 이야기에 따른 경험과 연결되고 그 경험의 재현이 각각의 상징이해를 고려한다면, 종교적 학습과정에 중요한 역할을 할 수 있다. 이것은 앞으로도 상징의 도움을 받아 수행될 종교적 학습 과정의 "적시성"이 경험의 요소뿐 아니라 이해의 요소에 의해 규정될 수도 있음을 의미한다.

이러한 요청은 특히 종교수업에 적용될 수 있다. 종교수업의 내용은 삶의 이야기에 따라 발달하는 이해의 지평에 발디뎌 놓을 수 있도록 해명되어야 한다.[6]

이해는 끊임없는 순환의 형태로 수행된다. 그것은 대상과 전이해 사이의 상호해명이다. 종교교육학에서는 이 순환이 종교적 발달과 연관되어야 한다. 그렇게 되면 종교적 발달단계는 학생의 전이해를 가리키는 것으로 이해될 수 있다. 각각의 발달단계에 따라 학생들은 여러 다른 전제 조건 속에서 어떤 텍스트나 주제와 만나게 된다. 이 전제 조건에 알맞게 텍스트와 주제가 해명될 때 이해와 학습이 가능해진다.

우리는 이것을 "발달과 관련된 종교수업의 교수법"이라고 부를 수 있을 것이다. 그 목표는 단순히 학습 내용을 학생 각각의 이해지평과 관심지평에 맞추는 것이 아니다. 이러한 적응은 단지 하나의 측면에 불과하다. 다른 하나의 측면은 학생 한 명 한 명의 지평을 열어주고 확장시킴으로써 그들이 특정한 발달단계에서 정체되지 않도록 지켜 주어야 한다는 필요성에서 나온 것이다. 그러나 그러한 자극은 발달의 상태와 조화

---

[6] 이런 사안에 대해서는 특히 종교적 학습내용에 대한 "요체화"(Elementarisierung) 문제에 대한 다양한 연구가 도움을 줄 수 있다(특히 Nipkow 1982, S. 185ff.).

를 이룰 수 있어야 한다. 따라서 발달과 관련된 성찰을 필요로 한다.

이 시점에서 우리는 발달이론에 대한 오해와 그 오용에 대해서도 경계심을 환기할 필요가 있다.[7] 모든 발달이론에는(종교발달이론도 마찬가지로) 그 이론을 교수-학습 계획안(Lehr-/Lernplan)으로 사용하려는 유혹이 내재되어 있다. 이미 19세기에 헤르바르트(J. F. Herbart)에게서 유래한 헤르바르트주의 전통이 하나의 포괄적인 문화-단계-계획안을 만들어 내려고 했다. 이에 따르면 학습안에 입각하여 인간의 개인적 발달과 인류의 문화적 발달을 상호 연결시켜 각 학년별·각 학급별로 발달단계에 알맞은 진보가 이루어지도록 해야 한다. 그러나 이러한 학습안은 인간의 개인적 발달과 사회적 발달이 평행을 이룬다는 가정에 기초한 것이며 이 가정은 매우 미심쩍은 것이다. 이 학습 계획안은 발달의 잘못된 이식(移植)을 초래할 뿐이다. 이러한 학습안은 어린이나 청소년의 발달이 어떤 질서가 잡혀 있으며 시간적으로도 고정된 틀이 있어서 그 학습안에 꼭맞게 형성될 것이라고 전제한다. 삶의 이야기 속에서 나타나는 경험은 인간의 힘으로 계획할 수 없는 것이며 이렇듯 계획불가능한 경험을 종교적 발달과 연결하는 것이 모든 종교발달이론의 핵심적 통찰이다. 그런데 앞서 말한 학습안은 이 핵심적 통찰을 무시하는 것이다.

발달과 관련된 교육을 하는 것과 발달을 교육에 무작정 이식하는 것 사이에는 비록 미세하지만 확실한 경계선이 지나고 있다. 만일 우리가 교육의 과정에서 발달단계를 하나의 고정된 견본으로 붙박아 놓고 어린이나 청소년의 실제 경험을 이 견본에 끼워 맞추려 한다면 우리는 경계선을 넘어서는 셈이다. 발달단계는 교육에 있어서 단지 하나의 보편적인 기대지평에 불과하다. 그것은 해석의 도구일 뿐이다. 다시 말해서 경험에 의해 뒷받침되는 하나의 방향성이다. 물론 교육은 그 도움을 받아 어린이와 청소년의 발달에 좀더 가까이 다가설 수 있다. 그러나 그것이 규범이 되어서는 안 된다. 어떤 경험이 어떤 시기에 일어나야 하는지를

---

[7] 이 "경계"라는 문제에 있어 필자는 Fraas/Heimbrock(1980)이 설정한 물음의 맥락에서 정당하게 접근하려 한다.

결정하는 규범 말이다.

　종교적 발달에 대한 고려는 오늘 우리의 교육이 어린이와 청소년의 특별한 고민과 관심과 욕구에 개방되어 있는 교육, 살아 있는 교육을 하는 데 도움이 되어야 하며 또 그럴 수 있다. 그러나 그 때문에 종교교육이 삶의 이야기 속에 나타나는 끝없이 개인적인 경험에 대해 폐쇄적인 자세를 취해서는 안 될 것이다.

도서자료와 참고문헌

발달을 고려하는 교육과, 발달을 방기하는 종교교육 간의 비판적 논의에 대하여 R. Preul(*Religion-Bildung-Sozialisation*. Gütersloh 1980), N. Mette(*Voraussetzungen christlicher Elementarerziehung*. Düsseldorf 1983), B. Grom (*Religionspädagogische Psychologie des Kleinkind-, Schul- und Jugendalters*. Düsseldorf/ Göttingen 1981) 등의 견해가 있다.

청소년을 종교 및 교회와 관련짓는 데 따르는 어려움에 대해서는 K. E. Nipkow의 구체적 연구가 있다(*Erwachsenwerden ohne Gott?* München 1987). 이와 관련하여 설문조사에 기초한 보다 밀도 있는 연구를 A. Feige가 내 놓았다(*Erfahrungen mit Kirche*. Hannover ²1982).

종교발달이론을 종교교육 전체를 의미있게 이해하기 위한 기반으로 해명한 것으로는 무엇보다 K. E. Nipkow가 Rössler(1986)에 근거하여 시도한 연구가 있다(*Lebensgeschichte und religiöse Lebenslinie*. In: Jahrbuch der Religionspädagogik, 1987). 비슷한 견해를 Englert(1985)와 Fraas(1985)가 피력했다.

학교에서 경험과 관련짓는 학습법의 의미는 날로 증대하고 있다: F. Schweitzer/H. Thiersch(*Jugendzeit-Schulzeit*. Weinheim/Basel 1983), P. Fauser u.a.(*Lernen mit Kopf und Hand*. Weinheim/Basel 1985). 삶의 이야기 경험과 종교적 학습과정을 결합시키기 위해 무엇보다 R. Englert를 보라(*Glaubensgeschichte und Bildungsprozeß*. München 1985), H.-J. Fraas(*Glaube und Identität*. Göttingen 1983, S. 105ff.), H.-G. Heimbrock(*Lern-Wege religiöser Erziehung*. Göttingen 1984), J. Scharfenberg(*Menschliche Reifung und christliche Symbole*. In: Concilium 14/1978).

종교수업과 교수학을 위한 해석학적 순환 문제를 필자는 도덕학습의 사례에서 명료하게 밝히고자 했다(*Moralisches Lernen - Überlegungen zur didaktischen Erschließung moralischer Inhalte.* In: EvErz, 38/1986). H. Schmidt는 이와 비슷한 견해를 대변하고 있다 (*Religionsdidaktik.* Bd.2. Stuttgart u.a. 1984). 종교적 발달 문제를 어떤 다른 교수-학습 계획으로 대치하려는 잘못된 시도에 대해서는 필자가 >Die Religion des Kindes<(1988)에서 비판적으로 다루었다.

참고문헌

Adam, G. / Schweitzer, F.(Hg.): Ethisch erziehen in der Schule. Göttingen 1996.
Aden, L. / Benner, D. G. / Ellens, J. H. (Hg.): Christian Perspectives on Human Development. Grand Rapids 1992.
Anderson, S. R. / Hopkins, P.: The Feminine Face of God. The Unfolding of the Sacred in Women. New York u.a. 1991.
Anker, E. / Heizer, M. (Hg.): Funkenflug aus dem Elfenbeinturm. Erfahrungen beim Glaubenlernen. Thaur u.a. 1993.
Arndt, M. (Hg.): Religiöse Sozialisation. Stuttgart u.a. 1975.
Astley, J. / Francis, L.(Hg.): Christian Perspectives on Faith Development. Leominster 1992.

Baacke, D. / Schulze, Th. (Hg.): Aus Geschichten lernen. Zur Einübung pädagogischen Verstehens. München 1979.
Baacke, D. / Schulze, Th. (Hg.): Pädagogische Biographieforschung. Orientierungen, Probleme, Beispiele. Weinheim/Basel 1985.
Babin, P.: The Idea of God. Its Evolution between the Ages of 11 and 19. In: Godin, A.(Hg.): From Religious Experience to a Religious Attitude. Chicago(Loyola University Press) 1965, S.183-198.
Baltes, P. B. / Sowarka, D.: Entwicklungspsychologie und Entwicklungsbegriff. In: Silbereisen, R. K. / Montada, L. (Hg.): Entwicklungspsychologie. Ein Handbuch in Schlüsselbegriffen. München u.a. 1983, S.11-20.
Bayer, O.: Aus Glauben leben. Über Rechtfertigung und Heiligung. Stuttgart 1984.
Becker, S. / Nord, I. (Hg.): Religiöse Sozialisation von Mädchen und Frauen. Stuttgart u.a. 1995.
Belenky, M. F. u.a.: Das andere Denken. Persönlichkeit, Moral und Intellekt der Frau. Frankfurt a.M./New York ²1991.
Berger, P. L.: Zur Dialektik von Religion und Gesellschaft. Elemente einer

soziologischen Theorie. Frankfurt a.M. 1973.
Berger, P. L. / Berger, B. / Kellner, H.: Das Unbehagen in der Modernität. Frankfurt a.M./New York 1975.
>Bibelauslegung<. Der Evangelische Erzieher Heft 3, 1983.
Biehl, P.: Erfahrungsbezug und Symbolverständnis. Überlegungen zum Vermittlungsproblem in der Religionspädagogik. In: ders. / Baudler, G.: Erfahrung – Symbol – Glauben. Grundfragen des Religionsunterrichts. (Religionspädagogik heute. Bd. 2.) Frankfurt a.M. 1980, S. 37-122.
Biehl, P.: Symbol und Metapher. Auf dem Wege zu einer religionspädagogischen Theorie religiöser Sprache. In: Jahrbuch der Religionspädagogik 1 (1985), S. 28-64.
Biehl, P.: Symbol geben zu lernen. Einführung in die Symboldidaktik anhand der Symbol Hand, Haus und Weg. Neukirchen-Vluyn 1989.
Biehl, P.: Symbol geben zu lernen II. Zum Beispiel: Brot, Wasser und Kreuz. Beiträge zur Symbol- und Sakramentendidaktik. Neukirchen-Vluyn 1993.
Biesinger, A.: Kinder nicht um Gott betrügen. Anstiftungen für Mütter und Väter. Freiburg u.a. 1994.
Bittner, G.: Zur psychoanalytischen Dimension biographischer Erzählungen. In: Baakker / Schulze 1979, S. 120-128.
Blasi, A.: Bridging Moral Cognition and Moral Action: A Critical Review of the Literature. In: Psychological Bulletin 88(1980), S. 1-45.
Blos, P.: Adoleszenz. Eine psychoanalytische Interpretation. Stuttgart 1973.
Böhme, B. (Hg.): Ist Gott grausam? Eine Stellungnahme zu Tilmann Mosers Gottesvergiftung. Stuttgart 1977.
Bohne, G.: Die religiöse Entwicklung der Jugend in der Reifezeit. Aufgrund autobiographischer Zeugnisse. Leipzig 1922.
Bossmann, D. / Sauer, G. (Hg.): Wann wird der Teufel in Ketten gelegt? Kinder und Jugendliche stellen Fragen an Gott. Lahr/München 1984.
Brachel, H. U. v. / Fetz, R. L. / Oser, F.: Glaube als Transformationsprozeß. In: Diakonia 14(1983), S. 34-43.
Brenner, Ch.: Grundzüge der Psychoanalyse. Frankfurt a.M. ^{8}1972.

Brocher, T.: Wenn Kinder trauern. Reinbek bei Hamburg 1985.
Bronfenbrenner, U.: Wie wirksam ist kompensatorische Erziehung? Frankfurt a.M. 1982.
Bucher, A. A.: Symbol-Symbolbildung-Symbolerziehung. Philosophische und entwicklungspsychologische Grundlagen. St. Ottilien 1990.(a)
Bucher, A. A.: Gleichnisse verstehen lernen. Strukturgenetische Untersuchungen zur Rezeption synoptischer Parabeln. Freiburg/Schweiz 1990.(b)
Bucher, A. A.: Alter Gott zu neuen Kindern? Neuer Gott von alten Kindern? Was sich 343 Kinder unter Gott vorstellen. In: Merz 1994, S.77-100.
Bucher, A. A. / Reich, K. H. (Hg.): Entwicklung von Religiosität. Grundlagen-Theorieproblem-Praktische Anwendung. Freiburg/Schweiz 1989.
Bühler, Ch.: Das Seelenleben des Jugendlichen. Versuch einer Analyse und Theorie der psychischen Pubertät. Frankfurt a.M. 1975.
Bukow, W. -D.: Religiöse Sozialisation. In: Jahrbuch der Religionspädagogik 2 (1986), S. 41-67.

Capps, D.: Pastoral Care: A Thematic Approach. Philadelphia(Westminster Press) 1979.
Cardinal, M.: Schattenmund. Roman einer Analyse. Reinbek bei Hamburg 1979.
Chamberlain, G. L.: Faith Development and Campus Ministry. In: Religious Education 74(1979), S. 314-324.
Chamberlain, G. L.: Faith as Knowing: A Study of the Epistemology in Faith Development Theory. In: Iliff Review 38(1981), N.2, S. 3-14.
Chodorow, N.: Das Erbe der Mütter. Psychoanalyse und Soziologie der Geschlechter. München 1985.
Colby, A. / Kohlberg, L.: Das moralische Urteil: Der kognitionszentriete entwicklungspsychologische Ansatz. In.: Steiner, G. (Hg.): Die Psychologie des 20. Jahrhunderts. Bd. VII.: Piaget und die Folgen. Zürich 1978. S. 348-366.
Coles, R.: Erik H. Eirkson: The Growth of his Work. Boston/Toronto (Atlantic/Little, Brown) 1970.
Coles, R.: Wird Gott naß, wenn es regnet? Die religiöse Bilderwelt der Kinder. Hamburg 1992.

Comenius-Institut (Hg.): Religion in der Lebensgeschichte. Interpretative Zugäng am Beispiel der Margret E. Gütersloh 1993.

Conn, W. E.: Affectivity in Kohlberg and Fowler. In: Religious Education 76(1981), S. 33-48.

Cornwall, M.: Faith Development of Men and Women over the Life Span. In: Bahr, S. J. / Peterson, E. T. (Hg.): Aging and the Family. Lexington, M.A. 1989, S. 115-139.

Csanyi, D. A.: Faith Development and the Age of Readiness for the Bible. In: Religious Education 77(1982), S. 518-524.

Deconchy, J. -P.: The Idea of God: Its Emergence between 7 and 16 years. In: Godin, A. (Hg.): From Religious Experience to a Religious Attitude. Chicago(Loyola University Press) 1965, S. 97-108.

Deconchy, J. -P.: God and the Parental Images. The Masculine and the Feminine in Religious free Associations. In: Godin, A. (Hg.): From Cry to Word. Contributions towards a Psychology of Prayer. Brüssel 1968, S. 85-94.

Döbert, R.: Religiöse Erfahrung und Religionsbegriff. In: Religionspädagogische Beiträge 14(1984), S. 98-118.

Drehsen, V.: Das Bildungsdilemma der Volkskirche–das kirchliche Dilemma des Religionsunterrichts. In: ders. / Flothow, M.: Religionsunterricht an Gymnasien Themenfolge 88, 1989, S. 3-45.

Dressler, B. (Hg.): Symbole und Metaphern. Beiträge zu einer kritischen Bestandsaufnahme der Symboldidaktik. Loccum: RPI 1995.

Drewermann, E.: Tiefenpsychologie und Exegese. Bd. I: Die Wahrheit der Formen. Traum, Mythos, Märchen, Sage und Legende. Olten/Freiburg i.B. 1984.

Dykstra, C. / Parks, S. (Hg.): Faith Development and Fowler. Birmingham, Al. 1986.

Ebeling, G.: Die Klage über das Erfahrungsdefizit in der Theologie als Frage nach ihrer Sache. In: ders.: Wort und Glaube. Bd. III: Beiträge zur Fundamentaltheologie, Soteriologie und Ekklesiologie. Tübingen

1975, S. 3-28.

Ebeling, G.: Das Wesen des christlichen Glaubens, Gütersloh ⁴1977.

Ebeling, G.: Dogmatik des christlichen Glaubens. Bd. I: Prolegomena, Teil I: Der Glaube an Gott den Schöpfer der Welt. Tübingen 1979 (²1982).

Ebert, K.: Theorien zur Entwicklung des religiösen Bewußtseins. Überlegungen zu einer religionspsychologischen Sozialisationstheorie. In: EvErz 33 (1981), S. 456-467.

Eiben, J.: Kirche und Religion – Säkularisierung als sozialistisches Erbe? In: Jugendwerk der Deutschen Shell (Hg.): Jugend '92. Lebenslagen. Orientierungen und Entwicklungsperspektiven im vereinigten Deutschland. Bd. 2. Opladen 1992, S. 91-104.

Eid, V. / Elsässer, A. / Hunold, G. W. (Hg.): Moralische Kompetenz. Chancen der Moralpädagogik in einer pluralen Lebenswelt. Mainz 1995.

Elkind, D.: The Child's Reality: Three Developmental Themes. Hillsdale, N.Y. (Lawrence Erlbaum) 1978.

Engelhardt, K. / Loewenich, H. v. / Steinacker, P. (Hg.): Fremde Heimat Kirche. Die dritte EKD – Erhebung über Kirchenmitgliedschaft. Gütersloh 1997.

Englert, R.: Glaubensgeschichte und Bildungsprozeß. Versuch einer religionspädagogischen Kairologie. München 1985.

Erikson, E. H.: Wholeness and Totality – A Psychiatric Contribution. In: Friedrich, C. J. (Hg.): Totalitarianism. Proceedings of a Conference held at the American Academy of Arts and Sciences. Cambridge, Mass.(Harvard University Press) 1954, S. 157-171.

Erikson, E. H.: Ontogeny of Ritualization in Man. In: Philosophical Transactions of the Royal Society of London. Series B, 251(1966), S. 337-349.(a)

Erikson, E. H.: Einsicht und Verantwortung. Die Rolle des Ethischen in der Psychoanalyse. Stuttgart 1966.(b)

Erikson, E. H.: Life Cycle. In: International Encyclopedia of the Social Sciences. Bd. 9, 1968, S. 286-292.(a)

Erikson, E. H.: Identity, Psychosocial. In: International Encyclopedia of the Social Sciences. Bd. 7, 1968, S. 61-65.(b)

Erikson, E. H.: Kindheit und Gesellschaft. Stuttgart ⁴1971.

Erikson, E. H.: Der junge Mann Luther. Eine psychoanalytische und historische Studie. Frankfure a. M. 1975.
Erikson, E. H.: Identität und Lebenszyklus. Drei Aufsätze. Frankfurt a.M. 1977.
Erikson, E. H.: Kinderspiel und politische Phantasie. Stufen in der Ritualisierung der Realität. Frankfurt a.M. 1978.
Erikson, E. H.: Jugend und Krise. Die Psychodynamik im sozialen Wandel. Stuttgart 1981.
Erikson, E. H.: Der wollständige Lebenszyklus. Frankfurt a.M. 1988.

Fauser, P. / Fintelmann, K. J. / Flitner, A. (Hg.): Lernen mit Kopf und Hand. Berichte und Anstöße zum praktischen Lernen in der Schule. (Forum Bildungsreform). Weinheim/Basel 1983.
Feige, A.: Erfahrungen mit Kirche. Daten und Analysen einer empirischen Untersuchung über Beziehungen und Einstellungen junger Erwachsener zur Kirche. Hannover ²1982.
Fetz, R. L.: Die Himmelssymbolik in Menschheitsgeschichte und individueller Entwicklung. Ein Beitrag zu einer genetischen Semiologie. In: Zur Entstehung von Symbolen. Akten des 2. Symposions der Gesellschaft für Symbolforschung. Bern 1984. Hg. von A. Zweig.(Schriften zur Symbolforschung. Bd. 2.) Bern u.a. 1985, S. 111-150.
Fetz, R. L. / Oser, F.: Weltbildentwicklung, moralisches und religiöses Urteil. In: Edelstein, W. / Nunner-Winkler, G. (Hg.): Zur Beiträge zur Moralforschung.(Beiträge zur Soziogenese der Handlungsfähigkeit.) Frankfurt a.M. 1986, S. 442-468.
Fetz, R. L. / Reich, H. / Valentin, P.: Weltbildentwicklung und Gottesvorstellung. Eine strukturgenetische Untersuchung bei Kindern und Jugendlichen. In: Schmitz 1992, S. 101-130.
Finn, M. / Gartner, J. (Hg.): Object Relations Theory and Religion, Westport/ London 1992.
Fowler, J. W.: Toward a Developmental Perspective on Faith. In: Religious Education 69(1974), S. 207-219.(a)
Fowler, J. W.: To See the Kingdom. The Theological Vision of H. Richard Niebuhr. Nashville, Tenn.(Abingdon) 1974.(b)

Fowler, J. W.: Faith Development Theory and the Aims of Religious Socialization. In: Durka, G. / Smith, J. (Hg.): Emerging Issues in Religious Education. New York(Paulist Press) 1976, S. 187-211.(a)

Fowler, J. W.: Stages in Faith. The Structural-Developmental Approach. In: Hennessz 1976, S. 173-211.(b)

Fowler, J. W.: Life/Faith Patterns: Structures of Trust and Loyalty. In: Ders. / Keen, S.: Life Maps: Conversations on the Journey of Faith. Ed. J. Berryman. Waco, Texas(Word Books) 1978, S. 14-101.(a)

Fowler, J. W.: Crossing Boundaries: A Dialogue (zusammen mit S. Keen). In: Ders. Keen, S.: Life Maps: Conversations on the Journey of Faith. Ed. J. Berryman. Waco, Texas(Word Books) 1978, S. 130-164.(b)

Fowler, J. W.: Future Christians and Church Education. In: Munsey, B. (Hg.): Moral Development, Moral Education and Kohlberg. Basic Issues in Philosophy, Psychology, Religion and Education. Birmingham, Alabama(Religious Education Press) 1980, S. 130-160.(a)

Fowler, J. W.: Faith and the Structuring of Meaning. In: Brusselmans, Ch. / O' Donohoe, J. A. (Hg.): Toward Moral and Religious Maturity. The First International Conference on Moral and Religious Development. Morristown, N. J. (Silver Brudett) 1980, S. 51-85.(b)

Fowler, J. W.: Stages of Faith. The Psychology of Human Development and the Quest for Meaning. San Francisco(Harper u. Row) 1981.(a)

Fowler, J. W.: Black Theologies of Liberation: A Structural-Developmental Analysis. In: Mahan, B. / Richesin, L. D. (Hg.): The Challenge of Liberation Theology. Maryknoll, N.Y. (Orbis) 1981, S. 69-90.(b)

Fowler, J. W.: Theologie und Psychologie in der Erforschung der Glaubensentwicklung. In: Concilium 18(1982), S. 444-447.(a)

Fowler, J. W.: Reflections on Loder's ›The Transforming Moment‹. In: Religious Education 77(1982), S. 140-148.(b)

Fowler, J. W.: Practical Theology and the Shaping of Christian Lives. In: Browning, D. S. (Hg.): Practical Theology-Church and World. The Emerging Field in Theology. San Francisco(Harper u. Row) 1984.(a)

Fowler, J. W.: Pluralism, Particularity and Paideia. In: Journal of Law and Religion 2(1984), S. 263-307.(b)

Fowler, J. W.: Eine stufenweise geschehende Einführung in den Glauben. In: Concilium 20(1984), S. 309-315.(c)

Fowler, J. W.: Practical Theology and Theological Education: Some models and Questions. In: Theology Today 42(1985), N.1, S. 43-58.

Fowler, J. W.: Dialogue Toward a Future in Faith Development Studies. In: Journal of Empirical Theology 1(1988), S. 29-42.(a)

Fowler, J. W.: Die Berufung der Theorie der Glaubensentwicklung: Richtungen und Modifikationen seit 1981. In: Nipkow / Fowler 1988, S. 29-47.(b)

Fowler, J. W.: Glaubensentwicklung. Perspektiven für Seelsorge und kirchliche Bildungsarbeit. München 1989.

Fowler, J. W.: Stufen des Glaubens. Die Psyclologie der menschlichen Entwicklung und die Suche nach Sinn. Gütersloh 1991.(a)

Fowler, J. W.: Weaving the New Creation. Stages of Faith and the Public Church. San Francisco 1991.(b)

Fowler, J. W.: Faithful Change. The Personal and Public Challenges of Postmodern Life. Nashville 1996.

Fowler, J. W. / Farvis, D. / Moseley, R. M.: Manual for Faith Development Research. Atlanta: Emory University 1986.

Fowler, J. W. / Lovin, R. W.: Trajectories in Faith. Five Life Stories. Nashville, Tenn.(Abingdon) 1980.

Fraas, H. -J.: Rel. Erziehung und Sozialisation im Kindersalter. Göttingen 1973(³1978).

Fraas, H. -J.: Glaube und Identität. Grundlegung einer Didaktik religiöser Lernprozesse. Göttingen 1983.

Fraas, H. -J.: Identität und die Symbole des Glaubens. In: EvErz 38(1986), S. 286-289.

Fraas, H. -J.: Die Religiosität des Menschen. Ein Grundriß der Religionspsychologie. Göttingen 1990.

Fraas, H. -J. Heimbrock, H. -G. (Hg.): Religiöse Erziehung und Glaubensentwicklung. Zur Auseinandersetzung mit der kognitiven Psycholologie. Erträge der 3. Internationalen Arbeitstagung ›Religionspädagogik und Religionspsychologie‹. Göttingen 1986.

Freud, S.: Studienausgabe. Hg. von a. Mitscherlich u.a. Frankfurt a.M. 1969ff.

Freud, S.: Die Traumdeutung(1900). In: Freud 1969, Bd. II.
Freud, S.: Drei Abhandlungen zur Sexualtheorie(1905). In: Freud 1969, Bd. V, S. 37-146.
Freud, S.: Zwangshandlungen und Religionsübungen(1907). In: Freud 1969, Bd. VII, S. 11-22.
Freud, S.: Totem und Tabu(Einige Übereinstimmungen im Seelenleben der Wilden und der Neurotiker)(1912-13). In: Freud 1969, Bd. IX, S. 287-444.
Freud, S.: Zur Einführung des Narzißmus(1914). In: Freud 1969, Bd. III, S. 37-68.
Freud, S.: Das Unbewußte(1915). In: Freud 1969, Bd. III, S. 119-174.
Freud, S.: Vorlesungen zur Einführung in die Psychoanalyse(1916-17). In: Freud 1969, Bd. I, S. 34-447.
Freud, S.: Das Ich und das Es(1923). In: Freud 1969, Bd. III, S. 273-330.
Freud, S.: Die Zukunft einer Illusion(1927). In: Freud 1969, Bd. IX, S. 135-190.
Freud, S.: Das Unbehagen in der Kultur(1930). In: Freud 1969, Bd. IX, S. 191-270.
Freud, S.: Neue Folge der Vorlesungen zur Enführung in die Psychoanalyse (1933). In: Freud 1969, Bd. I, S. 448-610.
Freud, S.: Der Mann Moses und die monotheistische Religion: Drei Abhandlungen(1939). In: Freud 1969, Bd. IX, S. 455-584.
Frey, J.: Eugen Drewermann und die biblische Exegese. Eine methodisch-kritische Analyse. Tübingen 1995.
Frielingsdorf, K.: Dämonische Gottesbilder. Ihre Entstehung, Entlarvung und Überwindung. Mainz 1992.
Frisch, F. / Hetzer, H.: Die religiöse Entwicklung des Jugendlichen (aufgrund von Tagebüchern). In: Archiv für die gesamte Psychologie 62(1928), H. 3/4, S. 409-442.
Fuchs, W.: Konfessionelle Milieus und Religiosität. In: Jugendliche und Erwachsene '85. Generationen im Vergleich. Bd. 1: Biographien, Orientierungsmuster, Perspektiven. Hg. vom Jugnedwerk der Deutschen Shell. Leverkusen 1985, S. 265-304.
Furth, H. G.: Intelligenz und Erkennen. Die Grundlagen der genetischen

Erkenntnistheorie Piagets. Frankfurt a.M. 1976.

Gilligan, C.: Themen der weiblichen und der männlichen Entwicklung in der Adoleszenz. In: Schweitzer/Thiersch 1983, S. 94-121.

Gilligan, C.: Die andere Stimme. Lebenskonflikte und Moral der Frau. München/Zürich 1984.

Gleason, J. J.: Growing Up to God. Eight Steps in Religious Development. Nashville, Tenn.(Abingdon) 1975.

Gmünder, P.: Entwicklung als Ziel der religiösen Erziehung. In: Kat. Blätter 8(1979), S. 629-634.

Godin, A. / Hallen, M.: Parental Images and Divine Paternity. In: Godin, A. (Hg.): From Religious Experience to a Religious Attitude. Chicago 1965, S. 65-96.

Goldman, R.: Religious Thinking from Childhood to Adolescence. London (Routledge u. Kegan Paul) 1964.

Greer, J. E.: A Critical Study of >Thinking about the Bible<. In: B.J.R.E. 5(Summer 1983), N.3, S. 113-125.

Grözinger, A. / Luther, H. (Hg.): Religion und Biographie. Perspektiven zur gelebten Religion. München 1987.

Grom, B.: Religionspädagogische Psychologie des Kleinkind-, Schul- und Jugendalters. Düsseldorf/Göttingen 1981.

Habermas, J.: Erkenntnis und Interesse. Mit einem neuen Nachwort. Frankfurt a.M. 1973.

Habermas, J.: Theorie des kommunikativen Handelns. 2 Bde. Frankfurt a.M. 1981.

Häsing, H. / Stubenrauch, H. / Ziehe, Th. (Hg.): Narziß. Ein neuer Sozialisationstypus? Bensheim 1979.

Halbfas, H.: Das dritte Auge. Religionsdidaktische Anstöbe.(Schriften zur Religionspädagogik. Bd. 1.) Düsseldorf 1982.

Hanisch, H.: Die zeichnerische Entwicklung des Gottesbildes bei Kindern und Jugendlichen. Eine empirische Vergleichsuntersuchung mit religiös und nicht-religiös Erzogenen im Alter von 7-16 Jahren.

Stuttgart/Leipzig 1996.

Hanselmann, J. / Hild, H. / Lohse, E. (Hg.): Was wird aus der Kirche? Ergebnisse der zweiten EKD-Umfrage über Kirchenmigliedschaft. Gütersloh 1984.

Hartmann, H.: Ich-Psychologie. Studien zur psychoanalytischen Theorie. Stuttgart 1972.

Haunz, R. A.: Development of Some Models of God and Suggested Relationships to James Fowler's Stages of Faith Development. In: Religious Education 73(1978), S. 640-655.

Heimbrock, H. -G.: Phantasie und christlicher Glaube. Zum Dialog zwischen Theologie und Psychoanalyse.(Gesellschaft und Theologie; Praxis der Kirche. N.22) München/Mainz 1977.

Heimbrock, H. -G.: Psychologische Konzepte in der Religionspädagogik. In: EvErz 33(1981), S. 468-479.

Heimbrock, H. -G.: Lern-Wege religiöser Erziehung. Historische, systematische und praktische Orientierung für eine Theorie des religiösen Lernens. Göttingen 1984.

Heimbrock, H. -G.: Entwicklung und Erziehung. Zum Forschungsstand der pädagogischen Religionspsychologie. In: Jahrbuch der Religionspädagogik 1(1985), S. 67-85.

Heimbrock, H. -G.: Intellektuelle Problembewältigung oder verstehendes Erschließen? In: Fraas/Heimbrock 1986, S. 137-152.

Heller, D.: The Children's God. Chicago/London(University of Chicago Press) 1986.

Hemminger, H.: Kindheit als Schicksal? Die Frage nach den Langzeitfolgen frühkindlicher seelischer Verletzungen. Reinbek bei Hamburg 1982.

Hennessy, J. E.: Reaction to Fowler. In: Hennessy 1976, S. 218-223.

Hennessy, Th. C. (Hg.): Values and Moral Development. New York u.a.(Paulist Press) 1976.

Hermisson, H. J. / Lohse, E.: Glauben. Stuttgart u.a. 1978.

Hess, C. L.: Caretakers of Our Common House. Women's Development in Communities of Faith. Nashville 1997.

Hetzer, H.: Selbständige Bemühungen kleiner Kinder, Gott zu begreifen. In:

EvErz 23(1971), S. 137-148.
Heywood, D.: Piaget and Faith Development: A True Marriage of Minds? In: BJ.R.E. 8(Spring 1986), N. 2, S. 72-78.
Hild, H.: Wie stabil ist die Kirche? Bestand und Erneuerung. Ergebnisse einer Meinungsbefragung. Gelnhausen/Berlin 1974.
Hofmann, B. F.: Kognitionspsychologische Stufentheorien und religiöses Lernen. Zur (korrelations-)didaktischen Bedeutung der Entwicklungstheorien von J. Piaget, L. Kohlberg und F. Oser / P. Gmünder. Freiburg u.a. 1991.
Homans, P. (Hg.): The Dialogue between Theology and Psychology. Chicago/London(University of Chicago Press) 1968.
Homans, P.: The Signifiance of Erikson's Psychology of Modern Understanding of Religion. In: ders. (Hg.): Childhood and Selfhood. Essays on Tradition, Religion and Modernity in the Psychology of Erik H. Erikson, Lewisburg(Bucknell Univ. Press) 1978, S. 231-263.
Horster, D. (Hg.): Weibliche Moral – ein Mythos? Frankfurt a.M. 1998.
Howe, L. T.: Religious Understanding from A Piagetian Perspective. In: Religious Education 73(1978), S. 569-581.
Hull, J. M.: Wie Kinder über Gott reden. Ein Ratgeber für Eltern und Erziehende. Gütersloh 1997.
Hurrelmann, K.: Das Modell des produktiv realitätverarbeitenden Subjekts in der Sozilaisationsforschung. In: Zeitschrift für Sozialisationsforschung und Erziehungssoziologie 3(1983), S. 91-104.
Hurrelmann, K. / Ulich, D. (Hg.): Handbuch der Sozialisationsforschung. Weinheim/Basel ²1982. (a)(Neues Handbuch der Sozilaisationsforschung. Weinheim/Basel 1991.)
Hurrelmann, K. / Ulich, D.: Einführung. In: dies. 1982, S. 7-14.(b)
Hutsebaut, D.: Die Rolle der Bezugspersonen bei der Vermittlung von Glauben. In: Fraas/Heimbrock 1986, S. 63-81.
Hyde, K. E.: Religion in Childhood and Adolescence. A. Comprehensive Review of the Research. Birmingham. Al. 1990.

Ivy, St. S.: Review on: Stages of Faith: The Psychology of Human Development and the Quest for Meaning. In: Journal of Pastoral Care 36(1982), S. 265-274.(a)

Jacobi-Dittrich, J. / Kelle, H.: >Erziehung jenseits patriarchaler Leitbilder?< Probleme einer feministischen Erziehungswissenschaft. In: Feministische Studien 6(1988), S. 70-87.

Jörns, K. P.: Die neuen Gesichter Gottes. Was die Menschen heute wirklich glauben. München 1997.

Jones, J. W.: Contemporary Psychoanalysis and Religion. Transference and Transcendence. New Haven/London 1991.

Jüngel, E.: Metaphorische Wahrheit. Erwägungen zur theologischen Relevanz der Metapher als Beitrag zur Hermeneutik religiöser Theologie. In: Ricoeur, P. / Jüngel, E.: Metapher, Zur Hermeneutik religiöser Sprache.(Ev. Theologie, Sonderheft.) München 1974, S. 71-122.(b)

Jüngel, E.: Unterwegs zur Sache. Theologische Bemerkungen. (Beiträge zur Evangelischen Theologie.) München 1972.

Jüngel, E.: Der Gott entsprechende Mensch. In: Gadamer, H. -G. / Vogler, P. (Hg.): Philosophische Anthropologie. Teil 1.(Neue Anthropologie. Bd. 6.) Stuttgart/München 1974, S. 341-372.

Jüngel, E.: Gott als Geheimnis der Welt. Zur Begründung der Theologie des Gekreuzigten im Streit zwischen Theismus und Atheismus. Tübingen 1977(^{5}1986).

Jugendwerk der Deutschen Shell(Hg.): Jugendliche und Erwachsene '85: Generationen im Vergleich. 5 Bde. Leverkusen 1985.

Kamper, D. (Hg.): Sozialisationstheorie. Freiburg u.a. 1974.

Kassel, M.: Biblische Urbilder. Tiefenpsychologische Auslegung nach C. G. Jung. München 1980.

Keen, S.: Body/Faith : Trust, Dissolution and Grace. In: Fowler, J. W. / Keen, S.: Life Maps: Conversation on the Journey of Faith. Ed. HJ. Berryman. Waco, Texas(Ward Books) 1978, S. 102-129.

Kegan, R.: Die Entwicklungsstufen des Selbst. Fortschritte und Krisen im menschlichen Leben. München 1986.

Keller, G.: Der grüne Heinrich. Roman. Zweite Fassung. (Goldmann-Klassiker),

München o.J.
Kernberg, O. F.: Borderline-Störungen und pathologischer Narzißmus. Frankfurt a.M. 1978.
Kierkegaard, S.: Einübung im Christentum. In: ders.: Werkausgabe. Bd. 2. Düsseldorf/Köln 1971, S. 5-308.
Klappenecker, G.: Glaubensentwicklung und Lebensgeschichte. Eine Auseinandersetzung mit der Ethik James W. Fowlers, zugleich ein Beitrag zur Rezeption von H. Richard Niebuhr, Lawrence Kohlberg und Erik H. Erikson. Stuttgart u.a. 1998.
Klein, S.: Theologie und empirische Biographieforschung. Methodische Zugänge zur Lebens- und Glaubensgeschichte und ihre Bedeutung für eine erfahrungsbezogene Theologie. Stuttgart u.a. 1994.
Klessmann, M.: Identität und Glaube. Zum Verhältnis von psychischer Struktur und Glaube. (Gesellschaft und Theologie; Praxis der Kirche. N.33) München/Mainz 1980.
Klosinski, G. (Hg.): Religion als Chance oder Risiko. Entwicklungfördernde und entwicklungshemmende Aspekte religiöser Erziehung. Bern u.a. 1994.
Kohlberg, L.: Zur kognitiven Entwicklung des Kindes. Drei Aufsätze. Frankfurt a.M. 1974.(a)
Kohlberg, L.: Stufe und Sequenz: Sozialisation unter dem Aspekt der kognitiven Entwicklung. In: ders. 1974a. S. 7-255.(b)
Kohlberg, L.: Analyse der Geschlechtsrollen – Konzepte und Attitüden bei Kindern unter dem Aspekt der Neuinterpretation Entwicklung. In: ders. 1974a. S. 334-471.(c)
Kohlberg, L.: Eine Neuinterpretation der Zusammenhänge zwischen der Moralentwicklung in der Kindheit und im Erwachsenenalter. In: Döbert, R. / Habermas, J. / Nunner-Winkler, G. (Hg.): Entwicklung des Ichs. (Neue Wissenschaftliche Bibliothek. Bd. 90.) Köln 1977, S. 225-252.
Kohlberg, L.: Kognitive Entwicklung und moralische Erziehung. In: Mauermann, L. / Weber, E. (Hg.): Der Erziehungsauftrag der Schule. Beiträge zur Theorie und Praxis moralischer Erziehung unter besonderer Berücksichtigung der Wertorientierung im Unterricht. Donauwörth

1978(²1981), S. 107-117.
Kohlberg, L.: Essays in Moral Development. Vol. 1: The Philosophy of Moral Development. San Francisco(Hauper u. Row) 1981.
Kohlberg, L.: Essays in Moral Development. Vol. 2: The Philosophy of Moral Development. San Francisco(Hauper u. Row) 1984.
Kohlberg, L.: Die Psychologie der Moralentwicklung. Frankfurt a.M. 1995.
Kohlberg, L. / Mayer, R.: Development as the Aim of Education. In: Harvard Educational Review 42(1972), S. 449-496.
Kohut, H.: Die Zukunft der Psychoanalyse. Aufsätze zu allgemeinen Themen und zur Psychologie des Selbst. Frankfurt a.M. 1975.
Kohut, H.: Narzißmus. Eine Theorie der psychoanalytischen Behandlung narzißtischer Persönlichkeitsstörungen. Frankfurt a.M. 1976.
Kohut, H.: Die Heilung des Selbst. Frankfurt a.M. 1979.
Kohut, H. / Lüth, C. (Hg.): Erziehung der Menschen–Geschlechter. Studien zur Religion, Sozialisation und Bildung in Europa seit der Aufklärung. Weinheim 1996.
Krüger, H. -H. / Marotzki, W. (Hg.): Erziehungswissenschaftliche Biographieforschung. Opladen 1995.
Küng, H.: Existiert Gott? Antwort auf die Gottesfrage der Neuzeit. München 1978.
Kupky, O.: Die religiöse Entwicklung von Jugendlichen, dargestellt aufgrund ihrer literarischen Erzeugnisse. In: Archiv für die gesamte Psychologie 49(1924), H. 1/2, S. 1-88.

Lange, E.: Sprachschule für die Freiheit. Bildung als Problem und Funktion der Kirche. Hg. von R. Schloz. München/Gelnhausen 1980.
Langeveld, M. J.: Das Kind und der Glaube. Einige Vorfragen zu einer Religions–Pädagogik. Braunschweig u.a. 1959.
Lans, J. v. d.: Kritische Bemerkungen zu Fowlers Modell der Glaubensentwicklung. In: Fraas/Heimbrock 1986, S. 103-119.
Lasch, Ch.: Das Zeitalter des Narzißmus. München 1980.
Leyh, G.: Mit der Jugend von Gott sprechen. Gottesbilder kirchlich orientierter Jugendlicher im Horizont korrelativer Theologie. Stuttgart u.a. 1994.

Loder, J. E.: Reflections on Fowler's >Stages of Faith<. In: Religious Education 77(1982), S. 133-139.
Lorenzer, A.: Kritik des psychoanalytischen Symbolbegriffs. Frankfurt a.M. 1970.
Lorenzer, A.: Zur Begründung einer materialistischen Sozialisationstheorie. Frankfurt a.M. 1972.
Lorenzer, A.: Sprachzerstörung und Rekonstruktion. Vorarbeiten zu einer Metatheorie der Psychoanalyse. Frankfurt a.M. 1973.
Lorenzer, A.: Das Konzil der Buchhalter. Die Zerstörung der Sinnlichkeit. Eine Religionskritik. Frankfurt a.M. 1981.
Luckmann, Th.: Das Problem der Religion in der modernen Gesellschaft: Institution, Person und Weltanschauung. Freiburg 1963.
Lück, W. / Schweitzer, F.: Religiöse Bildung Erwachsener. Stuttgart u.a. 1999.
Luhmann, N.: Funktion der Religion. Frankfurt a.M. 1977.
Lukatis, I.: Frauen und Männer als Kirchenmitglieder. In: Matthes 1990, S. 119-148.
Luther, H.: Identität und Fragment – Praktisch-theologische Überlegungen zur Unabschließbarkeit von Bildungsprozessen. In: Theologia Practica 20(1985), S. 317-338.
Luther, M.: Der kleine Katechismus. In: Die Bekenntnisschriften der evangelisch-lutherischen Kirche. Göttingen ⁷1976, S. 501-544.
Luther, M.: Der große Katechismus. In: Die Bekenntnisschriften der evangelisch-lutherischen Kirche. Göttingen ⁷1976, S. 545-738.

Marsch, W. -D. (Hg.): Plädoyers in Sachen Religion. Gütersloh 1973.
Mattes, J.: Volkskirchliche Amtshandlungen, Lebenszyklus und Lebensgeschichte. Überlegungen zur Struktur volkskirchlichen Teilnahmeverhaltens. In: ders. (Hg.): Erneuerung der Kirche. Stabilität als Chance? Konsequenzen aus einer Umfrage. Gelnhausen/Berlin 1975, S. 83-112.
Mattes, J. (Hg.): Kirchenmitgliedschaft im Wandel. Untersuchungen zur Realität der Volkskirche. Beiträge zur zweiten EKD-Unfrage >Was wird aus der Kirche?< . Gütersloh 1990.
McBride, A.: Reaction to Fowler. In: Hennessy 1976, S. 211-218.
McDargh, J.: Psychoanalytic Object Relations Theory and the Study of Religion.

Lanham u.a.(University Press of America) 1983.
McGrady, A. G.: Teaching the Bible: Research from a Piagetian Perspective. In: B.J.R.E. 5(Summer 1983), N. 3, S. 126-133.
Meerwein, Fr.: Neuere Überlegungen zur psychoanalytischen Religionspsychologie(1971). In: Nase/Scharfenberg 1977a, S. 343-369.
Meissner, W.: Psychoanalysis and Religious Experience. New Heaven/London (Yale University Press) 1984.
Meng. W.: Narißmus und christliche Religion. Selbstliebe – Nächstenliebe – Gottesliebe. Zürich 1997.
Merz, V. (Hg.): Alter Gott für neue Kinder? Das traditionelle Gottesbild und die nachwachsende Generation. Freiburg/Schweiz 1994.
Mette, N.: Voraussetzungen christlicher Elemetarerziehzung. Vorbereitende Studien zu einer Religionspädogogik des Kleinkindalters. Düsseldorf 1983.
Miehle, A.: Die kindliche Religiostät. (Veröffentlichungen der Akademie Gemeinnütziger Wissenschaften zu Erfurt. Abt. f. Erziehungswissenschaft und Jugendkunde. N. 11) Erfurt 1928.
Miller, H.: Human Development: Making Webs or Pyramids. In: Giltner, F. N. (Hg.): Women's Issues in Religious Education. Birmingham, Alabama(Religious Education Press) 1985, S. 149-172.
Minder, R.: Glaube, Skepsis und Rationalität. Dargestellt aufgrund der autobiographischen Schriften von Karl Philipp Moritz. Frannkfurt a.M. 1973.
Moltmann, J.: Mensch. Christliche Anthropologie in den Konflikten der Gegenwart. (Themen der Theologie. Bd. 11.) Stuttgart/Berlin 1971 (GTB ²1983).
Moltmann, J.: Der gekreuzigte Gott. Das Kreuz Christi als Grund und Kritik christlicher Theologie. München 1972(⁴1981).
Montada, L.: Themen, Traditionen, Trends. In: Oerter, R. / Montada, L. (Hg.): Entwicklungspsychologie. Ein Lehrbuch. München u.a. 1982, S. 3-90.
Moran, G.: Religious Education Development. Images for the Future. Minneapolis, Minn.(Winston) 1983.
Morgenthaler, Ch.: Sozialisation und Religion. Gütersloh 1976.

Moritz, K. Ph.: Anton Reiser. In: ders.: Werke in zwei Bänden. Berlin/Weimar 1981.
Moser, T.: Gottesvergiftung. Frannkfurt a.M. 1976.
Müller, A.: Überlegungen zum Verhältnis von Religion und Kontingenz. In: Bucher/Reich 1989, S. 35-50.
Müller-Pozzi, H.: Psychologie des Glaubens. Versuch einer Verhältnisbestimmung von Theologie und Psychologie. München/Mainz 1975.
Müller-Pozzi, H.: Gott–Erbe des verlorenen Paradieses. Ursprung und Wesen der Gottesidee im Lichte psychoanalytischer Konzepte. In: Wege zum Menschen 33(1981), S. 190-203.
Murphy, R.: Does Children's Understanding of Parables Develop in Stages? In: Learning for Living 16(Summer 1977), N. 4, S. 168-172.

Nagl-Docekal, H. / Pauer-Studer, H. (Hg.): Jenseits der Geschlechtermoral. Beiträge zur feministischen Ethik. Frankfurt a.M. 1993.
Nase, E. / Scharfenberg, J. (Hg.): Psychoanalyse und Religion. (Wege der Forschung. Bd. 275), Darmstadt 1977.(a)
Nase, E. / Scharfenberg, J.: Psychoanalyse und Religion. Einführung In: Nase/Scharfenberg 1977a, S. 1-24.(b)
Neidhart, W.: Die Glaubensstufen von James W. Fowler und die Bedürfnislage des Religionspädagogen. In: Frass/Heimbrock 1986, S. 120-133.
Neill, A. S.: Theorie und Praxis der antiautoritären Erziehung. Das Beispiel Summerhill. Reinbek bei Hamburg 1969.
Nipkow, K. E.: Grundfragen der Religionspädagogik. Bd. 1: Gesellschaftliche Herausforderungen und theoretische Ausganspunkte. Gütersloh 1975.(a)
Nipkow, K. E.: Grundfragen der Religionspädagogik. Bd. 2: Das pädagogischen Handeln der Kirche. Gütersloh 1975.(b)
Nipkow, K. E.: Grundfragen der Religionspädagogik. Bd. 3: Gemeinsam leben und glauben lernen. Gütersloh 1982.
Nipkow, K. E.: Wachstum des Glaubens–Stufen des Glaubens. Zu James W. Fowlers Konzept der Strukturstufen des Glaubens auf reformatorischem Hintergrund. In: Reformation und Praktische

Theologie. Festschrift für Werner Jetter zum 70. Geburtstag. Hg. von H. M. Müller und D. Rössler. Göttingen 1983, S. 161-189.

Nipkow, K. E.: Erwachsenwerden ohne Gott? Gotteserfahrung im Lebenslauf. In: Birkacher Beiträge 3(1986), S. 7-42.

Nipkow, K. E.: Lebensgeschichte und religiöse Lebenslinie. Zur Bedeutung der Dimension des Lebenslaufs in Praktischer Theologie und Religionspädagogik. In: Jahrbuch der Religionspädagogik 3(1987), S. 3-35.(a)

Nipkow, K. E.: Erwachsenwerden ohne Gott? Gotteserfahrung im Lebenslauf.(Kaiser-Traktate) München 1987.(b)

Nipkow, K. E. / Schweitzer, F. / Fowler, J. W. (Hg.): Glaubensentwicklung und Erziehung. Gütersloh 1988.

Nummer-Winkler, G. (Hg.): Weibliche Moral. Die Kontroverse um eine geschlechtsspezifische Ethik. Frankfurt a.M./New York 1991.

Oerter, R.: Moderne Entwicklungspsychologie. Donauwörth [15]1975.

Olivier, C.: Jokastes Kinder. Die Psyche der Frau im Schatten der Mutter. Müchen [7]1991.

Oser, Fr.: Stages of Religious Judgement. In: Brusselmans, Ch. / O'Donohoe, J. A. (Hg.): Toward Moral and Religious Maturity. The First International Conference on Moral and Religious Development. Morristown, N. J.(Silver Burdett) 1980, S. 277-315.

Oser, Fr.: Zu allgemein die Allgemeinbildung, zu moralisch die Moralerziehung? In: Zeitschrift für Pädagogik 32(1986), S. 489-502.

Oser, Fr.: Wieviel Religion braucht der Mensch? Erziehung und Entwicklung zur religiösen Autonomie. Unter praktischer Mithilfe von K. Furrer. Gütersloh 1988.

Oser, Fr.: Die Entstehung Gottes im Kinde. Zum Aufbau der Gottesbeziehung in den ersten Schuljahren. Zürich 1992.

Oser, Fr. / Gmünder, P.: Der Mensch – Stufen seiner religiösen Entwicklung. Ein strukturgenetischer Ansatz. Zürich/Köln 1984.

Oser, Fr. / Gmünder, P. / Fritzsche, U.: Stufen des religiösen Urteils. In: Wege zum Menschen 32(1980), S. 386-398.

Oser, Fr. / Reich, K. H.(Hg.): Eingebettet ins Menschsein: Beispiel Religion. Aktuelle psychologische Studien zur Entwicklung von Religiosität. Lengerich u.a. 1996.

Pahnke, D.: Geschlechtsspezifische religiöse Sozialisation im Spiegel weiblicher Autobiographien. In: Sparn 1990, S. 256-267.
Pannenberg, W.: Anthropologie in theologischer Perspektive. Göttingen 1983.
Parks, Sh.: Young Adult Faith Development: Teaching is the Context of Theological Education. In: Religious Education 77(1982), S. 657-672.
Parks, Sh: The Critical Years. The Young Adult Search for a Faith to Live By. New York u.a.(Harper u. Row) 1986.
>Persönlichkeitsentwicklung<. Zeitschrift für Sozialisationsforschung und Erziehungssoziologie. Heft 1, 1986.
Piaget, J.: Das moralische Urteil beim Kinde. Frankfurt a.M. 1973.
Piaget, J.: Psychologie der Intelligenz. Olten/Freiburg i.B. ^{6}1974.
Piaget, J.: Der Aufbau der Wirklichkeit beim Kinde.(Gesammelte Werke. Bd. 2) Stuttgart 1975.(a)
Piaget, J.: Nachahmung. Spiel und Traum. Die Entwicklung der Symbolfunktion beim Kinde.(Gesammelte Werke. Bd. 5) Stuttgart 1975.(b)
Piaget, J.: Autobiographie. In: Jean Piaget-Werk und Wirkung. München 1976.(a)
Piaget, J.: Probleme der Entwicklungspsychologie. Kleine Schriften. Frankfurt a.M. 1976.(b)
Piaget, J.: Das Weltbild des Kindes. Frankfurt a.M. 1980.
Piaget, J. / Inhelder, B.: Die Psychologie des Kindes. Frankfurt a.M. 1977.
Pissarek-Hudelist, H.: Feministische Theologie und Religionspädogogik. In: Jahrbuch der Religionspädagogik 6(1990), S. 153-173.
Pithan, A.: Religionsbücher geschlechtsspezifisch betrachtet. In: Der Ev. Erzieher 45(1993), S. 421-435.
Preul, R.: Religion-Bildung-Sozialisation. Studien zur Grundlegung einer religionspädagogischen Bildungstheorie. Gütersloh 1980.
Pruyser, P. W.: The Minister as Diagnostician. Personal Problems in Pastoral Perspective. Philadephia(Westerminster Press) 1976.

Psychoanalytisches Seminar Zürich (Hg.): Die neuen Narzißmustheorien: zurück ins Paradies? Frankfurt a.M. 1981.

Pulaski, M. A. S.: Piaget. Eine Einführung in seine Theorie und sein Werk. Frankfurt a.M. 1978.

Rauh, H.: Entwicklung des Denkens. In: Funk-Kolleg Pädagogische Psychologie. Bd. 1. Hg. von F. E. Weinert u.a. Frankfurt a.M. 1974, S. 211-250.

Reich, K. H.: Religiöse und naturwissenschaftliche Weltbilder. Entwicklung einer komplementären Betrachtungsweise in der Adoleszenz. In: Unterrichtswissenschaft 1987, S. 332-343.

Reich, K. H. / Schröder, A.: Komplementäres Denken im Religionsunterricht. Ein Werkstattbericht über ein Unterrichtsprojekt zum Thema Schöpfung und Jesus Christus. Loccumer Pelikan Sonderheft Nr. 3. RPI-Loccum 1995.

Rendtorff, Tr.: Gesellschaft ohne Religion? Theologische Aspekte einer sozialtheoretischen Kontroverse(Luhmann/Habermas). München 1975.

Rendtorff, Tr.: Ethik. Grundelement, Methodologie und Konkretionen einer ethischen Theologie. Bd. 1. (Theologische Wissenschaft. Bd. 13, 1.) Stuttgart u.a. 1980.

Review Symposium. Horizons 9(1982), S. 104-126.

Richter, H. E.: Der Gotteskomplex. Die Geburt und die Krise des Glaubens an die Allmacht des Menschen. Reinbek bei Hamburg 1979.

Richter, J.: Himmel, Hölle, Fegefeuer. Versuch einer Befreiung. Reinbek bei Hamburg 1985.

Ricoeur, P.: Die Interpretation. Ein Versuch über Freud. Frankfurt a.M. 1969.

Ricoeur, P.: Symbolik des Bösen. Phänomenologie der Schuld II. Freiburg/ München 1971.

Rizzuto, A. -M.: Freud, God, the Devil and the Theory of Object Representation. In: International Review of Psycho-Analysis 31(1976), S. 165-180.

Rizzuto, A. -M.: The Birth of the Living God. A Psychoanalytic Study. Chicago/London(University of Chicago Press) 1979.

Roazen, P.: Erik H. Erikson: The Power and Limits of a Vision. New York(Free

Press) 1976.
Robinson, E.: The Original Vision. A Study of the Religious Experience of Childhood(1977). New York(Seabury Press) 1983.
Rössler, D.: Die Vernunft der Religion. München 1976.
Rössler, D.: Grundriß der Praktische Theologie. Berlin/New York 1986.
Roloff, E.: Vom religiösen Leben der Kinder. In: Archiv für Religionspsychologie 2/3(1921), S. 190-197.
Roth, G.: Tiefenpsychologische Interpretation historischer Texte. In: EvErz 38(1986), S. 148-167.
Rousseau, J. -J.: Emile oder Über die Erziehung. Paderborn u.a. ⁵1981.

Sauter, G.: Was heißt: nach Sinn fragen? Eine theologisch-philosophische Orientierung.(Kaiser-Traktate) München 1982.
Schaffer, H. R.: Sozialisation und Lernen in den ersten Lebensjahren. In: Zeitschrift für Pädagogik 28(1982), S. 193-202.
Scharfenberg, J.: Sigmund Freud und seine Religionskritik als Herausforderung für den christlichen Glauben. Göttingen 1968(⁴1976).
Scharfenberg, J.: Nazißmus, Identität und Religion. In: Psyche 27(1973), S. 949-966.
Scharfenberg, J.: Einige Probleme religiöser Sozialisation im Lichte neuerer Entwicklungen der Psychoanalyse. In: Wege zum Menschen 26(1974), S. 343-352.
Scharfenberg, J.: Menschliche Reifung und christliche Symbole. In: Concilium 14(1978), S. 86-92.
Scharfenberg, J. / Kämpfer, H.: Mit Symbolen leben. Soziologiche, psychologische und religiöse Konfliktbearbeitung. Olten/Freiburg i.B. 1980.
Scherf, D. (Hg.): Der liebe Gott sieht alles. Erfahrungen mit religiöser Sozialisation. Frankfurt a.M. 1984.
Schleiermacher, Fr.: Die Praktische Theologie nach den Grundsätzen der evangelischen Kirche im Zusammenhange dargestellt. Aus Schleiermachers handschriftlichen Nachlasse und nachgeschriebenen Vorlesungen hg. von J. Frerichs.(Sämtl. Werk. 1. Abt. Bd. 13) Berlin 1850.

Schleiermacher, Fr.: Pädagogische Schriften. Bd. 1: Die Vorlesungen aus dem Jahre 1826. Hg. von E. Weniger, unter Mitwirkung von Th. Schulze. Düsseldorf/München ²1966.

Schloz, R.: Das Bildungsdilemma der Kirche. In: Mattes 1990, S. 215-230.

Schmidt, H.: Religionsdidaktik. Ziele, Inhalte und Methoden religiöser Erziehung in der Bundesrepublik Deutschland. München 1979.

Schmidtchen, G.: Was den Deutschen heilig ist. Religiöse und politische Strömungen in der Bundesrepublik Deutschland. München 1979.

Schmitz, E. (Hg.): Religionspsychologie. Eine Bestandsaufnahme des gegenwärtigen Forschungsstandes. Göttingen u.a. 1992.

Schneider-Flume, G.: Die Identität des Sünders. Eine Auseinandersetzung theologischer Anthropologie mit dem Konzept der psychosozialen Identität Erik H. Eriksons. Göttingen 1985.

Schöll, A.: Zwischen religiöser Revolte und frommer Anpassung. Die Rolle der Religion in der Adoleszenzkrise. Gütersloh 1992.

Schulze, Th.: Autobiographie und Kebensgeschichte. In: Baacke/Schulze 1979, S. 51-98.

Schuster, R. (Hg.): Was sie glauben. Texte von Jugendlichen. Stuttgart 1984.

Schwab, U.: Familienreligiosität. Religiöse Traditionen im Proziß der Generationen. Stuttgart u.a. 1995.

Schweitzer, Fr.: Moral, Verantwortung und Ich–Entwicklung. Neue Beiträge zur moralischen Entwicklung: Carol Gilligan, William Perry, Robert Kegan. In: Zeitschrift für Pädagigik 26(1980), S. 931-942.

Schweitzer, Fr.: Moralische Entwicklung und Religion. Die erste internationale Konferrenz zur moralischen und religiösen Entwicklung. In: Wege zum Menschen 34(1982), S. 102-108.

Schweitzer, Fr.: Identität und Erziehung. Was kann der Identitätsbegriff für die Pädagogik leisten? Weinheim/Basel 1985.(a)

Schweitzer, Fr.: Religion und Entwicklung. Bemerkungen zur kognitivstrukturellen Religionspsychologie. In: Wege zum Menschen 37(1985), S. 316-325.(b)

Schweitzer, Fr.: Identität–Ein Leitbegriff der Pädagogik? In: Loccumer Protokolle 58(1985), S. 119-135.(c)

Schweitzer, Fr.: Soziales Verstehen und moralisches Urteil-Kognitive Entwicklungstheorien und ihre pädagogische Bedeutung. In: Sozialwissenschaftliche Literaturrundschau 9(1986), H. 12, S. 5-19.(a)

Schweitzer, Fr.: Identität als ›Rahmen‹ - Identität als Problem. Anfragen an Hans-Jürgen Fraas. In: EvErz 38(1986), S. 384-384.(b)

Schweitzer, Fr.: Moralisches Lebenen-Überlegungen zur didaktischen Erschleißung moralischer Inhalte. In: EvErz 38(1986), S. 420-434.(c)

Schweitzer, Fr.: Besprechung von Fraas/Heimbrock 1986. In: EvErz 38(1986), S. 611-613.(d)

Schweitzer, Fr.: Progress, Continuity and Change: Three Approaches to the Language Problem in Religious Education. In: B.J.R.E.(Spring 1987). (Erz. dt. Fassung In: EvErz 42, 1990, S. 277-292)

Schweitzer, Fr.: Die Religion des Kindes. Perspektiven aus der Geschichte der Religionspädagogik. In: Nipkow, K. E. u.a.(Hg.): Glaubensentwickung und Erziehung. Gütersloh 1988, S. 253-269.

Schweitzer, Fr.: Die Religion des Kindes. Zur Problemgeschichte einer religionspädagogischen Grundfrage. Gütersloh 1992.

Schweitzer, Fr.: Die Suchen nach eigenem Glauben. Einführung in die Religionspädagogik des Jugendalters. Gütersloh 1996.

Schweitzer, Fr.: Die Religion des Kindes. Zur Problemgeschlichte einer religionspädagogischen Grundfrage. Gütersloh 1992.

Schweitzer, Fr.: Die Suche nach eigenem Glauben. Einführung in die Religionspädagogik des Jugendalters. Gütersloh 1996.

Schweitzer, Fr. / Nipkow, K. E. / Faust-Krupka, B.: Religionsunterricht und Entwicklungspsychologie. Elementarisierung in der Praxis. Gütersloh 1995.

Schweitzer, Fr. / Thiersch, H. (Hg.): Jugendzeit-Schulzeit. Von den Schwierigkeiten, die Jugendliche und Schule miteinander haben.(Forum Bildungsreform.) Weinheim/Basel 1983.

Selman, R. L.: Die Entwicklung des sozialen Verstehens. Entwicklungspsychologie und klinische Untersuchungen. (Beiträge zur Soziogenese der Handlungsfähigkeit.) Frankfurt a.M. 1984.

Slee, N.: Parable teaching: Exploring new worlds. In: B.J.R.E. 5(Summer 1983)

N.3, S. 134-146.
Slee, N.: Geschlechtsspezifische Fragen im Religionsunterricht. In: Der Ev. Erzieher 45(1993), S. 401-411.
Smith, M.: Developments in Faith. A Critical Approach to the Work of James Fowler. In: The Month 16(1983), S. 222-225.
Smith, M.: Answers to Some Questions about Faith Development. In: B.J.R.E. 8(Spring 1986), N.2, S. 79-83.
Sommer, R.: Lebensgeschichte und gelebte Religion von Frauen. Eine qualitativ-empirische Studie über den Zusammenhang von biographischer Struktur und religiöser Orientierung. Stuttgart u.a. 1998.
Sparn, W. (Hg.): Wer schreibt meine Lebensgeschichte? Biographie, Autobiographie, Hagiographie und ihre Entstehungszusammenhänge. Gütersloh 1990.
Spiegel, Y.: Psychoanalytische Interpretation biblischer Texte. München 1972.
Spiegel, Y.: Doppeldeutlich. Tiefendimensionen biblischer Texte. München 1978.
Starbuck, E. D.: Religions-Psychologie. Empirische Entwicklungstudie religiösen Bewußtseins.(Philosophisch-soziologische Bücherei. Bd. 14.) Leipzig o.J. (1909).
Stoodt, D.: Religiöse Sozialisation und emanzipiertes Ich. In: Dahm, K. -W. / Luhmann, N. / Stoodt, D.: Religion-System und Sozialisation. Newwied 1972, S. 189-237.
Stoodt, D.: Einführung in das Studium der evangelischen Religionspädagogik. Göttingen 1980.
Strommen, M. P. (Hg.): Research on Religious Development. A Comprehensive Handbook. New York 1971.
Szagun, G.: Bedeutungsentwicklung beim Kind. Wie Kinder Wörter entdecken. München u.a. 1983.(a)
Szagun, G.: Sprachentwicklung beim Kind. Eine Einführung. München u.a. ²1983.(b)
Sziegaud-Roos, W.: Religiöse Vorstellungen von Jugendlichen. In: Jugendwerk der Deutschen Shell 1985, Bd. 4, S. 334-386.

Tamminen, K.: Religiöse Entwicklung in Kindheit und Jugend. Frankfurt a.M. u.a. 1993.

Thaidigsmann, E.: Identitätsverlangen und Widerspruch. Kreuzestheologie bei Luther, Hegel und Barth.(Gesellschaft und Theologie. Fundamentaltheologische Studien. Bd. 8.) München/Mainz 1983.

Tillich, P.: Wesen und Wande des Glauben. In: ders.: Offenbarung und Glaube. Schriften zur Theologie. Bd. 2(Gesammelte Werke, Bd. 8.) Stuttgart 1970, S. 111-198.

Tillich, P.: Systematische Theologie. 3 Bde. Stuttgart ^{5}1977.

Tillich, P.: Das religiöse Symbol. In: ders.: Die Frage nach dem Unbedingten. Schriften zur Religionsphilosophie.(Gesammelte Werke. Bd. 5), Stuttgart ^{2}1978, S. 185-212.

Vergote, A.: Religionspsychologie. Olten/Freiburt i.B. 1970.

Vergote, A.: Overview and Theoretical Perspective. In: ders./Tamayo 1981, S. 185-225.

Vergote, A.: Religion, Incroyance. Etude psychologique. Brüssel(T. Margada) 1983.

Vergote, A. / Tamayo, A. (Hg.) : The Parental Figures and the Representation of God. A Psychological and Cross-Cultural Study.(Religion and Society. N.21.) The Hague/Paris/New York(Mouton) 1981.

Vierzig, S.: Frauen und Männer: Geschlechtsrollenidentität und religiöse Sozialisation — Was sich an religiösen Autobiographien beobachten läßt. In: Grözinger/Luther 1987, S. 163-173.

Wagner-Rau, U.: Zwischen Vaterwelt und Feminismus. Eine Studie zur pastoralen Identität von Frauen. Gütersloh 1992.

Wallwork, E.: Morality, Religion and Kohlberg's Theory. In: Munsey, B. (Hg.): Moral Development, Moral Education, and Kohlberg. Basic Issues in Philosophy, Psychology, Religion and Education. Birmingham, Alabama(Religious Education Press) 1980, S. 269-297.

Weber, H. -R.: Jesus und die Kinder. Hamburg 1990.

Webster, D. H.: James Fowler's Theory of Faith Development. In: B.J.R.E.

7(Autumn 1984), N.1, S. 14-18.
Werbick, J.: Glaube im Kontext. Prolegomena und Skizzen zu einer elementaren Theologie. Zürich 1983.
Wieczerkowski, W. / Oeveste, H. z. (Hg.) : Lehrbuch der Entwicklungspsychologie. Bd. 1, Düsseldorf 1982.
Winnicott, D. W.: Vom Spiel zur Kreativität. Stuttgart ²1979.
Wohlrab-Sahr, M. (Hg.): Biographie und Religion. Zwischen Ritual und Selbstsuche. Frankfurt a.M./New York 1995.
Wright, J. E.: Erikson: Identity and Religion. New York(Seabury Press) 1982.

Ziehe, Th.: Pubertät und Narzißmus. Sind Jugendliche entpolitisiert? Frankfurt a.M./Köln 1975.
Zorn, Fr.: Mars. München ⁸1977.

인명색인

Adam, G. 191
Aden, L. 194
Anderson, S.R. 218, 227
Anker, E. 227
Arndt, M. 212
Astley, J. 194

Baake, D. 44, 72
Babin, P. 255
Baltes, P.B. 212
Bayer, O. 285
Becker, S. 227
Belenky, M.F. 222f.
Benner, D.G. 194
Berger, B. 123
Berger, P.L. 57, 123, 292
Biehl, P. 123, 233, 246
Biesinger, A.J. 270
Bisanz, A.J. 38
Bittner, G. 72
Blasi, A. 191
Bloch, E. 85
Blos, P. 220
Böhm, B. 44
Bohne, G. 63
Bohnhoeffer, D. 176
Boßmann, D. 256, 258
Brachel, H.U. v. 192
Bucher, A.A. 192, 247, 264
Brenner, Ch. 71

Brocher, T. 68
Brofenbrenner, U. 213
Bühler, C. 62
Bukow, W.-D. 212

Calvin, J. 182
Capps, D. 233
Cardinal, M. 20f., 30, 44, 49, 185
Cassirer, E. 229
Chamberlain, W.L. 184, 193
Chodorow, N. 220
Colby, A. 133, 191
Coles, R. 121, 270
Conn, W.E. 193
Cornwall, M. 227
Csanyi, B.A. 184

Dahm, K.-W. 212
Deconchy, J.-P. 255, 262
Döbert, R. 71, 193
Drehsen, V. 213
Dressler, B. 246
Drewermann, E. 243, 246
Durkheim, E. 56, 202
Dykstra, C. 194

Ebeling, G. 275, 278, 285
Ebert, H. 212
Eiben, J. 61
Eid, V. 191

인명색인 329

Elkind, D. 192
Ellens, J.H. 194
Engelhardt, K. 213
Englert, R. 192, 195, 295, 299
Erikson, E.H. 64, 73, 86-107, 113-115, 119, 121, 160, 166f., 197-199, 218f., 225, 232-235, 250

Fauser, P. 299
Feige, A. 61f., 207, 299
Fetz, R.L. 191f., 238
Finn, M. 122, 270
Fowler, J.W. 55, 71, 126, 158-185, 189-194, 200f., 208, 218, 222, 225, 236, 238, 244-249, 275f., 283
Fraas, H.-J. 55, 57, 71, 117, 122f., 192, 194, 212, 231-233, 251, 270f., 286, 297, 299
Francis, L. 194
Freud, A. 86
Freud, S. 73-86, 90-95, 101-106, 113, 119-121, 185, 219, 220, 250
Frey, J. 243
Frielingsdorf, K. 270
Frisch, F. 62
Fuchs, W. 61
Furth, H.G. 126

Gadamer, H.-G. 285
Gandhi, M. 176
Gartner, J. 122, 270
Gilligan, C. 80, 115, 191, 221f., 224
Gleason, J.J. 123, 233
Gmünder, P. 55, 71, 125f., 141-159, 166, 181, 185, 189-194, 205-208, 249, 252f., 259f., 291
Godin, A. 262,
Goldman, R. 129f., 192, 244, 246, 248
Greer, J.E. 247
Gröztinger, A. 45
Grom, B. 71, 122, 271, 299

Habermas, J. 72, 157, 286
Häsing, H. 122
Halbfas, H. 246
Hallez, M. 262
Hanisch, H. 264, 270
Hanselmann, J. 213
Haunz, R.A. 184, 270
Havighurst, R. 88
Heimbrock, H.-G. 122, 192-194, 212, 270, 286, 297, 299
Heizer, M. 227
Heller, D. 248, 252f., 261, 267, 270f.
Hemminger, H. 84
Hennessy, J.E. 193
Herbart, J.F. 297
Hermisson, H.-J. 285
Heschel, A. 176
Hess, C.L. 224, 227f., 271
Hetzer, H. 49, 51, 62
Heywood, D. 193f.
Hild, H. 204, 213
Hofmann, B.F. 191
Homans, P. 94, 122, 286
Hopkins, P. 218, 227
Horster, D. 192
Howe, L.T. 246
Hull, J. 270
Hurrelmann, K. 202, 212

Hutsebaut, D. 257
Hyde, K.E. 71, 217, 227

Inhelder, B. 191
Ivy, S.S. 193

Jacobi-Dittrich, J. 228
Jörns, K.-P. 271
Jones, J.W. 270
Jüngel, E. 213, 229f., 246, 268, 275, 285
Jung, C.G. 5, 246

Kämpfer, H. 231f.
Kamper, D. 212
Kant, I. 133
Kassel, M. 244, 246
Keen, S. 194
Kegan, R. 213
Kelle, H. 228
Keller, G. 50
Kellner, H. 123
Kernberg, O 122
Kierkegaard, S. 54, 56
King, M.L. 176
Klappenecker, G. 194
Klein, S. 224, 227
Klessmann, M. 246
Klosinski, G. 122
Kohlberg, L. 126, 131-141, 153, 159, 166, 179f., 188, 191f., 213, 222, 247, 287, 291, 294
Kohut, H. 107-110, 122, 219, 252
Kraul, M. 227
Krüger, H.-H. 44
Küng, H. 113f.

Kupky, O. 55, 62

Lange, E. 213
Langer, S. 229
Langeveld, M. 48, 71, 210
Lans, J.v.d. 193f.
Lasch, C. 122
Leyh, G. 271
Loder, J.E. 193f.
Lohse, E. 285
Lorenzer, A. 232f., 246
Lovin, R. 192
Luckmann, T. 56f., 292
Lück, W. 5
Lüth, C. 227
Luhmann, N. 292
Lukatis, I, 227
Luther, H. 45, 116, 213
Luther, M. 96, 99, 101, 182, 201, 274, 276

Marotzki, W. 44
Marsch, W.-D. 285
Mattes, J. 44, 201
Mayer, R. 291
Mcbride, A. 193
McDargh, J. 71, 270
McGrady, A.G. 247
Meerwein, F. 111
Meissner, W. 121f., 270
Meng, W. 122
Merz, V. 270
Mette, N. 192, 209, 299
Metz, J.B. 184
Miehle, A. 55, 209
Miller, H. 193

Minder, R. 29
Mitscherlich, A, 74
Moltmann, J. 84, 113, 213, 268f., 285
Montada, A.L. 71, 187, 212
Moran, G. 194, 286
Morgenthaler, C. 212
Moritz, K.P. 28, 37, 39, 44, 49, 70, 248
Moser, T. 25, 28, 37, 39, 44, 47, 49, 70, 185, 248, 289
Müller, A. 71
Müller, H.M. 193, 286
Müller-Pozzi, H. 233, 270
Murphy, R. 246
Mutter Theresa 176

Nagl-Docekal, H. 192
Nase, E. 121, 286
Neihardt, W. 193f., 283
Neill, A.S. 70
Niebuhr, H.R. 159, 162, 181, 193
Nipkow, K.E. 44, 182-184, 192-194, 201, 213, 246, 257, 270f., 276, 285f., 296, 299
Nord, I. 227
Nunner-Winkler, G. 192

Oerter, R. 71, 187, 212
Oevermann, U. 67
Oeveste, H.z. 212
Oliver, C. 220
Oser, F. 55, 71, 125f., 141-159, 166, 181, 185, 189-194, 199, 205-208, 218, 225, 249, 252f., 259f., 286, 291

Pahnke, D. 227

Pannenberg, W. 113f., 123
Parks, S. 193f.
Pauer-Studer, H. 192
Piaget, J. 49-51, 65f., 72, 124-127, 130f., 143f., 166, 179, 183, 185, 188, 191, 197, 236f.
Pissarek-Hudelist, H. 228
Pithan, A. 224
Preul, R. 122, 195, 246, 286, 299
Pruyser, P.W. 123
Pulaski, M.A.S. 126

Rauh, H. 213
Reich, K.H. 191, 192
Rendtorff, T. 281, 285
Richter, H.E. 112f.
Richter, J. 24, 44, 47, 49, 70, 85, 106, 185, 248, 252, 254, 267, 289
Ricoeur, P. 85, 113, 229, 236, 239, 244, 246
Rizzuto, A.-M. 113, 121, 122, 210, 254f., 262, 270
Roazen, P. 121
Robinson, E. 51, 254
Rössler, D. 157, 193, 274, 286, 299
Roloff, E. 68
Roth, G. 243
Rousseau, J.-J. 53f., 56, 158, 215, 290

Sauer, G. 256, 258
Sauter, G. 285
Schaffer, H.R. 91
Scharfenberg, J. 84f., 112f., 121-123, 231-233, 246, 270, 286, 299
Scherf. D. 25
Schleiermacher, F. 158, 281, 295

Scholz, R. 213
Schmidt, H. 164, 192-194, 246, 300
Schmidtchen, G. 210
Schmitz, E. 123, 191
Schneider-Flume, G. 122
Schöll, A. 67, 212
Schröder, A. 191
Schulze, T. 42, 44, 52, 72
Schuster, R. 18, 44, 107, 171, 173, 236, 248, 258f.
Schwab, U. 209
Schweitzer, F. 8, 13, 71, 121, 123, 191-194, 212, 247, 264, 271, 281, 286, 293, 299f.
Selmann, R.L. 139, 166
Slee, N. 214, 247
Smith, M. 193
Smith, W.C. 159, 162, 193
Sommer, R. 224, 227
Sowarka, D. 212
Sparn, W. 45
Spiegel, Y. 243
Starbuck, E.D. 59f., 62
Stoodt, D. 203, 212
Strommen, M.P. 216, 227
Szagun, G. 247
Sziegaud-Roos, W. 62, 68

Tamminen, K. 217f., 227, 271
Tamayo, A. 262
Thaidigsmann, E. 123
Thiersch, H. 299
Tiling, M.v. 215
Tillich, P. 57, 117, 159, 162, 181, 229f., 244, 285

Ulich, D. 202, 212

Valentin, P. 191
Vergote, A. 251, 255, 262ff., 270
Vierzig, S. 227
Vogler, P. 285

Wagner-Rau, U. 227
Wallwork, E. 191
Weber, H.-R. 286
Webster, D.H. 193
Werbick, J. 118, 123, 246
Wieczerkowski, W. 212
Winnicott, D.W. 233f., 250
Wohlrab-Sahr, M. 45
Wright, J.E. 122, 233

Ziehe, T. 122
Zorn, F. 25, 44, 47

색인종합

【ㄱ】

가정/가족 201, 203, 209, 263, 290
감정/정서 20, 37, 51, 55, 113, 125, 154, 179, 199, 250f.
개인주의 115-117, 134, 174, 206, 250f., 282f.
객체의 합체 79
견신성사 33, 203, 254
경험 117, 196f., 201, 230f., 233-236, 241, 251, 266, 275, 277, 282, 285, 299
공동체 156, 282
교수학 300
- 발달관련적 교수학 234, 287ff.
교수-학습계획(안) 297, 300
교육 4, 47, 195, 204f., 210, 223, 279, 287, 291-293, 295, 297f., 299
- 종교교육 5, 38, 211, 225-231, 234, 246, 264, 266, 268f., 271, 278, 287-295, 298f.
- 교육의 목표 110, 118, 287ff., 290
- 발달관련적 교육 109ff., 117, 252ff., 265ff.
- 발달방기적 교육 287ff.
- 발달저해적 교육 287ff.
- 교육딜레마 (→ 딜렘마)
교회 49, 156, 203, 206-208, 210, 254, 266, 289, 292, 299
구조 79, 116, 131, 142, 154f., 179-182, 190
근면성 92f., 97, 117, 233, 240
기본적 신뢰 4, 55, 73, 86, 89f., 97f., 100, 113f., 117, 160, 167, 233, 240, 250f., 269, 274

기호 229, 232

【ㄴ】

나르시시즘 74, 107-113, 122, 219, 250
낙원 99, 106, 109, 233, 240
남근기 78f., 80
놀이 30, 70, 93, 236, 289

【ㄷ】

다각적 접근 67, 231, 243
단계 31, 78f., 88, 90, 93, 95-98, 117-119, 129, 133ff., 141ff., 159-166, 171, 179, 186, 198, 205, 218f., 223, 231f., 236-249, 276f., 280, 283, 293, 297
도덕
- 인습적 도덕 133f. 137, 139
- 전인습적 도덕 133, 135, 137, 139
- 후인습적 도덕 133, 136f., 139
- 도덕적 판단 139f., 157
딜레마 132, 149, 156, 205
- 교육딜레마 204f., 208, 213, 290

【ㅁ】

믿음 (→ 신앙)

【ㅂ】

발달 4, 40, 117, 196, 210, 273, 279, 287-295, 297, 299
- 발달심리학 71, 188, 195, 203, 212
- 발달의 개념 72f., 80
- 인지발달 87ff., 95, 125f., 129f., 158, 207,

247, 249
- 도덕(적)발달 79, 92, 131ff., 141, 143, 155, 164f., 188f., 191, 198f., 279
- 사회심리(적)발달 86, 90ff., 95, 97, 109, 200, 219f., 225, 247
- 발달의 무장적 이식 297
- 종교(적)발달 5, 27, 37-42, 46f., 58-62, 75, 85, 99, 141, 153, 159, 192, 195f., 214, 216, 219-222, 225, 231, 247-249, 267f., 272ff., 273, 277, 279f., 282-284, 287, 295, 298f.
- 소녀/여성의 발달 7, 45, 214ff., 260ff.
- 발달관련적 교수학 (→ 교수학)
- 발달단계 (→ 단계)
- 발달의 위기 (→ 위기)
법/법률/율법 97, 132, 135ff., 277
변화/가변성 61, 201, 277, 287, 293f.
복음 98, 243, 277
부모 41, 68, 92, 109, 111, 146, 171, 197, 208ff., 212, 221, 234, 250-252, 262f., 265f., 291
비신화화 130, 238, 244
비유 150

【ㅅ】
사고/사유 36, 83, 119, 125f., 131, 142, 132f., 154, 163, 167
사랑 86, 97, 106, 108, 132, 151, 176, 186, 199, 251f., 282
사춘기 5, 28, 35, 39, 42, 78f., 94, 96, 102, 114, 131, 177, 184f., 203, 207, 219ff., 232, 235, 242, 248f., 254, 257, 259, 265f., 269, 288-290, 295-299
사회과학(이론) 272
사회화 48, 108, 112, 195, 202f., 209f., 211, 214-219, 223-225, 243, 254, 263,

292
삶의 동반 295
삶의 이야기 39, 118, 123, 200, 215, 231ff., 277, 293, 295
상관관계의 방법 117-119, 230
상상/환상/공상 30-32, 37, 83, 109, 112, 167, 177, 209, 237, 239, 251, 269
상징 107, 168, 174, 182, 229-234, 236, 238f., 241f., 246f., 296
- 상징교수학 246
- 상징능력 230, 235f., 239, 244
- 상징이해 229, 234f., 238-242, 244, 246f., 296
상투적인 것 233
상호작용 93, 100, 129, 150, 152, 157, 197, 202, 230
생산성 97, 233, 240
생애주기 44, 87, 93, 96, 197-199, 205, 231
성서 171, 184, 235, 267, 285
- 성서 이해 130, 182, 184, 244
성숙 129, 139, 158, 189, 197, 202, 212, 281f., 294
성인기 89, 97, 177, 206f., 222, 235
세계관/세계상 31, 65, 94, 97, 102, 116, 125, 154, 198, 256
세속화 171, 191-194, 205, 274, 278, 285
소녀/여성의 종교적 발달 7, 45, 214ff., 260ff.
소질 191, 197, 212
수렴 202, 282
수치침 91, 95
신앙 18f., 34, 38, 41, 159, 161f., 180, 182, 185, 200, 208, 230, 249, 272-280, 285, 287, 294
- 직관적-투사적 신앙 164, 167
- 신화적-문자적 신앙 164, 168, 253

-종합적-인습적 신앙 164, 169-171, 206
-개성적-성찰적 신앙 164, 206, 222f., 259
-결합적 신앙 165, 174
-보편화하는 신앙 165, 176
신인동형론 54, 168, 237, 253-255, 263
신학 225, 232, 243f., 246, 249, 269, 272-274, 276-279, 281f., 284-286, 290, 293f.
실재/현실 75, 79, 83, 98-104, 113, 121, 126, 130, 142f., 152, 164f., 167, 175f., 230, 234, 237, 283, 293f.

【ㅇ】
아늑함 250f.
아버지 26, 29, 64, 74f., 80ff., 99, 101, 185f., 189, 233, 240, 250, 261ff.
양가감정 80, 253
양심 73ff., 80f., 99, 101, 135, 147, 174, 219
어린이 40f., 48, 118f.
-유치원 22, 40, 203, 289
-어린이 예배 203, 209
-어린 시절/유년기/아동기 83f., 90, 98, 100, 106, 113, 119, 195, 208, 250ff., 255
-어린이의 관점 54f., 58, 63f., 157f., 167, 189, 280f., 286
어머니 25f., 28, 80f., 90, 99, 109, 113, 118, 220, 233, 240, 251, 261ff.
언어 230, 232f., 236, 238, 247
-종교언어 244, 247, 293
연구방법 42, 58ff., 155, 162, 180, 186f., 193f.
연속성 51, 53, 93, 115, 175, 209, 293f.
열등감 92f., 97
예수/기독/그리스도 30, 158, 181f., 267, 281

외디푸스 콤플렉스 79f., 90, 94, 101, 108, 112, 117, 210f., 219, 221, 253, 265f.
요체화 117ff., 296
위기 88, 93, 96, 98, 198, 200, 207, 232f., 235, 240f.
의례 82, 96f., 100, 112, 121, 172
의미 73, 94, 101, 143, 155, 159-169, 180f., 200, 210, 249, 274-276, 285, 294
의사소통 143, 145, 152, 157, 232f., 279, 282, 284, 286
의심 29, 41, 91f., 95, 107, 118, 208, 231, 240, 256, 289
이데올로기 90, 94, 97, 101, 119, 186, 192, 283
이야기 201, 230, 289, 299
이해 31, 40f., 117, 124, 174, 182, 231, 238f., 241f., 244, 268f., 272f., 296
인지(구조)(발달)심리학 66, 68, 72, 124f., 143, 154, 179, 182, 185-187, 190f., 196-198, 200f., 205, 207, 221f., 231, 242, 244, 246, 249, 260, 280, 282f., 285f., 288, 291
임상 인터뷰 65f., 72, 125, 141, 186

【ㅈ】
자서전(적) 4f., 40, 42-45, 63f., 70, 196, 200, 209, 218, 224, 248
자유 85, 113, 144f., 148-151, 281f.
자율성 89-91, 95, 97, 144, 172, 222, 233, 240, 279, 282, 284, 286
적응/순응 115, 197, 202
전능 219, 250f., 268f.
정신분석(학) 38, 63-68, 71-74, 84-86, 98, 104, 108, 119, 121f., 124f., 153, 179, 186, 196-201, 208, 219f., 227-234, 242, 244, 246, 250, 255, 262, 279,

286, 288
정의 118, 134ff., 176, 259, 269
정체성 73, 86, 93f., 97f., 101f., 114-117, 121, 123, 220-222, 233, 240
조작기
- 전조작기 127, 129
- 구체적 조작기 129
- 형식적 조작기 129
종교, 종교성 18f., 39-41, 46ff., 53, 55-59, 66, 71, 82-84, 121, 172, 205, 209f., 262f., 266, 273, 275f., 278, 280, 294
- 종교의 개념/이해 40, 48, 56, 57, 71, 99, 101, 121, 143, 156, 180-190, 196, 283
- 종교교육학 47, 49, 114, 118, 196, 202, 230, 234, 242, 265f., 269f., 274, 279, 285, 294, 296
- 종교심리학 49, 55, 62, 66f., 96, 107, 111f., 129, 154f., 191, 250, 279
- 종교사회학 56, 201ff., 292
- 종교현상 56
종교수업 80, 173, 207, 247, 254f., 266f., 296, 300
죄 30f., 33, 80, 117, 183, 233, 240
죄책감 28, 81, 89, 92, 97, 101, 117, 250f., 233, 255
주도성 92, 97, 233, 240, 284, 286
진보(전진) 35, 85, 139, 146, 148-151, 189, 198-200, 277, 281f., 293-295

【ㅊ】
청소년(기) (→ 사춘기)
초등학교 289
초월 56, 102, 105, 144, 159, 162, 176, 189f., 230
초자아 101

추상적 사고 36
충동 64, 77, 79, 93, 98, 103f., 119, 124, 199
친밀감 95, 97, 240
칭의 118, 158, 182, 268, 276

【ㅌ】
통합성 95, 97, 99, 103, 240, 233

【ㅍ】
파라다이스, 황홀한 (→ 낙원)
판단
- 도덕적 판단 126, 131, 133, 139ff.
- 종교적 판단 141, 190, 192, 200, 205, 240

【ㅎ】
하나님 17, 19, 22-25, 32, 37, 42, 50-56, 85, 107, 141-147, 156, 158, 167, 169, 173, 209f., 230, 235, 238, 248f., 252-279
- 하나님 이미지 25-28, 74, 184, 210, 216-219, 221, 225, 248-271
- 하나님 이해 217, 269
하늘 26, 31, 168, 173, 237f., 253, 256
학교 97, 115, 118ff., 140, 195, 201, 203, 266, 289, 299
학습(법) 295, 299
합리성 57, 83, 183, 190, 194, 223, 261, 278f., 283f.
항문기 78f.
해석학 67, 72, 118, 138, 244
- 해석학적 순환 230f., 235, 241ff., 296, 300
현상적 자아 103
화해 190, 281ff.
환경 61, 91, 93, 129, 161, 187, 197f., 202, 212, 223, 291
회심 59, 182, 277